漢魏六朝石刻鄉里村坊研究

南昌航空大學學術文庫

黃敏 著

中國社會科學出版社

圖書在版編目（CIP）數據

漢魏六朝石刻鄉里村坊研究 / 黃敏著 . —北京：中國社會科學出版社，2019.9
ISBN 978 - 7 - 5203 - 4932 - 1

Ⅰ. ①漢…　Ⅱ. ①黃…　Ⅲ. ①石刻—研究—中國—漢代—魏晉南北朝時代　Ⅳ. ①K877.404

中國版本圖書館 CIP 數據核字（2019）第 184340 號

出 版 人	趙劍英
責任編輯	郭　鵬
責任校對	劉　俊
責任印製	李寡寡

出　　版	中國社會科學出版社
社　　址	北京鼓樓西大街甲 158 號
郵　　編	100720
網　　址	http://www.csspw.cn
發 行 部	010 - 84083685
門 市 部	010 - 84029450
經　　銷	新華書店及其他書店

印刷裝訂	北京君升印刷有限公司
版　　次	2019 年 9 月第 1 版
印　　次	2019 年 9 月第 1 次印刷

開　　本	710×1000　1/16
印　　張	26.5
插　　頁	2
字　　數	405 千字
定　　價	128.00 元

凡購買中國社會科學出版社圖書，如有質量問題請與本社營銷中心聯繫調換
電話：010 - 84083683
版權所有　侵權必究

目　　錄

第一章　漢魏六朝石刻鄉里村坊概述 ……………………（1）
　第一節　鄉里村落說略 ………………………………（1）
　第二節　石刻與鄉里村坊 ……………………………（6）
　第三節　石刻鄉里村坊面貌概況 ……………………（12）
　第四節　漢魏六朝石刻鄉里研究概述 ………………（20）
　第五節　漢魏六朝石刻鄉里村坊之再研究 …………（24）

第二章　漢魏六朝石刻郡縣鄉里攷 ………………………（35）
　第一節　漢魏石刻鄉里攷 ……………………………（35）
　第二節　兩晉石刻鄉里攷 ……………………………（56）
　第三節　南朝石刻鄉里攷 ……………………………（73）
　第四節　北朝石刻鄉里攷 ……………………………（100）
　第五節　石刻中其他居民聚居地 ……………………（148）

第三章　漢魏六朝石刻都城鄉里攷 ………………………（163）
　第一節　洛陽里坊及四郊地名探討 …………………（163）
　第二節　鄴城里坊及四郊地名探討 …………………（189）
　第三節　長安鄉里探討 ………………………………（217）
　第四節　建康及四郊鄉里探討 ………………………（229）

第四章　漢魏六朝石刻鄉里村坊命名分析 ………………（237）
　第一節　命名理據 ……………………………………（237）
　第二節　命名特征 ……………………………………（267）

第三節　同名異地 …………………………………………（271）
　　第四節　同地異名 …………………………………………（290）

第五章　石刻鄉里村坊與居民生活 …………………………（302）
　　第一節　從石刻鄉里看城市生活 …………………………（302）
　　第二節　從石刻鄉里看鄉村生活 …………………………（305）
　　第三節　從僑民墓誌看僑民生活 …………………………（319）
　　第四節　從石刻鄉里看宗教信仰 …………………………（328）

第六章　石刻鄉里村坊與北朝家族墓誌 ……………………（341）
　　第一節　北朝渤海望族墓誌 ………………………………（342）
　　第二節　北朝華陰楊氏墓誌 ………………………………（355）
　　第三節　北朝泰山羊氏墓誌 ………………………………（359）
　　第四節　北朝柏仁李氏墓誌 ………………………………（363）

附錄　漢魏六朝石刻鄉里村坊表 ……………………………（372）

參考文獻 ………………………………………………………（397）

後記 ……………………………………………………………（418）

第一章

漢魏六朝石刻鄉里村坊概述

第一節　鄉里村落說略

一　秦漢鄉里的居民聚居形態

鄉村社會是人們生產、生活的載體，是聚居形態的一種形式，如何聚居、以何種方式聚居，在不同時代表現不同。原始村落是人們的聚居地，是人們為了生產和生活方便而形成的以一定勞動力和一定生產資料相結合的社會共同體。原始村落所在地是載負這種社會共同體的較為穩定的生產、生活區域。隨着社會的進步，國家的出現和國家機器的日漸完備，原始村落的性質逐漸發生了變化。村落發展成為地方基層統治體系中的居民組織，由聚族而居的氏族公社轉變為按地域劃分的國家，具有了一定行政性質，在不同的時代有不同的稱謂，在不同的地域有不同的表現。隨着秦的統一，着力健全和統一地方基層政權，郡縣制成為國家體系的主要支柱，縣以下普遍建立起"鄉里"制度。自漢代始，將全國的人口按郡（國）—縣（道、侯國、邑）—鄉—里的統轄關係進行編制，以便統治。① 秦漢是鄉里制度的確立期，也是後世鄉里制度演變和發展的基礎。鄉里制度的最大特點是戶籍和地理區域緊密結合，《漢書·食貨志》："理民之道，地著為

---

① 亭與鄉里的關係，亭分屬於縣，屬於治安系統，與鄉是兩個不同的系統，這一觀點已為史學界多數人所贊同。見王毓銓《漢代的"亭"與"鄉""里"不同性質不同系統說》，《歷史研究》1954 年第 2 期。故本書在搜集材料及探討鄉里地名時，不涉及亭的相關內容。

本。"顏師古曰:"地著,謂安土也。"① 地著"實兼人戶與地域而有之,即將一定量人戶固着限制於一定地理區域內,以便納租税、服徭役。鄉、里之類組織便是實現'地著為本'的治民之道的最有效機構……"②

鄉是縣之下的一級政府機構,上承縣,下治里。鄉,《説文·邑部》:"鄉,國離邑,民所封鄉也。嗇夫別治,封圻之內六鄉,六鄉治之。从䢕,皀聲。"縣以下分為若干鄉,鄉的劃分有二個標准:戶口里數、地理轄區面積。《漢書·百官公卿表》:"大率十里一亭,亭有亭長。十亭一鄉,鄉有三老、有秩、嗇夫、遊徼。三老掌教化。嗇夫職聽訟,收賦税。遊徼徼循禁賊盗。縣大率方百里,其民稠則減,稀則曠,鄉、亭亦如之。皆秦制也。"③《銀雀山漢簡·庫法》:"大縣百里,中縣七十里,小縣五十里。大縣二萬家,中縣萬五千家,小縣萬家。"④ 據百官表,西漢末年有鄉 6622 個,平均每縣轄 4 鄉餘。如安徽天長市發現西漢墓出土木牘記載都鄉、東鄉、楊池鄉、北鄉、鞠(?)鄉 5 鄉。⑤ 東漢永興時有鄉 3681 個,平均每縣轄 3 鄉餘。據居延漢簡材料,一個中等以上郡縣、侯國大致轄 4—5 鄉,小郡縣及小侯國則不定。縣有大小之分,人口有多寡之別,實際操作中各縣鄉數皆因情況而定,"民稠則減,稀則曠"。

里是國家機器中最基層的地方行政組織,是鄉之下的居民組織。里,《説文·里部》:"里,居也。从田,从土。"段玉裁注:"有田有土,而可居矣。"里最初是一個有田有人的小聚落。西周時期里是以 25 家為單位的社會組織,《周禮·地官·遂人》:"五家為鄰,五鄰為里。"至秦漢時期,里的規劃同樣是"以居於一定區域,具有一定地緣關係的人戶為標准"。⑥ 關於里內居民的戶數,歷來説法不一,有

---

① 《漢書·食貨志》,第 1119 頁。
② 張金光:《秦鄉官制度與鄉亭里關係》,《歷史研究》1997 年第 6 期。
③ 《漢書·百官公卿表》,第 742 頁。
④ 銀雀山漢墓竹簡整理小組:《銀雀山漢簡·壹》守法守令等十三篇,文物出版社 1985 年版。
⑤ 天長市文物管理所、天長市博物館:《安徽天長西漢墓發掘簡報》,《文物》2006 年第 11 期。
⑥ 張金光:《秦鄉官制度與鄉亭里關係》,《歷史研究》1997 年第 6 期。

❖ 第一章 漢魏六朝石刻鄉里村坊概述 ❖

言一里百家、五十家、二十家之說，馬王堆三號墓《駐軍圖》記大里108戶，小里12戶，中等里35—50戶。產生分歧的原因是里內居民無定制，具體情況要根據縣、鄉大小和人口多少來確定，往往受地理環境、人口密度、政治形勢甚至經濟形式等多種條件的限制。

二 鄉里的相關設置

里與鄉村居民的自然聚落實際上是合而為一的，里不僅是行政編制，也是當時老百姓實際居住的村落。日本學者宮崎市定在論及漢代鄉里之制時，認為里均位於城內，否認存在城外之里，城外鄉村的形成是因為從東漢末年開始因豪族實力的擴張等原因。① 諸里不僅見於城郭之中，而且也存在鄉野之里。《古文苑·梁父吟》："步出齊城門，遙望蕩陰里。里中有三墓，累累正相似。"《駐軍圖》為西漢呂后末年物，圖中繪出50多個里的位置，依山形水勢，分散布置。漢代石刻中"博成里"得名與水有關，自然設於城外，安漢里畫像發現地亦在城外。因此城外之里是存在的。由此可知里分為二類，一類是城邑之里，另一類是城外散戶鄉村之里。

里的形狀為方形或長方形，四周築有里牆，或稱"牆"，或稱"垣"，《詩·鄭風·將仲子》："將仲子兮，無逾我里，無折我樹杞。""無逾我牆，無折我樹桑。"這是關於里牆的最早記載。里內置里門，作為里內和里外人出入的通道，里門又稱閭、閭門、里閈等。里門里牆的建造，"即是一定地域和一定居民在行政上形成一個里的標志"。② 里民出入皆由里門，各里設有里典和里監門等，掌管里門的開閉。不論是城邑之里還是城外之里都應建有里牆，有一定的建制。對於城外之里是否有里牆，侯旭東認為："自先秦至秦漢，百姓居住場所經歷了由集中在封閉有圍牆的聚落（城居）到逐漸以城居與生活在無圍牆聚落（散居）並存的變化。……這些散居聚落盡管是自發的，擁有自己的名稱，卻也不會脫離官府的控制，亦應被編入'鄉里'體系而隸屬於'某鄉'且具有'某某里'的稱呼。……因此，

---

① ［日］宮崎市定：《中國村制的成立——古代帝國崩壞的一面》，《宮崎市定論文選集（上）》，商務印書館1963年版，第34—36頁。

② 王愛清：《秦漢里制研究》，碩士学位論文，蘇州大學，2005年。

漢代的聚落總體上看，應分為帶圍牆的城居與無圍牆的散居兩種。相應地，'里'大致也有位於城內與城外無牆的兩類。"① 這或許是由於城外散戶鄉村之里居民人口無定，戶數亦不甚整齊劃一，因此可能會出現這樣的情況。但不論是有牆無牆，作為基層行政單位的里，都經過了嚴格的行政規劃。里隸屬於鄉，各里之間以道路相通。

漢人重視里，是因為里與戶籍有關，秦漢時期的名籍是以鄉里為單位，漢簡保存了大量用來記錄戍卒名籍的里名，"是封建統治者把人民固着於土地上的制度的一種表現"。② 里反映了人和土地的關係，《抱樸子·內篇·微旨》："天下有生地，一州有生地，一郡有生地，一縣有生地，一鄉有生地，一里有生地……"因此可以把里看成是一種區域性的地方行政單位。

三　鄉里制度的沿襲

東漢末年至三國時期，戰事頻仍，社會動蕩，"郡縣頗有荒殘，民物雕敝，奸亂萌生"，許多地區原有的鄉里組織遭到破壞。"承大亂之後，民人損減"，"今雖有十二州，至於民數，不過漢時一大郡"。③ 人口稀少，因此在大多數的郡縣難以維持秦漢時"十里一亭，十亭一鄉"的設置。西晉統一後，開始重新整頓鄉里政權。《晉書·職官志》："又縣五百以上皆置鄉，三千以上置二鄉，五千以上置三鄉，萬以上置四鄉，鄉置嗇夫一人。鄉戶不滿千以下，置治書史一人；千以上置史、佐一人，正一人；五千五百以上，置史一人，佐二人。縣率百戶置里吏一人，其土廣人稀，聽隨宜置里吏，限不得減五十戶。"④ 西晉末十六國時期的鄉里組織沿用了晉時官方鄉里體系，且名稱明顯受晉時里名的影響。東晉南朝繼續沿用兩漢西晉舊制，郡縣鄉里系統較為明顯。北魏太和中設立鄰、里、黨三長制，控制人口，征發賦役，但在實行三長制的同時，縣以下依然存在着廣泛的鄉

---

① 侯旭東：《北朝村民的生活世界——朝廷、州縣與村里》，商務印書館2010年版，第42頁。
② 王毓銓：《漢代"亭"的性質和它在封建統治上的意義》，《王毓銓史論文集》（上），中華書局2005年版。
③ 《三國志·魏志·蔣濟傳》，第453頁。
④ 《晉書·職官志》，第746—747頁。

❖ 第一章 漢魏六朝石刻鄉里村坊概述 ❖

里編制，亦"里之上置鄉，鄉乃為統里而設也"。① 這在墓誌及造像記等石刻文獻中有相關記載。北朝時期的鄉里具有實際的地域，是以聚落為核心，包括了周圍一定範圍的地域行政區劃。"里被劃定了具體的地域範圍"，"北朝鄉里有實土的一個重要原因可能就是北魏太和九年（485）以來實施的均田制"②，各里所管的田地有明確的劃分。因此，北魏墓誌特別是家族墓誌記載同一家族成員，雖同言葬某里，但出土地卻不在一處，這就表明里的地域範圍。

四　關於村落

東晉南朝時代鄉里社會的一大變化是"村"這一概念的普及。"村"，又作"邨"。"邨"，《說文·邑部》："地名，從邑，屯聲。"段玉裁注："本音豚，屯聚之意也。俗讀此尊切，又變字為村。"③《集韻·魂韻》："村，聚也，通作邨。"《說文通訓定聲·屯部》："邨，地名，從邑屯聲，今字作村。《廣雅·釋詁四》：'邨，國也。'此'邦'之誤字。後世用為村落、鄉村。"④ 相對於鄉、里，村是一個後出概念。"村"字在東漢後期出現，正史關於村的最早記錄是《三國志·魏志·鄭渾傳》："入魏郡界，村落齊整如一，民得財足用饒。"⑤ 日本學者宮川尚志《六朝時代的村》搜集六朝時期各書籍記載的村名，並指出六朝時代的村已成為鄉野聚落的一種普遍性稱號，漢代的鄉聚是六朝村的前身。⑥ 村大多是自然形成的"居住場所"，不是基層行政單位，未得到國家法令的認可。南朝村的規模，或"十家五落，各自星處"，或"二三百家，井甸可修，區域易分"。從幾十戶到近千戶，大小不一，規模不定。

---

① 楊廣庠：《後魏里名攷》，載《中國學報》第 2 卷第 1 期。
② 侯旭東：《北朝村民的生活世界——朝廷、州縣與村里》，商務印書館 2010 年版，第 151 頁。
③ （漢）許慎撰，（清）段玉裁注：《說文解字注》，上海古籍出版社 1981 年版，第 300 頁。
④ （清）朱駿聲撰：《說文通訓定聲》，武漢市古籍書店 1983 年版，第 791 頁。
⑤ 《三國志·魏志·鄭渾傳》，第 511 頁。
⑥ ［日］宮川尚志：《六朝時代的村》，載《日本學者研究中國史論著選譯》第四卷六朝隋唐，中華書局 1992 年版。

村落的分佈較廣泛，既出現在里制不存或不及的偏遠地區，也出現在京畿附近。北魏洛陽、北齊鄴城附近皆有村。唐以前村普遍存在，但沒有納入國家法制，唐代正式形成村制。《舊唐書·食貨志》："百戶為里，五里為鄉。四家為鄰，五家為保。在邑居者為坊，在田野者為村。村坊鄰里，遞相督察。"① "在田野者為村，別置村正一人，其村滿百家，增置一人，掌同坊正。其村居如滿十家者，隸入大村，不須別置村正。"②

第二節　石刻與鄉里村坊

一　傳世文獻與鄉里村坊

中國是一個有着悠久的中央集權傳統的文明古國，歷代的正史、政書之類文獻對地理建置的著錄，幾乎都是詳中央、略地方而疏於基層。《史記》《漢書》《後漢書》等正史記錄關於縣以下的基層單位的資料較少。《漢書·地理志》在各郡縣下以小字記錄鄉名，太原郡榆次縣下有："塗水鄉，晉大夫知徐吾邑。梗陽鄉，魏戊邑。莽曰大原亭。"河南郡偃師縣下有："尸鄉，殷湯所都。莽曰師成。"亦有聚落記載，河南郡緱氏下有："劉聚，周大夫劉子邑。"

此外，史書零星記載了與重要歷史人物、重要歷史事件等有關的鄉里。重要歷史人物莫過於對當朝皇帝，史書都有帝王鄉里的記錄。《史記·高祖本紀》記劉邦 "沛豐邑中陽里人"，《宋書·武帝本紀》高祖武皇帝 "彭城縣綏興里人"，《南齊書·高帝本紀》太祖高皇帝 "本居東海蘭陵縣中都鄉中都里"。還有是對重要的當朝權勢或思想者的鄉里的記錄，如思想家老子 "楚苦縣厲鄉曲仁里人"，《漢書·石奮傳》 "徙其家長安中戚里" "萬石君徙居陵里"，劉逸 "彭城從亭里人"。記錄重要歷史事件亦有涉及鄉里村落這類小地方，如《後漢書·陰皇后紀》 "遂納后於宛當成里"。也涉及一些異常事件的發生地，《宋書·祥瑞志》記錄較多的里名，如 "咸和八年四月癸卯，甘

---

① 《舊唐書·食貨志》，第2089頁。
② （唐）杜佑撰：《通典》卷三食貨志三，中華書局1984年版，第23頁。

❖ 第一章 漢魏六朝石刻鄉里村坊概述 ❖

露降宣城宛陵縣之須里","孝武大明元年五月癸亥,黑龍見晉陵占石邨,改邨為津里。"

涉及鄉里記載的其他書籍,主要有以下幾類:一類是類似《水經注》的同時代地理書籍,《水經注》北魏酈道元著,書中提到不少水流經過的鄉、里,卷十二"又東逕涿縣酈亭樓桑里南,即劉備之舊里也",卷二六"淄水又東北逕蕩陰里",卷六"汾水又南逕梗陽縣故城東,故榆次之梗陽鄉也"等。另一類是類似地方志的材料,北魏楊衒之撰《洛陽伽藍記》,記載北魏洛陽的佛寺,涉及眾多里坊;《建康實錄》是六朝史料集,唐代許嵩撰;晉陸翽撰《鄴中記》,是記載鄴城的專門史籍。再一類是詩詞曲賦中也有零星記載,如潘嶽《西征賦》記錄漢代長安的里,左思《魏都賦》記錄部分鄴城里坊。

二 石刻文獻與鄉里村坊

石刻為:"在碑碣、石壁上刻寫、雕鎸有文字、圖案或宗教造像等,賦予其文化信息的石質載體謂之碑刻,或稱'石刻'。""所有用石質材料作為承載信息、傳遞情感、表達思想的載體通稱碑刻。"[①] 考慮石刻的內容、形制,以之作為分類的主要標準,可以將石刻分為碑碣、石闕、摩崖、墓誌、畫像題字、造像記、經幢(包括石柱)、器物附刻等類別。承載地名信息的石刻主要有墓誌、買地券、鎮墓文、造像記等。

1. 墓誌

墓誌埋於墳墓,主要內容是敘述誌主譜系,記其生卒,述其行事,標識埋葬地點,表達了親人對墓主的贊頌、哀悼和懷念。各個時代墓誌的主要內容不太一樣,表現形式也不一。漢魏至東晉十六國是碑形墓銘發展的初期,數量相對較少,內容簡單,只記載墓主的姓名、籍貫、官職、死亡埋葬時間,且沒有固定名稱。明確以墓誌為名,最早見於1965年9月在遼寧朝陽城北西上臺村出土的北魏《劉賢墓誌》,首額題名即為"墓誌"。墓誌的普遍使用是在南北朝時期,自南北朝以來墓誌"王公以下,咸共遵用"。特別是北朝墓誌發展迅

---

① 毛遠明師:《碑刻文獻學通論》,中華書局2007年版,第7頁。

速,人卒後立墓誌銘蔚然成風,在墓碑製作、誌文撰寫、墓誌數量方面都達到一定高度,反映的內容也日趨完善,涉及重大事件、官吏設置、地理變遷等。尤其是在北魏時期,興厚葬之風,使得墓誌在北魏成為重要的喪葬文化之一。即使同為北朝,不同時期墓誌在數量、行文上存在差異。北魏平城時代,由鮮卑族拓跋部建立的北魏王朝在將近一個世紀的時間裡都是以平城作為統治中心,這一段時期碑刻文獻較少。至孝文帝太和十八年遷都洛陽,北朝墓誌的發展才進入了勃興時期。誌文趨於定型化,銘文內容更全面豐富,為唐代碑刻的繁榮與發展奠定了重要的基礎,正如康有為所說:"北碑莫盛於魏,莫備於魏。"① 至北魏分裂為東魏、西魏,高氏代東魏政權,建立北齊,都於鄴城,東魏北齊墓誌多出土於今磁縣、安陽一帶。此後,北周墓誌多在今西安附近發現,少見平民墓誌,多是公卿官眷墓誌,且數量明顯較少,地點分散。由此看來,北朝墓誌的發展呈現梭形,兩頭小,中間大,之所以出現這種現象,與社會時局的動盪有關。這種梭形的曲線不利於對墓誌鄉里地名的整理與研究:一是誌主生活中心地帶的轉移,洛陽、鄴、西安都城的更替;二是墓誌數量減少,信息量相應降低,難以全面知曉鄉里的傳承、沿襲;三是動盪社會影響人們的喪葬形式。此後的隋唐時期是墓誌發展的鼎盛期,不僅篇幅明顯增加,且多出自名家之手,對誌主的籍貫地、卒地、葬地記載十分詳細。

2. 買地券、鎮墓文

羅振玉《蒿里遺珍》卷一五地券言:"地券之制,前籍未詳,以傳世諸刻考之,殆有兩種,一為買之於人,如建初、建寧二券是也,一為買之於鬼神,則術家假託之詞,如此券(浩宗買地券)是也。"買地券是"買之於鬼神",又稱作地券,或地莂、冥券、墓券、幽券等,是塚墓石刻的類別,稱為塚墓券契文書。其形制源起漢代,在唐宋獲得發展,格式仿照現實生活中土地買賣中的地契,為死者購買陰地,刻石為券契,以告地神,使得死者在地下有安居之所,正所謂"入墓當此四維,墓敢禁,生人有城,死人有塽。"券文多記錄死者

---

① 康有為:《廣藝舟雙楫備魏·第十》,引自《歷代書法論文選》,上海書畫出版社1979年版,第806頁。

❖ 第一章 漢魏六朝石刻鄉里村坊概述 ❖

的籍貫地和所買地，所記地名真實可靠。

漢魏六朝時期以東漢買地券、鎮墓文的出土數量最多，張勳燎推測有數百件之多①，目前所見漢代買地券主要集中出現在東漢雒陽附近，洛陽是當時的政治、經濟、文化、宗教的中心地區。其中蕭山買地券、李德買地券、諸葛敬買地券、徐勝買地券有作僞之嫌。六朝買地券情況在《六朝買地券綜述》及《南朝買地券綜論》有論述，其中南朝有22件②，主要分布在南方七省。北朝買地券據稱有7件，其中太延二年苟頭赤魯買地磚券、太和元年郭孟給磚券、正始四年張神洛買墓田磚券，基本認爲屬實用土地買賣契約。而永安元年劉蘭訓買地鉛券爲贋品。因此北朝買地券唯有三方：申洪之買地券、孫撫買地券、王皓買地券。標注具體鄉里地名屬東漢及南朝買地券數量較多，北朝買地券均未記載。

3. 造像記

造像分世俗造像和宗教造像，我國現存最早的石刻造像及題記應是東漢建寧元年李冰造像，存四川都江堰市伏龍觀大殿側。大量出現造像題記的是宗教造像，主要是佛教和道教造像。造像活動是出家僧侶與世俗信衆爲自己信奉尊崇的對象雕刻塑像的一種行爲，主要是北方民衆參與佛事活動，參與人除了寺院僧侶外，大多數佛像出資人來自同一個家族或家庭，或是一個小的地域內相關人員。佛像雕成後，出資人往往會在佛像的某些位置刻上一些文字，表達他們的信仰、願望及追求，這些銘文即造像題記。也有一些造像題記或單獨刊碑，或在石窟壁上鑿平石面刊刻。就造像者的意圖而言，是以像爲主體，附以銘刻題記。造像記作爲活動的直接記錄，內容包括造像時間、造像者、造像動機、發願對象，有時附較長的發願文，頌贊佛法，祈求福祐。我國早期的石佛造像及發願辭的實物證據是西晉太康三年（282）《張伯通造像記》。北朝時期是造像活動的一個高峰時期，有些題記刻寫了供養人的鄉里籍貫，多以村落為主，往往自言某某村人造像。這為認識最基層的居民機構提供了直接、原始的資料，讓人們

---

① 張勳燎：《東漢墓葬出土的解注器材料和天師道的起源》，《道家文化研究》第九輯，上海古籍出版社1996年版。

② 易西兵：《南朝買地券綜論》，《東南文化》2009年第3期。

· 9 ·

能充分瞭解北朝時期村民的生活。且此時期少數民族造像活躍，反映了佛教信仰在少數民族地區的傳播。

4. 畫像石墓題記

畫像石一般是長方形的石板或石材，在一個平面上以多種手法刻成各種圖畫和花紋，是中國喪葬習俗的一部分。這種石刻以畫像為主，有些在邊角處附刻銘文，有些則在畫面刻上文字標明人名或故事名稱，稱為"榜題"，文字短少，多則數十百字，少則一二字。畫像石在西漢末年興起，東漢有很大的發展，漢代畫像石主要來源於三個方面：墓闕、墓室、祠堂（又稱食堂），大部分屬於墓葬建築。① 目前發現畫像石和榜題文字俱全的石刻是西漢河平三年的《麃孝禹刻石》。東漢畫像石主要分布在山東、河南、四川、江蘇北部、陝西北部、山西西北部等，著名者如延平元年《陽三老石堂畫像題字》、永興二年《鄉他君祠堂畫像題記》等。集中出土的有陝西綏德縣四十里鋪出土的東漢畫像石，記錄了東漢時期西河郡數縣的鄉、里。②

三　其他出土文獻與鄉里村坊

1. 簡帛文獻

20世紀30年代以來，全國各地先後有大批簡牘出土，其中記載了鄉里地名的有七批，主要是墓葬的隨葬品和西北屯戍漢簡中的文書，如江蘇邗江胡場五號漢墓木牘、連雲港花果山漢墓木牘、長沙馬王堆漢墓地圖、武威磨咀子漢墓木簡牘等。其中長沙馬王堆漢墓出土《駐軍圖》，所繪區域大致在今湖南省江華縣的瀟水上遊一帶，方圓約500公里。圖上圈注了40多個里名。記載里名數量最多的是敦煌、居延兩地出土的西北屯戍漢簡，簡牘記錄了大量戍守居延、敦煌的兵卒的籍貫，大部分是縣以下的里名，如"田卒，濟陰郡定陶西陽里胡定，年廿五"（《居延漢簡》520·3）。據何雙全統計，漢簡記載兩漢

---

① 趙超：《中國古代石刻概論》，文物出版社1997年版，第59頁。
② 康蘭英、王志安：《陝西綏德縣四十里鋪畫像石墓調查簡報》，《考古與文物》2002年第3期。

❖ 第一章 漢魏六朝石刻鄉里村坊概述 ❖

時期共有郡48個，縣182個，鄉15個，里679個。①

長沙走馬樓吳簡，有《長沙走馬樓三國吳簡·嘉禾吏民田家莂》②，《長沙走馬樓三國吳簡·竹簡》［壹］［貳］［叁］［肆］③，收錄了1996年在長沙市走馬樓區域古井內出土的簡牘。這批簡牘主要是長沙郡與臨湘侯國（縣）的地方文書檔案，大致可分為嘉禾田家吏莂、司法文書、黃簿民籍、名刺、籤牌、繳納各種賦稅與出入倉庫（關邸閣）的簿籍等種類，涉及具體的鄉、里、丘，數量較多。

2．敦煌文獻

西晉十六國吐魯番出土文書偶載鄉里設置情況，敦煌卷子的時期較晚，主要集中在唐代。

3．古地圖

1973年在湖南長沙出土的馬王堆漢墓出土《地形圖》，以今湖南道縣及瀟水流域為中心，標有8個城邑、57個鄉里，繪製年代大概在漢高祖五年至呂后七年之間。

四　石刻研究的優勢

作為出土文獻的一種，石刻具有不同於傳世文獻的特殊處，石刻的幾個特點使得開展鄉里的整理與研究具備特殊的優勢。

真實。石刻是一種特殊的文獻形式，有時代性強、地域性強、保存時間久等一系列特點，具有其他形式的文獻所不可取代的學術地位，錢大昕在為《關中金石記》作敘時說："金石之學，與經史相表里。側蓄異本，任城辨於公羊；憂臭殊文，新安述於魯論；歐趙洪三家，涉獵正史，是正尤多。蓋以竹帛之文，久而易壞；手鈔板刻，輾轉失真。獨金石銘勒，出於千百載以前，猶見古人真面目，其文其事，信而有征，故可寶也。"④ 石刻的"真"，不僅使得石刻成為經史

---

① 何雙全：《〈漢簡·鄉里志〉及其研究》，載《秦漢簡牘論文集》，甘肅人民出版社1989年版，第168頁。
② 走馬樓簡牘整理組編：《長沙走馬樓三國吳簡·嘉禾吏民田家莂》（上、下），文物出版社1999年版。
③ 走馬樓簡牘整理組編：《長沙走馬樓三國吳簡·竹簡》［壹］［貳］［叁］［肆］，文物出版社2003—2011年版。
④ （清）畢沅撰：《關中金石記》敘，《石刻史料新編》第二輯第14冊，第10663頁。

二學之寶，而且也是其他許多學科的寶貴材料。對於開展語言文字研究來說，石刻一經刻成，便保留了最初的文字記錄面貌，這點尤為可貴。

量大。在數量方面，石刻材料異常豐富。據估計，清代以前製作的各類石刻，應該在 10 萬件以上，且今後會陸續出土，這為研究的深度、廣度及後續工作提供了可靠的材料保障。

明確。記載時間的確切、出土地點的明確，這是石刻最主要的特點。這對斷定石刻內容的年代，以及研究相關的歷史、地理信息，如郡縣的廢省、設置，史書事件的考補，以及鄉里相關情況有着重要的意義。

正是源於對石刻的價值及重要性的關注，自宋代以來，專於金石研究者甚多，如清代王昶在《金石萃編·序》所言："宋歐、趙以來，為金石之學者衆矣。非獨字畫之工，使人臨摹把翫而不厭也。跡其囊括包舉，靡所不備。凡經史小學，暨於山經、地志、叢書、別集，皆當參稽會萃，覈其異同，而審其詳略。自非輇材末學能與於此。且其文亦多瓌偉怪麗，人世所罕見，前代選家所未備。是以博學君子咸貴重之。"①

第三節　石刻鄉里村坊面貌概況

一　石刻鄉里村坊的記載形式

州、郡、縣、鄉、里、村，分別視為一級單位，為便於敘述，假設"村"是一級單位，各個單位之間相互組合。南朝宋時表現出里下設村，在其他朝代未見。主要有以下幾種形式②：

1. 由一個單位構成

直言鄉，如"窆於中原鄉"。

直言里，如"卒於遠里"，"卒於五仿里"，"卒於孝意里舍"，

---

① （清）王昶：《金石萃編》序，中華書局 1985 年版。
② 除此外，還有"X社X村"格式，僅見於南宗和尚塔銘"師世家砂候社水峪村人氏"，但據《漢魏南北朝墓誌彙編》此銘作偽，拓片見《北圖拓本匯編》第六冊，第 49 頁。

❖ 第一章 漢魏六朝石刻鄉里村坊概述 ❖

"作瀆新富里"。

直言村，如大吴村、大交村、公孫村、洛音村等。

2. 由兩個單位構成

1）鄉＋里

表述形式為鄉里組合，如"薨於盧鄉瀝里苐"，"葬於肆盧鄉孝義里"，廣□鄉樂成里、仙鄉乾渠里、朝陽鄉太公里、中義鄉孝敬里。

2）縣＋里

漢簡中這種形式居多，里為戶籍單位，漢簡以此方式對戍卒登記戶籍，說明同一個縣中里名的單一性，因此能用這種方式記錄戶籍。"武年卅二歲長七尺五寸觻得成漢里家去官六百里"（《居延漢簡》13·7）。

漢魏六朝石刻主要體現在漢代畫像石，如廣陵石里、圜陽富里、平周壽貴里。

3）縣＋鄉

如"南陽白水人"、無湖西鄉、溫縣西鄉、高陵左鄉、萬年左鄉。

4）州＋里

如"薨於兗州太陽里"、荊州照心里、豫州飛山里、蒲州蒲坂里。

5）郡＋里

如敦煌郡西鄉里、本郡騎店里。

6）縣＋村

如昌國縣桓尹村、牟縣上梅村、陽阿故縣村、涇陽洪瀆川趙村。

7）鄉＋村

如遵義鄉揭嶺村。

3. 由三個單位構成

1）郡＋縣＋里

如中山國蒲陰縣博成里、齊郡安平縣黃山里、西河中陽光里。

2）縣＋鄉＋里

如石安縣孝義鄉崇仁里，成都萇樂鄉宜陽里、鄠縣申鄉洪澇里、黃縣都鄉石羊里、陽武縣五池鄉永豐里舍。

3）州＋郡＋里

如徐州瑯琊郡治下里。

4）郡＋縣＋村

如高陽蠡吾任丘村、魯陽郡龍陽縣小留山北淳亏村。

5）州＋縣＋里

6）州＋郡＋鄉

如"河州金城郡之苑川鄉"。

7）郡＋縣＋鄉

8）縣＋鄉＋村

4. 由四個單位構成

1）郡＋縣＋鄉＋里

如清河清河南鄉陰晉里、豫章郡海昏縣都鄉吉陽里、丹陽郡江寧縣賴鄉潹湖里、敦煌郡效穀縣東鄉延壽里、東海郡郯縣都鄉容丘里、高陽郡博縣都鄉吉遷里、太原祁縣高貴鄉吉千里。

2）州＋郡＋鄉＋里

如晉州平陽郡晉秋鄉吉遷里、并州太原郡都鄉唐阪里。

3）州＋郡＋縣＋里

如涇州平涼郡陰槃縣武都里、汴洲衛輝郡楚邱縣右鄉里、青州齊郡益都縣益城里、青州齊郡益都縣澠灣里。

4）州＋郡＋縣＋村

如青州齊郡臨淄縣高柳村、兗州泰山郡牟縣上梅村、并州樂平郡石艾縣安鹿交村。

5）州＋縣＋鄉＋里

5. 由五個單位構成

1）州＋郡＋縣＋鄉＋里

如豫州陳留郡陽夏縣都鄉吉遷里、荊州長沙郡臨湘縣都鄉吉陽里、荊州長沙郡臨湘縣北鄉白石里、并州上黨郡刈陵縣東路鄉吉遷里。

2）郡＋縣＋鄉＋里＋村

如［始興］郡始興縣東鄉新城里夕口村。

3）州＋郡＋縣＋鄉＋村

如冀州安武軍棗強縣千秋鄉故縣村。

從目前所見漢魏六朝石刻來看，州、郡、縣、鄉、里、村組合形式

❖ 第一章 漢魏六朝石刻鄉里村坊概述 ❖

多樣，但使用頻率不一。直言鄉、里、村的使用較普遍，由兩個單位組合的以"鄉+里""縣+里"式較多，由三個單位組合的以"縣+鄉+里"式較多，由四個單位組合的以"郡+縣+鄉+里"式較多，由五個單位組合的以"州+郡+縣+鄉+里"式較多。實際上，"州+郡+縣+鄉+里""郡+縣+鄉+里""縣+鄉+里""鄉+里"四種形式涵蓋的內容是一致的。

綜上所述，漢魏南北朝石刻對鄉里的表述常用以下三種方式：一個單位，即直言式，或鄉、或里、或村；二個單位，或用"鄉+里"，或用"縣+里"。其中"縣+里"式，在石刻中多用以記錄都城里坊，漢簡及《史記》《漢書》等亦以"縣+里"的方式居多。而村並不象里那樣可以自由組合，村是事實存在的居民自發形成的聚居地，以自然聚落的形式散見於鄉、里之外。

二　鄉里記載對象

記錄對象大致包括四種情況：籍貫地；卒地；葬地；事件發生地。

1. 籍貫地

買地券"書錢主時，多述其籍貫、身份、官職及買墓地的原由等，在這一點上，也遠遠超過了人間契約"。[①] 買地券與墓誌多記載墓主籍貫，或在姓名前附籍貫，或在名、諱之後言某某地方人。造像記表述多直言村，或"縣+村"式，一般是造像人的居住地。

2. 卒地

由於石刻材料性質和作用的不同，墓誌記載卒地，買地券和造像記皆不載。卒地的表示多直言卒於某里。

3. 葬地

墓誌用不同的方法標記葬地方位：或記以山，《王基墓誌》"窆於洛陽城北首陽之山"，《高猛墓誌》"窆於茫山之陽"，《房周陁墓誌》"窆於鼎足山之陽"；或以距離的遠近、方向表示，《梁子彥墓

[①] 張傳璽：《買地券文廣例》，《契約史買地券研究》下編《買地券研究》第十一章，中華書局2008年版。

誌》"葬於野馬崗，北去王城廿里"，《長孫士亮妻宋靈妃墓誌》"窆於洛陽城西廿里，漢原陵南七里，魏長陵東南十里，馬崟山之陽。"或記以水，《侯愔墓誌》"窆於漳水之陽"；或言葬於舊塋，《崔昂夫人盧脩娥墓誌》"祔於常山舊塋"；或以鄉里標記，《楊順妻呂氏墓誌》"權殯於本邑華陰之潼鄉習仙里家宅之西庚地"，《皇甫驎墓誌》"葬於鄠縣申鄉洪澇里"；或將鄉里與地形結合標記，《元暉墓誌》"粵三季三月甲申，遷葬於洛陽西四十里，長陵西北一十里，西鄉湹源里，湹澗之濱。"《李慶容墓誌》"遷塋并州太原郡都鄉唐阪里之北山。"

前幾種標記的方位顯示葬地遠離人們生活的場所。以鄉里地名標記葬地，並不意味着將親人葬於人們生活的場所中。古人恪守生死分界的習俗，亡者雖通常葬於故里，但一般在居民生活點之外，正如白居易所說："生者不遠別，嫁娶先近鄰。死者不遠葬，墳墓多繞村。"《白虎通·崩薨》"葬北首"言："葬於城郭外何？死生別處，終始異居。"① 因此墓誌言窆於某里或葬於某里，實際上是以鄉、里為坐標，對墓地所在的地理位置作出標識，恰如以山、水言葬地。

4. 籍貫地、卒地、葬地的關係

籍貫地、卒地、葬地是否一致，是否指同一個地方。在墓誌、買地券這二種不同類型的石刻中表現不同。

在墓誌記載中，其表述籍貫常用"縣+鄉+里"式；卒地以直言里為主；表述葬地形式多樣，或"縣+鄉+里"式，或直言里，常附上葬地地形、里數。如果從"地著本土"思想出發，記錄誌主的籍貫地、卒地、葬地的鄉里詞語應是相同的，然而實際情況往往表現出不一致。賈思伯籍貫是齊郡益都縣釣臺里，卒於洛陽懷仁里，張玄南陽白水人，卒於蒲坂建中鄉孝義里，這是籍貫地與卒地不一；呂昞汲郡汲縣人，卒於他鄉，後歸葬汲縣朝陽鄉太公里，籍貫地、葬地一致，與卒地不一；呂思禮東平壽張清鄉吉里人，卒於蒲州蒲坂里，葬於長安高陽原，劉懿自稱弘農華陰人，卒於鄴城，葬於秀容縣肆盧鄉孝義里，籍貫地、卒地、葬地不一，等等。這種不一致的原因是多方

---

① （漢）班固：《白虎通義》卷十，中華書局1983年版。

❖ 第一章 漢魏六朝石刻鄉里村坊概述 ❖

面的，或為官在外居於他地，卒後遷葬或改葬故里，或因社會原因遷徙他地，遂葬他地。

買地券中券主的卒地、籍貫地、居住地往往一致。在大多數情況下居住地和葬地相距並不遠，大概是因為買地券涉及的人群多為下層百姓，對他們來說非外事不遠徙，居住地即卒地、葬地、籍貫地，三者基本能保持一致。從南朝宋的幾方買地券可知。南朝宋《妳女買地券》："從軍亂以來，普天下死人皆得聽隨生人所在郡縣葬埋妳女。"《龔韜買地券》："從軍亂以來，普天下死人聽得隨生人所居郡縣鄉里亭邑買地葬埋。"南朝梁《熊悦買地券》："玄都鬼傳地下女青詔書科律，從軍亂以來，普天下死人皆聽隨生人所在始安郡縣都鄉覃對里停邑。"《熊薇買地券》："自軍亂以來，普天下死人皆聽隨生人所在郡縣停邑葬埋。"此四券與他券不同之處在於皆有類似"自軍亂以來，死人皆聽隨生人所在郡縣亭邑葬埋"話語，券分別在廣東始興縣、番禺縣和廣西靈川縣出土，彼此相距數百公里，對古人來說這不是一個近距離。雖然相隔數百公里，券文內容及格式卻驚人相似，由此推測買地券為專人書寫。數券皆言"自軍亂以來"，《廣州出土南朝龔韜買地券攷》認為墓主龔韜原非"番禺縣都鄉宜貴里"人氏，由於受戰亂影響，從他處遷入此地。[①] 他處遷來卻不言原籍貫，表明下層百姓更為關注的是現實"生人所居郡縣鄉里亭邑"。

三　郡縣與鄉里的隸屬關係

郡縣與鄉里是統轄與被統轄的關係，鄉與里隸屬於郡縣，即"郡＋縣＋鄉＋里"式。按常理郡縣與鄉里應該是一致的，一個鄉里隸屬某個郡縣，不可能存在兩屬或其他情況。然而在討論郡縣與鄉里時要注意舊制與時制的關係。舊制指材料所述郡縣、鄉里不合乎刊刻時代的州、郡、縣的相互統屬關係。時制指現行制度，合乎刊刻時的郡、縣統屬關係。隨着社會的變化，有一些州、郡、縣分合省併，名稱和隸屬會發生變化，使用者卻仍以變化前的郡縣關係來稱呼現行的郡縣與鄉里。以相應時代的正史地理志作為標准來判定，就產生了舊

---

① 易西兵：《廣州出土南朝龔韜買地券攷》，《東南文化》2006年第4期。

制與時制的矛盾。郡縣與鄉里的關係分為以下幾種：

1. 合乎時制

郡縣與鄉里的關係是正在使用的現行制度，這一類具有普遍性。墓誌中卒地、葬地一般來說是合乎時制，籍貫地則不好判定。但如果籍貫地與卒地或葬地相同，那麼肯定是時制。北魏《高琨墓誌》記籍貫為"冀州勃海郡脩縣崇仁鄉孝義里"，《高雅墓誌》又言"安於孝義里"，《高道悅墓誌》"歾於崇仁鄉孝義里"，表明崇仁鄉孝義里為時制。北魏《李榘蘭墓誌》"冀州勃海郡脩縣廣樂鄉新安里人"，後"薨於新安里第"，東魏《封柔墓誌》"卒於廣樂鄉新安里"，封柔妻"卒於辛安里"，表明北魏至東魏間廣樂鄉新安里確實存在。

2. 部分合乎時制

郡縣與鄉里的關係是舊制的郡縣與時制的鄉里的組合。舊制的郡縣多是漢晉舊制。北魏《刁遵墓誌》稱墓主為"勃海饒安西鄉東安里人"，依《魏書·地形志》北魏時饒安屬浮陽郡，而誌言渤海饒安，渤海郡饒安縣是漢晉制度。《楊機墓誌》言楊氏為"秦州天水郡冀縣崇仁鄉吉遷里"，秦州天水郡冀縣為漢晉舊貫。武平二年《裴良墓誌》"河東聞憙桐鄉高陽里人"，稱河東聞喜而不是正平聞喜，隴西李氏皆稱"隴西狄道縣"人而不是時制武始狄道人，這些都是漢晉舊貫。

然而，縣以下的鄉里設置是石刻刊刻時的現行制度，刁遵墓誌"西鄉東安里"，由《魏書·地形志》饒安縣有西鄉，知"西鄉東安里"為時制。北魏華陰楊氏墓誌亦提供了這方面的證據。楊氏墓誌皆稱"弘農華陰潼鄉習儦里人"，北魏時華陰不屬司州弘農郡，而屬華州華山郡，則郡縣為舊制。"潼鄉習仙里"為時制，這從楊氏以之作為葬地即可知，《楊順妻呂氏墓誌》"大魏正光四年，廿六日己酉，權殯於本邑華陰之潼鄉習仙里家宅之西庚地"。《楊昱墓誌》"以普泰元年六月廿九日薨於習仙里弟"。

因此在分析時要特別注意郡縣與鄉里的關係，一般來說，"縣以下的鄉里編制仍屬於正在行用的制度。"[①]

[①] 侯旭東：《北朝村民的生活世界——朝廷、州縣與村里》，商務印書館 2010 年版，第 139 頁。

3. 完全不合時制

舊制的郡縣與舊制的鄉里，這種的組合在現行制度已不存在。這種不合時制的郡縣與鄉里只能看作是一個具有象徵意義的特殊的符號。如隋開皇十七年《孫觀暨妻王氏墓誌》記錄孫氏籍貫是"南徐州晉陵郡曲阿縣高陵鄉邑下里"，孫氏卒、葬皆是開皇年間，此時南朝梁已滅亡。這種不合時制的現象更多體現在僑置郡縣與鄉里。如東晉謝氏故里"豫州陳郡陽夏縣都鄉吉遷里"、王氏故里"琅邪郡臨沂縣都鄉南仁里"，東晉僑置郡縣時他們的故里已淪陷為北朝統治範圍，故地郡、縣、鄉、里名已不存。

出現部分合時制、完全不合時制的現象主要是由於郡望的影響。望族家族成員以這種具有社會價值的空間名詞標榜地位，然而隨着時間的推移，社會的變化，這些州、郡、縣名稱與隸屬關係也發生變化，這就導致現居住地隸屬郡縣與舊有的郡縣不符，然而他們仍抱着舊貫不放，於是就出現了郡縣鄉里關係不合時制。

在實際情況中，卒地、葬地、事件發生地三者一般是與現時的時制一致，而對記載籍貫的鄉里來說，其郡縣與鄉里的關係涵蓋了以上三種，要具體情況具體分析。但是有一些墓誌卻存在葬地是舊制的情況，《王瓛墓誌》言"以今開皇九年歲次己酉十月辛酉朔十三日癸酉改葬霸城之東塋"。① "霸城之東塋"，《魏書·地形志》言"霸城縣，晉改"，西晉改霸陵縣為霸城縣，北周建德二年廢。誌刻於開皇九年，此時霸城縣地已併入大興縣，可知王瓛墓誌使用的是北朝縣名。再如武成元年《侯遠墓誌》"雍州城南山北縣樊川"之山北縣、《辛威神道碑》"河州金城郡之苑川鄉"之河州金城郡，都與時制不符。

因此，在分析時要特別注意古代郡縣鄉里與時制的關係，當然漢代不存在這個問題，至東晉之後墓主的籍貫須注意魏晉舊貫的成分。

---

① 陝西省攷古研究所：《西安洪慶北朝、隋家族遷葬墓地》，《文物》2005年第10期。

第四節　漢魏六朝石刻鄉里研究概述

一　地理研究

歷代陵谷變遷，郡縣省併廢置，區劃更動移易，這使得古地理的記錄十分混亂。傳世文獻略於記錄鄉里地名，難以做到史、石相互驗證，而石刻的出土地、時間明確，所記鄉里地名具有可究可查的特點，"郡邑省併，陵谷遷改，參互考求，瞭於目驗。關中碑誌，凡書生卒，必云終於某縣某坊某里之私第，或云葬於某縣某邨某里之原，以證《雍錄》《長安志》，無不吻合。推之他處，其有資於邑乘者多矣"。[①] 石刻以真實、未經後人篡改的面貌反映當時郡縣、鄉里的設置情況而具有傳世文獻無法比擬的價值，以出土文獻印證、證明、訂補傳世文獻郡縣、鄉里記載的不足，反過來又以傳世文獻輔證出土文獻，二者互相補充，相互映證。利用石刻尤其是墓誌材料對古地名進行攷證和補充，是石刻對開展古代地理研究最大的貢獻。

清人對石刻歷史地理研究表現突出，碑刻研究和攷辨以題跋式為主，以史證石，以石驗史，主要體現在郡縣的相關攷證，也有對鄉里的探討。《匋齋藏石記》多提及墓誌鄉里的位置，如澭灣里在澭水流經域，洪澇里在澇水流經處，推測黃山里位置。《山右石刻叢編》指出北齊《陽阿故縣造像記》"陽阿故縣村"即大陽鎮。《八瓊室金石補正》言"南陽白水"即白水鄉。《潛言堂金石跋尾》在所錄碑文後也涉及鄉里的攷證。話語簡短而精辟，為後世鄉里詞語的考證與辨析提供了範本。

對漢魏六朝石刻鄉里地名的探討着筆濃墨的是都城里坊的探析，主要是洛陽、長安、鄴城、建康四個都城。研究成果突出者，首先，是對北魏洛陽里坊的勘補。張金龍《北魏洛陽里坊制度探微》一文利用《洛陽伽藍記》和洛陽出土墓誌，補出北魏洛陽92個里坊。[②] 陳長安《邙山北魏墓誌中的洛陽地名及其相關問題》列舉北魏13個

[①]（清）葉昌熾撰，韓銳校注：《語石校注》，今日中國出版社1995年版。
[②] 張金龍：《北魏洛陽里坊制度探微》，《歷史研究》1999年第5期。

❖ 第一章　漢魏六朝石刻鄉里村坊概述 ❖

鄉和 50 個里。① 張劍《關於北魏洛陽城里坊的幾個問題》探討北魏洛陽里坊的轄縣及里坊，以及鄉里、里坊居民等問題。② 其次，是關於長安里坊，周偉洲《陝西北周墓葬主死葬地攷》依據《中國北周珍貴文物——北周墓葬發掘報告》公布的 10 方墓誌，對北周墓誌所記卒、葬地進行攷證。③ 再次，是關於東魏北齊鄴城里坊，牛潤珍《東魏北齊鄴京里坊制度攷》整理古鄴城遺址附近出土的墓誌材料，論述鄴京里坊制度。④ 王仲犖《北周地理志》利用石刻亦對長安、鄴城里坊進行了少量補充。最後，是關於建康里坊，盧海鳴《六朝建康里坊制度探析》歸納了傳世文獻六朝時期建康的居民里坊，未涉及石刻材料。⑤ 與漢魏六朝都城里坊研究相比，隋唐時期洛陽、長安兩京里坊的研究成果更多，兹不贅述。

對材料記載的其他鄉里情況，即郡縣的鄉里進行整理和研究，主要是對鄉里地望進行攷證。王去非《南京出土六朝墓誌綜攷》分析東晉王氏、顏氏墓誌反映的族聚、族葬現象，對僑置琅邪、臨沂的沿革及地理位置作了詳細攷證。⑥ 莫志東《桂林地區出土的南朝買地券及其相關問題》利用桂林出土的南朝七塊買地券，對桂林近郊的地望作出深入探索。《從出土的東魏造像碑看歷史上獲嘉縣的地理位置》攷證造像碑中"安村"在今新鄉縣。⑦

二　語言研究

"地名是人類社會發展到一定階段的產物。早期人類為了生存、生活以及人們之間的交往，就需要對某一地理實體取個代號，以便識別，於是就有了地名。"⑧ 對地名的命名淵源進行解釋，知其然並

---

① 陳長安：《邙山北魏墓誌中的洛陽地名及其相關問題》，《中原文物》1987 年增刊。
② 張劍：《關於北魏洛陽城里坊的幾個問題》，載《洛陽攷古四十年》，科學出版社 1996 年版。
③ 周偉洲：《陝西北周墓葬主死葬地攷》，《中國歷史地理論叢》1995 年第 1 期。
④ 牛潤珍：《東魏北齊鄴京里坊制度攷》，《晉陽學刊》2009 年第 6 期。
⑤ 盧海鳴：《六朝建康里坊制度探析》，《南京社會科學》1994 年第 6 期。
⑥ 王去非、趙超：《南京出土六朝墓誌綜攷》，《攷古》1990 年第 10 期。
⑦ 杜彤華：《從出土的東魏造像碑看歷史上獲嘉縣的地理位置》，《中原文物》1980 年第 4 期。
⑧ 華林甫：《中國地名學源流》序，湖南人民出版社、人民出版社 2010 年版。

知其所以然，從古至今關於地名的研究成果顯著。自我國第一部具有地名學研究內容的著作《漢書·地理志》問世以後，地名學研究的成果如雨後春筍大量湧現。《漢書·地理志》是我國最早系統解釋地名淵源的文獻，對60處地名的淵源作了解釋，成為我國地名學研究的開端。西漢谷梁赤最早提出"水北為陽，水南為陰"的地名命名原則，應劭最早提出"因山名縣"的地名命名原則雛形，圈稱在《陳留風俗傳》提出命以嘉名之說，"以大棘鄉、直陽鄉十二年自鄢隸之，命以嘉名曰己吾"，與應劭"取其嘉名"相映，是後世美願、祥瑞類地名的最早歸納。《越絕書》總結出"因事名之"的地名原則，後廣泛使用。楊衒之在《洛陽伽藍記》最早提出以年號命名地名的原則。酈道元的《水經注》解釋淵源的地名有1052處，對地名命名作出規律性的總結文字，歸納為原則，有些內容上升至地名學理論的高度。《郡縣釋名》《今縣釋名》是我國歷史上兩部專門解釋地名淵源的著作，詮釋地名淵源，涉及自然地理、人文地理兩大類，主要有因水為名、因山為名、方位地名、物產地名、地形地名、數字地名、形象地名、美願地名、史跡地名、姓氏人物地名、年號地名、移民地名、古書文義為地名等30多種命名理據。由這些可知自東漢以來對地名淵源進行研究的成果頗多，地名的命名原則也十分完善。

鄉里村坊是記錄古代鄉、里名稱的詞語，作為一種特殊的詞匯，對其展開分析有着必要性和重要性。與州、郡、縣相比，鄉、里涉及的區域較小，雖小卻與生活緊密相聯，命名亦有規律，常璩《華陽國志·蜀志》總結"於上江上多作橋，故蜀立里，多以橋為名"，沖橋附近為沖里、夷橋附近為夷里，笮里、萬里、昇仙里、永平里諸如此類，對里名命名規律作出總結。

對出土文獻鄉里名的分析，主要體現在漢簡和墓誌。周振鶴《新舊漢簡所見縣名和里名》總結漢代鄉里的命名原則，指出漢代里名取自嘉名。[①] 對北魏洛陽墓誌記載的鄉里名稱的命名特徵進行概括，

---

① 周振鶴：《新舊漢簡所見縣名和里名》，《歷史地理》第12輯，上海人民出版社1995年版。

❖ 第一章　漢魏六朝石刻鄉里村坊概述 ❖

《北魏洛陽坊制度探微》歸納了以儒家思想命名、以地理特點命名、以居住人員性質命名三條原則。① 侯旭東在《北朝村民的生活世界——朝廷、州縣與村里》附帶提及北朝鄉里名以儒家思想為命名原則。②

三　文化研究

人類文明的任何成果都離不開文化，鄉里詞語自然也不例外。文化有表層和深層之分，不管時代、社會、政治或經濟發生任何變動，深層文化都長期潛在於文化中，影響着人們。鄉里地名作為中國文化的一個鏈條而存在，原本只是表示一個地理實體的代名詞，但在使用過程中人們賦予其文化元素，於是便賦有了社會內涵。最初，鄉里只是作為一種制度出現，統治者實施鄉里制度的最根本目的是為了編戶，將老百姓和腳下的土地束縛在一起，本意是為了維護封建統治的穩固。然而人們世代生活在這裏，生於斯長於斯，聚族而居，聚族而葬，這裏是血緣與地緣的融合，對這片土地產生了特殊的情感，於是用來稱呼這片土地的鄉里詞語也就有了更深層的文化意義。

著於本土與遷徙的研究。日本學者中村圭爾《關於南朝貴族地緣性的考察——以對僑郡縣的探討為中心》依據近年南京出土的六朝墓誌，對僑置郡縣後北方士族的籍貫、僑寓地、墓地關係進行分析，認為士族的等級與原籍是否被僑置有着深刻的關係。③

鄉里村落與居民生活的研究。《北魏遷都後官貴之家在洛陽的居住里坊考》從洛陽出土的墓誌入手，結合《洛陽伽藍記》的記載，分析北魏後期官貴之家具體的居住里坊，總結北魏洛陽城的基本的居住原則。④ 以造像記中的村落為切入點，《北朝鄉里制度與村民的生活世界——以石刻為中心的考察》認為鄉里編制雖普遍存在，但村民

---

① 張金龍：《北魏洛陽里坊制度探微》，《歷史研究》1999 年第 5 期。
② 侯旭東：《北朝村民的生活世界——朝廷、州縣與村里》，商務印書館 2010 年版，第 152 頁。
③ ［日］中村圭爾著，劉馳譯：《關於南朝貴族地緣性的考察——以對僑郡縣的探討為中心》，《南京曉莊學院學報》2005 年第 4 期。
④ 張金龍：《北魏遷都後官貴之家在洛陽的居住里坊》，《河洛史志》2000 年第 1 期。

對此認同感不強，而是對村落表現出更強的歸屬感。①

偽冒郡望與世家大族的研究。世家大族的郡縣鄉里地望，家族成員以之為榮，使得某個鄉、里不論是在空間上，還是在時間上都成為一個不可替代的符號，由此引發偽冒郡望。《"攀附先世"與"偽冒士籍"——以渤海高氏為中心的研究》分析高崇、高肇等通過種種手段冒姓高氏，從墓誌記載的相關內容探討攀附先世和偽冒士族情況。②

鄉里村落與民族融合的研究。利用碑銘題名對少數民族進行研究的成果佳者，首推馬長壽先生《碑銘所見前秦至隋初的關中部族》一書，利用20餘方碑銘及造像題記中的姓氏、官爵、里居、親屬關係，闡明關中古部族的各類淵源、姓氏變遷、地域分布、婚姻關係、階級分化、部族融合以及關於北朝官制和地理沿革等問題。③

第五節　漢魏六朝石刻鄉里村坊之再研究

前賢學者對出土文獻鄉里的研究取得了豐富成果，為開展後續研究奠定了良好的基礎。但仍需看到目前研究還存在不足：一是研究數量不多。目力所及，僅有一些單篇論文，這與其龐大的鄉里地名記載不相稱；二是缺少定量分析。偏重於個別鄉里的考釋，缺乏對系統的整體關注和全面考察，難以把握其命名的本質和規律；三是研究視角單一。現有研究成果集中於鄉里考或數目勘補，在得名緣由、文化內涵及應用、鄉里發展與演變等方面關注不足；四是研究範圍有限。都城里坊是研究重點，縣以下鄉里則較少涉及。

一　本書研究對象

研究對象為漢魏六朝時期石刻中的鄉、里、村、坊等各種居民聚居地，因涉及朝代變更及名稱差異，為便於稱謂，統稱為"鄉里

---

① 侯旭東：《北朝鄉里制度與村民的生活世界——以石刻為中心的考察》，《歷史研究》2001年第6期。
② 仇鹿鳴：《"攀附先世"與"偽冒士籍"——以渤海高氏為中心的研究》，《歷史研究》2008年第2期。
③ 馬長壽：《碑銘所見前秦至隋初的關中部族》，中華書局1965年版。

地名"。

所用石刻材料時段為西漢至北周,不包括隋代石刻。鄉、里的基層制度興於漢代,隋代雖上承齊、周、梁、陳,但各項制度的建設與唐代更趨於一致。隋代墓誌等相關材料主要集中在隋代洛陽、長安兩地,學者對這兩地的墓誌開展了專門研究。基於此,本書不收隋代墓誌,僅在論述時以隋代墓誌作為論述的支撐材料。

二 材料來源

主要是漢魏六朝時期的石刻材料,包括墓誌、買地券、鎮墓文、造像記、碑銘、經幢、刻經題記、摩崖題記、瓦當、畫像石、石闕及其它建築石刻等材料,也有少量衣物疏、名刺等。適當搜集漢簡、三國吳簡、漢印、封泥等材料補充說明。

1. 書籍著錄類

借助前人已有的整理與研究的成果,包括兩大類:另一類是材料集成類,即將石刻材料的釋文或拓版集結成書,方便使用;一類是學者收集某一時期或專題的材料匯集成書,給予匯釋。

1)材料集成類

《北京圖書館藏中國歷代石刻拓本匯編》,簡稱《北圖拓本匯編》,1989年中州古籍出版社出版,匯集從戰國至民國時期的諸多石刻拓本,共100冊。

《洛陽新獲七朝墓誌》,齊運通編,2012年出版,收錄各代新出土墓誌400餘方,均為近年出土,其中收錄隋代以前的墓誌44方。

《邙洛碑誌三百種》,趙君平、趙文成編,中華書局2004年版。《河洛墓刻拾零》,趙君平、趙文成編,書目文獻出版社2007年出版,計收墓誌碑刻509篇。此兩書均收洛陽地區出土的墓刻拓片(包括磚刻和石刻),材料較新,多為新出土和世所未刊者。又有《秦晉豫新出土墓誌搜佚》,國家圖書館出版社2011年出版,全書共四冊,將陝西、山西、河南三省新出土的墓誌700餘方匯為一編,其中大多數墓誌為首次公布。

《新中國出土墓誌》薈萃中華人民共和國成立後各省市出土墓誌,按出土地域分陝西卷、河南卷、山東卷、河北卷等諸冊,既刊拓片又附釋文。

《隸釋隸續》，宋代洪适編撰，是最早集錄漢魏石刻的文字專書，《隸釋》27卷，前19卷薈萃漢魏碑碣189種，《隸續》21卷，是《隸釋》的續編，輯錄續得碑刻，皆有相關攷釋。

《魯迅輯校石刻手稿》，由北京魯迅博物館、上海魯迅紀念館編輯，上海書畫出版社1986年出版。內容為魯迅於1915至1919年間收集的兩漢、三國、兩晉、南北朝及隋唐石刻拓本錄文和輯錄的金石著錄及地言志等有關記載，並校訂《金石萃編》等書，對碑文的脫誤進行補正。

《石刻史料新編》由臺灣新文豐出版公司影印出版，有一、二、三、四輯，楊殿珣編《石刻題跋索引》，日本學者高橋繼男編有《石刻史料新編（全四輯）書名、著者索引》，三者配合使用，查找20世紀50年代以前的石刻研究資料很方便。

2）材料集釋類

《漢魏六朝碑刻校注》，毛遠明師著，2008年綫裝書局出版，共10冊。該書全面搜集2007年以前所有已公布的或已出土而未公布的從西漢至北周約1417通碑刻拓片，包括碑碣、石闕、摩崖、畫像題記、地券、墓誌、鎮墓文、造像記、刻經記、佛經節縮刻石，第一次比較全面地反映了該時期碑刻的大體面貌。

《中國歷代契約會編攷釋》，張傳璽著，分上、下兩冊，由北京大學出版社出版。材料收自西周以後至民國，採取通史體例，面向全國和民族地區全面搜集，契類多樣，內容廣泛。其中兩漢43件，魏晉南北朝、高昌時期101件。這是一本較完備的關於買地券類的材料的書籍匯編。

《新出魏晉南北朝墓誌疏證》，羅新、葉煒著，中華書局2005年出版。此書所收魏晉南北朝墓誌，起三國之始（220），迄楊隋之末（618），皆是《漢魏南北朝墓誌集釋》《漢魏南北朝墓誌彙編》兩書未收錄的，為讀者提供較好的錄文，並對墓誌涉及的歷史、人物、事件等相關信息進行了詳實的疏證。

本書論述時涉及隋、唐墓誌，材料主要來自《唐代墓誌彙編》《隋代墓誌銘彙考》。《隋代墓誌銘彙考》，作者王其禕、周曉薇，綫

❖ 第一章 漢魏六朝石刻鄉里村坊概述 ❖

裝書局2007年版，共6冊。此書"悉數統合並系統化編理迄今所能見知之隋代墓誌銘的原始文字與拓本資料以及相關信息，更附以前人攷跋之主要和編者校勘之雜識……"① 共收錄隋代墓誌643種，凡獲以識見的墓誌銘文均在收錄範圍。《唐代墓誌彙編》，由周紹良、趙超主編，1992年上海古籍出版社出版，共收錄唐代墓誌3600餘方，此書是唐代墓誌銘錄文的總匯。後有《唐代墓誌彙編續集》出版。

2. 期刊類

攷古類雜志《文物》《攷古》《攷古學報》《攷古與文物》《文博》《北方文物》《中原文物》《四川文物》《華夏攷古》《江漢攷古》《文物春秋》《中國歷史文物》等公布發掘簡報，或多或少涉及；書法類雜志《書法叢刊》《中國書法》《青少年書法》《收藏家》《藝術》等，近年來有一些新的材料公布。

3. 網絡類

各個有關碑刻的網站，如中國碑刻網、中國書法網等網站，時有一些新出土墓誌拓片公布，可作為新材料進行補充，使用時要注意識別真偽。

三 關於材料鑒定

材料準確與否直接影響研究結論，一份存疑或錯誤的材料將否定所做的研究結論。石刻準確性的使用是利用金石材料進行整理和研究中一項重要而困難的工作，主要涉及二個方面：材料的識讀、碑刻辨偽。

1. 準確識讀石刻材料

准確識讀材料，是整理與研究的第一步。六朝材料，前人曾感慨"六朝書體，滿目蓁蕪"，碑版釋讀較為困難。加之漢魏六朝是漢字由篆書到隸書再到楷書的重要發展時期，字形的改變，書體的變化，文字工具簡易性的客觀要求等，促使人們進行各種探索和多頭嘗試，造出大量的異體字、俗字、訛混字，這些都加大了釋讀的難度。宋代以來已出土的漢魏六朝碑銘，有一部分有人陸續釋讀過，但在不同程

---

① 王其禕、周曉薇：《隋代墓誌銘彙考》序，線裝書局2007年版。

度上存在釋讀方面的問題,文獻的真實性、準確性無疑會受到不同程度的影響。

《文物》2005 年第 10 期刊登《湖北鄂州郭家細灣六朝墓》一文,對郭家細灣出土的六朝墓發掘情況作了詳細的闡述。① 其中 M8 墓出土三塊磚質買地券,均刻有文字,記載墓葬及墓主的原始信息。《六朝墓》提供了買地券摹本,雖不能完全呈現磚券文字原貌,但大致記錄地券內容。文章稱:"M8 出土的買地券是本次發掘的重要收穫,不僅記載了墓主生卒日期,還記載了墓地所在地為武昌郡武昌縣都鄉石甅里,以及墓主生前居住地為武昌郡武昌縣東鄉新年里前羅江。"② 結論應基於摹本釋讀的基礎上,然而細揣摹本,筆者認為此結論有待商榷。

首先關於葬地"武昌郡武昌縣都鄉石甅里"的釋讀。三塊買地券均刻"武昌郡武昌縣都鄉石甅里"字樣,其中"甅"的形體分別為:

簡報釋讀為"甅",然而遍查字書及石刻未見"甅"有此形體。如武平元年《劉雙仁墓誌》"重甅迭印"作𪚥,熙平二年《元新成妃李氏墓誌》"甅玉相承"作𪚦,有時下部訛變為"飛",神甅元年《元浚嬪耿壽姬墓誌》"神甅元年"作𪚧。顯然買地券形體無一合乎時制。依筆者看,買地券的"甅"釋讀有誤,依摹本字形當是兩個字,上一字釋為"甅",下一字釋為"環",故"石甅里"應是"石甅環里"之誤。

其次關於居住地"武昌郡武昌縣東鄉新年里前羅江"的釋讀,有二處文字可探討。

一處是新年里。其中"年"分別在券一、券三出現,券一摹本作 𠂤,券三摹本作 𠂉,此字簡報皆釋作"年"。從摹本本身看,𠂤、𠂉是兩個不同的字。二券中的這個里名應表示同一居所,顯然簡報摹本

---

① 《湖北鄂州郭家細湾六朝墓》下文简称《六朝墓》。
② 黄义军、徐劲松、何建萍:《湖北鄂州郭家細灣六朝墓》,《文物》2005 年第 10 期。

◆ 第一章　漢魏六朝石刻鄉里村坊概述 ◆

有誤。但不論是券一還是券二，都不可能是"年"字：其一，六朝墓誌中"年"未見此寫法；其二，券一有"年六十五"中"年"作"年"，與于、平形體相差甚遠。因此新年里恐誤，依字形作"新平里"更恰當。

另一處是"前羅江"，《六朝墓》認為前羅江是地名。六朝墓誌對居住地和葬地表述多為"州—郡—縣—鄉—里"，或"州—郡—縣—鄉—里—村"，如元嘉九年《王佛女買地券》："宋元嘉九年，太歲壬申，十一月壬寅朔，廿日辛□，□□□□□□□都鄉仁儀里王佛女，薄命□□□□□下歸黃泉。今為佛女占買彭城郡□□□北鄉□城里村南龜山為墓田百畝。"券中"彭城郡□□□北鄉□城里村南龜山"即王佛女葬地。"武昌郡武昌縣東鄉新平里前羅江"，武昌郡武昌縣東鄉新平里表明墓主的鄉里籍貫，前羅江概表示小的地名。然而從字面意思看，"前羅江"應是一條河名或江名，似乎不合文意。

再細審摹本。

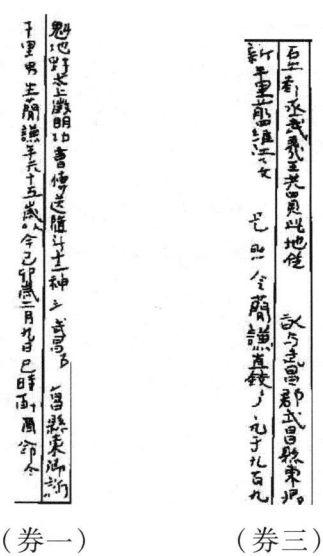

（券一）　　（券三）

釋讀與墓主相關的文字內容可以補充更多信息。

券一內容："……武昌郡武昌縣東鄉新平里男生簡謙年六十五歲，以今己卯歲二月九日巳時……"

券三內容："……武昌郡武昌縣東鄉新平里前羅江之　兄縣令簡

· 29 ·

謙……"。

據此，結合券一背面文字"亡者謙"及券三"武昌縣令謙"，可知買地券的主人是簡謙，即 M8 墓主是簡謙。

券三"前羅江之兄"是何意呢？再看買地券摹本中"前羅江"三字：

文字豎行排列，摹本不太精準，細細推究，實際這就是一個人名："藍維江"，這也能與下文"之兄縣令簡謙"句意順承。《六朝墓》將字拆解，人名誤作地名。因此券三相關信息當是"武昌郡武昌縣東鄉新平里藍維江之兄縣令簡謙"，表明第三塊買地券是墓主簡謙的弟弟藍維江為兄長刊刻。但存在疑惑處：簡謙與藍維江兩兄弟，一個簡姓，一個藍姓，為何異姓？筆者認為並非異姓，概是摹本之誤。買地券年代久遠，字跡模糊，摹本中"藍""蕳"形體相近，不易區分。未見到買地券原石，因此不能確定墓主及其弟姓氏是"藍"還是"簡"。依據前後簡謙姓名摹寫情況，大致推測其弟是"簡維江"。

郭家細灣發掘的墓葬出土物大多為生活用品，唯獨 M8 墓右室出土陶三足硯，由此可知墓主簡謙的文人地位，這也與其縣令身份相符。M8 墓為雙室墓，概是簡謙與妻合葬墓，簡謙葬在右室。

綜上所述，M8 墓主相關情況如下：墓主簡謙，武昌郡武昌縣東鄉新平里人，生前曾任武昌縣令，南朝宋元嘉十六年二月九日卒，享年六十五歲。同年十二月二日，其弟簡維江將兄長葬在武昌郡武昌縣都鄉石鼉環里，並刊刻買地券。

因此，鑒於各類專著、期刊上已有的碑刻銘文釋讀品質參差不齊，識讀時既要借鑒前人研究成果，更要充分利用碑刻原物、拓本，盡可能找到同一碑刻的多種拓本與已有的部分碑刻錄文、題跋、石刻文字匯編等資料，採用衆本校勘，嚴格按照碑版釋讀，進行互校。如東晉《周闡墓碑》，既有周闡銅牌問世，又有《吳興金石志》《說郛》

❖ 第一章 漢魏六朝石刻鄉里村坊概述 ❖

《澗泉日記》《岩下放言》諸書記載，而內容不盡相同，究竟墓碑情況如何，唯有將所見相關材料進行綜合勘照。經過精心校勘之後的材料，大大提高了碑刻文獻自身的價值，最大程度地呈現語料的真實性和可靠性。

2. 石刻辨偽

碑刻文獻中存在不少贗品，往往以假亂真，讓人受騙上當。作偽目的皆有不同，或利益所使，為牟取暴利；或興趣所致，以資炫耀。《八瓊室金石補正·凡例》："碑估妄託，所在多有好事文人，間亦作偽。"① 如何辨偽，這也是正確使用材料的前提。《碑刻文獻學通論》一書在碑刻文獻的辨偽方面，提出據前人著錄、碑刻形制、書法特徵、避諱、藏印、石花、字口、語言文字、銘刻內容等近十種辨偽方法，值得借鑒。②

《漢武晉侯齊文師碑》見於日本京都大學藏中國歷代碑刻拓片目錄及拓片，編號為 KAN0008X。③ 此碑歷代各家均未有著錄，公布材料未見相關情況介紹。疑為偽作。碑文錄於下（標點為筆者加）：

武晉侯之墓
唯大漢永元元年三月四日，／武晉侯齊公文師，字伯恭，【卒】／於洛陽之歸顙里第，時年五十又四。八月一日己卯葬／於正夏里之左。／夫人公安曹氏。子若安，永安／太守，／女西予，適宜春王氏。

該碑文所載地理名稱有三處疑點：

一處是公安縣。夫人公安曹氏，公安即其籍貫。公安為古縣名，始建於漢高祖5年（前202），時名孱陵縣，屬武陵郡，東漢建安十四年（209）劉備屯兵油江口，稱左將軍，取"左公之所安"之意，因而得名。《荊州記》："先主敗於襄陽，奔荊州，吳大帝擢先主為左

---

① （清）陸增祥：《八瓊室金石補正》凡例，文物出版社1985年版。
② 毛遠明師：《碑刻文獻學通論》，中華書局2007年版。
③ 《武晉侯齊文師碑》見日本京都大學藏拓片目錄及拓片，編號為KAN0008X。

將軍、荊州牧,鎮油口,即居此城。時號先主為公,故名其城曰公安。"《後漢書·郡國志》"武陵郡"屠陵條劉昭注引《魏氏春秋》曰:"劉備在荊州所都,改曰公安。"由此可知,公安得名是在公元209年以後。而此碑所言時間為永元元年(89),此時尚未有公安縣名。

二處是永安郡。"子永安太守",永安太守即為永安郡的長官。然而東漢永元年間無永安郡,有永安縣屬河東郡,為猗縣更名。《後漢書·郡國志》河東郡永安縣條劉昭注:"故猗,陽嘉二年更名,有霍大山。"陽嘉二年即公元133年。改猗縣為永安縣是公元133年的事,永元元年(89)永安仍為猗縣。這中間相差數十年,顯然碑文記錄大誤。

三處是里坊名。歸穎里、正夏里未見於洛陽里坊相關記載,且從總體來看,與洛陽里坊的命名規律不一致。

漢魏南北朝時期的墓誌,"以時代論,碑刻傳世少的時代作偽者多,假託西漢、魏晉碑刻者往往有之"。① 雖然如此,由於碑刻記鄉里盛行的時期是北朝,魏晉以前的偽誌、偽碑都較少涉及鄉里。偽刻墓誌記載鄉里較含混,或直言第,或直言山名,大多不涉及具體鄉里,以掩"狐狸尾巴",但也有一些涉及鄉里。誠然,研究的立足點應是真正的古墓誌,但我們可以試著從另外一個角度來看看偽誌如何表述鄉里詞語。對漢魏六朝碑刻材料偽刻墓誌鄉里進行概括,大概分為以下幾類:

1)沿用舊誌的鄉里地名

偽墓誌沿用舊墓誌鄉里是最常見的做法,有二種方式:

一是誌文全文抄襲,涉及鄉里亦抄襲。如《王曉墓誌》與《王基墓誌》。《王基墓誌》多書收藏,《洛陽出土時地記》言"民國十六年(1927),洛陽城東北東山嶺頭村南三里出土,無塚,東西山嶺頭村人掘得之。石存西安碑林。"②《王曉墓誌》存拓《洛陽出土歷代墓

---

① 毛遠明師:《碑刻文獻學通論》,中華書局2007年版,第339頁。
② 郭培育、郭培智主編:《洛陽出土石刻時地記》,大象出版社2005年版,第25頁。

❖ 第一章　漢魏六朝石刻鄉里村坊概述 ❖

誌輯繩》，刊於正光四年（523）十月二十日，石存洛陽。① 兩誌除誌主介紹不相同處，其餘完全相同。王基墓誌是村人掘得，王曉墓誌並未同時出土，很明顯不是一墓兩誌。王基誌為真，則王曉誌為假，然誌中的"永康里"，北魏洛陽里坊確實有此里名。

二是僅郡縣鄉里等地名相同，其餘誌文內容不同。《元容墓誌》是偽刻，誌言"魏徐州琅耶郡臨沂縣都鄉南仁里通直散騎常侍臨安王元公志銘"②，徐州琅耶郡臨沂縣都鄉南仁里是晉代琅耶王氏之祖籍，元容自稱元氏，是北魏鮮卑氏，怎麼籍貫會是都鄉南仁里呢？

2）襲用舊書籍中的鄉里地名

偽刻借用傳世文獻舊籍中鄉里以充實誌文內容，對於辨偽工作來說，這是棘手的事情。以舊籍來求證誌文，則此誌所記地理舊籍已有，易擾亂辨偽之結論。

永平里，始光二年（425）《靳英墓誌》："其年（始光二年）八月壬戌廿二日葬於北邙永平里。"③《洛陽出土墓誌輯繩》言洛陽出土，據《六朝墓誌檢要》記《靳英墓誌》為偽作。④《靳英墓誌》"永平里"出自《洛陽伽藍記》，《洛陽伽藍記·城北·凝玄寺》："凝玄寺，閹官濟州刺史賈璨所立也。在廣莫門外一里御道東，所謂永平里也。"⑤ 永平里在廣莫門外，邙山東南。2003 年春洛陽市孟津縣邙山出土景明二年（501）《張問墓誌》："景明二年七月廿四日遘疾終於永平里第。"⑥ 亦記永平里，這是真誌。

3）捏造鄉里地名

這是偽刻最常見的記載鄉里方法，主要是由於墓誌鄉里地名在文獻中記載很少，人們很難在史書、舊誌等材料找到印證，無法從地理

---

① 洛陽市文物工作隊：《洛陽出土歷代墓誌輯繩》，中國社會科學出版社1996年版，第36頁。
② 朱亮：《洛陽出土北魏墓誌選編》，科學出版社2001年版，第192頁。
③ 洛陽市文物工作隊：《洛陽出土歷代墓誌輯繩》，中國社會科學出版社1996年版，第14頁。
④ 王壯弘、馬成名：《六朝墓誌檢要》，上海書畫出版社1985年版，第44頁。
⑤ （北魏）楊衒之撰，周祖謨校釋：《洛陽伽藍記》卷五，中華書局1963年版，第180頁。
⑥ 趙君平、趙文成：《河洛墓刻拾零》，北京圖書館出版社2007年版，第31頁。

詞語的考證方面確定真偽，從而增加了辨偽難度。

正光元年（520）《建武將軍梁州刺史唐君墓誌》："君諱雲，字欝深，河南雒陽道中里人。正光元年三月九日殞於景義里。其年九月十二日葬於追遠里之南。"①《北圖拓本匯編》言洛陽市出土。《六朝墓誌檢要》《漢魏南北朝墓誌彙編》皆指出其為偽刻。②"道中里、景義里、追遠里"三個洛陽里名是作偽者杜撰的。再如，正光五年（524）《譚菜墓誌》："君諱菜，字仲芳，肥如靈泉鄉正平里人。"《漢魏南北朝墓誌彙編》列入偽刻目錄，"肥如縣靈泉鄉正平里"未見其他材料記載。

---

① 洛陽市文物工作隊：《洛陽出土歷代墓誌輯繩》，中國社會科學出版社 1996 年版，第 32 頁。

② 王壯弘、馬成名：《六朝墓誌檢要》，上海書畫出版社 1985 年版，第 109 頁。

第二章

漢魏六朝石刻郡縣鄉里攷

第一節 漢魏石刻鄉里攷

一 魯縣之鄉里

1.【安漢里】

"山魯市東安漢里禹石也",是曲阜漢代畫像石刻,過去習稱"東安漢里畫象",《漢代畫象全集》存拓,言此石出土於"山東省曲阜縣東十二里,窯瓦頭村"。① 如何釋讀"山魯市東安漢里禹石也",歷來有不同看法。

《略論曲阜"東安漢里畫象"石》一文認為此畫像石應稱"安漢里畫象":

> 初步考慮,其意是為墓葬死者標銘地點、用途的。過去都以銘文中的"東安漢里"四字來命名這組畫象,大概是作為地名理解的。但"東安漢里"是指東邊的安漢里或者是東安縣漢里,不能確知。若把"東安"二字聯成一詞讀為縣名,是不符合實際的。漢代雖有東安縣,西漢時屬城陽國、東漢時屬於琅玡國,其地望在今山東省東南部的臨沂縣以北,距曲阜縣以東好幾百里,在曲阜一地漢代無東安縣設置。東、安二字不應聯成一詞,應把東字和上面的魯市二字相聯讀,即指魯市以東。魯市概是魯縣治的又稱,漢代的魯縣即在今日的曲阜。安漢里應讀為一詞,即里

---

① 傅惜華輯:《漢代畫象全集初編》圖57—80,中法漢學研究所,1950年。

的名稱；根據出土於曲阜縣城東的實際地點，其位置也正在魯縣以東。……總起來看，這段題字說明是魯縣以東安漢里的一處石墓。若此解大體無誤的話，這組畫象的名稱應稱為"安漢里畫象石"，或"安漢里禹石畫象"。①

李發林認為，此組畫像石是山陽郡魯國縣東安里漢朝人一個姓里名禹的死者的基石：

> 山字，則是指山陽郡。這意味著，魯國在西漢某個時期受山陽郡的管轄。故魯字上冠以山字。……東安二字在魯市之後，表明只能是里或鄉的名稱。漢代刻銘，其上為縣市名稱，其下必為鄉、里名稱。故不可能是東安縣。……故魯市二字之後的東安二字，必為鄉或里的名稱，而不可能是縣的名稱。②

並舉拓片"河平三年八月丁卯漢里禹墓"為證。

兩家說法均有可取之處。綜合兩家說法，"山"概是山陽郡之省稱，"魯市"為魯縣治又稱，這是兩家都贊成的觀點。"東安漢里"，兩說有分歧，前者認為是魯市以東的安漢里，後者認為是東安里漢朝人里禹。對此，筆者認為可理解為東鄉安漢里，"東"是東鄉的省稱，安漢里是里名。或者可理解為市東鄉安漢里，但結合漢簡記載情況看，漢代鄉里命名多以"市"為地標來命里名，未見以"市"命鄉名者，因此理解為東鄉更合適。"山魯市東安漢里"，是指山陽郡魯縣市東鄉安漢里。

從其他畫像石的記載也可以證明。延平元年（106）《陽三老石堂畫像題字》記魯縣有北鄉，"延平元年，十二月甲辰朔，十四日，石堂畢成，時太歲在丙午，魯北鄉侯自思省居在鄉里……"③清光緒十四年曲阜出土。《漢書·地理志》齊郡北鄉侯國，周振鶴攷證"北

---

① 蔣英炬：《略論"東安漢里畫像"石》，《攷古》1985年第12期。
② 李發林：《"山魯市東安漢里禹石也"簡釋》，《攷古》1987年第10期。
③ 《北京圖書館藏歷代碑刻拓本匯編》第一冊，第37頁，以下簡稱《北圖拓本匯編》。

❖ 第二章　漢魏六朝石刻郡縣鄉里攷 ❖

鄉侯國位於東安平北部的齊郡境內"。① 此北鄉侯非彼北鄉侯。魯北鄉侯即魯國的北鄉鄉侯，這表明漢代魯縣有北鄉。由此知魯縣的鄉以東、西、南、北方位命名。這表明將"東安漢里"理解為東鄉安漢里是可行的。而且"山魯市東安漢里"畫像石出土位置在曲阜縣城東12里處，這也符合東鄉的位置指向。

安漢里之稱亦見居延漢簡：

　　吏□□昭武安漢里居合（《居延漢簡》38·23）
　　☐子姚德自言兄破胡取同縣安漢里（《居延漢簡》67·1）
　　昭武安漢里公乘☐（《居延漢簡》77·44）
　　氐池騎士安漢里解它　（《居延漢簡》564·4）
　　安漢里男子孔卿年使者都中（《居延新簡》5:146）

居延漢簡中昭武、氐池縣分別有安漢里，這與魯縣安漢里沒有關係，是同名異地。這說明在漢代，安漢里常用作里名。由此筆者更贊成蔣先生的觀點，此石刻為魯縣東鄉安漢里的禹所有。

2.【新富里】

1992年2月24日，一塊東漢初年的刻石在山東曲阜引泗調水工程施工中被發現。此石在曲阜城北，原漢代城牆附近出土，距地表3米處。正面陰刻隸書"建武廿二年十月作瀆新富里"12個字。② "建武"是東漢王朝的建立者劉秀的年號，東漢建武廿二年即公元46年。"作瀆新富里"是在新富里挖溝做水渠時石工刻下的文字，"新富里"是當時居民聚居的一個地方，石刻出土地應該就是東漢新富里的位置，即漢代魯城的東北處。因新富里在城牆附近，且作瀆用以排水，基本可確定此里為城內都鄉之里。

另永壽二年（156）《韓勅造孔廟禮器碑》記："顏氏聖舅，家居魯親里。亓官聖妃，在安樂里。"③

---

① 周振鶴：《西漢齊郡北鄉侯國地望攷》，《復旦學報》（社會科學版）1980年第S1期。
② 胡濤、孟繼新：《東漢新富里刻石在曲阜面世》，《中國文物報》1992年第39期。
③ 《北圖拓本匯編》第一冊，第110頁；《隸釋隸續》卷一。

由以上知石刻鄉里詞語記載了漢代魯縣有東鄉、北鄉、都鄉3個鄉，有新富里、安漢里、親里、安樂里四個里。

二　平陰縣之鄉里

1.【偃人鄉莨富里】

延熹四年（161）《鐘仲遊妻鎮墓券》："延熹四年九月丙辰朔卅日乙酉直閉……今平陰偃人鄉莨富里鐘仲遊妻薄命蚤死，今來下葬。""此券近世出孟津"①，地點在漢代平陰縣境。"偃"，有倒、臥義，"偃人"有壓迫人義，此名似與漢代取嘉名原則不符。

平陰縣有都鄉市南里、偃人鄉莨富里，顯然偃人鄉莨富里是郊外的鄉與里。

2.【都鄉市南里】

光和元年（178）《曹仲成買地鉛券》："光和元年十二月丙午朔十五日，平陰都鄉市南里曹仲成，從同縣男子陳胡奴買長穀亭馬領佰北塚田六畝。"② 平陰都鄉市南里，魯西奇先生論述："都鄉，即縣治所在之鄉；市南里屬於都鄉，亦當在縣城附近。""長穀亭部以長穀為稱，或南近穀水，即在平陰縣東南境，與王末卿所記之河南縣皋門亭部相隔不會太遠。"③ 市南里，在城內"市"之南。

三　【五風里】

建寧元年（168）《諸暨買地券》："兄弟九人，從山公買山一丘於五風里，葬父禹銜將，直錢六十萬，即日交畢。分置券台，合券大吉。立右。建寧元年二月朔。□□□□律令。"磚左側書"建寧元年一月五風里番延壽墓。"④（見下頁圖）

"五風里"，光緒《諸暨縣志·山水》記諸暨縣有五鳳嶺，因地形似五只鳳凰而得名，"豎龍山在縣東五十里，屬孝義鄉。山自走馬

---

① 羅振玉：《貞松堂集古遺文》（下冊），北京圖書館出版社2003年版，第356—357頁。
② 張傳璽：《中國歷代契約會編攷釋》，北京大學出版社1995年版，第51頁。
③ 魯西奇：《漢代買地券的實質、淵源、意義》，《中國史研究》2006年第1期。
④ 楊士安：《漢諸暨五風里馬氏買地券》，《諸暨散論》，作家出版社2001年版，第49—50頁。

❖ 第二章 漢魏六朝石刻郡縣鄉里攷 ❖

崗發脈櫟橋港之源出焉，初名右溪。……琴弦崗水東北流，至八字橋注於右溪……又北流經大林"注："明新會縣丞周於德故里，即古龍泉里。……里左為五鳳嶺，右為磨箭坪。"① 據此，楊士安、王燕飛等認為券中五風里即古龍泉里，又作五鳳里，因近處五鳳嶺而得名，即今諸暨縣舞鳳鄉大林村。② 攷證從命名理據出發，並結合地形特征，似有道理。但這方買地券疑點頗多，目前所公布的情況竟有數種版本。

第一種，言券出諸暨市東白湖鎮琴弦崗村，現藏諸暨市博物館。③《紹興圖書館館藏地方碑拓選》收有拓片。

第二種，《中國法制史研究土地法取引法》稱其為"瓦券"，並附拓片。與前者文字內容相同。日本中村不折書道博物館藏此券，出土地為浙江山陰（今紹興）。④

第三種，《中國歷代契約會編攷釋》錄券文，疑其偽。⑤

---

① （清）蔣鴻藻纂：光緒《諸暨縣志》卷十山水志六，中國地方志集成，浙江府縣志輯第41冊，江蘇古籍出版社1993年版。
② 楊士安：《漢諸暨五風里馬氏買地券》，《諸暨散論》，作家出版社2001年版，第49—50頁；王燕飛：《"買地券"的文獻價值——以紹興圖書館"大吉買地山記刻石"和"建寧買地券"拓片為中心》，《圖書與情報》2009年第4期。
③ 同上。
④ ［日］仁田井陞：《中國法制史研究》第二卷（土地法·取引法），東京大學出版會1960年版，圖版406頁、錄文420—421頁。
⑤ 張傳璽：《中國歷代契約會編攷釋》，北京大學出版社1995年版，第63頁。

第四種，2012年《紹興日報》標題《市區首次發現漢代買地券磚》，介紹紹興市區會稽甏市民收藏到東漢建寧元年買地券磚，銘文"建寧元年正月合□□□，即日交畢，五鳳里葬馬□□"，側面銘"建寧元年山陰五鳳里莊壽基節"，據傳紹興出土。①（見本頁圖）

對此有頗多疑惑：

第一，《紹興日報》公布獲券時間是2012年，前三種皆為20世紀90年代，為何一券有數份。將拓片進行比較，雖內容差不多，但形制相差甚大。

第二，地券的出土地點或言紹興出土，或諸暨出土，兩地相差數十公里，出土地點不明確。中村書道博物館藏此券，稱出土於紹興，而楊先生等攷證五鳳里為今諸暨舞鳳鄉。

第三，"建寧元年二月朔"似與東漢紀年表述不合，朔一般在朔旦干支後，而此處直接在月後，時間表示方式不合東漢習慣。

第四，關於地券的材質性質說法不同。仁田井陞稱此券是"瓦券"，而其他三種說法皆說是磚券。

此外，券中"合莿大吉"與三國吳《神鳳元年會稽孫鼎買地磚券》"大吳神鳳元年壬申三月破莿大（？）吉"相同，後者疑是偽刻。②

有如此多的疑惑，對此券的真實性存疑，暫且作為一份材料列於此。

四　【博成里】

河北省望都縣二號漢墓位於望都縣東所藥村，1952年、1955年先後發掘，墓主為東漢太原太守劉公則。同時出土的有劉公則買地

---

① 沈瀟：《市區首次發現漢代買地券磚》，《紹興縣報》，2012年10月10日第11版。
② 張傳璽：《中國歷代契約會編攷釋》，北京大學出版社1995年版，第63頁。

第二章 漢魏六朝石刻郡縣鄉里考

券，券文在 1959 年出版的《望都二號漢墓》中公佈（拓片見本頁圖），內容為：

　　口和五二月口口口廿八日乙卯……太原太守中山蒲陰助所博成里劉公……早死今日合墓口口口口上至倉天下至黃泉青骨死人

劉公則自以家田三梁口……①

券文殘缺不全，對此《中國歷代契約會編攷釋》整理釋文：

[光] 和五年二月 [戊子朔] 廿八日乙卯……太原太守中山蒲陰縣所成里劉公…早死，今日合墓口口口口。上至倉天，下至黃泉。青骨死人劉公則自以家田三梁 [亭] ……得東佰索界八畝，南北長七十步，東西廣九十六步。……②

券文記載了劉公則的籍貫，然而針對其籍貫，各材料識讀不一。《望都二號漢墓》釋為"中山蒲陰助所博成里"，《早期買地券鎮墓文整理與研究》認為是"中山國蒲陰縣助所鄉博成里"③。

三者釋讀有差異，一言蒲陰助所博成里，一言蒲陰縣助所鄉博所里，一言蒲陰縣所成里。材料的識讀正確與否將影響到其正確使用。細審拓片，文字依稀可識。"陰"字下為縣，從文字結構及筆劃看顯然是"縣"，聯繫上下文即是蒲陰縣。《望都二號漢墓》之誤在於將"縣"拆分為"助、所"兩字。下面一字拓片為博，即"博"。據此，劉公則籍貫當是"中山蒲陰縣博成里"。

博成里是劉公的居里，筆者認為其名源自附近的一條河，即博水。要探討博成里，券文中葬地信息十分重要。"自以家田三梁 [亭] ……得東佰索界八畝"，這表明劉公則葬於居里附近三梁亭一帶的自家田地。以自家田地作為墓地的事常見，光和六年戴子起亦葬在自家田地，《戴子起買地券》載："都鄉戴子起自有父世一丘一頃，南至海，北至陸，東至□，西至千，上半天，下入淵。……"④ 券文談及面積有點誇張。"三梁亭"，北魏《水經注》亦有記載，《滱水》：

---

① 河北省文化局、文物工作隊：《望都二號漢墓》，文物出版社1959年版，第13、20頁圖版。
② 轉引自張傳璽《中國歷代契約會編攷釋》，北京大學出版社1995年版，第54頁。
③ 黃景春：《早期買地券鎮墓文整理與研究》，博士論文，華東師範大學，2004年。
④ 韓自強：《亳縣、阜陽出土漢代鉛券箋釋》，《文物研究》第三輯，轉引自羅操《從買地券看東漢時期的土地買賣和土地契約》，碩士論文，蘇州科技學院，2011年。

第二章　漢魏六朝石刻郡縣鄉里攷

"滱水又東北逕侯世縣故城南，又東北逕陵陽亭東，又北，左會博水，水出望都縣，東南流逕其縣故城南，王莽更名曰順調矣。又東南，潛入地下。博水又東南循瀆，重源湧發。東南逕三梁亭南，疑即古勺梁也。……博水又東南逕穀梁亭南，又東逕陽城縣，散為澤渚。"① 其中"博水又東南循瀆，重源湧發。東南逕三梁亭南，疑即古勺梁也"，說的是發源於今望都縣的博水從東南連上滱水，以地裏冒出泉水作為源頭，東南流經三梁亭南，疑是古勺梁之地。《水經注》與劉公買地券的記載相結合，就將博水、三梁亭、博成里聯繫起來，三者在地理位置上形成推導關係。

博水發源於望都縣，《漢書·地理志》："博水自望都，東至高陽入河。"《太平寰宇記》："源出中山望都縣，南入上博縣界，因為名。"望都縣內今有唐河、龍泉河、曲逆河、九龍河，而無博水。據《水經注疏》考證九龍河就是古博水，又名慶都河。"邑之附郭有泉源九，曰九龍泉，皆迸地面出，勢若噴珠，逶迤注於隍內，汪洋東注，為邑之勝。……隍東南隅有支流名玉帶河東注，名龍泉河，大有灌溉之利。"② 光緒《望都縣鄉土圖說·水道》："九龍泉環城四面，平地濆湧，會於隍中。東出為龍泉河。經出行東鄉一十八村莊出境，入清苑界。"③

三梁亭的位置，熊會貞實地考察在望都縣東④，王英輝考證三梁亭即戰國時的"古勺梁"之地就在如今河北望都縣城東部城郊，包括所藥村、樊家村、穀家村、葛家村等"一溜十八村"一帶。⑤

三梁亭在城東，博水流經城東出境，顯然博成里在三梁亭附近，且在博水流經域。筆者依此認為，博成里概在博水（今龍泉河）水勢巨大之處，即博水形成之處，《望都縣鄉土圖說·橋梁》："橋梁密

---

① （北魏）酈道元著，王先謙校：《水經注》卷一一，巴蜀書社1985年版，第237—238頁。
② （民國）王德乾纂修：民國二十三年《望都縣志》卷一輿地志，中國方志叢書第158號，成文出版社1969年版。
③ （清）陸是奎輯，光緒三十一年《望都縣鄉土圖說》，（民國）王德乾纂修，民國二十三年鉛印本《望都縣志》，中國方志叢書第158號，成文出版社1969年版，第709頁。
④ （北魏）酈道元注，（民國）楊守敬、熊會貞疏：《水經注疏》卷十一，江蘇古籍出版社1989年版。
⑤ 王英輝：《保定日報》2012年9月2日。

如繁星，不可勝數，數其當大道者，在龍泉河發源處，有東關南關北關三橋。南則戚里鋪橋，二里鋪小橋。北則十里鋪橋，八里莊橋。皆當南北大道衝九省之通衢者也。其在東鄉者曰所驛橋，為祁州達完唐之路。……按望邑水道，以龍泉為最巨，其發源處實涓涓細流耳，東行出境，始成巨川。"① 博成里位置在今望都縣城東所藥村一帶。

望都縣"在東鄉者曰所驛橋"，所驛橋附近有一個村落所驛村，發掘出北魏劉顏之墓。《劉顏墓誌》熙平元年（516）刻，言："君諱顏，字思顏，中山蒲陰永安鄉光賢里人也。"② 民國十九年在東門外所驛村南掘土得。③ 劉氏生前任博陵太守，卒後歸葬蒲陰縣故里。《魏書·地形志》記蒲陰縣，初屬中山郡，孝昌中分中山置北平郡，蒲陰隸北平郡。此在熙平年間，尚未分置，表明墓誌記載的劉顏籍貫是北魏時制。既然誌在所驛村出土，那麼永安鄉光賢里蓋亦在所驛村一帶。

劉公則墓出所藥村，劉顏墓出所驛村，所驛村與所藥村相鄰，原來是兩個村，今合并為一村。兩份材料出土地點接近，刊刻時間不同，墓主不同，所載鄉里亦不同。從東漢劉公至北魏劉顏，從"博成里"至"永安鄉光賢里"，是否可以推測今所藥村一帶是蒲陰縣劉姓世代的聚居地。

五 【西鄉常吉里】

永興二年（154）《薌他君祠堂畫像題記》1934年在山東東阿縣西南七十里的鐵頭山發現，題額為"東郡厥縣東阿西鄉常吉里薌他君石祠堂"。"常吉里"，許國平釋為"堂吉里"④，陳直、羅福頤皆釋作"常吉里"⑤，依據拓片，許氏顯然有誤。東郡厥縣東阿西鄉常吉里是

---

① 光緒三十一年陸是奎輯，《望都縣鄉土圖說》，（民國）王德乾纂修，民國二十三年鉛印本《望都縣志》，中國方志叢書第158號，成文出版社1969年版，第711頁。
② 《漢魏南北朝墓誌集釋》圖五八四；《漢魏六朝碑刻校注》第四冊，第311頁。
③ 王德乾纂修：民國二十三年《望都縣志》卷二輿地志二金石，中國方志叢書第158號，成文出版社1969年版。
④ 許國平：《漢薌他君祠堂石柱》，《紫禁城》，2002年。
⑤ 陳直：《漢薌他君石祠堂題字通考》，《西北大學學報》（哲學社會科學版）1979年第4期；羅福頤：《薌他君石祠堂題字解釋》，《故宮博物院院刊》1960年第2期。

鄉他君的籍貫。東郡，東漢屬兗州，下轄東阿縣。"厥縣東阿"，猶言其縣東阿，"厥"是語助詞。① 西鄉常吉里是東阿縣的鄉里名，西鄉自然在東阿縣以西。依照出土地點及鄉里名稱，東阿縣西鄉常吉里即在今山東東阿縣西南鐵頭山下。

六　東漢西河郡縣之鄉里

1.【富里】

永元四年（92）《公乘田魴畫像石墓題記》："西河大守都集掾，圜陽富里公乘田魴萬歲神室。永元四年閏月，其日甲午卒上郡白土，五月廿九日丙申葬縣北駒亭部大道東，高顯塚塋。"② 1997 年陝西綏德縣四十里鋪鎮後街村出土。③

2.【西鄉榆里】

"榆里"兩見於綏德東漢畫像石：

第一，延平元年（106）《田文成墓刻石》："西河太守掾圜陽榆里田文成萬年室延平元年十月十七日葬。"④ 1980 年綏德四十里鋪前街出土。

第二，永元十五年（103）《郭稚文刻石》："圜陽西鄉榆里郭稚文萬歲室宅永元十五年三月十九日造作居。"⑤ 1957 年綏德五里店出土。

這是關於東漢圜陽縣鄉里的材料。自 20 世紀 50 年代開始，綏德四十里鋪時有畫像石墓出土，知此處為東漢時期墓地。關於圜陽縣的位置，吳鎮烽《陝西地理沿革》說"今綏德無定河以東、黃河以西應為圜陽縣地""無定河當為古圜河"⑥，康蘭英、王志安亦認為"圜陽、圜陰應在今無定河兩岸尋找"⑦，《關於圜陽地望所在》綜合數方

---

① 羅福頤：《鄉他君石祠堂題字解釋》，《故宮博物院院刊》1960 年第 2 期。
② 榆林地區文管會、綏德縣博物館：《陝西綏德縣四十里鋪畫像石墓調查簡報》，《攷古與文物》2002 年第 3 期；康蘭英：《榆林碑石》，三秦出版社 2003 年版，圖 3 頁，錄文 203 頁。
③ 《簡報》言後街出土，《榆林碑石》言前街出土，以《簡報》為準。
④ 康蘭英：《榆林碑石》，三秦出版社 2003 年版，圖 12 頁，錄文 205 頁。
⑤ 同上書，圖 8 頁，錄文 204 頁。
⑥ 吳鎮烽：《陝西地理沿革》，陝西人民出版社 1981 年版。
⑦ 康蘭英、王志安：《陝西綏德縣四十里鋪畫像石墓調查簡報》，《攷古與文物》2002 年第 3 期。

綏德四十里鋪出土的畫像石，攷證圜陽縣治在綏德四十里鋪一帶，圜水即無定河。① 確定縣境的依據是畫像石墓。

這幾方刻石刊刻年代接近，田魴畫像記言圜陽富里，田文成、郭稚文兩題記所記鄉里詞語綜合，為西鄉榆里。關於田魴畫像記釋文的識讀要討論2處：

"富里"，《漢魏六朝碑刻校注》《漢碑全集》釋文錄"當里"②，《發掘簡報》及《榆林碑石》③ 釋為"富里"，依拓片富字形，識讀為"富"更恰當。"富里"漢簡亦見：

□居觻得富里□□□（《居延漢簡》239·94）

終古墜卒東郡臨邑高平里古勝觻得富里張公子所舍……（《居延漢簡》282·5）

……大守府與從者居延富里徐宜馬□……（《居延新簡》53∶46）

從假佐居延富里孫直年卅一……（《居延新簡》65∶148）

"葬縣北䳒亭部大道東"，"䳒"，《漢碑全集》釋作駒，非。《陝西綏德縣四十里鋪畫像石石墓調查簡報》釋"䳒"④，《漢魏六朝碑刻校注》釋"鴝"，"䳒"為"鴝"的換位異體字。對此，裘錫圭先生說："石柱上段銘刻的釋文有'䳒'字，所釋正確。但此字在《說文》以至現在的字典都作'鴝'，釋文似應加括號注出'鴝'，以免讀者誤以為是一般字書中所沒有的字。"⑤ "部"，《榆林碑石》亦釋"部"，《漢魏六朝碑刻校注》釋為"郭"，吳鎮烽釋為"郡"，並言

---

① 李海俏：《關於圜陽地望所在》，《文博》2006年第1期。
② 毛遠明師：《漢魏六朝碑刻校注》，線裝書局2008年版，第一冊，第62頁（後省寫）；徐玉立：《漢碑全集》，河南美術出版社2006年版，第一冊圖188頁。
③ 康蘭英：《榆林碑石》，三秦出版社2003年版，圖3頁，錄文203頁。
④ 康蘭英、王志安：《陝西綏德縣四十里鋪畫像石墓調查簡報》，《攷古與文物》2002年第3期。
⑤ 裘錫圭：《讀〈陝西綏德縣四十里鋪畫像石墓調查簡報〉小記》，《攷古與文物》2003年第5期。

"郡大道"指圜陽縣通往西河郡的官道。① 結合字形，筆者認為釋"部"更恰當。"鴒亭部"為漢時亭制常用語，《樊利家買地券》"石樑亭部"②、《房桃枝買地券》"廣德亭部"③、《王當買地券》"穀郊亭部"④、《□□卿買地鉛券》"當利亭部"⑤。"縣北鴒亭部"即圜陽縣北鴒亭部，據出土地，鴒亭在今綏德縣四十鋪一帶。

考慮亭、里之間的關係，富里在圜陽縣北一帶。由西鄉榆里知圜陽縣的鄉名以位於縣治東、西、南、北方向命名，則鴒亭部一帶蓋為圜陽縣北鄉轄，富里當為圜陽縣北鄉之里。

3.【壽貴里】

永和四年（139）《牛季平畫像石題記》："永和四年九月十日癸酉河內山陽尉西河平周壽貴里牛季平造作千萬歲室宅。"⑥ 1978 年陝西米脂縣城郊官莊村出土。西河平周壽貴里即西河郡平周縣壽貴里。

4.【光里】

和平元年（150）《左元異畫像石題記》："使者持節中郎將莫府奏曹史西河左表字元異之墓""和平元年西河中陽光里左元異造作萬年廬舍"。⑦ 在山西離石縣馬茂莊村西塌崖灣發現。左氏居西河郡中陽縣光里。

5.【長樂里】

和平元年（150）《離石縣石柱碑文》記載"漢河東掾丞西河平定長樂里吳執仲超萬世宅兆"，1983 年中陽縣道棠村出土，現藏於山西省博物館。

6.【千秋里】

建寧四年（171）《孫顯安畫像石題記》："漢故華陰令西河土軍

---

① 吳鎮烽：《秦漢兩省東漢畫像石題記集釋——兼論漢代圜陽、平周等縣的地理位置》，《攷古與文物》2006 年第 1 期。
② 張傳璽：《中國歷代契約匯編攷釋》，北京大學出版社 1995 年版，第 55 頁。
③ 同上書，第 57 頁。
④ 洛陽博物館：《洛陽東漢光和二年王當墓發掘報告》，《文物》1980 年第 6 期。
⑤ 趙振華、董延壽：《東漢洛陽縣男子□□卿買地鉛券研究》，《中原文物》2010 年第 3 期。
⑥ 康蘭英：《榆林碑石》，三秦出版社 2003 年版，圖 15 頁，錄文 205 頁。
⑦ 吳鎮烽：《秦晉兩省東漢畫像石題記集釋——兼論漢代圜陽、平周等縣的地理位置》，《攷古與文物》2006 年第 1 期。

千秋里孫大人顯安萬歲之宅兆""建寧四年十二月丁□□十日丙申造"① 1997 年山西離石馬茂莊出土。"西河土軍千秋里",土軍即土軍縣,治所在今山西石樓縣。《漢書·地理志》西河郡轄 36 縣,有圜陽、圜陰、土軍、平周、離石、平陸、中陽等縣。《後漢書·郡國志》西河郡轄圜陽、圜陰、平周、離石、平陸、中陽等 13 縣,未載土軍縣,各書地理詞典皆言東漢廢,據題記知建寧四年有土軍縣。

西河郡治本在平定縣,永和五年遷至離石縣,"丁亥徙西河郡居離石"。郡"轄區約為今内蒙古自治區伊克昭盟東部、山西呂梁山、蘆芽山以西、石樓以北及陝西宜川以北黃河沿岸地帶。東漢永和五年(140)移置離石(今山西離石市)。"② 左元異和孫顯安畫像石皆出山西離石,兩人均未歸葬故里。

七 【廣武鄉樂成里】

熹平五年(176)《劉元臺買地券》:

> 熹平五年七月庚寅朔十四日癸卯,廣□鄉樂成里劉元臺,從同縣劉文平妻買得代夷里塚地一處,賈錢二萬,即日錢畢。南至官道,西盡墳潰,東與房親,北與劉景□。為塚時臨知者劉元泥,枕安居共為券書。……③

地券 1975 年在揚州甘泉以南、老虎墩以西發現,記載了兩個鄉里詞語"廣□鄉樂成里","代夷里"。

券文所涉人物都是劉姓:買地者即墓主是劉元臺;賣地者是劉文平妻;臨知者劉元泥,可能是劉元臺的兄弟;與墓地相鄰的是劉景□之墓;墓之東為房親,即劉氏家族近支宗親墓。再加上劉元臺買地券出土地在甘泉山漢代劉姓諸侯王墓地封域內,於是可以確定劉元臺葬在漢代劉氏家族墓地,今甘泉山一帶。

---

① 吳鎮烽:《秦晉兩省東漢畫像石題記集釋——兼論漢代圜陽、平周等縣的地理位置》,《考古與文物》2006 年第 1 期。
② 同上。
③ 蔣華:《揚州甘泉山出土東漢劉元臺買地磚券》,《文物》1980 年第 6 期。

❖ 第二章 漢魏六朝石刻郡縣鄉里攷 ❖

關於劉姓諸侯王墓地，有記載言墓地在東武鄉，康熙《揚州府志·古塚》："漢厲王胥塚，寶祐志云在東武鄉今甘泉山。"①《江南通志·輿地志》："漢廣陵王胥塚在府城東武鄉甘泉山。"② 劉胥是漢武帝之子，卒後諡"厲"，為"廣陵厲王"，墓在今揚州邗江區西北甘泉山。既如此，"東武鄉甘泉山"亦是劉元臺葬地，而券記劉元臺為廣□鄉人。因為磚券文字真實可靠，蔣華認為東武鄉可能是廣武鄉之誤，"廣□鄉樂成里"的"□"可能是"武"③，《中國歷代契約會編攷釋》亦補為"廣武鄉樂成里。"④

"代夷里塚地一處"，摹本𫝹，隸定為"夷"，代夷里似是一里名，為葬地所在。如是則同屬廣陵縣廣武鄉。

廣陵縣亦有石里。1979 年，在揚州西郊約 7 公里的邗江縣胡場大隊（今邗江區胡場村）一帶發現漢墓，有文告牘出土，書"廣陵石里男子王奉世有獄事"。⑤ 發掘簡報稱"（廣陵石里）地域在今邗江縣胡場大隊一帶。"⑥ 在劉元台買地券的出土地以南。

據此知東漢廣陵縣廣武鄉有三里：樂成里、代夷里、石里。

八 【平莒里、節丘里】

漢安三年（144）《宋伯望買田記》：

> 漢安三年二月戊辰朔，三日庚午，平莒男子宋伯望、宋何、宋□□，在山東禺亭西□，有田在縣界。……永和二年三月中，東安塞宜為節丘氏租，租弟明，所□發所在。……別東南以千為界。千以東属莒，道西□水□流属東安，□□宜以來，界上平安。後有晝界以立石。□□□□□事禺亭長孫著是□□□歸□莒，賊曹掾□仲誠，泑徵徐□審□，賊曹掾吳分，長史蔡朔，望

---

① （清）雷應元纂修：康熙三年《揚州府志》古塚，刻本，中國數字方志庫。
② 乾隆四十四年《江南通志》卷四十，影印文淵閣四庫全書本第 508 冊，第 297 頁。
③ 蔣華：《揚州甘泉山出土東漢劉元臺買地磚券》，《文物》1980 年第 6 期。
④ 張傳璽：《中國歷代契約會編攷釋》，北京大學出版社 1995 年版，第 50 頁。
⑤ 揚州博物館、邗江圖書館：《江蘇邗江湖場五號漢墓》，《文物》1981 年第 11 期。
⑥ 同上。

等古福□□。上有故千□紀冢,有北行車道,千封上下相屬,南北八千,石界□受。望□□□,立名分明。千北行至侯橰北東流水。①

光緒十九年(1893)於山東莒縣西孟家莊出土,石四面刻,記田地界域,是現實生活中買田的記錄。券文記載了宋伯望等人有田在縣界,田地位置在莒縣最西邊,與東安縣接壤,因界限不明,所以請莒縣的禺亭亭長孫某、賊曹掾□仲誠、遊徼徐某、賊曹掾吳某、長史蔡朝五人作見證,以明界限。《漢書·百官公卿表》:"鄉有三老、有秩嗇夫、遊徼。"遊徼為鄉官,鄉吏的職掌包括土地管理權,凡劃野封疆、分授田里等都由他主持,這是當時的通制,《銀雀山漢簡·田法》亦言"州、鄉以地次受(授)田於野"。② 所買之地涉及東安和莒縣兩縣的交界處,皆屬兗州琅邪國。《漢書補注》東安縣:"故城在今沂水縣南三十里。"③ 東安縣故城在今沂水縣西南部的許家湖後城子、前城子、黃崖頭三村之間。④ 莒縣,即今山東莒縣。兩縣接壤,"山東禺亭",山指浮來山,《水經注·沂水》:"沂水又東逕浮來之山。《春秋》經書'公及莒人盟於浮來'者也,即公來山也,在邳鄉西,故號曰邳來之間也。"⑤《大清一統志》謂莒縣西三十里浮丘山。以山為界,山以東為莒縣,以西為東安。禺亭在山的東面,為莒縣之亭。

平莒男子宋伯望,平莒顯然是地名,《後漢書·郡國志》未載平莒縣,券文涉及東安、莒縣,知平莒為鄉制或里制,依券文敘述,且券出今莒縣,則宋伯望籍貫為莒縣平莒里(鄉)。按漢制"十里一亭,十亭一鄉",此處既是禺亭長主持,則平莒確定為里制,即平莒

---

① 《北圖拓本匯編》第一冊,第93頁;《漢魏六朝碑刻校注》第一冊,第148頁。
② 銀雀山漢墓竹簡整理小組:《銀雀山漢簡·壹》守法守令等十三篇,文物出版社1985年版。
③ (清)王先謙:《漢書補注》,中華書局1983年版,第834頁。
④ 梁姗姗:《西漢城陽國所轄陽都、東安、慮(盧)縣攷》,《忻州師範學院學報》2009年第4期。
⑤ (北魏)酈道元著,王先謙校:《水經注》卷二五,巴蜀書社1985年版,第428頁。

里，屬禺亭的轄區。

"東安塞宜為節丘民租"，此句釋讀或為"東安塞宜為節丘氏租"①，或為"東安塞宜為節丘民租"②，"氏"與"民"形體相似。未見以"節丘"為姓的記載，且下文有"租弟明"，知租為人名，那麼節丘應該是表示一個地名。對應平莒里，節丘亦應為里名，屬東安縣。此句意思是：與莒縣接壤的東安縣的邊界處，是節丘里的一個叫租的農民的田地。"千以東屬莒，道西□水□流屬東安"，"千"通"阡"，指田間縱橫的道路，《史記·秦本紀》："爲田開阡陌。"司馬貞索隱引《風俗通》："南北曰阡，東西曰陌。河東以東西爲阡，南北爲陌。"③ 以阡陌為界，秦漢的區域劃界多以自然物及道路作為標志，政區的劃分通行的作法是以阡陌等為界，郡國縣邑等大範圍的政區劃界是以山川河流等自然標志物為界。

綜上所述，宋伯望是琅邪國莒縣平莒里人，其田地與東漢琅邪國東安縣節丘里人租的田地毗鄰，為明確田地劃界而立此券。券出土時為莒縣孟家村，後因轄境發生變化，今為沂水縣孟家村。

九　【壽貴里】

建康元年（144）《文叔陽食堂畫像石題記》：

> 建康元年八月乙丑朔，十九日丁未，壽貴里文叔陽食堂。叔陽，故曹史行亭市掾、鄉嗇夫廷掾、功曹府文學掾，有立子三人，女寧。……④

清道光十三年（1833）山東魚臺縣鳧陽山出土。魚臺縣，"本漢方與縣，屬山陽郡。高齊文宣帝廢。隋開皇十六年復置方與縣，屬戴州。貞觀十七年廢戴州，縣屬兗州。寶應元年改為魚臺縣，因縣北有

---

① 《漢魏六朝碑刻校注》第一冊，第148頁。
② 方若、王壯弘：《增補校碑隨筆》，上海書畫出版社1984年版，第55頁。
③ 《史記·秦本紀》，第204頁。
④ 《漢碑全集》第二冊圖548頁；《漢魏六朝碑刻校注》第一冊，第151頁。題記"十九日丁未"誤，應是"十九日癸未"。

魯君觀魚臺，故名。縣理城，即漢方與城也"。①《後漢書·郡國志》方與縣屬兗州山陽郡，則壽貴里隸屬於兗州山陽郡方與縣。方與縣治在今魚臺縣北古城集。鳧山，"在縣東北六十里，北接鄒縣界"。縣境有平山、黃山、獨山、塞山、廟山、兗山，"諸山皆在縣東北境"。②

十　【都鄉安持里】

1967年，在山東諸城縣前涼台村西發現一座大型漢墓，出土畫像石，宴飲、講學圖殘石上有隸書題銘一行："密都鄉安持里孫琮字威石之郭藏。"③另據1967年6月16日調查報告，稱"我縣涼台公社有一漢塚，在麥收前被涼台大隊青年挖開。……在宴客圖一邊刻有'漢故漢陽大守青州北海高密都卿（鄉）安持里孫琮字威石之郭藏'，字體隸書。"④這是墓葬發現的原始記錄。題銘為"漢故漢陽太守青州北海高密都鄉安持里孫琮，字威石之郭藏"。

孫琮史籍無載，曾任漢陽太守，是青州北海國高密縣都鄉安持里人。高密縣，東漢時高密屬北海國，由此知孫琮為東漢人。高密故城，在今高密縣西南40里，亦曰城陰城。《高密地名志》說"秦置高密縣，治城陰城"⑤，《明一統志·古蹟》城陰城："在高密縣西南四十里，有漢鄭玄碑，云即高密城也。"⑥又名"龍且城"，《齊乘》說龍且城"亦曰城陰城"，《高密縣志》認為"二城本一城"。故址位於今高密市井溝鎮西北部，城址西5里是濰水。《水經注·濰水》："濰水自堰北逕高密縣故城西……"⑦前涼台村距井溝鎮10餘里，在濰水西岸。此村正處於高密、諸城、安丘三市交界處。由孫琮墓知東

---

①（唐）李吉甫撰，賀次君點校：《元和郡縣志》卷十河南道六，中華書局1983年版，第265頁。
②（清）顧祖禹撰，賀次君、施和金點校：《讀史方輿紀要》卷三二，中華書局2005年版，第1536頁。
③ 任日新：《山東諸城漢墓畫像石》，《文物》1981年第10期。
④ 轉引自王恩田《諸城涼台孫琮畫像石墓攷》，《文物》1985年第3期。
⑤ 高密縣地名志編纂委員會：《高密地名志》，1990年10月。
⑥《明一統志》卷二五古蹟，影印文淵閣四庫全書本第472冊，第609頁。
⑦（北魏）酈道元著，王先謙校：《水經注》卷二六，巴蜀書社1985年版，第447頁。

◆ 第二章　漢魏六朝石刻郡縣鄉里攷 ◆

漢時此地屬高密縣。

漢代有東平相孫根碑，《金石錄》卷十七言："府君諱根，字元石，司空公之伯子，樂安太守之兄子，漢陽太守、侍御史之兄，乘氏令之考。"① 洪适引《天下碑錄》言孫根碑在"高密縣西南五十里"。② 孫琮墓亦在高密縣城西南50里的前涼台村。出土地點接近，且同為東漢北海高密孫氏，據此王恩田認為"有理由認為碑文中所載孫根之弟'漢陽太守'與涼臺墓題銘中的漢陽太守孫琮為一人"，即孫根與孫琮為兄弟關係。③ 推斷諸城前涼臺村西為孫氏家族墓地。

十一　東漢緱氏縣之鄉里

1.【真鄉中華里】

元嘉二年（152）《河南緱氏鎮墓文》1974年在洛陽市李屯發現："元嘉二年十二月丁未朔十四日庚申，黃帝與河南緱氏真□中華里許蘇阿銅□刑憲女合會……"④ 河南緱氏真□中華里，即河南郡緱氏縣真鄉中華里。

2.【侍廷里】

建初二年（77）《漢侍廷里父老僤買田約束石券》："建初二年，正月十五日，侍廷里父老僤祭尊於季、主疏左巨等廿五人共爲約束石券。……"⑤ 1973年冬河南省偃師縣緱氏公社鄭瑤大隊南村西北（或說劉澗河南岸）約一里處發現。

侍廷里，與真鄉中華里同屬東漢緱氏縣。出土地南村距今緱氏鎮4公里，"南村可能就是漢代的緱氏縣侍廷里"。⑥ 漢簡記河內郡脩武縣有一里，名寺廷里，"脩武縣寺廷里王平"（《居延新簡》56：69）。"侍""寺"音同，隸屬郡縣不同，為同名異地。

---

① （宋）趙明誠撰：《金石錄》卷一七，北京圖書館出版社2002年版。
② （宋）洪适撰：《隸釋隸續》卷二七"漢安平相孫根碑"，中華書局1985年版。
③ 王恩田：《諸城涼台孫琮畫像石墓攷》，《文物》1985年第3期。
④ 洛陽市文物工作隊：《洛陽李屯東漢元嘉二年墓發掘簡報》，《攷古與文物》1997年第2期。
⑤ 黃士斌：《河南偃師縣發現漢代買田約束石券》，《文物》1982年第12期；《漢魏六朝碑刻校注》第一冊，第51頁。
⑥ 黃士斌：《河南偃師縣發現漢代買田約束石券》，《文物》1982年第12期。

緱氏縣亦有西槐里,"河南郡雒陽緱氏西槐里,李實"(《居延漢簡》511·38)。

十二 【都鄉舉里】

咸和七年(332)《喻儶墓磚》:

> 吳故尚書左丞豫章國海昏縣都鄉舉里喻儶,字子裕,年五十三,以天紀二年卒葬於本縣舊墓,西接蕭條不安,以咸和七年十一月壬子朔廿四日,改葬南昌縣,南出廿,漢故聘士徐穉墓之南一里。①

2007年,在南昌市青雲譜區八大山人廣場北400米,熊坊村南100米處出土。② 喻儶墓是改葬墓,卒於天紀二年,即東吳孫皓紀年(278),舊墓在海昏縣,54年後即東晉成帝年間(332)改葬。那麼磚誌所述相關信息是東吳還是東晉時呢?

從官職看,喻氏曾為"吳故尚書左丞",而東晉時方有尚書左、右丞,估計是墓主人的後裔在改葬時套用當朝官職。從豫章國看,豫章,《漢書·地理志》豫章郡領縣18個,分別為南昌、廬陵、海昏等縣。東漢時期仍以豫章為郡名,郡治南昌。《晉書·地理志》記豫章郡,西晉初年有豫章國,《晉書·陶侃傳》:"……以侃寒宦,召為舍人。時豫章國郎中令楊晫,侃州里也,為鄉論所歸。"③ 三國時期相關資料未見豫章國。因此豫章國或在三國或在西晉初年設,"豫章國海昏縣都鄉舉里"可視作三國時制,西晉沿襲。漢簡中大河郡平富縣亦有舉里,"田卒,大河郡平富西里,公士,昭遂,年卅九。庸,舉里嚴德,年卅九"(《居延漢簡》514·28)。

此前在南昌市青雲譜區八大山人梅湖景區工地發現一座兩晉時期

---

① 王上海、李國利:《試析南昌青雲譜梅湖東晉紀年墓銘文磚》,《文物》2008年第12期。

② 江西文物攷古研究所、南昌市博物館:《南昌青雲譜梅湖東晉紀年墓發掘簡報》,《文物》2008年第12期。

③ 《晉書·陶侃傳》,第1768頁。

❖ 第二章 漢魏六朝石刻郡縣鄉里攷 ❖

合葬墓，出土兩份名刺，其中一份寫着"豫章郡海昏縣都鄉吉陽里騎都尉周涉，年五十六，字子常"。① 名刺又稱名帖，把名字和其他信息寫在竹片或木片上，拜訪時通姓名用的名片。同是海昏縣都鄉之里，一屬豫章國，另一屬豫章郡，表明兩墓葬於不同時期。周氏墓略晚於喻氏墓。

海昏縣始置於西漢，至南朝宋元嘉二年，鄱陽湖水漲，海昏沉沒，"廢海昏，移建昌居焉"②，同治《建昌縣志·地理志》："舊志海昏自漢歷魏晉，皆與艾、建昌三縣鼎立，宋書州郡志永初郡國有海昏，至元嘉二年廢海昏，移建昌焉。"③ 2006 年鄱陽湖水位降到百年以來的最低點，在永修縣吳城鎮一座古城露出水面，即古海昏縣糧倉址。海昏縣遺址據稱在今吳城鎮西北二里許蘆潭村。

據此，海昏縣都鄉舉里、都鄉吉陽里概在吳城鎮蘆潭村一帶。

十三　【西鄉】

三國吳赤烏八年（245）《蕭整買地券》："赤烏八年十二月丁未朔六日壬子，羽郎中蕭整從無湖西鄉土主葉敦買地四頃五十畝，價錢三百五十萬，即日交畢。"1978 年安徽省南陵縣麻橋農民挖地窖時發現，為金屬買地券。④ 赤烏八年是東吳大帝孫權的年號，土主即土地所有者。無湖西鄉，即蕪湖縣西鄉，"無"通"蕪"。蕪湖縣治在今安徽蕪湖市。

十四　【建成鄉】

三國魏時建成鄉景侯，見《水經注·灅水》："大城東門內道左，有魏征北將軍建成鄉景侯劉靖碑。晉司隸校尉王密表靖，功加於民，

---

① 《事發南昌梅湖景區工地專家稱攷古價值重大》，《江南都市報》，2007 年第 9 期第 16 版。
② （宋）樂史撰，王文楚點校：《太平寰宇記》卷一一一江南西道九引《豫章記》，中華書局 2007 年版，第 2264 頁。
③ （清）閔芳言，王士芳纂，陳惟清修，同治十年《建昌縣志》卷一地理志，中國地方志集成江西省府縣志輯第 19 冊，江蘇古籍出版社 1996 年版。
④ 安徽省文物工作隊：《安徽南陵縣麻橋東吳墓》，《攷古》1984 年第 11 期。券文"十二月丁未朔六日壬子"誤，應是"十二月壬子朔六日丁巳"。

宜在祀典。以元康四年九月二十日刊石建碑，揚於後葉矣。"①《京畿金石攷》收此碑，標題《晉王密立魏征北將軍建成鄉景侯劉靖碑》②，《欽定日下舊聞攷》亦錄文："碑云'魏使持節都督河北道諸軍事征北將軍建成鄉候沛國劉靖，字文恭……'"③ 劉靖碑在薊縣故城東門大道左。

劉靖史書有傳，《三國志·魏志·劉馥附劉靖傳》："……馥子靖……嘉平六年薨，追贈征北將軍，進封建成鄉侯，諡曰景侯。子熙嗣。"④ "建成"之名未見縣制，應是鄉制。

第二節　兩晉石刻鄉里攷

一　【萇樂鄉宜陽里】

太熙元年（290）《杜謖墓門題記》，1939 年在四川成都市郊雙流縣東升鎮清泰村出土：

君姓杜，諱謖，字偉輔。前縣功曹門下督議掾，都督廧夫。季五十八，以泰熙元季，二月十一日□於成都萇樂鄉宜陽里。素有家地，中造墓壹區，入藏。⑤

泰熙，又作"太熙"，晉武帝年號。此年晉惠帝即位，改元永熙。據紀年知此題記刊於晉武帝時。"日"下一字微泐，依拓片，似"悴"字，通"卒"。

成都萇樂鄉宜陽里是杜氏卒地，是西晉時制。成都，《元和郡縣志》成都府："晉武帝改蜀郡為成都國，以皇子穎為王。"⑥《宋書·

---

① （北魏）酈道元著，王先謙校：《水經注》卷一三，巴蜀書社 1985 年版，第 261 頁。
② （清）孫星衍：《京畿金石攷》卷上，《石刻史料新編》第 2 輯第 12 冊。
③ （清）英廉等：《欽定日下舊聞考》卷九八，影印文淵閣四庫全書本第 497 冊。
④ 《三國志·魏志·劉馥傳》，第 465 頁。
⑤ 《四川歷代石刻》第 81 頁；《漢魏六朝碑刻校注》第二冊，第 297 頁。
⑥ （唐）李吉甫撰，賀次君點校：《元和郡縣志》卷三一劍南道上，中華書局 1983 年版，第 765 頁。

❖ 第二章 漢魏六朝石刻郡縣鄉里考 ❖

州郡志》益州刺史蜀郡太守:"秦立,晉武帝太康中改曰成都國,後復。"出土地為雙流縣東升鎮清泰村,雙流縣,《元和郡縣志》雙流縣言:"本漢廣都縣也。隋仁壽元年避煬帝諱改為雙流。因以縣在二江之間,仍取《蜀都賦》云'帶二江之雙流'為名也。"① 光緒《雙流縣志》記:"晉廣都縣移治於今之雙流,隋仁壽元年改為雙流,今雙流,晉址也。"② 題記記錄卒地時,未明確是成都國還是成都縣,只言成都莨樂鄉宜陽里,因此不能確定出土地在西晉時是隸屬成都縣還是廣都縣。據此"成都莨樂鄉宜陽里"或指成都國成都縣莨樂鄉宜陽里,或指成都國廣都縣莨樂鄉宜陽里。杜氏卒後,"素有家地,中造墓壹區,入藏"。"家地","家"疑是"冢"字之訛混,類似前述東漢劉公則券文中"家田","成都莨樂鄉宜陽里"大概就是雙流縣東升鎮清泰村附近。

西漢成都有安志里,"神爵三年正月十五日,資中男子王子淵從成都安志里女子楊惠買夫時戶下髯奴便了,決賣萬五千"。③

二 【聞陽鄉】

西晉《王浚妻華芳墓誌》刻於永嘉元年(307),其中記錄了王浚第二個夫人衛氏親屬的相關情況:

> 中夫人河東衛氏,諱琇,字惠瑛,年十九,薨,無子。夫人祖諱覬,字伯覦,故魏尚書、聞陽鄉敬侯,夫人□氏。伯父諱瓘,字伯玉,故侍中、行大子大保、司空菑陽公,夫人董氏、任氏。父諱寔,字叔始,故散騎常侍、聞陽鄉侯,夫人劉氏。④

這一段墓誌與史書記載有較大出入:

---

① (唐)李吉甫撰,賀次君點校:《元和郡縣志》卷三一劍南道上,中華書局1983年版,第771頁。
② (清)彭琬等纂修,吳特仁增訂:光緒二十年《雙流縣志》刻版增刻,民國二十一年,中國數字方志庫。
③ 張傳璽:《中國歷代契約會編攷釋》,北京大學出版社1995年版,第34頁。
④ 鄭仁:《北京西郊王浚妻華芳墓誌》,《文物》1965年第12期;《漢魏六朝碑刻校注》第二冊,第342頁。

1. 人物姓名

衛覬，《三國志·魏志》有傳，"衛覬字伯儒，河東安邑人也"。墓誌卻言"夫人祖諱覬，字伯覦"。伯儒、伯覦之異，以名"覬"，名字相覆之理推之，似作"字伯覦"為是。

2. 侯爵名稱

誌言"故魏尚書、聞陽鄉敬侯""聞陽鄉侯"，《三國志·魏志·衛覬傳》言衛氏"明帝即位，進封閿鄉侯，三百户"。《晉書·衛瓘傳》亦為閿鄉侯。墓誌與史書記載有出入。

3. 第幾子襲爵說法不同

墓誌言衛覬為聞陽鄉敬侯，並言第二子衛寔襲聞陽鄉侯。而《三國志·魏志·衛覬傳》記"覬薨諡曰敬侯，子瓘嗣"。《晉書·衛瓘傳》記衛瓘"襲父爵閿鄉侯"。誌稱二子襲爵，史書皆稱長子瓘襲爵，記載不相同。

《說文·夏部》："弘農湖縣有閿鄉。"閿鄉侯，《水經注·河水》載："又北逕閿鄉城西……魏尚書僕射閿鄉侯河東衛伯儒之故邑。"①《三國志·魏志·衛覬傳》："文帝踐阼，復為尚書，封陽吉亭侯。明帝即位，進封閿鄉侯，三百户。"②"陽吉亭侯""閿鄉侯"，從亭侯至鄉侯，閿鄉侯確為鄉侯。"閿"，《廣韻·文韻》："閿，俗作閺。"閺鄉即閿鄉，漢代湖縣鄉名，《漢書·戾太子傳》："以湖閺鄉邪里聚為戾園，長安白亭東為戾后園，廣明成鄉為悼園。"顏師古注："孟康曰：閺，古字閿，從門中叟。建安中正作閿。"③閺鄉侯即閿鄉侯，只是書寫形式異。從各書記載看，衛覬及其子曾任閿鄉侯，而墓誌卻言聞陽鄉侯，為什麼史書、墓誌記載不一樣？莫非聞陽鄉是閿鄉縣之鄉，故墓誌稱聞陽鄉侯，而史書稱閿鄉侯？《晉王浚妻華芳墓誌銘釋文》推測："閿鄉是縣，聞陽鄉是縣之一鄉。按本傳稱食邑'三百户'，當是鄉侯而不是縣侯。因此，仍應據墓誌訂正史書的錯誤。"④此說法似不能成立。北周明帝二年（558）置閿鄉郡，治所在閿鄉，

---

① （北魏）酈道元著，王先謙校：《水經注》卷四，巴蜀書社1985年版，第108頁。
② 《三國志·魏志·衛覬傳》，第611頁。
③ 《漢書·戾太子傳》，第2748頁。
④ 邵茗生：《晉王浚妻華芳墓誌銘釋文》，《文物》1966年第2期。

隋開皇初廢，十六年移湖城縣治於此，改名閿鄉縣。① 此為西晉年間，無閿鄉縣，推測有誤。或閿鄉、聞陽鄉為同地異名。

三　【都鄉清明里】【城陽鄉】

永嘉二年（308）《石尠墓誌》：

> 晉故尚書、征虜將軍、幽州刺史、城陽簡侯樂陵厭次都鄉清明里石尠，字處約，侍中、大尉、昌安元公第二子也。……拜大將軍秦王長史，計勳酬功，進爵城陽鄉侯。……自表以疾，權駐鄉里。永嘉元年，逆賊汲桑破鄴都之後，遂肆其兇暴東北。其年九月五日，奄見攻圍。尠親率邑族，臨危守節，義奮不回，衆寡不敵，七日，城陷，薨，年六十二。②

永嘉二年（308）《石定墓誌》：

> 處士樂陵厭次都鄉清明里石定，字庶公，大尉、昌安元公之第三孫，尚書、城陽鄉侯之適子也。……舉秀才，不行，侍父鄉里。永嘉元年，逆賊汲桑破鄴都之後，遂肆兇暴，皷行東北。其年九月五日，攻圍侯。侯親率邑族，臨危奮討，衆寡不敵，七日，城陷，侯薨。定與弟邁致命左右，年廿八。③

兩墓誌1919年在河南洛陽城北五里馬坡村東同時出土。誌主是父子，據墓誌內容可校補史書。

1. 姓名之誤

石尠，原石作石尠，是"尠"字的訛變。《廣韻·銑韻》："尠，尟俗字。"《晉書·石勒載記》作"尟"，"（汲）桑、（石）勒攻幽州

---

① （唐）李吉甫撰，賀次君點校：《元和郡縣志》卷六河南道二，中華書局1983年版，第163頁。
② 《北圖拓本匯編》第二冊，第73頁；《漢魏六朝碑刻校注》第二冊，第347頁。
③ 《北圖拓本匯編》第二冊，第72頁；《漢魏六朝碑刻校注》第二冊，第350頁。

刺史石尠於樂陵，尠死之。"①

2. 卒月不明

史書記汲桑於五月攻陷樂陵，石尠卒期不明，但墓誌記錄清楚："其年（永嘉元年）九月五日，奄見攻圍。尠親率邑族，臨危守節，義奮不回，衆寡不敵，七日，城陷，薨，年六十二。"其子石定誌亦載"七日，城陷，侯薨"。因此知道石氏卒期在永嘉元年九月七日。

3. 爵位之誤

石鑒是石尠的父親，誌謂"侍中、大尉、昌安元公"。《晉書·石鑒傳》記石鑒為"昌安縣侯"，誤"公"為"侯"。《惠帝紀》"（元康）四年春正月丁酉朔，侍中、太尉、安昌公石鑒薨"。② 安昌公誤，應是昌安公。③

4. 補籍貫鄉里

《晉書·石鑒傳》："石鑒，字林伯，樂陵厭次人也。"史書只言及郡縣，據墓誌補其鄉里籍貫。

《漢書·地理志》無厭次縣，平原郡富平縣注言明帝時更名厭次縣。《後漢書·郡國志》濟南郡領厭次、樂陵縣等。《晉書·地理志》冀州樂陵國，有厭次、陽信、漯沃、新樂、樂陵五縣。由此知樂陵國厭次縣都鄉清明里是西晉時制。

"都鄉清明里"是石氏族人的居住地。"清明"指政治有法度，有條理，《詩·大雅·大明》："肆伐大商，會朝清明。"毛傳："不崇朝而天下清明。"④ 石氏起家於石鑒，鑒"出自寒素，雅志公亮"，清明里大抵是彰顯石氏政績及為人，因此譽稱石氏居里為"清明里"，這亦與西晉時鄉里名取嘉名有關。然而石氏父子未葬於故里。石鑒年80有餘，卒於元康四年（291），葬洛陽。石尠"祔塋於皇考墓側，神道之右"，其子"祔塋於侯墓之右次"，祔葬石鑒墓旁，墓誌皆出洛陽城北五里馬汶坡村東。古人有歸葬習俗，為何石鑒未歸葬故里？

---

① 《晉書·石勒載記》，第2709頁。
② 《晉書·惠帝紀》，第92頁。
③ 葉其峰：《晉石尠墓誌——兼談墓誌制度之演變》，《故宮博物院院刊》1991年第2期。
④ （清）阮元校刻：《毛詩正義》，《十三經注疏》（上），中華書局1996年版，第508頁。

第二章　漢魏六朝石刻郡縣鄉里攷

可能與厭次縣治的遷徙有關。

厭次縣治為厭次城，多次遷徙，縣治所在說法不一。乾隆《山東通志·古蹟》記厭次城"本漢縣名，故城在陵縣之神頭鎮。又陽信東南有富平城，此係東漢之厭次。其治馬嶺城者，則晉與元魏之厭次也。北齊廢。厭次，隋開皇中復置。至唐貞觀中置棣州於厭次縣"。①《惠民縣志》與《惠民縣地名志》說法亦不一致。

乾隆《惠民縣志·古蹟》：

> 厭次古城，西漢之厭次，今在陵縣神頭鎮者是也，東漢之厭次，今在陽信縣東南三十里。明帝更平原郡之富平縣為厭次縣是也。晉及元魏之厭次，今在陽信縣東十里，治馬嶺城者是也。廢於北齊。②

《惠民縣地名志》有"惠民縣攷略"：

> 厭次治所，初為何處？一說在今陵縣神頭鎮，一說在今惠民縣桑落墅北。據攷，在秦、漢、晉三朝計600多年內，均無厭次徙治之說，唯至南北朝之北魏，始見有厭次徙治馬嶺城的記載。……晉屬樂陵郡之厭次。其治所仍在桑洛墅北，曾稱邵城，因邵續屯兵拒石勒於此，故名。南北朝之北魏，屬滄州樂陵郡之厭次，遷治馬嶺城，即今何坊鄉二郎堂村北。北齊天保間，省厭次入陽信，屬樂陵郡。③

可能石鑒卒時厭次縣治更址，遂以官仕地洛陽為葬地。

《石尠墓誌》開篇言石尠為"城陽蔪侯"，後又言"進爵城陽鄉侯"，而在石定誌中言石定是"尚書、城陽鄉侯之適子"。城陽蔪侯、城陽鄉侯都是指石尠，表述不一樣。西晉惠帝時，賈后為收買人心，

---

① 乾隆元年《山東通志》卷九古蹟，影印文淵閣四庫全書本第539冊，第383頁。
② （清）倭什布修，劉長靈等纂：乾隆四十七年《惠民縣志》古蹟，中國數字方志庫。
③ 惠民縣地名委員會辦公室：《惠民縣地名志》，改革出版社1993年版，第29頁。

大封官爵，其中"督將侯者千八十一人"①，石尠概此時受封，正如誌記，"時正直內省，值楊駿作逆。詔引尠式乾殿，在事正色，使誅伐不濫。拜大將軍秦王長史，計勳酬功，進爵城陽鄉侯"。城陽繭侯、城陽鄉侯應指同一官爵，只是說法不同。"繭"概為石尠之諡號，從石氏"字處約"可知，城陽繭侯即城陽鄉繭侯。

四 【北鄉□帛里】

晉時《趙府君磚》："巴西安漢北鄉□帛里趙府君之神墓。"②"巴西安漢北鄉□帛里"為趙氏之居里。《晉書・地理志》巴西郡領縣九，其八曰安漢縣，北鄉□帛里為趙氏居里。

五 【都鄉容丘里】

東晉升平元年（357）《劉剋墓誌》誌文簡略，言："東海郡郯縣都鄉容丘里劉剋，年廿九，字彥成晉故升平元年，十二月七日亡。"墓誌1962年在鎮江市東4.5公里處磚瓦廠出土，位於鎮江常州公路南側，汝山買家灣村西南土山南阜。③

墓主人剋為東海郡郯縣人。郯縣，原治在今山東郯縣北。《晉書・地理志》徐州條："割吳郡之海虞北境，立郯、朐、利城、祝其、厚丘、西隰、襄賁七縣，寄居曲阿，以江乘置南東海、南琅邪、南東平、南蘭陵等郡，分武進立臨淮、淮陵、南彭城等郡，屬南徐州。"既言有實土，又何以寄治呢？升平元年郯縣是否有實土？郭黎安推測："參照《晉志》攷之，當是晉元帝過江之初，曾在建康（今南京）附近的江乘縣（今句容北）僑置過東海郡，但無實土。旋割海虞縣北境為僑東海郡。另有祝其、襄賁、厚丘、西隰四個無實土的僑置均寄治曲阿。永和中，僑東海郡並郯等三僑縣皆移治京口。至劉

---

① 《晉書・惠帝紀》，第90頁。
② （清）劉懋琦、劉瀚輯：《荊南萃古編》，《石刻史料新編》第二輯第10冊，第7695頁。
③ 鎮江市博物館：《鎮江市東晉劉剋墓的清理》，《攷古》1964年第5期；《漢魏六朝碑刻校注》第二冊，第374頁。

❖ 第二章 漢魏六朝石刻郡縣鄉里攷 ❖

宋元嘉八年（431），又以丹徒（治今丹徒鎮）屬南東海郡。"① 《宋書·州郡志》南東海太守："晉元帝初，割吳郡海虞縣之北境為東海郡，立郯、朐、利城三縣，而祝其、襄賁等縣寄治曲阿。"此時郯等三縣是有實土，在海虞縣北。"宋置南徐州刺史，以南東海為治下，郡治郯縣，丹徒屬焉。郯朐利城三縣並有實土。"② 至"穆帝永和中，郡移出京口，郯等三縣亦寄治於京。文帝元嘉八年立南徐，以東海為治下郡，以丹徒屬焉。郯、利城並為實土。""郯令，漢舊名。文帝元嘉八年，分丹徒之峴西為境。"升平元年時僑郯縣已移治京口，墓誌出於鎮江，史、誌相符。

因此，劉尅卒時郯縣應是無實土的僑置縣，郡縣既無實土，何況鄉里呢？因此東海郡郯縣都鄉容丘里應該是劉尅之原籍貫。東晉王朝雖在咸和年間經歷了第一次土斷，"實編户，王公已下皆正土斷白籍"。③ 但規模不大，顯然劉尅及族人並未涉及。《漢書·地理志》東海郡有容丘侯國，為劉虞的封地。王莽時廢為縣，在沂水西岸，今邳州鐵富鎮、鄒莊劉溝村一帶。東海郡郯縣都鄉概在今山東郯城鎮，但顯然此容丘不是彼容丘。郯縣都鄉在今郯城鎮，離鐵富鎮一帶甚遠，因此容丘不可能是在郯縣都鄉範圍內。劉虞為郯縣人，都鄉容丘里大概是指其住所。而劉尅則是劉虞的後人。

六 【都鄉周墟里】

《攷古》2005年第2期刊登《貴州省博物館收藏的先秦至漢晉時期青銅器》一文，其中介紹了一件鑄有銘文的銅牌，銘文識讀為："晉升平四年三月學傳士陳留郡雍丘鄉周墟里周闓字**衒**沽海陽太守□國郡□國字穀北爾北父晉"。④ 從紀年"晉升平四年"知"銘文銅牌的時代則可確定為東晉"，是東晉穆帝時物。銘文內容不全，文序未

---

① 郭黎安：《江蘇境內東晉南北朝時期僑州郡縣攷略》，《蘇州大學學報》（哲學社會科學版）1986年第4期。
② （清）何紹章，馮壽鏡修，呂耀斗等纂：光緒《丹徒縣志》地理志卷一，中國地方志集成，江蘇府縣志輯第29冊，江蘇古籍出版社1991年版。
③ 《晉書·成帝紀》，第183頁。
④ 程學忠：《貴州省博物館收藏的先秦至漢晉時期青銅器》，《攷古》2005年第2期。以下簡稱《貴州》。

了，疑銅牌為殘存之物。銅牌已殘缺，有些文字難以辨認，《貴州》附的釋文也很難理解。銅牌并不屬於石刻文獻，收錄在此主要是銘文涉及人物居所"陳留郡雍丘鄉周墟里"，其主人周闡雖不載於史書，然而這段內容在磚志有相應記載。

最早見於《岩下放言》：

　　華人發古塚得磚，皆有刻字，曰："晉升平四年三月四日，大學博士陳留郡雍丘縣都周闡，字道舒。妻活，晉潯陽太守譙國龍崗縣栢逸字茂長小女。父晉安太守、鷹揚男，諱蟠，字永時。"①

又見《澗泉日記》：

　　又法華人發古塚得磚，皆有刻字，曰："晉升平四年三月四日，太學博士陳留郡雍丘縣都鄉周墟里周闡字道舒。妻活，晉潯陽太守譙國龍崗縣栢逸字茂長小女。父晉安成太守、膺揚男，諱蟠，字永時。"②

此後諸書輯錄，洪亮吉《東晉疆域志》兗州下引此條。③《說郛》《讀禮通考》亦有輯錄。

《說郛三種·晉古塚碑法》：

　　華人發古塚得碑，皆有刻字，曰："晉升平四年三月四日，大學博士陳留郡雍丘縣都鄉周闡，字道舒。妻活，晉潯陽太守、鷹楊男，諱蟠，字永時。"皆鑄成文同。④

---

① （宋）葉夢得：《岩下放言》卷上，影印文淵閣四庫全書本第 102 冊，第 863—727 頁。
② （宋）韓淲、陳鵠撰，孫吉園、鄭世剛點校：《澗泉日記　西塘集耆舊續聞》，上海古籍出版社 1993 年版，第 42 頁。
③ （清）洪亮吉：《東晉疆域志》，清嘉慶元年（1796）版本，刻本。
④ （元）陶宗儀撰：《說郛三種》卷二十上《岩下放言》晉古塚碑法條，上海古籍出版社 1988 年版，第 952 頁。

❖ 第二章　漢魏六朝石刻郡縣鄉里攷 ❖

《讀禮通考·墓銘》：

　　［倦遊錄］法華人發古塚得碑，有刻字，曰："晉升平四年三月四日，太學博士陳留郡雍邱縣都鄉州周闡，字道舒。妻活，晉尋陽太守、譙國龍岡縣桓逸字茂長小女。父晉安成太守、鷹揚男，諱蟠，字永時。"皆鑄成文。①

又有《吳興金石記》引《岩下放言》：

　　法華山發古塚，得一碑刻，云"晉升平四年三月四日，太學博士陳留郡雍邱縣都鄉周闡，字道舒，妻活，晉潯陽太守、譙國龍岡縣柏逸字茂長小女。父晉安成太守鷹楊勇，諱蟠，字永時"。皆鑄成文。②

　　以上材料皆言文字刊於磚志，表述大同小異，內容或脫或衍。磚志僅記載在各書，實物至今未見。從作品年代看，顯然以《岩下放言》記錄最早。《澗泉日記》《讀禮通考》及《說郛三種》及《吳興金石記》的內容皆是後人引自《岩下放言》。

　　將銅牌銘文與《岩下放言》內容比勘，發現銘文只是《岩下放言》相關內容的一部分。但《岩下放言》錄文亦粗糙，明顯有遺漏，"雍丘縣都"應是雍丘縣都鄉。綜合各材料，勘補《貴州》銅牌銘文如下：

　　晉升平四年三月四日，［太］學博士陳留郡雍丘［縣都］鄉周墟里周闡字［道舒］，［妻］活，［晉］潯陽太守譙國龍崗縣［桓逸］③字茂長小女。父晉［安太守、鷹揚男，諱蟠，字永時。］

---

①　（清）徐乾學：《讀禮通考》卷九九，康熙三十五年（1696），刻本。
②　（清）陸心源：《吳興金石記》卷二，《石刻史料新編》第一輯第14輯，第10700頁。
③　關於周闡妻父姓名，諸書書寫不一，或"桓逸"，或"柏逸"，或"桓逸"。妻父為譙國龍崗縣人，《晉書·地理志》譙郡有龍亢縣，無龍崗縣，概"亢""崗"音近之誤。譙郡龍亢縣是東晉桓氏之望地，妻父概是桓氏家族成員，姓名當是"桓逸"。因此當從《讀禮通攷》，作"桓逸"。

關於墓主，各材料所言不一。《岩下放言》《澗泉日記》認為墓主是周闡妻，《吳興金石記》題名"大學博士周闡墓碑"，認為墓主是周闡。從志文行文看，墓主定為周闡更合適，因此磚志可定為周闡磚志。依此，若銅牌出自周闡墓，則銅牌主亦可定為周闡。

關於周闡墓，《吳興金石記》言"法華山發古塚"，法華山，同治《湖州府志·輿地略》"法華山在府城西北十八里"①，即今浙江湖州吳興區西北。他書中"華人"有誤，當是法華人，指居住在法華山附近的村民，是墓葬發現者。《岩下放言》明確記載磚志出土於紹興十六年（1146），地點在葉夢得居所附近，今浙江湖州市西北弁山一帶。由此知周闡墓位於今湖州吳興區西北一帶。

周闡是陳留郡雍丘縣都鄉周墟里人。陳留郡雍丘縣屬兗州，今河南省杞縣地，周闡墓碑刊刻時間為升平四年（360），此時陳留郡雍丘縣為僑置郡縣。陳留郡，晉咸康四年（338）僑立，"寄治譙郡長垣縣界"，即今亳縣東。然而墓誌出土情況表明周闡及其家人未居僑縣，周闡墓出吳興，概亦居於此。

東晉劉宋時，吳郡（今江蘇蘇州）、吳興郡（今浙江湖州）接納北方移民較少，正史記載遷居吳興郡的北方移民很少。西晉末年，汝南安成的周氏遷居建康及其周圍地區，如周顗、周閔、周恬等。周闡父曾任安成太守，《晉書·地理志》汝南郡下有安成侯國，汝南安成是周氏的發源地，周父能任太守一職，說明其地位不低，應是和其他周氏大族一起遷居過江。誌言周闡妻"妻活，晉潯陽太守譙國龍堈縣栢逸字茂長小女"，妻父栢逸為譙國龍堈縣人。《晉書·地理志》譙郡下有龍亢縣，無龍堈縣，《澗泉日記》作者案曰："《晉書·地理志》譙郡有龍亢縣，無龍堈。攷《太平寰宇記》諸書均無，所為龍堈者，當時墓磚不應有誤。或亢、堈音近而訛，抑原有其名而旋改者歟？"② 譙國龍亢縣，在今安徽省懷遠縣龍亢鎮西北。"栢"疑是"桓"之誤，桓逸史傳無載，應是譙國龍亢桓氏家族成員。晉時譙國

---

① （清）宗源瀚等修：同治十三年《湖州府志》卷十九輿地略，中國地方志集成浙江府縣志輯第 24 冊，江蘇古籍出版社 1993 年版。

② （宋）韓淲、陳鵠撰，孫吉園、鄭世剛點校：《澗泉日記 西塘集耆舊續聞》，上海古籍出版社 1993 年版，第 43 頁。

第二章 漢魏六朝石刻郡縣鄉里攷

龍亢桓氏為著名世家大族之一,東晉中期代表人物為桓溫,"桓與馬,共天下"。門閥制度是魏晉時期的一大特點,兩晉是望族的強勢發展階段。各門閥士族之間通過互通婚姻,增加社會聲望,獲得政治優勢,鞏固整體實力。周闡能與當時最有權勢的世族譙郡桓氏締結秦晉之好,說明周闡的家族具有較高地位。

僑民不居於僑縣,"由於各種原因,並不是所有集中了北方移民的地區都曾設置僑州郡縣;同樣,北方移民及其後裔並不都在僑州郡縣中定居"。"最明顯的例子是今江蘇太湖以東地區和浙江省北部(即當時的吳、吳興、義興和會稽四郡境內)居然沒有設置任何僑置單位……"①周氏一家居於吳興便是如此。當時有一些北方移民遷入這一地區定居,史書未予記載。

都鄉周墟里,《岩下放言》只記都鄉而不及里,周墟里之說源起《澗泉日記》。韓淲字仲止,上饒人,他的原籍是河南開封,"世居開封,南渡後其父流寓信州,因著籍於上饒"。作一個大膽的推測:原墓碑只留"陳留郡雍丘縣都鄉",韓淲在謄抄碑文時,據周氏家族姓氏補出"周墟里"。以"墟"表示聚落名,有"桃墟村""錦墟村"。桃墟村,《宋書·謝靈運傳》:"其後秦郡府將宗齊受至除口,行達桃墟村,見有七人下路亂語,疑非常人……"②錦墟村在吳興縣。墟是南方對村落的普遍稱謂。韓淲居於南方,遂依據南方對村落的名稱補出"周墟里"。

再說銅牌。

銅牌現藏貴州博物館,據《貴州》介紹,"這批文物的來源主要有兩個。一是在抗日戰爭時期,為免遭劫掠,南京故宮博物院將所藏文物大規模南遷,其中文物南遷的'南路'途經安順並作停留,把一批青銅器分散藏於安順郊區的'華嚴洞'內。二是在1949年後,安順文廟中的祭奠文物被當地文教科保存。"此處需說明的是,《貴州》"南京故宮博物院"的說法可能有誤,應是故宮的南下文物或南京文物。將銅牌來源與周闡墓的出土地相聯繫,均指向今江蘇與浙江

---

① 葛劍雄:《中國移民史》,福建人民出版社1997年版,第399頁。
② 《宋書》卷六七《謝靈運傳》,第1777頁。

兩省交界一帶的地方。至此，銘文內容、銅牌來源都與周闡墓有着密切的聯繫，似可得出結論：銅牌出自周闡墓。

銅牌是否真的出自周闡墓呢？傳世文獻的記載與銅牌是否可以相互映證物件的真實性呢？筆者認為並非如此。將銘文與磚志文字記錄相比勘，並考慮到當時東晉墓葬隨葬器物情況等因素，不得不讓人質疑銅牌的真實。

1. 銘文之紕漏

細審銅牌，文字存在字數不足、形體異殊的現象。將銘文與《岩下放言》相比，有如下情況：

晉升平四年三月［四日太］學博士陳留郡雍丘［縣都］（鄉周墟里）周闡字［道舒妻］活［晉］潯陽太守譙國龍崗［縣桓逸］字茂長小女父晉［安成太守膺揚男諱蟠字永時］

與《岩下放言》相比較，［ ］中是銅牌缺少的文字，（ ）中是銅牌增加的文字。"學"前缺3字，"鄉"前缺2字，"活"前缺2字，"逸"前缺2字，"晉"後缺12字，很明顯，這是因銅牌殘缺導致的缺字。應注意到，有一字並非是殘缺所致。妻活的父親是晉潯陽太守，傳世文獻均載"晉"，而銅牌僅載"潯陽太守"，卻無"晉"字。

銅牌無銹蝕現象，但文字形體殘缺非常嚴重，概是陽文鑄成之故。然而有數字的形體，實難理解。

🝆、🝇、🝈，據傳世文獻分別是"丘、道、崗"，銘文中這三個字的字形幾乎是用線條表示，彎曲不成形。銘文其餘文字皆為隸書，"丘、道、崗"三字不知為何體。

🝉，僅從形體無法辨認此字，字形輪廓與銅牌銘文前述"譙國"之"國"相似。然而據傳世文獻此字當是"逸"，實是費解。

🝊，從字的上半部分看，是"長"字，但下方的弧形彎筆不知何意。《貴州》將其與下麵的"小"字相連，誤識為"爾"。

由以上可見銅牌鑄字粗糙，銘文遺漏甚多，且有些文字字形曲屈不成形，難以辨認，實有悖鑄銅牌之初衷。

❖ 第二章 漢魏六朝石刻郡縣鄉里攷 ❖

2. 銅牌與東晉墓葬隨葬物

對周闡墓隨葬器物情況的記載最為詳細的莫過於《岩下放言》。據悉，古塚出土磚志、銅銚、石臺各一件。除識讀磚志外，葉氏介紹銅銚，言"其中無他物，惟其銅銚一，三足螭柄，面闊四寸餘，深半之，製作不甚工"。又言"野人來求售，餘得之，云尚有一石臺，高二尺許，有花文，先為溪南人取去"。三件隨葬物的外形及下落，葉氏交待得十分清楚，磚志與銅銚為葉氏得，石臺為溪南人得。至於銅牌，《岩下放言》未提到，顯然銅牌並非周闡墓的隨葬物。

東晉墓葬的隨葬物多以瓷器和陶器為主，也不乏鐵器，如南京呂家山東晉李氏家族墓出土鐵鏡，鎮江東晉劉剋墓出土鐵器。周闡墓中的銅銚實即鐎鬥，是漢唐墓葬中常見的一種隨葬器物，多為銅質和瓷質，是墓主生前所使用的一件實用器。磚志是東晉時期典型的隨葬物，正處於向墓誌轉化的過程中，此時期南京一帶出土的墓葬皆為磚志，如司家山謝球墓、呂家山李氏家族墓、雨花台東晉紀年墓、劉剋墓均出土磚志。可以說，磚志、銅銚、石臺這些隨葬物符合東晉時期墓葬的隨葬器物情況。銅牌作為一特殊器物，在東晉墓葬攷古發掘中未出土過，從攷古學等綜合考慮，東晉古墓葬中不可能出現這樣一塊銅牌。

因此綜合文字特點及東晉時期墓葬隨葬品的性質特徵，可得出結論：周闡銅牌不是東晉時期物品，應是後世仿製。

銅牌是仿製之物，銘文內容源自何處呢？可從銅牌所記周闡故里尋找。

關於周闡故里，銅牌銘文為"陳留郡雍丘縣都鄉周墟里"，《岩下放言》言"陳留郡雍丘縣都鄉"，《澗泉日記》言"陳留郡雍丘縣都鄉周墟里"。三者關於鄉里的記載略有不同，銅牌銘文與《澗泉日記》相同，皆言"都鄉周墟里"，而《岩下放言》只記"都鄉"，未述及里。《岩下放言》作者葉夢得是宋代詞人，卒於1148年，《澗泉日記》作者韓淲是南宋詩人，生於1159年。顯然《澗泉日記》成書較晚。對周闡磚志的記載，《澗泉日記》與《岩下放言》內容基本相同，相關評價則完全相同，因此《澗泉日記》的這部分內容應是借鑒和引自《岩下放言》。葉夢得所記內容應是最真實的第一手材料，

· 69 ·

磚志應無"周墟里"三字，韓淲在編著《澗泉日記》時增加了"周墟里"。銅牌銘文在州郡縣鄉里的表述上與《澗泉日記》相同，應是後人依照《澗泉日記》所載周闡磚志內容鑄成，因此只有這樣，才能解釋為何銅牌內容不同於最早材料，卻與稍後材料相同。

七 【都鄉吉陽里】

東晉升平五年（361）《潘氏衣物券》，1954年在湖南長沙北門桂花園出土：

> ……升平五年六月丙寅朔，廿九日甲午，不祿。公國典衛令荊州長沙郡臨湘縣都鄉吉陽里周芳命妻潘氏，年五十八，以即日醉酒，不祿。……①

"長沙郡臨湘縣都鄉吉陽里"，時隔200餘年，相同的郡、縣、鄉、里記錄見隋代大業六年（610）《陶智洪買地券》：

> 維大業六年，太歲在庚午，二月癸巳朔，二十一日癸丑斬草。沒故道民陶智洪，今居長沙郡臨湘縣都鄉吉陽里。今□巴陵郡湘陰縣治下里中東罡（崗）大陽山買地百畝……今□（故？）用錢萬萬九千九百九十九文，買東陽山罡（崗），卜其宅兆而安厝之。……②

出土材料記錄相同，從券文描述看，郡、縣、鄉、里所指相同，並非同名異地。

無獨有偶，三國吳簡也有關於吉陽里的記錄。1996年7月至11月，長沙市文物工作隊在市中心走馬樓發掘古代井窖57口，清理出

---

① 最初發掘時此券被當作墓誌，後史樹青認為它既不是真實的地券，也不是迷信的買地券，而是一種衣物券。見史樹青《晉周芳命妻潘氏衣物券攷釋》，《攷古通訊》1956年第2期。錄文見《漢魏六朝碑刻校注》第三冊，第7頁。

② 熊傳新：《湖南湘陰隋大業六年墓》，《文物》1981年第4期。券文"二月癸巳朔"誤，應是"二月甲午朔"。

❖ 第二章　漢魏六朝石刻郡縣鄉里攷 ❖

一批三國孫吳紀年簡牘，數量有 10 萬餘枚。所紀年號目前發現最早為東漢建安二十五年（220），最晚為吳嘉禾六年（237），主要是三國初期孫吳臨湘侯國及長沙郡的地方行政檔案，有大量與戶籍相關、涉及孫吳時期臨湘地區的鄉的材料。

走馬樓吳簡中的吉陽里，舉例如下：

> 吉陽里戶人公乘鄧□年卅一筭一（9670）①
> 吉陽里戶人公李琕年廿九筭一刑左足（10374）
> 吉陽里戶人公乘孫潘年卅五筭一（10380）
> 吉陽里戶人公乘勇客年卅一筭一踵兩足（10385）
> 吉陽里戶人公乘彭橐年五十九（10393）
> 吉陽里戶人公乘區深年卅三筭一（10376）
> 吉陽里戶人公乘蔡饒年五十二筭一（10350）
> 右吉陽里領吏民卅六戶口食一百七十三人（10397）
> 吉陽里戶人公乘常宜年卅妻當年卅九（1102）②
> 吉陽里戶人公乘郭帳年卅八筭一（4191）
> 吉陽里戶人公乘黃如（？）年卅二筭一（4179）
> 吉陽里戶人公乘李堤年卅妻大女服年廿五（80）
> 吉陽里戶人公乘區碑年卅□筭一（5741）③

吳簡有"吉陽鄉"，唯一例：

> 入吉陽鄉二年稅米十一斛畢乭嘉禾二年□月（4736）

《長沙走馬樓三國吳簡·竹簡［貳］》（下）附錄"本卷所見有明確對應的鄉、里、丘"，都鄉沒有吉陽里。吉陽里與吉陽鄉之間是否

---

① 走馬樓簡牘整理組編：《長沙走馬樓三國吳簡·竹簡》［壹］（下），文物出版社 2003 年版。
② 走馬樓簡牘整理組編：《長沙走馬樓三國吳簡·竹簡》［貳］（下），文物出版社 2007 年版。
③ 走馬樓簡牘整理組編：《長沙走馬樓三國吳簡·竹簡》［叁］，文物出版社 2008 年版。

有關係，吳簡未見相關信息。

《長沙走馬樓三國吳簡·竹簡》記錄的鄉具有各自的地域界限，一般來說一個縣內各鄉間不會有相同的里名，這在漢簡多以縣名加里名的方式記錄戍卒籍貫時表現得很清楚。潘氏買地券的出土地點在長沙市桂花園，三國時期在臨湘縣域範圍內。依據買地券的材料，可以確定吳簡中的吉陽里屬都鄉，正如王素先生所說，"東吳早期臨湘縣的都鄉吉陽里，其名稱在大約一個半世紀之後的東晉中期仍然使用，說明我國古代鄉里組織具有很強的穩定性。"① 據《陶智洪買地券》可知東吳早期鄉里名稱在 2 個半世紀後的隋代初期仍然在使用。

八　【都鄉吉遷里】

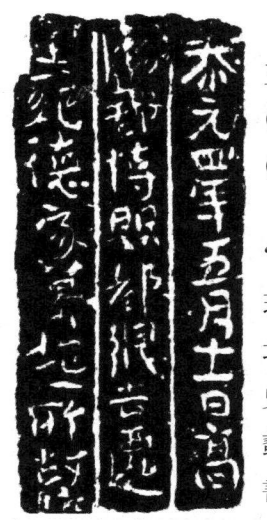

太元四年（379）《紀德墓誌》："泰元四年五月十一日，高陽郡博縣都鄉吉遷里紀德家暮（墓）地一所故□。"② 2006 年南京雨花臺出土（見本頁圖）。

"泰元"是東晉孝武帝的第二個年號，"泰""太"相通，即太元四年。高陽郡，《晉書·地理志》為高陽國，泰始元年置，轄博陸、高陽、北新城、蠡吾縣。"高陽郡博縣"中的博縣，諸史料未載，疑是高陽郡博陸縣的漏刻，在今河北蠡縣南。磚誌中高陽郡博陸縣為僑郡縣，《晉書·地理志》載："咸康四年，僑置魏郡、廣川、高陽、堂邑等諸郡，并所統縣並寄居京邑。"又《宋書·州郡志》揚州刺史："（成帝咸康四年）江左又立高陽、堂邑二郡，高陽領北新城、博陸二縣，堂邑，領堂邑一縣，後省堂邑併高陽，又省高陽併魏郡，並隸揚州，寄治京邑。"京邑即今南京市，這與紀氏墓出土地相符。

---

① 王素：《長沙走馬樓三國孫吳簡牘三文書新探》，《文物》1999 年第 9 期。
② 南京市博物館、南京雨花臺區文化局：《南京雨花臺東晉紀年墓發掘簡報》，《文物》2008 年第 12 期。

❖ 第二章 漢魏六朝石刻郡縣鄉里攷 ❖

九 【上都里】

《晉永和磚》："永和五□太歲在己酉晉夷道令上都里留府君之……"①

磚文"永和五□"，應是永和五年。漢、東晉皆有永和年號，據磚文"晉夷道令"，知墓磚刊刻時間是東晉永和五年，即公元349年。《晉書·地理志》宜都郡領縣三，為夷陵、夷道、佷山縣。夷道縣是宜都郡治，《水經注·江水》："夷道縣，漢武帝伐西南夷，路由此出，故曰夷道矣。王莽更名江南，桓溫父名彝，改曰西道。魏武分南郡置臨江郡，劉備改曰宜都郡，治在縣東四百步，故城，吳丞相陸遜所築也，為二江之會也。"②據《荊南萃古編》稱"此專（磚）出城東里許府"。則上都里為夷道縣城內之里，即夷道縣都鄉上都里，是留府君的里籍，在今宜都市東。"上都"一般是對京都的通稱。《文選·班固〈西都賦〉》："寔用西遷，作我上都。"③此上都指西漢京都長安。《太平御覽》卷一五五州郡部引《晉書》："北齊高洋以鄴為上都，晉陽為下都。"④此上都指北齊鄴城。宜都郡夷道縣之里以"上都"稱，不知為何。

第三節　南朝石刻鄉里攷

一 【北鄉垞城里】

南朝宋元嘉九年（432）《王佛女買地券》：

宋元嘉九年，太歲壬申，十一月壬寅朔，廿日辛酉，□□□□□□都鄉仁儀里王佛女，薄命□□□□□下歸黃泉。

---

① （清）劉懋琦、劉潮同撰：《荊南萃古編》，《石刻史料新編》第二輯第10冊，第7637頁。
② （北魏）酈道元著，王先謙校：《水經注》卷三四，巴蜀書社1985年版，第535頁。
③ （梁）蕭統編，（唐）李善注：《文選》卷一，上海古籍出版社1986年版，第5頁。
④ （宋）李昉等撰：《太平御覽》卷一五五州郡部一，中華書局1998年版，第756頁。

今為佛女占買彭城郡□□□北鄉□城里村南龜山為墓田百畝。……①

彭城縣北鄉□城里村，□，張傳璽先生補為"坨"。②依照地券行文慣例，空缺處部分可補為："彭城郡彭城縣都鄉仁儀里王佛女，薄命□□□□□下歸黃泉。今為佛女占買彭城郡彭城縣北鄉坨城里村南龜山為墓田百畝。"據稱，此券是張伯英民國十二年（1924）在徐州城北龜山之橫里得。

"彭城郡彭城縣北鄉坨城里村南龜山"，張傳璽認為"坨城里村"是村名③，即彭城郡/彭城縣/北鄉/坨城里村/南/龜山。然而筆者認為應表述為彭城郡/彭城縣/北鄉/坨城里/村南/龜山。"坨城里"既可稱里，又可稱村，"村南龜山"言龜山在村南。葬地南面是龜山，"龜山"之名自南朝宋至民國一直存在。《魏書·地形志》徐州彭城郡彭城縣有龜山，《大清一統志》卷六九徐州府銅山縣條言龜山在銅山縣東北，並引舊志言"在州東北三十餘里"。④這與王佛女買地券的發現地正合，地券是張伯英民國十二年在徐州城北龜山之橫里所得。"北鄉坨城里村南龜山"中的"龜山"，指明了鄉里的地理位置。今龜山處徐州城北，這也正與"北鄉"相符。

坨城，《水經注》亦有記載，《泗水》："泗水又逕留縣，而南逕坨城東，城西南有崇侯虎廟。"⑤坨城的位置，《元和郡縣誌》言故坨城在縣北二十六里⑥，《太平寰宇記》言坨城在縣北三十里⑦，距離稍有不同，"縣北"與券文"彭城縣北鄉"位置正合。坨城最初是城，其名"坨"源自方言，《輿地志》云："坨城，古崇國，兗州人為實

---

① 《北圖拓本匯編》第二冊，第127頁；《漢魏六朝碑刻校注》第三冊，第108頁。
② 張傳璽：《中國歷代契約會編攷釋》，北京大學出版社1995年版，第115頁。
③ 張傳璽：《買地券文廣例》，《契約史買地券研究》（下編），中華書局2008年版。
④ 乾隆二十九年《大清一統志》卷六九，影印文淵閣四庫全書本第475冊，第396頁。
⑤ （北魏）酈道元著，王先謙校：《水經注》卷二五，巴蜀書社1985年版，第426頁。
⑥ （唐）李吉甫撰，賀次君點校：《元和郡縣圖志》卷九河南道五，中華書局1983年版，第225頁。
⑦ （宋）樂史撰，王文楚點校：《太平寰宇記》卷一五河南道十五，中華書局2007年版，第299頁。

❖ 第二章　漢魏六朝石刻郡縣鄉里攷 ❖

中城曰垞，直加切，城西南有崇侯虎廟。"① 至少在南朝宋時演變為里，劃入北鄉，以城為里，"垞城里"成為彭城縣北鄉的一個里。在清道光年間為垞城集，《銅山縣誌·都鄙·鄉鎮》記有垞城集，在城北二十里，謂之茶城。② 概"垞""茶"音相近之故。後因黃河改道，垞城水患，民國《銅山縣誌·古跡》："今謂之茶城，為運道所經。明嘉靖末黃河北徙，城遂為漕黃交會之沖，後河口東移，茶城乃為內險。"③ 於是城址遷徙。今有銅山區柳新鄉垞城村，在原址上新建，仍取其舊名。

二　【都鄉白石里】

元嘉十年（433）《徐副買地券》：

> 宋元嘉十年太歲癸酉十一月丙申朔廿七日壬戌辰時……荊州長沙郡臨湘縣北鄉白石里男，官祭酒、代元治黃書契令徐副，年五十九歲，以去壬申年十二月二十六日醉酒壽終，神歸三天，身歸三泉，長安蒿里。副先人立者舊墓乃在三河之中，地宅狹窄，新創立此。本郡縣鄉里立作丘塚，在此山罡中。……④

此券 1977 年夏出土於湖南長沙縣麻林橋一座磚室墓。"荊州長沙郡臨湘縣北鄉白石里"，北鄉，顧名思義處在縣北，即今長沙縣以北。徐氏生前居於北鄉白石里，卒後"本郡縣鄉里立作丘塚，在此山罡中"，表明徐氏生前居所、卒後葬所在同鄉同里，"在此山罡"言葬地在地勢較高的地方。由此可知徐副地券的出土地今長沙麻林橋一帶，就是南朝宋臨湘縣北鄉白石里所在。麻林橋，在長沙城區東北

---

① （清）王謨輯：《漢唐地理書鈔》之《輿地志》1961 年，第 194 頁。
② （清）崔志元修，金左泉纂：道光十一年《銅山縣志》，刻本，中國數字方志庫。
③ 余家謨等修：民國《銅山縣志》，中國地方志集成江蘇府縣志輯第 62 冊，江蘇古籍出版社 1991 年版。
④ 長沙市文物工作隊：《長沙出土南朝徐副買地券》，《湖南攷古輯刊》1982 年第 1 期。

36公里麻林河西岸①，二千年來長沙未移冶，北鄉與今長沙城區正符。屬麻林橋鄉。

白石里命名應與"白石"相關。以白石命名的山或鄉鎮，多與白石相關。以白石名山，如浙江省樂清市城西以山石色白得名，如甘肅康樂縣以山頂常年積雪如白石聳入雲霄而得名。以白石名鎮，如浙江省樂清市白石鎮以境內群山石色俱白而得名；以白石名鋪，因鋪後驛道為白石砌成得名，在湖南省湘潭縣南部。今長沙城北有白石嶺，距麻林橋不到3公里。依此，白石里應地處白石嶺下，因嶺而得名。

吳簡未載白石里，唯見白石丘：

八百嘉禾二年九月十一日白石丘大男（1388）②
十一月十八日白石丘鄧會（1263）

大部分白石丘前列出鄉，或云都鄉：

入都鄉嘉禾二年稅米一斛二斗𠅘嘉禾三年正月十二日白石丘大男穀黑
（？）關邱閣李嵩付州中倉吏黃諱潘慮（359）③

或屬小武陵鄉：

入小武陵鄉三年稅米□斛冑畢𠅘嘉禾元年十一月廿日白石丘鄧□付三州倉穀漢受（2687）④
入小武陵鄉黃龍三年稅米四斛冑畢𠅘嘉禾元年十一月十八日

---

① 《湖南省》編纂委員會編裴淮昌主編：《中華人民共和國地名詞典湖南省》，商務印書館1992年版，第29頁。
② 走馬樓簡牘整理小組編著：《長沙走馬樓三國吳簡·竹簡》[壹]，文物出版社2003年版。
③ 走馬樓簡牘整理小組編著：《長沙走馬樓三國吳簡·竹簡》[貳]，文物出版社2007年版。
④ 走馬樓簡牘整理小組編著：《長沙走馬樓三國吳簡·竹簡》[叁]，文物出版社2008年版。

❖ 第二章 漢魏六朝石刻郡縣鄉里攷 ❖

白石丘黃春付□□（2804）

入小武陵鄉嘉禾二年所調布一匹🗙嘉禾二年八月一日白石丘謝仁付庫吏殷連受（5532）①

出小武陵鄉嘉禾二年火種租米八斛二斗🗙嘉禾三年正月十八日白石丘男子文解關邸閣李嵩付倉吏黃諱史潘慮受（368）

一丘屬兩鄉。關於吳簡"里""丘"的關係，中外學者有諸多的觀點和看法，或曰丘即是里，或認為丘是為徵收租稅而人為設置的組織，或認為里是戶籍編制單位，丘是居住地，等。白石里與白石丘是否有關聯？筆者認為，白石丘亦當是以當地的地形特色命名，白石丘即使不是白石里，但命名方式相同，即皆源自"白石"。吳簡中武陵鄉和小武陵鄉，"陵"指大土山，《詩·小雅·伐木》："如山如阜，如岡如陵。"毛傳："大陵曰阜，大阜曰陵。"② 小武陵大概是指今長沙東北的丘陵地帶。白石丘的居民要向小武陵鄉和都鄉交稅米，那麼白石丘應在小武陵鄉和都鄉的交界處。

從《潘氏衣物券》《徐副買地券》知南朝時長沙郡臨湘縣有都鄉吉陽里、北鄉白石里。

三 【東鄉新城里】

在廣東省始興縣城東約 20 公里原都壙村一帶挖掘灌渠時，出土南朝宋元嘉十九年（442）《妳女買地券》，券文記：

> ［元嘉十九年大］歲壬午，十一月癸卯朔，廿四日丙寅，始興郡始興［縣東鄉新城里］□□□□□五歲，以去甲戌歲四月廿七日戌時沒。故玄都鬼傳地下，□□□□□□從軍亂以來，普天下死人皆得聽隨生人所在郡縣葬埋妳女。［始興］郡始興縣東

---

① 走馬樓簡牘整理小組編著：《長沙走馬樓三國吳簡·竹簡》［貳］，文物出版社 2007 年版。
② （清）阮元校刻：《毛詩正義》，《十三經注疏》（上），中華書局 1996 年版，第 412 頁。

鄉新城里夕口村前［掘土冢］作丘墓。①

嘉靖《始興縣志》："始興縣，漢以前未有攷，三國時屬吳，孫皓分桂陽為始興郡。宋屬廣興郡，齊復為始興郡，陳梁因之。至隋屬廣州。"② 縣志言南朝宋時始興縣屬廣興郡，與券文言始興郡始興縣有出入。

"新城里夕口村"，《中國歷代契約會編攷釋》作"名村"。③ 依出土地，新城里夕口村在今始興縣東 20 公里原都壙村一帶。始興縣東鄉新城里夕口村，表明南朝宋時鄉下設里，里下設村。"夕"疑為"溪"，夕口村疑為溪口村。出土地都壙村一帶都有溪水流過，《始興縣志·鄉都》："順德鄉轄南城、躍溪二都""南城在縣南二十里二面，躍溪在縣東一百里一面。"④ 不知夕口村是否與躍溪有關。

四 【都鄉宜貴里】

元嘉廿七年（450）《龔韜買地券》：

元嘉廿七年三月廿四日，南海郡番禺縣都鄉宜貴里地下死人、蒿里父老、墓鄉右秩……共賣此地，縱廣五畝，與南海郡番禺縣都鄉宜貴里從事史、男死人龔韜……從軍亂以來，普天下死人聽得，隨生人所居郡縣鄉里亭邑買地葬埋。⑤

2004 年在廣州市區東北部太和崗發現。依券言"隨生人所居郡縣鄉里亭邑買地葬埋"，番禺縣都鄉宜貴里即在出土地太和崗一帶。"自軍亂以來"，與靈川縣出土的買地券書寫相同，表明券主的原籍

---

① 廖晉雄：《廣東省始興發現南朝買地券》，《攷古》1989 年第 6 期；《漢魏六朝碑刻校注》第三冊，第 111 頁。
② （明）羅田、汪慶舟纂修：嘉靖《始興縣志》卷一建置沿革，《天一閣藏明代方志選刊續編》第 66 冊，上海書店 1990 年版，第 468 頁。
③ 張傳璽：《中國歷代契約會編攷釋》，北京大學出版社 1995 年版，第 118 頁。
④ （明）羅田、汪慶舟纂修：嘉靖《始興縣志》卷二鄉都，《天一閣藏明代方志選刊續編》第 66 冊，上海書店 1990 年版，第 487 頁。
⑤ 易西兵：《廣州出土南朝龔韜買地券攷》，《東南文化》2006 年第 4 期。

❖ 第二章 漢魏六朝石刻郡縣鄉里攷 ❖

貫地並非都鄉宜貴里，而是從外地遷徙來的。軍亂是遷徙的原因。龔韜、妳女、熊悦、熊薇買地券皆言軍亂，此軍亂概是指孫恩、盧循起義，歷時12年（399—411），其中盧循的起義以廣州和始興縣為根據地。但四買地券刊刻最早的年代為妳女買地券元嘉十九年（442），妳女僅5歲即卒，此距盧循起義已過去30餘年。因此，推測"自軍亂以來""隨生人所居郡縣鄉里亭邑買地葬埋"是遷徙之民買地券廣泛使用的一種格式，並不是記軍亂之事，而是在券中特別說明券主原籍非此地，表明券主的"移民身份"。

五 【都鄉吉遷里】【笠鄉】

大明八年（464）《劉懷民墓誌》：

> 宋故建威將軍、齊北海二郡太守、笠鄉侯、東陽城主劉府君墓誌銘
> ……君諱懷民，青州平源郡平源縣都鄉吉遷里。春秋五十三，大明七年十月乙未薨。粵八年正月甲申葬於華山之陽朝。①

墓志出土地有兩說，一說出山東益都，另一說出歷城，光緒十四年福山王文敏訪得於河南開封。

劉懷民是劉善明的父親，《南齊書·劉善明傳》："父懷民，宋世為齊北海二郡太守。"②《南史·劉懷珍傳附族弟善明傳》"懷民"作懷人，避唐太宗諱改。《南齊書·劉善明傳》："（善明）年四十，青州刺史劉道隆辟為治中從事。父懷民謂善明曰：'我已知汝立身，復欲見汝立官也'。"③依本傳，劉善明卒於建元二年（480），享年49歲，則當生於劉宋元嘉九年（432），40歲時是公元472年。而此時其父已去世近十年，很明顯時間不符。許福謙認為"年四十有誤，當作年三十"。④

---

① 《北圖拓本匯編》第二冊，第135頁；《漢魏六朝碑刻校注》第三冊，第119頁。
② 《南齊書·劉善明傳》，第522頁。
③ 同上。
④ 許福謙：《南齊書紀傳疑年錄》，《首都師範大學學報》（社科版）1998年第1期。

"東陽城主"，東陽城，《水經注·淄水》："陽水又東逕東陽城東南，義熙中，晉青州刺史羊穆之築此，以在陽水之陽，即謂之東陽城。"① 東晉大將軍劉裕在滅南燕後，派羊穆之為青州刺史。羊氏見廣固城變成了一片廢墟，遂另築新城，即東陽城，"留長史羊穆之為青州刺史，築東陽城而居之"②，在今青州市北關一帶。劉氏"粵八年正月甲申葬於華山之陽朝"，華山是華不注山的省稱，《元和郡縣志》歷城縣："華不注山，一名華山，在縣東北十五里。"③ 在今濟南市歷城區洪家鎮北5公里處。陽朝即陽面，言墓在華山南。若依葬地記載，誌應在歷城縣出土。

青州平源郡平源縣都鄉吉遷里是劉氏的籍貫，墓誌"吉"字闕上劃，下部清楚，《益都縣圖志》"吉"字闕。④ 《希古樓》闕。"源"通"原"，《南齊書》作"原"。《希古樓》《墓誌彙編》《益都縣圖志》均作"原"，非原貌。《宋書·州郡志》平原太守："漢高帝立，舊屬青州，魏晉屬冀州，領縣八。"因此劉氏言青州平原郡平原縣實為漢時舊貫，按南朝宋時制應該是冀州平原郡平原縣。東晉南朝平原僑郡可考者四：南兗州南平原郡僑於舊晉陵郡界；青州北平原郡鎮廣固，"隆安四年，為慕容德所滅"；南兗州平原郡僑廣陵郡；冀州平原郡先治歷城，後於孝建二年移梁鄒。⑤《宋書·州郡志》冀州刺史："文帝元嘉九年又分青州立歷城，割土置郡縣，領郡九縣。"至孝建二年（455），冀州平原郡平原縣治所從歷城（今濟南）遷至梁鄒（今山東鄒平縣東南20里好生鎮北）。⑥ 那麼劉氏所言是原籍貫州郡縣，還是僑置的州郡縣呢？康熙《益都縣志·古蹟》："劉善明故第，

---

① （北魏）酈道元著，王先謙校：《水經注》卷二六，巴蜀書社1985年版，第440頁。
② 《晉書·地理志》，中華書局1982年版，第4451頁。
③ （唐）李吉甫撰，賀次君點校：《元和郡縣圖志》卷十河南道六，中華書局1983年版，第277頁。
④ （清）張承燮等修，法偉堂纂：光緒三十三年《益都縣圖志》金石志上卷二十六，第325頁。
⑤ 胡阿祥：《東晉南朝的僑州郡縣與僑流人口研究》，鳳凰出版傳媒集團、江蘇教育出版社2008年版，第203頁。
⑥ 史為樂：《中國歷史地名大辭典》，中國社會科學出版社2005年版，第665頁。

❖ 第二章 漢魏六朝石刻郡縣鄉里攷 ❖

明初為齊世子府，今為城皇廟。"① 在今益都縣內。且劉懷民封東陽城主，由此知劉懷民及家人的活動以益都縣為中心，並沒有隨着僑置平原縣而變化，因此青州平原郡平原縣都鄉吉遷里是劉氏原籍貫。

"笠鄉侯"，笠鄉，《宋書·州郡志》無"笠鄉縣"，笠鄉應是鄉名，其地已不可攷。

六　【安衆里】【上支里】【照心里】

南朝齊永明三年（485）《劉顗買地券》出土於湖北省武昌市東北郊的何家大灣：

……南陽郡涅陽縣都鄉上支里宋武陵王前軍叅軍事、□□□□□叅軍事劉顗，年卌五，以齊永明二年□□四月十五日□命，□□歸□天，身歸三泉，長安蒿里。

父元山，宋衡陽王安西府主簿、天門太守、宋南譙王車騎叅軍事、尚書都官郎。祖肅，冠軍叅軍事、給事中。舊墓乃在荊州照心里。中府君今更新其丘宅，兆在此江夏郡汝南縣孟城山堽。……②

券文涉及三處具體地名，一是籍貫南陽郡涅陽縣都鄉上支里；二是家族舊墓所在地荊州照心里；三是新擇墓地江夏郡汝南縣孟城山堽。③ 筆者談前兩地。

1. 涅陽都鄉

涅陽，《宋書·州郡志》："晉孝武始於襄陽僑立雍州，并立僑郡縣。宋文帝元嘉二十六年，割荊州之襄陽、南陽、新野、順陽、隨五郡為雍州，而僑郡縣猶寄寓在諸郡界。"《南齊書·州郡志》雍州南陽郡領7縣，有宛、涅陽、冠軍等。由此知南陽郡涅陽縣都鄉屬雍

---

① （清）陳食花修：康熙十一年《益都縣志》卷二古蹟，中國數字方志庫。
② 王善才：《武漢地區四座南朝紀年墓》，《攷古》1965年第4期；《漢魏六朝碑刻校注》第三冊，第131頁。
③ 當是"崗"的異體字。"新其丘宅崗"五字《攷古》釋文闕，見王善才《武漢地區四座南朝紀年墓》，《攷古》1965年第4期。"孟城山崗"，郭沫若釋文作"孟城北"，顯然有誤。見郭沫若《由王謝墓誌的出土論到蘭亭序的真偽》，《文物》1965第6期。

州。涅陽縣在涅水之陽，故名，康熙《南陽府志·山川》："趙河，州東北五十里源自鎮平五朵山，流至州東滄灘入湍水，即古涅水也。"① 涅陽古城的位置，康熙《南陽府志·古蹟》鄧州縣："涅陽城，在州東六十里內，有中書令左雄碑，今穰東鎮迤南四十里，有故城即其地理。"②

關於涅陽都鄉，南朝宋名將宗愨之母墓誌也有記載："此誌乃大明六年作……愨南陽涅陽人，而此誌云涅陽縣都鄉安眾里人，又云窆於秣陵縣都鄉石泉里，都鄉之制前史不載。"③《景定建康志·古陵》："宋宗愨母鄭夫人墓在秣陵。"④

安眾，《漢書·地理志》言"侯國，故宛西鄉。"西漢時是南陽郡宛縣的西鄉，是漢代長沙定王子康侯丹的封邑。新莽居攝二年，安眾侯劉崇付伐王莽兵敗，安眾城隨之而廢。《後漢書·宗慈傳》"宗慈字孝初，南陽安眾人也。"李賢注："安眾在今南陽縣西南。仍有其名，無復基趾也。"⑤ 唐代有安眾鄉，《劉伏墓誌》記劉氏葬於"南陽縣安眾鄉上菀里白水之西岡"，誌出南陽縣西南草店南，去縣城15里。⑥ 康熙《南陽府志·古蹟》記安眾城，在縣西南三十里，有安眾鋪，曹操破劉表張繡處。⑦ 對此光緒《南陽縣志》有一段話概括："今按水經注湍水逕安眾故城，又南涅水注之，則其城應在湍涅之間，李賢謂為無復基址，蓋不可攷矣。又新出唐劉伏墓誌，云葬南陽縣安眾鄉，誌得於縣西南之草店，去今安眾鋪二十里而近，是今安眾鋪即唐之安眾鄉，宋之安眾鎮，元明一統志之安眾城也。"⑧ 具體位置，

---

① （清）朱璘纂修：康熙三十三年《南陽府志》卷一輿地志山川，新修方志叢刊，台灣學生書局1968年版。
② （清）朱璘纂修：康熙三十三年《南陽府志》卷一輿地志古蹟，新修方志叢刊，台灣學生書局1968年版。
③ 歐陽修：《集古錄跋尾》卷四，《石刻史料新編》第一輯，第24冊。
④ （宋）周應合撰：（清）嘉慶六年《景定建康志》卷四十三"古陵"條，中國方志叢書華中地方416號，成文出版社1983年版。
⑤ 《後漢書·宗慈傳》，第2202頁。
⑥ （清）潘守廉修，張嘉謀等纂：光緒二十年《南陽縣志》，刻本，中國數字方志庫。
⑦ （清）朱璘纂修：康熙三十三年《南陽府志》卷一輿地志古蹟，新修方志叢書刊，台灣學生書局1968年版。
⑧ （清）潘守廉修，張嘉謀等纂：光緒二十年《南陽縣志》，刻本，中國數字方志庫。

❖ 第二章 漢魏六朝石刻郡縣鄉里攷 ❖

"楊官寺，在南陽市區西南17公里，潦河右岸，明初南陽衛安衆屯屯官楊姓於此建村，村旁有寺，故名。有漢、三國安衆縣遺址"。① 從以上描述知，没有安衆故城屬涅陽縣的記載，但涅陽縣都鄉安衆里之"安衆"應該就是南陽縣西南的安衆故城。金時曾割屬鎮平縣，《元一統志》："安衆故城在南陽縣西南三十里，金時割屬鎮平。"② 涅陽縣與鎮平縣毗鄰，推測南朝宋時安衆曾割屬涅陽縣，是涅陽縣都鄉下轄的一個里。

涅陽都鄉上支里，上支里不知是否與涅水有關？

2. 荆州照心里

照心里，《中國歷代契約會編攷釋》作"熙心里"。③ 南陽涅陽劉氏自劉虬始，徙居江陵（今荆州市），劉顗應是劉虬的族人，因此舊墓在荆州照心里。江陵屬南郡，為荆州轄，荆州照心里概為荆州南郡江陵縣照心里。

七 【都鄉長貴里】

永明五年（487）《劉岱墓誌》，1969年出土於江蘇句容縣袁巷小龍口：

> 齊故監餘杭縣劉府君墓誌銘
>
> 高祖撫，字士安，彭城内史。夫人同郡孫荀公，後夫人高密孫女寇。曾祖爽，字子明，山陰令。夫人下邳趙淑媛。祖仲道，字仲道，餘姚令。夫人高平檀敬容。父粹之，字季和，大中大夫。夫人彭城曹慧姬。
>
> 南徐州東莞郡莒縣都鄉長貴里劉岱，字子喬。……粵其年秋九月癸未朔，廿四日丙午，始創墳塋於揚州丹揚郡句容縣南鄉糜

---

① 《河南省》編纂委員會尚世英主編：《中華人民共和國地名詞典河南省》，商務印書館1999年版，第502頁。

② 乾隆二十九《大清一統志》卷一六六南陽府引《元一統志》，影印文淵閣四庫全書本第477冊，第346頁。

③ 張傳璽：《中國歷代契約會編攷釋》，北京大學出版社1995年版。

里龍窟山北。……①

南徐州東莞郡莒縣，"文帝元嘉八年，更以江北為南兗州，江南為南徐州，治京口，割揚州之晉陵，兗州之九郡僑在江南者屬焉，古南徐州備有徐、兗、幽、冀、青、并、揚七郡邑"。②《南齊書·州郡志》南徐州置南東莞郡，領東莞、莒縣、姑幕三縣。據《晉書·地理志》，元帝渡江後"分武進立臨淮、淮陵、南彭城郡，屬南徐州"，未記南東莞郡在武進縣。《東晉疆域志》徐州東莞郡"晉志明帝立南東莞郡，圖經屬南徐州，治莒縣，凡領縣三。江南通志東晉僑置東莞郡於晉陵南境"。"莒，漢縣名，西晉屬城陽郡，東晉僑立武進縣，縣有青城在縣東南五十里，或云即古莒縣也。"③

原籍雖是東莞郡莒縣，但劉岱世代在江南為官，高祖為彭城內史，曾祖為山陰令，祖為餘姚令，可見劉岱家族遷居南方已久。莒縣僑於武進縣，在接連經過宋大明元年、元徽元年、齊建元二年的土斷實施後，僑郡縣的設置已名存實亡了。"都鄉長貴里應是武進縣的實有地名。那時所謂的僑郡縣不過一鄉一村之地而已。"④ 南徐州東莞郡莒縣都鄉長貴里的表述應是僑置州郡縣與實際地名結合，都鄉長貴里為武進縣的鄉里名。

八 【罿溪里】

南朝齊永明六年（488）《蕭崇之側室夫人王寶玉墓誌》：

> 齊故冠軍將軍東陽太守蕭府君側室夫人王氏墓誌銘
> 夫人姓王，字寶玉，吳郡嘉興縣罿溪里人也。……以建元元年納於蕭氏……以永明六年四月庚戌朔九日戊午，卒於建節里中，春秋廿有八。粵閏十月丁丑朔六日壬午□，窆於臨沂縣之黃

---

① 鎮江市博物館：《劉岱墓誌簡述》，《文物》1977年第6期；《漢魏六朝碑刻校注》第三冊，第134頁。
② 《宋書·州郡志》，第1038頁。
③ （清）洪亮吉：《東晉疆域志》卷四徐州東莞郡，嘉慶元年（1796）版本，刻本。
④ 鎮江市博物館：《劉岱墓誌簡述》，《文物》1977年第6期。

❖ 第二章 漢魏六朝石刻郡縣鄉里攷 ❖

鵠山。①

誌主王寶玉史籍無載，是南齊冠軍將軍、東陽太守蕭崇之妾，蕭崇之是梁文帝蕭順之弟。嘉興縣今為嘉興市南湖區。曇溪里，里以溪名，康熙《嘉興縣志·古蹟》記韭溪、爽溪、雙溪、穆溪、前溪、梅溪、甓溪、藕溪，未見曇溪。②

里以溪名者，亦見下箬里。《陳書·高祖本紀》云："高祖武皇帝諱霸先，字興國，小字法生，吳興長城下若里人也。"③《太平寰宇記》卷九四記述清楚："箬溪在縣南五十步，一名顧渚口，一名趙瀆，注於太湖。箬溪者，顧野王《輿地志》云：夾溪悉生箭箬，南岸曰上箬，北岸曰下箬，二箬皆村名。……云縣前大溪亦名箬溪，其箬水鄉、箬溪里，皆相因名焉。"④

九 【高陵鄉邑下里】

開皇十七年（597）《孫觀暨妻王氏誌》：

孫氏諱觀，字元照，南徐州晉陵郡曲阿縣高陵鄉邑下里人也。晉司馬之苗，孫權之後。其祖魏前二年從梁秦王建義歸朝，因居京兆，屬長安縣淳化鄉雅正里，非家非國。開皇十三年十一月內忽然抱疾，至十二月廿九日卒於邛州異壤，春秋六十二。夫人五十七，并州太原人也。王世珍之貴族，實黃兆之結髮，不垂白而先亡，乃改殯於高陽，致合棺之承禮。以開皇十七年歲次丁巳八月甲寅朔十六日庚申子同遷萬年之宅兆。⑤

---

① 南京市文化廣電新聞出版局編：《南京歷代石刻集成》，上海書畫出版社 2011 年版，圖片 34 頁，釋文 356 頁。
② （清）何鋆修：康熙二十四年《嘉興縣志》卷二古蹟，刻本，中國數字方志庫。
③ 《陳書·高祖本紀》，第 1 頁。
④ （宋）樂史撰，王文楚點校：《太平寰宇記》卷九四江南東道六，中華書局 2007 年版，第 1894 頁。
⑤ 王其禕、周曉薇：《隋代墓誌銘彙考》，線裝書局 2007 年版，第 245 頁。誌文"八月甲寅"誤，應是"八月己巳"。

孫觀卒於隋，誌中地名多為隋制，然籍貫"南徐州晉陵郡曲阿縣高陵鄉邑下里"非隋制，由《隋書·地理志》曲阿縣屬江都郡可知。南徐州，《宋書·州郡志》南徐州刺史："武帝永初二年，加徐州曰南徐，而淮北但曰徐。文帝元嘉八年，更以江北為南兗州，江南為南徐州，治京口，割揚州之晉陵、兗州之九郡僑在江南者屬焉。"晉陵太守："（晉陵）本屬揚州，文帝元嘉八年，度屬南徐，領縣六。"曲阿縣本為揚州轄，元嘉八年（431）割屬南徐州，僑居流民於此，歷齊、梁、陳，至隋開皇年間廢。正如誌言孫氏"其祖魏前二年從梁秦王建義歸朝"，"南徐州晉陵郡曲阿縣高陵鄉邑下里"是南朝梁時制。

　　曲阿縣，今丹陽司徒鎮一帶。《元和郡縣志》丹陽縣："本舊雲陽縣也，秦時望氣者云有王氣，故鑿之以敗其勢，截其直道，使之阿曲，故曰曲阿。武德五年，曾於縣置簡州，八年廢。天寶元年，改為丹陽縣。"① 丹陽有高陵，是三國吳孫堅墓，《三國志·吳志·孫破虜吳夫人傳》："孫破虜吳夫人，吳主權母也。……建安七年，臨薨，引見張昭等，屬以後事，合葬高陵。"②《建康實錄》記"太夫人吳氏薨，合葬高陵"③，元代《至順鎮江志》："吳高陵，在吳陵港。武烈皇帝所葬。孫堅征丹徒，為吳祖所殺，還葬曲阿。後權稱尊號，追諡武烈皇帝，墓曰高陵。土人自今稱為孫墳，以其最大異於他墳，幫又呼為大墳。"孫堅墓在丹陽市司徒鎮大墳村。

　　今鎮江市丹徒區上黨鎮有高陵村，位於鎮江市南，東接丹陽市司徒鎮。《江蘇省丹徒縣地名錄》言高陵村，"傳說三國時期孫權妹孫尚香葬於村西姑娘墩"④。高陵、高陵鄉、高陵村三者皆為同名，這僅是巧合嗎？史書及地方志中"高陵"與墓誌高陵鄉名稱相同，誌主為孫氏，自稱為孫權之後，這中間一定有聯繫。筆者認為，高陵初為孫堅墳墓之稱，至南朝宋時成為鄉名，後世演變為高陵村。

　　由此看來，高陵鄉大概在今鎮江丹徒區上黨鎮高陵村至今丹陽市

---

① （唐）李吉甫撰，賀次君點校：《元和郡縣圖志》卷二五江南道一，中華書局1983年版，第591頁。
② 《三國志·吳志·孫破虜吳夫人傳》，第1195頁。
③ （唐）許嵩撰、張忱石點校：《建康實錄》卷一太祖上，中華書局1986年版，第9頁。
④ 丹徒縣地名委員會：《江蘇省丹徒縣地名錄》，1982年。

❖ 第二章　漢魏六朝石刻郡縣鄉里攷 ❖

司徒鎮一帶，今高陵村分前高陵、中高陵、後高陵 3 個村子。

十　【都鄉都唐里】【都鄉牛馬里】【都鄉楊田里】

《宋書·州郡志》載："始建內史，吳孫皓甘露元年，分零陵南部都尉立始安郡，屬廣州，晉成帝度荊州，宋文帝元嘉二十九年，度廣州，三十年，復度湘州。明帝改名。領縣七。"有"始安子相，漢舊縣，屬零陵。"始安郡治在始安縣，始安縣《漢書·地理志》零陵郡屬縣第三，在今桂林一帶。廣西桂林墓誌發現較少，多出土滑石買地券，概與當地的石質有關。據統計有 7 塊買地券。

泰始六年（470）《歐陽景熙買地券》：

> 宋泰始六年，十一月九日，始安郡始安縣都鄉都唐里沒故道民歐陽景熙，今歸蒿里。亡人以錢万万九千九百九文，買此塚地。東至龍，南至朱雀，西至白虎，北至玄武，上至黃天，下至黃泉。①

永明五年（487）《秦僧猛買地券》：

> 齊永明五年，太歲丁卯，十二月壬子朔，九日庚申，相州始安郡始安縣都鄉都唐里男民秦僧猛薄命終，沒歸蒿里。今買得本郡縣鄉里福樂坑□□。縱廣五□□，立塚一丘，雇錢万万九千九百九十文。……②

前者刻於南朝宋，後者刻於南朝齊，雖朝代替換，具體地名卻未變化。《南齊書·州郡志》始安郡有縣六，始安縣居其一，小字注："本名始建，齊改。"據墓誌及《宋書·州郡志》，知《南齊書·州郡志》有誤，南朝宋泰始年間始建縣已更名為始安縣。

---

① 《中國西南地區歷代石刻滙編·廣西桂林卷》第 1 頁；《漢魏六朝碑刻校注》第三冊，第 122 頁。
② 《中國西南地區歷代石刻滙編·廣西桂林卷》第 2 頁；《漢魏六朝碑刻校注》第三冊，第 137 頁。

"始安郡始安縣都鄉都唐里"是歐陽氏、秦氏故里,他們是同縣同鄉同里人。故里同,兩人葬地不同。歐陽氏券未交待葬地,墓出桂林觀音閣附近。秦氏葬地在本鄉里(即始安郡始安縣都鄉都唐里)的福樂坑□□,這表明都唐里在桂林東郊堯山一帶。堯山距市中心10公里,堯山主峰是桂林最高的山峰,山勢大致南北延伸,高大雄渾,狀如伏牛,俗名牛山。《後漢書·郡國志》荊州零陵郡始安侯國,劉昭注引《始安郡記》,言縣東有駮樂山,東有遼山。《靈川縣志·山川》:"按漢書始安郡東有遼山,方輿紀要以山長竟數百里,疑遼訛為堯,或以與舜祠相對,故名為堯,不知實。"①《讀史方輿紀要》言堯山:"上有平田,土人名為天子田,因堯以名也。"引《風土記》言:"堯山在府東北隅,大江與舜祠相望,因以堯名。"② 都唐里在堯山下,取名可能來自唐堯之義。

按照古人葬地近於居所的習俗來看,歐陽氏葬地概亦在都鄉內,因此從觀音閣至堯山的區域應是南朝宋、齊始安縣都鄉範圍。莫志東說:"從民間百姓死後一般都葬在生前戶籍所在地附近的規律來看,今天桂林東郊的堯山至灕江以西的觀音閣地區在南朝宋至齊時期均屬同一個郡、縣、鄉里行政區域。"③ 可確定是同郡、縣、鄉,但不能確定是同一里。

除上面2塊外,廣西出土南北朝時期買地券還有5件,據稱皆在靈川縣出土。

熊村買地券,1993年在南寧出現,靈川縣大圩鎮熊村出土:

　　十一日丙午…薄命歸…鄉牛馬…④

---

① 李繁滋纂:民國十八年《靈川縣志》卷二,中國方志叢書華南地方第212號,成文出版社1975年版。
② (清)顧祖禹撰,賀次君、施和金點校:《讀史方輿紀要》卷一〇七廣西二,中華書局2005年版,第4817頁。
③ 莫志東:《淺析桂林地區出土的南朝買地券及其相關問題》,《桂林文化》2003年第3期。
④ 依莫志東:《淺析桂林地區出土的南朝買地券及其相關問題》,《桂林文化》2003年第3期;曾橋旺《靈川歷代碑文集》收錄4方買地券,分別為南朝齊《黃道安買墓地券》(誤,應為黃道丘)、南朝梁《熊悅買墓地券》、南朝梁《佚名買墓地券》、南朝梁《熊薇買墓地券》,中央文獻出版社2010年版,第1—6頁。

❖ 第二章 漢魏六朝石刻郡縣鄉里攷 ❖

新村買地券，1999年靈川縣大圩鎮新崗村農民挖地時發現：

> （太）歲丙十一月戊朔十九日，始安都鄉牛馬里（醉）酒薄命終沒，歸豪里。今買得文坑圃上，縱廣五畝地，立塚一丘自葬，雇錢萬萬九千九百九十文。①

黃道丘買地券，20世紀80年代靈川縣大圩鎮上橋村公所石渠村李四成耕田得：

> 永明五年太歲丁卯八月甲寅初七日庚申，始安郡始安縣都鄉牛馬罨對里男民黃道丘（薄）命終沒，歸家里。今買得本郡縣鄉里罨坍圃上，縱廣五壟地，立塚一丘自葬，雇錢萬萬九千九百九十九文。

熊悅買地券，20世紀80年代靈川縣大圩鎮上橋村公所石渠村李四成向本村村民購得：

> 梁普通四年十二月癸丑朔，始安郡始安縣都鄉牛馬楊田里沒故女民熊悅，歸豪里。玄都鬼傳地下女青詔書科律，從軍亂以來，普天下死人皆聽隨生人所在始安郡縣都鄉罨罡寸里停邑……②

熊薇買地券，李四成向本村本民購得：

> 梁天監五年太歲丙戌十二月癸巳朔四日丙申，始安郡始安縣都鄉牛馬[玉歷]里女民熊薇以癸巳年閏月五日醉酒命終，上歸高里。玄都鬼傳地下女青詔書科律，自軍亂以來，普天下死人皆

---

① 新村買地券、黃道丘買地券、熊悅買地券、熊薇買地券，錄文依莫志東《淺析桂林地區出土的南朝買地券及其相關問題》，《桂林文化》2003年第3期。
② "罨罡寸里"誤，疑為"罨對里"。見下文。

聽隨生人所在郡縣停邑葬埋。薇命從些始安縣都鄉牛馬九罡里域……縱廣五十步，立塚自葬。①

各地券的刊刻時間，熊村買地券刊於南朝宋至齊時期，可能早於齊永明五年，新村買地券的刊刻時間是齊永明四年（486），黃道丘買地券刊於永明五年（487），熊悅買地券刊於梁普通四年（523），熊薇買地券刊於天監五年（506）。五塊買地券記錄的喪葬時間相距不到50年。黃道丘地券與熊悅地券同出一村，且黃道丘券中所提居所與熊悅券葬地相同，則熊悅地券文"始安郡縣都鄉覃罡寸里"識讀有誤，應為"覃對里"。除熊村買地券外，其餘4方不僅記錄了券主生前居住地，而且具體描述了死後葬地。概括以上地券中的鄉里詞語，居住地分別有"始安都鄉牛馬里""始安郡始安縣都鄉牛馬覃對里""始安郡始安縣都鄉牛馬楊田里""始安郡始安縣都鄉牛馬玉歷里"。葬地分別有文坑圃、本郡縣鄉里覃坍圃（即始安郡始安縣都鄉牛馬覃對里覃坍圃）、始安郡縣都鄉覃對里、始安縣都鄉牛馬九罡里。熊村買地券不全，僅存"鄉牛馬"。各券主葬地與居住地相距不遠，基本上都安葬在居住地附近。將葬地與出土地結合，可知始安縣都鄉範圍大致在今靈川縣大圩鎮新岜村至上橋、熊村一帶。結合歐陽氏和秦氏買地券，則北至堯山，西至觀音閣，南至新岜村，東至熊村的區域在南朝時屬始安縣都鄉的行政區域。

券文皆記"牛馬"，莫先生認為："其餘5塊地券中都含有'牛馬'二字，表明是里。但其他又表明牛馬二字是鄉和里之間的行政區域名稱。表明今天的大圩鎮在南朝或南朝以前甚至到漢代有牛馬亭的建制。"牛馬亭的行政中心"可能位於今大圩鎮新村或附近地區，管理範圍大致是鐵山圩、新村至熊村、上橋石渠村一帶"。② 牛馬亭名稱源於牛河、馬河。這五塊地券的出土地從地圖上來看，熊村、石渠村、新村，乃至大圩古鎮皆處在一條河流的兩岸，這條河流即為馬

---

① 玉歷里，依 http://www.gxfolkmuseum.com/cp/html/? 8.html 補出。以上出土材料的介紹也來自此。券文"十二月癸巳朔四日丙申"誤，應是"十二月壬辰朔四日乙未"。
② 莫志東：《淺析桂林地區出土的南朝買地券及其相關問題》，《桂林文化》2003年第3期。

❖ 第二章 漢魏六朝石刻郡縣鄉里攷 ❖

河,其源頭在靈田,流至熊村(今曰雄村),繼而流經上橋村、上黃塘村、廖村,至大圩萬壽橋,匯入灕江。牛河,發源於堯山,從北向南流入灕江。牛河、馬河皆為灕江的支流。牛馬亭的範圍大概就在牛河與馬河之間的兩河區域,在這個區域內至少有5個里:覃對里、楊田里、九罡里、牛馬里、玉歷里。牛馬里在今新村附近,至大圩古鎮約2公里,覃對里、九罡里、楊田里、玉歷里在石渠村一帶,"罡"同"崗",地勢較高才能成為崗。九罡里應是在地勢較高處,大概在馬河的上游、今熊村一帶。其中覃對里、玉歷里有熊姓居民,從熊悦、熊微買地券言"自軍亂以來,普天下死人皆聽隨生人所在郡縣停邑葬埋",可知熊姓自外地遷入,聚族而居,這也是今熊村的由來。

綜上所述,知始安郡始安縣都鄉有都唐里、牛馬里、楊田里、覃對里、九罡里、玉歷里。

"圃"是種植蔬菜、花果或苗木的園地,亦泛指園地。文坑圃、覃坍圃皆為葬地,表明葬在田地中,事實上這兩方地券確實是在田地中發現,據此《秦猛僧買地券》"福樂坑"後所缺兩字應補為"圃上"。出土買地券的葬地言多形容為圃、坑之類地貌,發現處也多為田地間,這與現在民間有些將親人葬於自家田地的情況類似。這些田地皆在鄉里村落附近,這也為確定鄉里村落地點提供依據。

十一 【都鄉宜陽里】

南朝梁普通元年(520)《何靖買地券》19世紀70年代末在資興縣(今資興市)發現,為磚質買地券。券言:

> ……桂陽郡晉寧縣都鄉宜陽里女民何靖,年二十九歲,先已□□運墓,舊名曰毛□□堤中,尊奉太上諸君、丈人道法,不敢選日問時,不避天下禁忌,道行正真,丘墓營搏□,東西南北各有丈尺。①

---

① 湖南省博物館:《湖南資興晉南朝墓》,《攷古學報》1984年第3期。

何靖墓出土買地券二方，另方書"普通元年"，則知何靖墓為南朝梁墓。另有一墓於不遠處出土，言"天監四年""桂陽郡都鄉宜陽里……歲……問……月十二日醉酒壽終"。兩墓均出原資興縣舊市鄉曹龍山①，券文都記載了"桂陽郡晉寧縣都鄉宜陽里"。

資興縣，原名漢寧縣，《後漢書・郡國志》桂陽郡條："漢寧，永和元年置。"晉時改稱晉寧，至北魏稱魏寧，《水經注・鐘水》："魏寧，故陽安也。晉太康元年，改曰晉寧。"② 資興縣舊治在原舊市鄉，舊市又名舊縣，即舊縣治所在。原舊市鄉在資興縣（今資興市）南10公里處，耒水（東江）從中蜿蜒而過，四面群山環抱，鄉處於河谷小盆地。至南宋紹定年間，因耒水（東江）水患淹城，將縣治遷至管子壕（今興寧鎮）。2003年合併舊市鄉、厚玉鄉為白廊坊鄉，原舊市鄉的位置已淹於東江水庫。

桂陽郡晉寧縣都鄉宜陽里記載了原舊市鄉作為縣治的歷史。

十二 【白土里（鄉）】

太清三年（549）《程虔墓誌》，清宣統二年出於湖北襄陽市：

> 梁故威猛將軍、諮議叅軍、益昌縣開國男、宋新巴晉源三郡太守程虔，字子獸，陰時六十八。扶業承基，辯和意續，素品積屑，安定南陽白土人也。③

"晉源"，《宋書・州郡志》益州有晉原，即晉源，與誌合。《南齊書・州郡志》作"晉康"，非。《魏書・地形志》有二個安定郡，楚州有安定郡，領縣四：濮陽、臨涇、新豐、南陽；涇州有安定郡，領縣五：安定、臨涇、朝那、烏氏、石堂。依照墓誌出土地，"安定南陽白土"為安定郡南陽縣白土里（鄉），屬楚州。

---

① 湖南省博物館：《湖南資興晉南朝墓》，《攷古學報》1984年第3期。
② （北魏）酈道元著，王先謙校：《水經注》卷三九，巴蜀書社1985年版，第591頁。
③ 《漢魏南北朝墓誌集釋》圖五七〇；《漢魏六朝碑刻校注》第三冊，第203頁。

十三 【河陽邨】

太建二年（570）《衛和墓誌》民國年間出土，常熟沈氏收藏：

> 陳故衛將軍墓誌銘並序
> 　　君諱和，衛姓，平陵人也。其先僻雠來南沙，遂家焉。君少孤，耽戲，有膂力。抱風木之悲，裹馬革之志。侯景竄觫□入海，君預毀港上船，不得渡，遂被擒。司徒王僧辯知之，召為前鋒將軍。會高祖與僧辯不睦，知有變，稱病歸里，耕鑿以終。年四十二。於太建二年，歲次庚寅，十一月葬於河陽邨引鳳池上。①

平陵是衛氏祖籍。"其先僻雠來南沙，遂家焉"，南沙即南沙縣，舊址在今江蘇常熟市西北。《肇域志》常熟縣："府北八十里。古名海虞、南沙。"②"本漢吳縣虞鄉。晉太康四年，分吳縣之虞鄉，置海虞縣。""縣西北有地名沙中，咸康七年，分海虞置南沙縣，屬晉陵郡。"③《輿地廣記》常熟縣："本漢吳縣地，晉分置海虞縣，屬吳郡。梁分置南沙、常熟二縣。隋平陳，徙常熟於南沙，而省海虞入焉，屬蘇州。唐因之。有常熟山。"④ 由此知衛和葬在南沙縣河陽邨引鳳池邊。

南沙縣，後廢，清代是常熟縣南沙鄉，在縣西北50里，康熙《常熟縣志·鄉鄙》言"南沙鄉，縣西北，轄都六"，小注"即南沙縣故址"⑤，《讀史方輿紀要》記"今奚浦、三丈浦、黃泗浦西接江陰一帶，其地猶名南沙鄉"⑥。

---

① 《北圖拓本匯編》第二冊，第170頁；《漢魏六朝碑刻校注》第三冊，第212頁。
② （清）顧炎武：《肇域志》第一冊山東青州府，上海古籍出版社2004年版，第29頁。
③ 同上書，第230頁。
④ （宋）歐陽忞撰：《輿地廣記》卷二二，影印文淵閣四庫全書本第471冊，第410頁。
⑤ （清）高士鸍等修：康熙《常熟縣志》卷五鄉鄙，中國地方志集成江蘇府縣志輯第21冊，江蘇古籍出版社1991年版。
⑥ （清）顧祖禹撰，賀次君、施和金點校：《讀史方輿紀要》卷二四，中華書局2005年版，第1177頁。

河陽邨引鳳池，河陽邨蓋在河陽山下而得名。河陽山在長江北，康熙《常熟縣志·山川》："河陽山，一名鳳凰山，在縣西北四十里，高一百二十丈，周七里。"①"河陽山距縣西北四十里，右首左尾，南北麓若張翅，俗名鳳凰山。"②"自邑之口而西北三十六里曰鳳凰山，亦名河陽山，蓋在河之陽也。河者，黃泗浦港。邑之□□□於奚浦鹿苑之河，有碑在港口。"③明代常熟縣有河陽里，《曝亭書集·陳基傳》："洪武二年召入預修元史，還，卒於常熟縣河陽里。"有河陽市，正德《姑蘇志·鄉都》記有市九，其中河陽市在縣西北四十里，在河陽山東，屬感化鄉。④清代有河陽里，康熙《常熟縣志·鄉鄙》記縣西北第八都崇素鄉，有山陽里、元陽里、河陽里。⑤

"河陽"之名沿用至今。常熟縣有河陽村，原為恬莊轄，1962年1月原常熟縣恬莊、鹿苑、妙橋、鳳凰等14個公社及常陰沙農場劃歸新設立的沙洲縣（今張家港市），在張家港境內。村內有鳳凰池，近有墓，墓碑上約有"南沙陳衛將軍之墓"。"河陽邨引鳳池"今名河陽村鳳凰池，數千年時間村名沒有發生變化，引鳳池改稱鳳凰池。

需要說明的是，《河洛墓刻拾零》收"陳衛和石棺銘"，首題"陳故衛將軍石棺銘並序"，石棺銘文內容與《衛和墓誌》完全相同：

陳故衛將軍墓誌銘並序
君諱和，衛姓，平陵人也。其先僻雟來南沙，遂家焉。君少孤，耽戲，有膂力。抱風木之悲，裹馬革之志。侯景竄穌□入海，君預毀港上船，不得渡，遂被捨。司徒王僧辯知之，召為前鋒將軍。會高祖與僧辯不睦，知有變，稱病歸里，耕鑿以終。年

---

① （清）高士鶒等修：康熙《常熟縣志》卷二山，中國地方志集成江蘇府縣志輯第21冊，江蘇古籍出版社1991年版，第27頁。
② 張家港市黨史地方志辦公室編：《張家港舊志匯編》永慶寺記重修河陽山永慶寺記，2006年，第341頁。
③ 張家港市檔案局：《張家港碑刻選集》2000年，第120頁。
④ （明）林世远修，王鏊等纂：正德《姑蘇志》卷一八鄉都，《天一閣藏明代方志選刊續編》第11冊，上海書店1990年版。
⑤ （清）高士鶒等修：康熙《常熟縣志》卷五鄉鄙，中國地方志集成江蘇府縣志輯第21冊，江蘇古籍出版社1991年版。

第二章　漢魏六朝石刻郡縣鄉里攷

四十二。於太建二年，歲次庚寅，十一月葬於河陽邨引鳳池上。①

據介紹，此石棺銘於2005年夏河南省洛陽孟州市出土。衛和卒葬皆在故里，斷無遷葬之說，其石棺銘何以在千里之外的孟州出土？頗是疑惑。

河陽邨，"邨"即"村"。目前所見石刻材料"邨"者有兩見，一個是南朝陳衛和墓誌"河陽邨"，另一個是東魏武定五年（547）造像記"遵義鄉揭嶺邨"。

1993年淮安市人民法院工地發現一塊東魏武定五年（547）石刻銘文造像碑，錄文："唯大魏武定五年，歲次丁卯，七月已丑，朔三日壬辰，遵義鄉揭嶺邨法儀等衆，敬白十方諸佛，一切堅賢，竊惟人生無常，財非已有，咸共割捨……"②造像碑出自江蘇淮安。當時淮安界屬於南朝梁的統治範圍，而題記采用了東魏孝靜帝的年號，題記文風、陽面佛造像風格均屬北朝風格，以及造碑使用的石質，酷似河北曲陽一帶的漢白玉。由此推測此碑的"原產地"不是淮安，而是來自北朝的統治範圍。公元574至577年，北周武帝宇文邕廢佛措施十分嚴厲，北方僧人被驅趕到南方，大概造像碑在這次廢佛中，經北方僧人之手輾轉至淮安。③侯旭東認為"應是淮安市附近東魏轄地上的佛徒所造，後被移至出土地點。"④揭嶺邨，蓋村落在山嶺下，因此村落以嶺名為名。

十四　【敦煌縣鄉里】

十六國時期在很大程度上沿用晉代官方的鄉里體系。敦煌縣鄉里見於漢簡，漢簡敦煌縣無鄉的記錄，有南關、富貴、大會、宣武、中陽、束武、壽陵7個里名。石刻中既載鄉名又載里名。

---

① 趙君平、趙文成編：《河洛墓刻拾零》（上），書目文獻出版社2007年版，第42頁。
② 王錫民、陳錦惠：《江蘇淮安出土東魏石刻銘文造像碑》，《東南文化》1994年第4期。
③ 戴東方：《試釋江蘇淮安出土的東魏造像碑》，《藝苑（美術版）》1995年第3期。
④ 侯旭東：《漢魏六朝的自然聚落——兼論邨、村關係與村的通稱化》，載黃寬重主編《中國史新論基層社會》，臺北聯經出版事業有限公司2009年版，第127—182頁。

1. 【西宕鄉高昌里】

《西涼敦煌郡敦煌縣西宕鄉高昌里建初十二年（416）籍》①，這是一件記載兵、散、吏户的户籍，每户前面都標有鄉里，皆是敦煌縣西宕鄉高昌里的户籍情況：

> 敦煌郡敦煌縣西宕鄉高昌里兵裴晟年六十五，息男醜年廿九
> 敦煌郡敦煌縣西宕鄉高昌里散陰懷年十五
> 敦煌郡敦煌縣西宕鄉高昌里丘裴保年六十六
> 敦煌郡敦煌縣西宕鄉高昌里散呂沾年五十六
> 敦煌郡敦煌縣西宕鄉高昌里兵呂德年卅五
> 敦煌郡敦煌縣西宕鄉高昌里大府吏隨高年五十
> 敦煌郡敦煌縣西宕鄉高昌里散隨楊年廿六
> 敦煌郡敦煌縣西宕鄉高昌里散唐黃年廿四

西宕鄉，疑與宕泉相關，"州南有莫高窟，去州二十五里，中過石磧，帶山坡至彼斗下谷中，其東即三危山，西即鳴沙山，中有自南流水，名之宕泉，古寺僧舍絕多"。② 西宕鄉概處宕泉之西，"此水溝下段西面，今屬敦煌市郭家堡鄉地面，或即西涼西宕鄉地域"。③

2. 【西鄉里】

1985年甘肅省文物攷古研究所發掘敦煌祁家灣西晉十六國墓葬，出土陶罐鎮墓文。多是一般士庶地主或下層平民的墓葬。

《神璽二年□富昌鎮墓文》録文④：

> 神璽二年八月辛酉朔廿三日癸未，敦煌郡西鄉里民甭富昌命絕身死。
> 神璽二年十一月己丑朔八日丙申敦煌西鄉里民……

---

① ［日］池田溫：《中國古代籍帳集録》，東京大學出版會1979年版，第60頁。
② 唐耕耦、陸宏基編：《敦煌社會經濟文獻真跡釋録》第一輯敦煌録一卷S.5448號，書目文獻出版社1986年版，第46頁。
③ 陳國燦：《唐五代敦煌縣鄉里的演變》，《敦煌研究》1989年第3期。
④ 甘肅省攷古文物研究所戴春陽、張瓏：《敦煌祁家灣西晉十六國墓葬發掘報告》，文物出版社1994年版，第116頁。

第二章　漢魏六朝石刻郡縣鄉里攷

神璽是北涼年號，神璽二年（398）相當於東晉隆安二年。

另有《建初十一年魏平友鎮墓文》："建初十一年十二月十一日，敦煌郡敦煌縣西鄉里魏平友永……"釋文作"魏平友永"，《早期買地券鎮墓文整理與研究》識讀為"魏平奴死"。① 通過與衆鎮墓文字形比照，"友"釋"奴"更恰當。西涼建初十一年（415）即東晉義熙十一年。西鄉里，疑是西鄉之西鄉里，以鄉名命里名。

3.【都鄉里】

《建初五年畫虜奴鎮墓文》："建初五年閏月七日辛卯，郭煌郡敦縣都鄉里民畫𧇭（虜）奴身死。"前涼建初五年即公元409年。

《玄始九年□安富鎮墓文》："玄始九年九月十九日，敦煌郡敦煌縣都鄉里民□安富……"北涼玄始九年（420），東晉元熙二年，即劉宋永初元年。

都鄉里，疑是都鄉之都鄉里，以鄉名命里名。

4.【東鄉昌利里】

1980年甘肅敦煌縣博物館在縣城東南7公里處佛爺廟灣發掘3座墓葬，有陶罐鎮墓文："庚子六年正月癸未朔廿七日己酉，敦煌郡敦煌縣東鄉昌利里張輔，字德政身死。"② 西涼庚子六年相當於東晉義熙元年（405）。

從以上可知西晉十六國、已知東晉敦煌縣有西宕鄉、都鄉、東鄉、西鄉4個鄉，有高昌里、西鄉里、都鄉里、昌利里4個里。

十五　【效穀縣鄉里】

1960年至1987年敦煌市五墩鄉辛店台出土隨葬五穀瓶，記錄了十六國時期效穀縣的鄉里名稱。

1.【東鄉】【北鄉】

135號墓："建興十三年五月丙子朔四月己卯，效穀東鄉□□里

---

① 黄景春：《早期買地券鎮墓文整理與研究》，博士論文，華東師範大學，2004年。
② 甘肃省敦煌县博物馆、韓躍成、張仲：《敦煌佛爷庙湾五凉时期墓葬发掘简报》，《文物》1983年第10期。

民大女閻芝身死"① 建興十三年即公元 325 年。

"建興十七年八月辛未朔六日丙子直死，敦煌效穀東鄉□山里□犯□家□□男□□子□死……"②

176 號墓："建興十九年七月庚申朔十七日丙子直定，敦煌郡效穀縣東鄉延壽里大男李興初……年卅四，身死酌央……轉與北鄉。"建興十九年即公元 331 年。

2.【西鄉】

187 號墓："建興十七年四月癸酉朔一日癸酉直執，大女西鄉郭綦香今死終……"

效穀縣西漢置，屬敦煌郡。據以上材料，效穀縣有東鄉、西鄉、北鄉，按照常規設置，應該還有都鄉。因此效穀縣至少有 4 鄉：都鄉、東鄉、西鄉、北鄉，這基本符合一個縣的鄉數。

有學者認為，漢魏效穀縣城即今敦煌市城東北 17 公里的墩墩灣古城。③ 效穀縣東鄉，因地處效穀縣以東而得名。陳燦先生認為東鄉在北魏時升為東鄉縣，北周併入鳴沙縣，入唐以後名不存。④ 北魏時，東鄉由鄉制升為縣制，《魏書・地形志》未載東鄉縣，《隋書・地理志》敦煌縣："舊置敦煌郡，後周併效穀、壽皇二郡入焉。又併敦煌、鳴沙、平康、效穀、東鄉、龍勒六縣為鳴沙縣。開皇初郡廢。大業置敦煌郡，改鳴沙為敦煌。"由《隋書・地理志》知北周時鳴沙縣至少有 7 個鄉：敦煌、鳴沙、平康、效穀、東鄉、龍勒、壽昌（壽皇即壽昌之訛）。入唐後未見東鄉。關於北魏東鄉縣是由前涼效穀縣東鄉發展而來的論斷，諸學者皆贊成，"顯而易見前涼效穀縣的東鄉即是西魏效穀郡的東鄉縣，二者一脈相沿，地域略同"。⑤ 至於東鄉的位置，則有爭論。陳先生認為東鄉應包含後來唐敦煌縣的懸泉鄉域，"可以認為北周時併省的東鄉縣，入唐以後，改名為懸泉鄉。此名的改訂，當是因鄉東有懸泉鄉而來"。⑥ 李先生認為："前涼效穀縣東鄉

---

① "五月丙子朔四月己卯"誤，應是"五月丙寅朔四月己巳"。
② 姜伯勒：《敦煌藝術宗教和禮樂文明》，中國社會科學出版社 1996 年版。
③ 李并成：《漢敦煌郡效穀縣城攷》，《敦煌學輯刊》1991 年第 1 期。
④ 陳燦：《唐五代敦煌鄉里制的演變》，《敦煌研究》1989 年第 3 期。
⑤ 李并成：《瓜沙二州間一塊消失了的綠州》，《敦煌研究》1994 年第 3 期。
⑥ 陳燦：《唐五代敦煌鄉里制的演變》，《敦煌研究》1989 年第 3 期。

❖ 第二章　漢魏六朝石刻郡縣鄉里攷 ❖

墓葬所在的辛店台恰恰位於敦煌綠州東部。東鄉的地望無疑是與之近之。前攷五棵樹井古城的位置正與東鄉地望相當。該城不僅居處敦煌綠洲以東，而且亦位於漢至西魏效穀縣城之東，可謂名副其實的'東鄉'。"① "五棵樹井古城為北魏的東鄉縣城，亦即前涼效穀縣東鄉的鄉城、漢代軍屯戍所亦或鄉的駐地。"② 結合墓葬情況，效穀縣東鄉應在辛店台附近。

西涼時敦煌郡敦煌縣與效穀縣皆有"東鄉"。敦煌縣的東鄉在佛爺廟灣，在沙州故城東南。攷古資料表明以漢晉時代河西地區許多縣的鄉皆以方位命名，如姑臧縣有北鄉、西鄉，張掖縣有西鄉，居延縣有西鄉，祿福縣有東鄉等。

十六　【高昌郡縣鄉里】

《周書·異域》高昌："高昌者，車師前王之故地。東去長安四千九百里，漢西域長史及戊己校尉，並治於此。晉以其地為高昌郡。"③ 高昌古城位於吐魯番市東40多公里，三堡鄉政府東南2公里處。《吐魯番出土文書》收錄的衣物疏中鄉里詞語記載了十六國時高昌郡的鄉里設置情況。

1. 【都鄉孝敬里】

建初十四年（418）《韓渠妻隨葬衣物疏》："建初十四年八月廿九日，高昌郡高縣都鄉孝敬里民韓渠［妻］□命早終。"④ 西涼建初十四年即公元418年。高昌郡高縣，唐長孺言"高"下當脫"昌"字，即高昌郡高昌縣。⑤《南齊書·皇后列傳》記鬱林王何妃"嫡母劉氏為高昌縣都鄉君"。⑥ 都鄉君雖為封號，但表明高昌縣有

---

① 李并成：《瓜沙二州間一塊消失了的綠州》，《敦煌研究》1994年第3期。
② 李并成：《北魏瓜州敦煌郡鳴沙、平康、東鄉三縣城址攷》，《社會縱橫》1995年第2期。
③ 《周書·異域》，第914頁。
④ 國家文物局古文獻研究室等編：《吐魯番出土文書》第一冊，文物出版社1981年版，第14—15頁。
⑤ 唐長孺：《從吐魯番出土文書中所見的高昌郡縣行政制度》，《文物》1978年第6期注［18］。
⑥ 《南齊書·皇后列傳》，第393頁。

都鄉，與出土文獻正合。唐長孺先生認為："所云都鄉自即指高昌坊郭設置的鄉。上舉都鄉嗇夫文書於哈拉和卓墓葬出土，都鄉亦指高昌縣的都鄉。可知高昌郡自鄉、里以至伍的基層組織與內地完全一致。"①

2.【延壽里】

真興七年（425）《宋泮妻隗儀容衣物疏》："真興七年六月廿四日，高……鄉延壽里民宋泮故妻隗儀容……"② 真興七年是夏赫連勃勃年號，即公元425年，當時吐魯番地區為北涼控制，當是北涼向夏稱臣後使用了夏的年號。

緣禾六年（437）《翟万隨葬衣物疏》："緣禾六年正月十四日，延壽里民翟万去天入地……"③ 北涼緣禾6年即公元437年。

延壽里，與西涼時效穀縣東鄉延壽里名稱相同，時隔100餘年，尚有國別、地域差異，對里名的命名卻相同。

3.【河陌里】

《攀苻長衣物疏》："凡有右條衣物絲絹金銀家居自有，河陌里攀苻長用資父母虛暮，長人、國親、通道仍舊，不得領遮仍名，如律令。"④ 河陌里，"陌"指田間小路，此里概在河邊。

第四節　北朝石刻鄉里攷

一　【任丘村】

北魏太平真君四年（443）《菀申造像記》：

> 太平真君四年高陽蠡吾任丘村人菀申，發願為東宮太子造□玉菩薩，下為父母，一切知識，彌勒下生，龍華三會，聽受法言，一時得道。申弟菀霸、菀景、菀恩、菀亮侍佛時。所求如

---

① 唐長孺：《從吐魯番出土文書中所見的高昌郡縣行政制度》，《文物》1978年第6期。
② 國家文物局古文獻研究室等編：《吐魯番出土文書》第一冊，文物出版社1981年版，第59頁。
③ 同上書，第176頁。
④ 同上書，第186頁。

第二章 漢魏六朝石刻郡縣鄉里攷

意，常見諸佛。清信士女劉文美，菀景妻侍佛時。①

造像記內容頗有疑惑。疑惑一，此發願文是銘於金銅佛像上，文辭卻作"造□玉菩薩"，玉菩薩與金銅像不符。疑惑二，一般造像記的願文多為皇帝、父母祈福，本題記卻言"發願為東宮太子"，東宮太子即魏道武帝拓跋燾之子皇太子晃。疑惑三，據《魏書·世祖紀》載："太平真君五年春正月壬寅，世祖命太子晃始總百揆。太平真君七年，太子晃走漏滅佛風聲。"② 此造像記顯然是庶民百姓為感激東宮太子而作，但造像記題為"太平真君四年"，時間似有誤。據金申推斷："像是真品，銘文則為後人加刻的偽款"，"菀氏家族造金銅佛立像的時代應在和平年間之後，太和元年之前。"

北魏至北齊時期今博野、蠡縣一帶的菀氏族人造像活動十分活躍，從目前出土的造像情況看，多為白石造像，有天保三年菀延伯造觀音立像，天保九年菀文周造觀音立像，天統二年菀禮賓造雙觀音立像和武平元年菀元纂造雙身結跏趺坐佛像。③ 從諸多菀氏來看，高陽郡蠡吾縣菀氏居多。

蠡吾縣西漢置，舊治在今博野縣里村，後魏時被滹沱河水淹沒，北齊廢蠡吾入博野，故城在隋開皇元年改名蠡村，後簡為里村。④ 今博野縣以菀姓命名的村莊，有大菀村、小菀村、菀郭莊。大菀村"始建於戰國時期，因當時村莊龐大，菀姓居多，故取名大菀"。小菀村"始建於1404年，居民係由臨村大菀遷至"，菀郭莊有菀、郭二姓而得名。⑤ 這3個村莊是博野縣菀氏主要居住地。這些菀氏居民，可能是北朝蠡吾縣菀氏的後人。

---

① 金申：《雲岡20窟佛坐像對太和期單尊佛像的影響》，《中原文物》2006年第5期第68頁。
② 《魏書·世祖紀》，第101頁。
③ 李靜傑、白軍：《定州系白石佛像研究》，《故宮博物院院刊》1999年第3期。
④ 河北省博野縣地名辦公室：《博野縣地名資料匯編》，河北省博野縣地名辦公室，1985年，第84頁。
⑤ 同上書，第88—95頁。

二 【北鄉武訓里】

敦煌出土的皇興五年（471）絹書寫經《金光明經卷二》：

> 皇興五年，歲在辛亥，大魏定州中山郡盧奴縣城內西坊里住，原鄉涼州武威郡祖厲縣梁澤北鄉武訓里方亭南、葦亭北張纘主，父宜曹，諱曷，息張保興，自慨多難，父母恩育，無以仰報；又感鄉援，靡托思戀。是以在此單城，竭家建福，興造素經《法華》一部、《金光明》一部、《維摩》一部、《無量壽》一部，欲令流通本鄉，道俗異玩。願使福鐘皇家，祚隆萬代，祐例亡父亡母，誕生蓮花，受悟無生，潤及現存，普濟一切。群生之類，咸同斯願。若有贊誦者，常為流通。①

這則寫經題記涉及二處地名，"定州中山郡盧奴縣城內西坊里" "涼州武威郡祖厲縣梁澤北鄉武訓里方亭南、葦亭北"。

定州中山郡盧奴縣城內西坊里，是張纘主的居住地，在今河北省定縣城內。盧奴縣西坊里為城內之里，既言"坊"又言"里"，說明里、坊通用。

涼州武威郡祖厲縣梁澤北鄉武訓里方亭南、葦亭北，祖厲縣，《漢書·地理志》祖厲屬安定郡，《後漢書·郡國志》作租厲，屬武威郡，《三國志·魏志·張繡傳》："張繡，武威祖厲人。"《晉書·地理志》未載。北魏永平三年（510）《南石窟寺之碑》華、涇二州刺史奚康生等官員建造，其中記"鶉觚令□□□南安［姚玉］。陰密令扶風［馬］允［咸］。俎厲［令］□□□□［逸］"。俎厲令即祖厲縣令，"俎"即"祖"的俗體，由此知北魏涇州有祖厲縣。而《魏書·地形志》涇州隴東郡下有祖居縣，未見祖厲，《魏書》卷一百六下攷證："按祖居即二漢之祖厲縣也，前屬安定，後屬武威。"而《水經注·河水》"河水東北流，逕安定祖厲縣故城西北"為安定郡

---

① 施萍婷等：《敦煌遺書總目索引新編》，《金光明經卷第二》，中華書局 2000 年版，第 4506a 頁。

祖厲縣。《魏書》與《水經注》記載不一。由此知"涼州武威郡祖厲縣"為汉時舊制。"梁澤/北鄉/武訓里/方亭南/葦亭北",梁澤為湖泊名,北鄉武訓里應是張宜曹父子當年離開家鄉時的鄉貫,這說明在太和九年前祖厲縣保留有鄉里編制。"方亭南、葦亭北"言武訓里在兩亭之間。

三 【武都里】

景明三年（502）《員標墓誌》：

> 兗岐涇三州刺史、新安子,姓員,諱標,字顯業,涇州平涼郡陰槃縣武都里人。楚莊王之苗裔,石鎮西將軍、五部都統、平昌伯曖眈之曾孫。冠軍將軍、涇州刺史、始平侯郎之長子。……以大魏景明三年,歲次壬午。①

1964年在寧夏回族自治區彭陽縣彭陽鄉姚河村出土。員標在《元顯魏墓誌》也有記載："息女仲容,年廿,適南陽員彥,父標,故兗岐涇三州刺史、新安子,諡曰世。"② 員世即員標。然而《元顯魏墓誌》言"南陽員彥",即員彥為南陽人,這與員標誌"涇州平涼郡陰槃縣武都里人"不合。"五部都統"表明員氏可能是胡族,員彥稱自己是南陽人,或許是後來改籍。

陰槃縣,《魏书·地形志》平涼郡領鶉陰、陰密縣,平原郡只領陰槃縣,員標誌卻言平涼郡陰槃縣。北朝員氏多以平涼為郡望,《元和姓纂（附四校記）》卷三"員條"唯列平涼一望。北魏《南石窟寺碑》碑陰題名"主簿平涼員祥""從事史平涼員英",唐代《李景陽墓誌》"孀妻平涼員氏",《梁令珣墓誌》"夫人平涼員氏,左衛司階之季女也"皆記籍貫為平涼。由此可見平涼為員氏郡望。因此員標墓誌言平涼郡陰槃縣不會有誤。

陰槃縣,亦作陰盤縣,"槃""盤"音通。北魏陰盤縣治在今平

---

① 楊甯國：《寧夏彭陽出土北魏員標墓誌磚》,《攷古與文物》2001年第5期；《漢魏六朝碑刻校注》第三冊,第366頁。
② 趙超：《漢魏南北朝墓誌彙編》,天津古籍出版社1992年版,第166—167頁。

涼市東曹灣村，神麚二年夏赫連定從關中移民三萬戶充實安定郡，將東漢末移至京兆的陰槃縣遷回今甘肅平涼市東四十里鋪涇河北岸曹灣村廟下古城。《太平寰宇記》卷一五一引郭緣生《述征記》言陰槃縣："舊屬安定郡，遇亂徙於新豐。"引《帝王世紀》云："赫連定於勝光二年，又自京兆移此，屬平涼郡也。後魏於此兼置平涼郡。"①貟標葬地在彭陽縣彭陽鄉姚河村（今白陽鄉姚河村），知今寧夏彭陽縣為陰盤縣轄地。② 姚河村至曹灣村一帶 40 餘公里，則"陰槃縣武都里"非陰槃縣都鄉之里，而是郊鄉之里，位於北魏陰槃縣的西北部。

漢代安陽縣亦有武都里，《史記·扁鵲倉公傳》："臣意嘗診安陽武都里成開方，開方自言以為不病……"③

四 【渾里（鄉）】

正始四年（507）《奚智墓誌》："故徵士奚君，諱智，字洰籌者，恒州樊氏崞山渾人也。"④ 奚智為代北少數民族，是鮮卑族的一支，《魏書·官氏志》："弟為達奚氏，後改為奚氏。"⑤ 墓誌亦述："始與大魏同先，僕膽可汗之後裔。中古遷移，分領部眾，遂因所居，改為達奚氏焉。逮皇業徙嵩，更新道制，勅姓奚氏。"孝文帝遷都洛陽時奚氏隨遷，居河陰縣中練里，遂以此為籍貫，其子奚真墓誌言"河陰中練里人也"。

"恒州樊氏崞山渾人"為奚氏舊籍。"崞"即"崞"的加形異體字，為崞山縣，《魏書·地形志》恒州繁畤郡，領崞山、繁畤二縣，知奚智故籍為恒州樊氏郡崞山縣渾里（鄉）。樊氏郡未載於史書，應是"繁畤"的同音字，《魏書·地形志》言繁畤郡天平二年置，然奚智墓誌顯示似正始四年前已置。崞山縣在今山西渾源縣西繁畤縣東北，"渾"是里名還是鄉名，不能確知。"渾"之名可能與渾

---

① （宋）樂史撰，王文楚點校：《太平寰宇記》卷一五一隴右道二，中華書局 2007 年版，第 2920 頁。
② 楊甯國：《寧夏彭陽出土北魏貟標墓誌磚》，《攷古與文物》2001 年第 5 期。
③ 《史記·扁鵲倉公列傳》，第 2812 頁。
④ 《北圖拓本匯編》第三冊，第 98 頁；《漢魏六朝碑刻校注》第四冊，第 75 頁。
⑤ 《魏書·官氏志》，第 3006 頁。

❖ 第二章 漢魏六朝石刻郡縣鄉里攷 ❖

河有關，渾里（鄉）應處渾河流經域。《郡縣釋名》渾源縣："唐置渾源縣，因八水合而混流，故名。八水，崞川水、㩜水、黑龍池、神溪水、李峪水、乳泉水、凌雲口水、磁窰口水是也。"《山西通志》卷二一渾源州："八水合而渾流，故名渾河。"① 有渾源川，在州西北十里，源出州西南歉吐峪，分流至州東北匯成大澤，西流至州北五里之神溪。②

五 【都鄉石羊里】

正光四年（523）《鞠彥雲墓誌》，光緒初年一名農人在位於山東黃縣南 10 里的戰家夼北半里大道東掘井得。據同治年間《黃縣志》"元魏鞠彥雲墓在縣南十里"下小字注"墓在戰家夼北半里許大道東，縣府舊志俱未載。道光間墓崩露誌石，縣士麻東海曾錄其文，年久復失墓所在。……同治十年……訪知墓在戰文科田中，發土得誌石"。誌蓋"黃縣都鄉石羊里鞠彥雲墓誌"12 字，使用方筆，頗為規整，正文寫得極為朴茂古雅。為便於敍述，將誌文錄於下：

> 維大魏本州秀才、奉朝請、輔國府長史、鎮南府記室、給事中、尚書郎中、奉車都尉、領郎中、魏郡太守、寧遠將軍統軍、本州司馬、中堅將軍鞠彥雲，以正光四年正月十六日亡。
>
> 祖璋，給事中。祖母昌黎韓。父延增，東萊太守、東武侯。母濟南解。妻武威賈。中堅英才金聲，含德玉潤。妙識朗於齠年，貞芳茂於弱冠。德貫顏、閔，文通游、夏。拂纓朝伍，則冬夏威恩；背虎邦符，則齊魯易化。而至德淵弘，非洿其門，焉盡其美。略題[闕]好，豈寫真明者哉。
>
> 維大魏正光四年，歲次癸卯，十一月二日。③

---

① 雍正十二年《山西通志》卷二一山川，影印文淵閣四庫全書本第 542 冊，第 678 頁。
② （清）顧祖禹撰，賀次君、施和金點校：《讀史方輿紀要》卷四四山西六，中華書局 2005 年版，第 2030 頁。
③ 《北圖拓本匯編》第四冊，第 153 頁；《漢魏六朝碑刻校注》第五冊，第 228 頁。

誌文記載三代鞠氏的情況。誌主鞠彥雲，祖鞠璋，祖母昌黎韓氏，鞠彥雲妻是武威賈氏，皆是與當時望族聯姻，婚姻關係反映了鞠氏在當時門閥盛行時代的尊貴身份。誌文未交待誌主鞠彥雲籍貫、卒葬地，卻書其籍貫於誌蓋，這種形式墓誌中較少見。由出土地知北魏東萊郡黃縣都鄉石羊里在原山東黃縣南10里的戰家夼一帶，是北魏鞠氏家族的聚居地。

　　宋代以來，鞠姓聚居在今龍口市（即黃縣）冶基村附近。1956年黃縣諸由公社冶基大隊村民掘出墓碑一方，立碑時間為宋太宗端拱元年（988）十月，書"大宋故廣文助教西平郡鞠公墓並序"，記葬地"登州黃縣和孝鄉扈順里西野基村"。宋代和孝鄉扈順里野基村即今諸由觀鎮冶基村。今冶基村有自然村落姜家村、鞠呂卞等，多以村民姓氏命名，其中鞠呂卞是鞠姓、呂氏、卞三姓合村，這是龍口市鞠姓居住比較集中的村落，其餘的皆散居在全市16個鄉鎮。從宋代鞠公墓誌及今冶基村鞠姓村民，知唐宋後今冶基村一帶是鞠氏的聚居地。由此推測黃縣大姓鞠氏北魏時以石羊里為族居地，唐宋後以今冶基村為族居地，戰家夼與冶基村處縣境一南一北，顯然在宋代以前鞠氏的聚居地曾發生遷徙。

　　今諸由觀鎮冶基村周圍村莊，現有西羗村、羊嵐村、東羗村、羊溝營村，羊嵐村、東羗村均是明代建村。1965年這一帶有古墓，出土一小石羊，雕刻細致，形態逼真，羊嵐村初名楊嵐村，據此改名羊嵐。① 東羗村則以石羊位於溝東而名。諸由觀鎮內的"羊"名村落皆與出土石羊相關，而北魏都鄉石羊里概與此無關。諸村改名是近代之事，都鄉石羊里之名北魏已有。

　　據元代《靈源觀記》記載，在靈源觀附近原有一村，名鞠家莊，"夫靈源觀者，在邑西南十五里鞠家莊"。② 今已無鞠家莊，其名為下觀村，以靈源觀名村，距戰家夼不過二、三里。若記載屬實，與墓誌出土地結合更能證明都鄉石羊里在戰家夼一帶。

---

　　① 《山東省》編纂委員會陳龍飛主編：《中華人民共和國地名詞典山東省》，商務印書館1994年版，第144頁。
　　② 轉引自《鞠姓的起源分衍與遷徙》：http：//tieba. baidu. com/p/210052540？pid=6238361811&cid=0。筆者未見到《靈源觀記》的相關材料，此處待存。

六 【中鄉洪澇里】

延昌四年（515）《皇甫驎墓誌》："君諱驎，字真駒，安定朝那人也。……以延昌四年，歲次乙未，四月癸酉朔，十八日庚寅葬於鄠縣申鄉洪澇里。"①

鄠縣即今陝省西安市戶縣，原稱鄠（hù）縣，是夏代有扈氏居地，秦朝置縣，北魏鄠縣屬雍州京兆郡轄，故鄠城在鄠縣北二里。"鄠"字生僻，且專用，1964 年改"鄠"為戶，稱戶縣。②"申鄉"，拓片"申"字微泐，《十二硯齋》《八瓊室金石補正》《匋齋藏石記》《鄠縣縣志》、民國《重修户縣志藝文》均作"中"。同時期其他墓誌均有關於"中鄉"的記錄，如"中鄉穀城里""中鄉侯"等。似應識讀為"中鄉洪澇里"。

洪澇里名源於澇水。澇水在陝西戶縣、周至兩縣界，源出秦嶺，北流入渭。今澇河北段東西兩岸以"澇"為名有澇店鎮，村落有澇上村、澇下村、南澇店、西澇店，與澇水相關的村落有三過村、小坳河、賈家灘、張家灘、永家灘等，皆在澇水流經的不同位置，因地形得村名。洪澇里也在澇水流經域，《匋齋藏石記》卷六言："誌又云葬於鄠縣中鄉洪澇里，長安志鄠縣唐二十四鄉，而誌廑存五鄉之名，此云中鄉即不傳者之一矣。澇水在縣西二里。《說文》澇水出扶風鄠北入渭。此云洪澇里，當在澇水經行之域矣。"③墓誌咸豐年間鄠縣皇甫村出土，據稱此村立於南北朝延昌四年（515）前，以姓氏得名皇甫村，沿用至今。皇甫驎墓原處村西北，1949 年後毀。④皇甫村屬今澇店鎮，鎮在鄠縣西北部，地跨澇河北段東西兩岸，《陝西通志》卷九鄠縣："又縣北有三里河，自南澇店迤南，引澇河水逕澇店鎮，至龍臺坊入渭河。"⑤《陝西省戶縣地名志》："元至正二十七年（1367）前，澇河此東岸居有人家，且開設店鋪，故

---

① 《北圖拓本匯編》第四冊，第 25 頁；《漢魏六朝碑刻校注》第四冊，第 283 頁。
② 楊克勇："'鄠縣'改'戶縣'始末"，《中國地名》2006 年第 9 期。
③ （清）端方撰：《匋齋藏石記》卷六，《石刻史料新編》第一輯第 11 冊，第 8039 頁。
④ 戶縣地名志編纂委員會：《陝西省戶縣地名志》1987 年，第 158 頁。
⑤ 雍正十三年《陝西通志》卷九，影印文淵閣四庫全書本第 551 冊，第 485 頁。

名'澇店'。……明崇禎十七年（1644）前，因規模擴大，已成為周圍人們交易的場所，故明末《户縣志》載為'澇店鎮'。"① 從村名及地理位置看，洪澇里大概在澇水下遊今澇店鎮範圍。

七 【清鄉吉里】

1987年洛陽市文物工作隊在洛陽市黄河北岸的吉利區洛阳炼油廠基建工程中發現3方吕氏墓誌：②

《吕達墓誌》："君諱達，字慈達，東平壽張清鄉吉里人。……正光五年四月一日卒於洛陽之承華里，遷葬於河陽城北嶺山之下。"

《吕通墓誌》："君諱通，字慈達，東平壽張清鄉吉里人。……正光五年四月一日卒於洛陽之承華里。粤以十一月丁未朔三日己酉遷殯於河陽城北嶺山之下。"

《吕仁墓誌》："君諱仁，字屯仁，東平壽張清鄉吉里人。……永安二年五月八日卒於洛陽承華之里。粤以正月丙寅朔十九日甲申遷殯於河陽城北嶺山之下。"

吕通與吕達墓誌內容基本一樣，唯吕通墓誌的誌主名為"通"，而吕達墓誌名"達"。從內容看，兩個墓誌是同一人的墓誌，"第一方墓誌刻好後未及使用，天子下詔追贈新職，故又新刻一誌同時入葬。一墓雙誌"。③"吕達墓中所出兩方墓誌的誌主'名'並不相同，一為'達'，一為'通'，但均字'慈達'，推測墓主之名應實為吕達。從字義看，'通'、'達'二者相近，且'通達'二字常連用，但畢竟不是一字。"④

"吉"即"吉"，東平壽張清鄉吉里為吕氏故里。《洛陽出土北魏墓誌選編》將吕仁墓誌列入偽刻。⑤ 此外，南齊時東平郡壽張縣有安

---

① 户縣地名志編纂委員會：《户縣地名志》1987年，第165頁。
② 洛陽市文物工作隊：《河南洛陽市吉利區兩座北魏墓的發掘》，《攷古》2011年第9期。
③ 同上。
④ 同上。
⑤ 洛陽市文物局編，朱亮主編：《洛陽出土北魏墓誌選編》，科學出版社2001年版，第208頁。

樂村，《南齊書·祥瑞志》："中興二年二月，白虎見東平壽張安樂村。"①

八　北魏【釣臺里】東魏【益城里】北齊【都鄉營丘里】

孝昌元年（525）《賈思伯墓誌》：

> 君諱思伯，字士休，齊郡益都縣釣臺里人也。……而降年不永，春秋五十八，以孝昌元年，七月□□朔，十六日，薨於洛陽懷仁里。……即以其年十一月歸塋於青州。②

武定二年（544）《賈思伯夫人劉氏墓誌》：

> 以興和三季，歲在析木，六月十九日丁丑，薨於青州齊郡益都縣益城里。便以武定二季，十一月廿九日，祔窆窆兆。③

賈思伯夫婦墓1973年同出山東壽光縣城關鎮李二村東北處，墓與村相距0.5公里。④ 此處亦有賈思伯弟思同墓，民國《壽光縣志·塚墓》記："北魏尚書賈思伯及其弟思同墓，在縣城西南十里李二莊東北。魏書思伯、思同為益都人，各有傳。按元魏時益都即今縣治南之故益城，其葬斯地固宜，今雙塚猶並列。"⑤ 這表明李二村東北處是賈思伯家族墓地。

賈思伯夫婦兩誌對故地記載，一曰"齊郡益都縣釣臺里"，另一曰"青州齊郡益都縣益城里"，前者為籍貫地，後者是賈夫人歸鄉後的居所。關於賈思伯籍貫，《賈思伯碑》謂"武威姑臧人也"，《魏

---

① 《南齊書·祥瑞志》，第356頁。
② 賈效孔、黃愛華：《山東壽光北魏賈思伯墓》，《文物》1992年第8期；《漢魏六朝碑刻校注》第五冊，第371頁。"七月□□朔"補為七月甲辰朔。
③ 賈效孔、黃愛華：《山東壽光北魏賈思伯墓》，《文物》1992年第8期；《漢魏六朝碑刻校注》第七冊，第396頁。
④ 賈效孔、黃愛華：《山東壽光北魏賈思伯墓》，《文物》1992年第8期。
⑤ 宋憲章修纂：民國二十五年《壽光縣志》卷三塚墓，中國方志叢書華北地方第65號，成文出版社1968年版。

書·賈思伯傳》稱"齊郡益都人"，似有矛盾。《金石萃編》跋："碑稱郡為武威姑臧人，傳則稱齊郡益都人，攷《魏書·賈彝傳》稱彝本武威姑臧人，六世祖敷，魏幽州刺史、廣川都亭侯，子孫因家焉。據此則武威姑臧是賈氏之先籍也。"①《新唐書·宰相世系表》："賈氏出自姬姓。唐叔虞少子公明，康王封之於賈，為賈伯，河東臨汾有賈鄉，即其地也，為晉所滅，以國為氏。……生龔，輕騎將軍，徙居武威。"②墓誌出，謂其先乃武威人，後徙齊郡益都縣釣臺里，其疑自釋。

釣臺里，賈氏既歸葬故里，居地與葬地必相距不遠。釣臺里自然与釣臺相關。查益都縣（今壽光）附近相關資料，沒有釣臺，只有钓鱼臺。《肇域志》言壽光縣"俗謂縣周圍有十城九臺"③，如馬陵臺、官臺、紀臺、釣魚臺。民國《壽光縣志·塚墓》："晉龍驤將軍辟閭渾墓在縣城東南十五里，瀰水北岸，俗名釣魚臺。"④《齊乘》卷二："（巨洋水）……又東北逕辟閭渾墓，俗名釣魚臺，又東北逕故益縣城。"卷五又言"辟閭渾墓，壽光西南三十里，俗呼釣魚臺。"東南十五里、西南三十里，說法不一。釣魚臺即辟閭渾墓，因在瀰河岸邊而得此俗稱，今壽光市孫家集鎮有釣魚臺村，毗鄰瀰河（即巨洋水）以北，釣魚臺村之名概源於此。益都縣釣臺里是否與之有關，酈道元《水經注》中沒有記載辟閭渾墓俗名釣魚臺，《巨洋水》："巨洋又東北逕晉龍驤將軍、幽州刺史辟閭渾墓東而東北流，墓側有一墳甚高大，時人咸謂之為馬陵，而不知誰之丘壟也。"益都縣釣臺里，分析釣臺之名，應與河流有關，蓋在瀰河岸邊。

"青州齊郡益都縣益城里"，益城里得名於益縣。古有兩益都，咸豐《青州府志》卷二沿革表："益都，青州府治，為漢齊郡之廣縣，古有兩益都，一今壽光北十五里之王胡城，漢武帝元朔元年封淄川懿王子胡為益都侯，此以鄉聚置侯國，非縣名也。一今壽光南十里之益

---

① （清）王昶輯：《金石萃編》卷二八，中華書局1985年版。
② 《新唐書·宰相世系表》，第3388頁。
③ （清）顧炎武：《肇域志》山東青州府，上海古籍出版社2004年版，第717頁。
④ 宋憲章修纂：民國二十五年《壽光縣志》卷三古蹟，中國方志叢書華北地方第65號，成文出版社1968年版。

◆ 第二章 漢魏六朝石刻郡縣鄉里攷 ◆

縣故城,兩漢屬北海郡,曹魏改置為益都縣,屬齊郡,晉省入利益,屬樂安國,劉宋復為益都縣,元魏因之,俱屬齊郡,二者皆非今縣境。"① 與墓誌有關的是"益縣故城",漢時為益縣,三國魏改為益都縣。咸豐《青州府志》卷二沿革表:"壽光,古斟灌城……漢於壽光之西南置益縣,在今縣南十里(舊志作七里),王莽改壽光為翼平亭,改益曰探陽(水經注作滌蕩),曹魏以益縣為益都,後置南豐縣治焉(晏謨曰南去齊城五十里)。"② 《肇域志》壽光縣:"益城在縣南七里益城社。三國魏於壽光縣南置益都縣,至宋初遷於石子澗。今城遺址微存。"③ 據此知三國時益都縣在今壽光縣南10里(或7里),雖後省,南朝宋復置益都縣,北魏沿用,至北齊天保七年遷徙。

康熙《青州府志》記壽光縣西青龍鄉,在城西,領社十一,有益城、公孫莊等。④ 益城社址即今之益城村。嘉慶《壽光縣志·鄉社》亦記西青龍鄉,約在城南,領社二十八,有孫家集、信義、益城等。並言"益城在縣城正南七里,漢益縣地前屬北海郡,後屬樂安國,寰宇記以為益都城,云魏始於此立縣,非是。今四圍土阜僅存遺址,已無垣堵矣。"⑤ "益城里"得名於漢代益城縣,以里名的形式保留了漢代益縣的名稱,推測在漢代就有益城里。益城里屬於城內之里,即"青州齊郡益都縣都鄉益城里"。益城里即今壽光市益城村,在原壽光縣壽光鎮(原城關鎮,1984年改稱壽光鎮)南4公里。⑥

天統元年(565)《房周陁墓誌》:

處士房周陁,字仁師,齊郡益都縣都鄉營丘里人。春秋卅有五,以大齊河清三季,九月十三日,卒於營丘里,天統元季,十

---

① (清)毛永柏等修,劉耀春纂:咸豐九年《青州府志》(一),新修方志叢刊,臺灣學生書局1968年版,第262頁。
② 同上書,第273頁。
③ (清)顧炎武:《肇域志》山東青州府壽光縣,上海古籍出版社2004年版,第717頁。
④ (清)崔俊修,李煥章等纂:康熙十五年《青州府志》,刻本,中國數字方志庫。
⑤ (清)劉翰周纂修:嘉慶五年《壽光縣志》卷三興地志鄉社,中國數字方志庫。
⑥ 山東省編纂委員會編,陳龍飛主編:《中華人民共和國地名詞典山東省》,商務印書館1994年版,第210頁。

月廿四日癸酉，窆於鼎足山之陽。①

墓誌光緒初年在山東益都縣出土。𤲞，"營"的俗字。《鄭舒夫人劉氏墓誌》"營丘烈男欽之女"作"營丘"，當作"營丘"，"𤲞"是"營"的訛刻。《八瓊室金石袪偽》認為房周陁墓誌是偽刻，"文不古雅，書法分隸而近於庸俗，字體乖異。六朝固多謬盭，此為尤甚。……碑估云誌新出土，恐好事者所為也"。② 但多家論證其非偽。③

上面論述益都縣益城里是都鄉之里，房氏墓誌自言"齊郡益都縣都鄉營丘里"，如此一來營丘里與益城里同是益都縣都鄉之里，並非如此。房氏誌天統元年（565）刻，此時益都縣治發生了變化。"益都屬齊，天保七年移縣治東陽城，後周以為齊郡及青州總管府治。"④ 咸豐《青州府志》卷二沿革表："高齊天保七年，又於南陽水之南改築南陽城，為青州刺史治，與東陽城南北界，陽水即今府治也。又廢臨淄，而遷壽光南之益都治州北門外，即東陽城也。於是州與縣分城而治，而益都遂為首邑，迄今不變。"⑤《讀史方輿紀要》言："又青州亦治此，晉宋及後魏因之，後齊以齊郡治益都，臨淄廢入焉，隋開皇十年復置臨淄縣。"⑥ 天保七年益都縣治由壽光縣境內遷至今青州市益都鎮，因此北齊時益都縣都鄉在今青州市益都鎮。房周陁卒於營丘里，居、葬地為北齊時制，都鄉營丘里在今益都鎮一帶。而東魏益都縣都鄉益城里在今壽光縣益城村。由於縣治遷徙，在天保年間益城里變成了郊鄉之里。

西周太公呂望始封之地稱營丘，《史記·齊太公世家》："武王已

---

① 《北圖拓本匯編》第七冊，第166頁；《漢魏六朝碑刻校注》第9冊，第238頁。
② 陸增祥：《八瓊室金石補正》附《八瓊室金石袪偽》，文物出版社1985年版，第955頁。
③ 賴非：《齊魯碑刻墓誌研究》，齊魯書社2004年版。
④ （清）毛永柏等修，劉耀春纂：咸豐九年《青州府志》（一），新修方志叢刊，臺灣學生書局1968年版，第238頁。
⑤ （清）毛永柏等修，劉耀春纂：咸豐九年《青州府志》（一）卷二沿革表，新修方志叢刊，臺灣學生書局1968年版，第262頁。
⑥ （清）顧祖禹撰，賀次君、施和金點校：《讀史方輿紀要》卷三五山東六，中華書局2005年版，第1627頁。

平商而王天下，封師尚父於齊營丘。"在歷史上，對營丘具體位置爭論不已。又有言在今昌樂縣，有言在今臨淄北。《水經注》認為營丘在臨淄，《淄水》："淄水又北逕其城東，城臨淄水，故曰臨淄，王莽之齊陵縣也。《爾雅》曰：水出其前左為營丘。武王以其地封太公望，賜之以四履，都營丘為齊，或以為都營陵。"① 而顧祖禹認為："營邱，在故齊城內，舊志在縣北百步外城中。今臨淄城中有小邱，周三百步，高九丈，淄水出其前。……蓋因臨淄城中有小邱而繫以舊名，非即古營邱也。"② 房周陁誌中"益都縣都鄉營丘里"既為都鄉之里，概在今益都鎮範圍內，而不論是昌樂縣還是臨淄營丘，都不可能是北齊益都縣都鄉域內。因此營丘里的"營丘"只是用來表示里名的詞語，與呂望的封地營丘沒有關係。

"鼎足山之陽"，鼎足山在臨淄縣南 15 里，《晉書·慕容德載記》："慕容德北登社首山，東望鼎足，因目牛山而歎曰：'古無不死！'"③ 鼎足即鼎足山。

九 【昌邑西鄉】

《李頤墓誌》孝昌二年（526）刻，清代山東昌邑縣出土。誌載：

> 魏故南陽太守、持節、洛州刺史李府君墓誌。君諱頤，字連山，南陽孝建人也。以孝昌二年丙午，三月朔，八日癸未，葬於昌邑西鄉之原，里人哀慕，遐方傷痛，因刊石墓門。④

以上數句，《漢魏六朝墓誌彙編》標點為"葬於昌邑西鄉之原里，人哀慕遐，方傷痛因，刊石墓門"。⑤ 因誤解"原里"為地名，將句子一連串點破，誤。葬地應是昌邑西鄉之原。

---

① （北魏）酈道元著，王先謙校：《水經注》卷二六，巴蜀書社1985年版，第438頁。
② （清）顧祖禹撰，賀次君、施和金點校：《讀史方輿紀要》卷三五山東六，中華書局2005年版，第1630頁。
③ 《晉書·慕容德載記》，第3169頁。
④ 《北圖拓本匯編》第五冊，第20頁；《漢魏六朝碑刻校注》第六冊，第5頁。誌文"八日癸未"誤，應是"八日丁未"。
⑤ 趙超：《漢魏南北朝墓誌彙編》，天津古籍出版社1992年版，第179頁。

十 【都鄉徵士里】

孝昌二年（526）《宋京墓誌》（原題《魏故宋處士墓誌銘》）：

> 君諱京，字士視，西河郡介休縣都鄉徵士里人也。……春秋廿有六，魏孝昌二年龍集丙午五月己亥朔十日戊申，卒於洛陽綏民里。……十一月丙申朔十四日己酉窆洛陽縣北芒之南附皇考府君……①

西河郡介休縣都鄉徵士里為宋京籍貫。東晉永和四年（348）《王興之及妻宋和之墓誌》："命婦西河界休都鄉吉遷里，宋氏，名和之，字秦嬴。"兩墓誌相隔百餘年，同為一縣，從東晉至北魏，西河郡介休縣皆有都鄉。

都鄉徵士里，"徵士"指不接受朝廷徵聘的隱士。蔡邕《陳太丘碑文》："徵士陳君，稟嶽瀆之精，苞靈曜之純。"《文選·顏延之〈陶徵士誄〉》："有晉徵士尋陽陶淵明，南岳之幽居者也。"② 徵士里表明某徵士居於此里，故譽稱。

十一 【建中鄉孝義里】

普泰元年（531）《張玄墓誌》：

> 君諱玄，字黑女，南陽白水人也。……春秋卅有二，太和十七年薨於蒲坂城建中鄉孝義里。妻河北陳進壽女。壽為巨祿太守。便是璵寶相暎，瓊玉糅差。俱以普泰元年，歲次辛亥，十月丁酉朔，一日丁酉，葬於蒲坂城東原之上。③

---

① 趙君平、趙文成：《秦晉豫新出土墓誌搜佚》，2012年。誌文"十四日己酉"誤，應是"十四日己卯"。
② （梁）蕭統編，（唐）李善注：《文選》卷五七，上海古籍出版社1986年版，第2469頁。
③ 《北圖拓本滙編》第五冊，第151頁；《漢魏六朝碑刻校注》第六冊，第334頁。

❖ 第二章 漢魏六朝石刻郡縣鄉里攷 ❖

原石出土地點及時間不詳，僅存拓。張氏為南陽人，卒於蒲坂，概其父任"盪寇將軍、蒲坂令"，遂居蒲坂，《古誌石華》言"元南陽人，為本郡太守，其卒葬皆在蒲坂，豈以父為蒲坂令，遂家其地耶？"①

蒲坂縣，西漢置蒲反縣，王莽改為蒲城縣，東漢復為蒲坂縣，均為河東郡治所。《魏書·地形志》蒲坂縣為河東郡治，屬秦州，《北周地理志》卷九蒲州言："乃悟蒲坂之秦州，當為泰州之偽，字形相涉，讀史者不能是正，非一日矣。"②《永濟縣志·建置》："北魏始光三年，魏取蒲坂。神嘉元年置雍州。延和元年改雍州為泰州。屬泰州河東郡。"③ 據此隸屬關係為"泰州河東郡蒲坂縣建中鄉孝義里"。

"坂"同"阪"，《集韻·阮韻》："阪，或从土。"蒲坂，《括地志》："蒲坂，今蒲州南二里河東縣界，蒲坂故城是也。"④《史記·五帝本紀》"舜飭下二女於媯汭"張守節正義引《地記》云："河東縣東二里故蒲坂城，舜所都也。城中有舜廟，城外有舜宅及二妃壇。"⑤ 蒲坂縣故址即今永濟縣蒲州老城東南2里，乾隆《蒲州府志·沿革》："北魏河東郡治蒲坂，永濟縣即古蒲坂地。蒲坂古為蒲反，傳記或云秦取魏地，既而還予魏，魏人喜蒲之還，故曰蒲反。班史地志曰，本為蒲，秦始皇東巡，見長坂，加土於反為坂，故云蒲坂之者，皆未之足取。蓋古反與坂通，即坂耳。"⑥ 蒲坂城東南面是中條山，西南是黃河。葬地蒲坂城東原指中條山下。

"建中鄉孝義里"，建中鄉應是城外之鄉，孝義里自然是城外鄉之里。蒲坂城內有蒲坂里，開皇十二年《呂思禮夫婦墓誌》在西安市長安區郭杜鎮長安工業園出土，誌言："公諱思禮，東平壽張人

---

① （清）黃本驥撰：《古誌石華》卷二，《石刻史料新編》第二輯第2冊，第1172頁。
② 王仲犖：《北周地理志》卷九蒲州，中華書局1990年版，第769頁。
③ 永濟縣志編纂委員會：《永濟縣志》第一卷建置，山西人民出版社1991年版，第4頁。
④ （清）王謨輯：《漢唐地理書鈔》，中華書局1961年版，第227頁。
⑤ 《史記·五帝本紀》，第24頁。
⑥ （清）周景桂纂修：乾隆二十年《蒲州府志》卷一沿革，新修方志叢刊，台灣學生書局1968年版。

也。……以大統四年正月，薨於蒲州蒲坂里，春秋卅有八。……夫人辛氏，即魏太子詹事遐之第三女……大統五年九月薨於長安清德里第。粵以開皇十二年正月十五日，合葬於高陽原。"①《呂思禮墓誌錄文校正》作"東北壽張人"②，誤，東北壽張應是東平壽張，即東平郡壽張縣。呂思禮墓誌言大統四年薨於蒲州蒲坂里，大統四年為西魏年號。蒲州，《周書·明帝紀》："二年……又於河東置蒲州……"③《永濟縣志·建置》："北周明帝二年改泰州為蒲州，屬蒲州河東郡。"④ 因此"蒲州蒲坂里"不是西魏時制，而是隋初制。蒲州蒲坂縣蒲坂里，蒲阪里以城名命里名，為都鄉之里。

十二 【白水里】

普泰元年（531）《張玄墓誌》："君諱玄，字黑女，南陽白水人也。"太寧二年（562）《法懃禪師塔銘》："雲門寺法懃禪師，俗姓張氏，原出南陽白水，襲爵河東伊氏縣人也。"

"南陽白水"，《古誌石華》言："南陽白水人，白水鄉，漢光武帝故里，在新野縣。"⑤《八瓊室金石補正》曰："魏書地形志南陽郡無白水縣，白水縣五見，一邵郡，一丹陽郡，一高平郡，一武都郡，一白水郡，此稱南陽白水人，黃虎癡以為鄉名，或然也。"⑥ 陸氏認為白水鄉在新野縣。

關於白水鄉，歷來有爭論，白水鄉與漢光武帝的舊宅有關。在今湖北棗陽縣有白水村，據稱這裏是白水鄉。《水經注·沔水》："沔水又東合洞口，水出安昌縣故城東北大父山，西南流謂之白水。又南逕安昌故城東，屈逕其縣南。縣，故蔡陽之白水鄉也。……又西南流逕縣南，西流注於白水。水北有白水陂，其陽有漢光武故宅，基址存

---

① 陝西省攷古研究所：《隋呂思禮夫婦合葬墓清理簡報》2004年第6期。
② 樊英民：《呂思禮墓誌錄文校正》，《攷古與文物》2006年第3期。
③ 《周書·明帝紀》，第54頁。
④ 永濟縣志編纂委員會：《永濟縣志》第一卷建置，山西人民出版社1991年版，第4頁。
⑤ （清）黃本驥撰：道光二十七年（1847）《古誌石華》卷2，《石刻史料新編》第二輯第2冊，第1172頁。
⑥ 陸增祥：《八瓊室金石補正》卷一六，文物出版社1985年版，第93頁。

第二章 漢魏六朝石刻郡縣鄉里攷

焉。所謂白水鄉也，蘇伯阿望氣處也。"① 乾隆《棗陽縣志·山川》："白水（舊志誤作白河）縣南四十里。……白水西南流而左會昆水，北有白水陂，其陽為元帝舊宅，所謂白水鄉也。"② 漢有白水鄉，屬南陽郡蔡陽縣，後為舂陵國地，《後漢書·城陽恭王祉傳》："元帝初元四年，徙封南陽之白水鄉，猶以舂陵為國名，遂與從弟鉅鹿都尉回及宗族往家焉。"③《東觀漢記》卷一世祖光武皇帝紀："舂陵本在零陵郡，節侯孫考侯，以土地下濕，元帝時求封南陽蔡陽白水鄉，因故國名曰舂陵。"此白水鄉即今湖北棗陽吳店鎮白水村。民國《棗陽縣志·古蹟》："光武帝舊宅在縣東南四十里，即白水村，又曰皇村。後漢書光武帝紀注光武舊宅在今隨州棗陽縣東南，宅南二里有白水。"如上所述，此白水鄉為南陽郡蔡陽縣白水鄉，在今湖北棗陽縣。

張玄墓誌的"南陽白水"概指今南陽宛城區瓦店鎮白水村，在南陽市南 70 里，原在新野縣內。據諸學者討論，此處是真正的光武故里，村內有諸多光武帝相關的遺址。康熙《南陽府志·山川》南陽縣淯水："府城東三里，俗名白河，其源出自嵩縣雙雞嶺。應劭曰出弘農盧氏，水東南流經南陽、新野、會梅溪洱，灌漬水黃渠栗鴉舉國泗潦刁河等水，與泌水合流，南至襄陽入漢江。"④ 後世稱為白水村，《古今圖書集成方輿彙考職方典》南陽府古蹟："貴人鄉，縣南七十里，即白水村，相傳為光武故里。"⑤《石倉歷代詩選》梅仙臺："居攝金縢不可論，先生名跡至今存。此臺不為神仙築，要望南陽白水村。"

此外還有白水里，正光元年（520）《元氏妻趙光墓誌》1926 年洛陽城北姚凹村東出土，誌稱："夫人諱光，字容妃，南陽菀縣都鄉

---

① （北魏）酈道元著，王先謙校：《水經注》卷二八，巴蜀書社 1985 年版，第 464 頁。
② （清）梁汝澤等修：乾隆《棗陽縣志》卷三山川，新修方志叢刊，臺灣學生書局 1968 年版。
③ 《後漢書·城陽恭王祉傳》，第 560 頁。
④ （清）朱璘纂修：康熙三十三年《南陽府志》卷一輿地志山川，新修方志叢刊，台灣學生書局 1968 年版。
⑤ 《古今圖書集成方輿彙考職方典》卷四六○南陽府古蹟攷，中華書局影印本，第 39 冊，第 32 頁。

白水里人也。"《魏書·地形志》南陽郡領宛縣，為二漢晉時屬縣。未見菀縣，疑誌文筆誤，應作"南陽宛縣"。康熙《南陽府志·輿地志》："宛城，即今府城，秦建。"① 白水里既屬宛縣都鄉，概在今南陽市宛城區東，與上述白水鄉皆因處白河流經域而得名。

不論是漢代蔡陽的白水鄉，還是北魏南陽的白水鄉，或是北魏宛縣的白水里，三個不同的地方都是以白水來命名。

十三 【高柳村】

北魏臨淄縣高柳村是人口較多的一個村落，村民結為法義兄弟，積極開展各項佛事活動，歷史上留下了數篇造像題記，記錄了開展造像活動的時間、地點、村民等相關情況。《法義兄弟三百人造像記》存拓《北圖拓本匯編》，題《法義兄弟三百人造像記》，下方附言"北魏永熙三年（534）三月五日刻。拓片高128厘米，寬95釐米。正書。"造像記內容為：

> 大魏永安三年歲次辛戌八月甲辰朔九日壬未青州齊郡臨淄縣高柳村比丘惠輔、比丘□之、比丘僧祥、比丘惠彌、維那李懷、維那李元伯、法義兄弟姊妹等一百午十人等，敬造彌勒佛像一軀。……②

將標題與內容對照，標題言"三百人"造像，內容卻言"一百午十人"，"午""五"音同，即一百五十人。題記言"大魏永安三年歲次辛戌八月甲辰朔九日壬"刻石，而《北圖拓本匯編》卻言"北魏永熙三年（534）三月五日刻"，刊刻時間明顯有誤。由此看來，拓片內容與《北圖拓本匯編》的介紹完全不符。造像記在光緒《益都縣圖志》有相同記載，題名《僧祥等一百午十人造像題名》，注明

---

① （清）朱璘纂修：康熙三十三年《南陽府志》卷一輿地志，新修方志叢刊，台灣學生書局1968年版。
② 《北圖拓本匯編》第五冊，第194頁。題記"九日壬未"誤，應是"九日壬子"。

造像記在高柳莊南，永安三年八月刻。① 列出眾多佛徒題名，詳數之，實際人數沒有一百五十人，有些誇大。據此《益都縣圖志》的題名、刊刻年月真實可信。顯然《拓本匯編》題名及刊刻年月有誤，應更標題，或沿用《益都縣圖志》標題《僧祥等一百午十人造像題名》，或改《法義兄弟一百午十人造像記》，或改《惠輔等一百午十人造像記》，刊刻時間亦改為北魏永安三年八月。

法義兄弟等為青州齊郡臨淄縣高柳村人，高柳村亦見《魏書·崔邪利傳》："邪利二子。懷順以父入國，故不出仕。及國家克青州，懷順迎邪利喪，還葬青州。次恩，累政州主簿，至刺史陸龍成時謀叛，聚城北高柳村，將攻州城，龍成討斬之。"② "聚城北高柳村"，高柳村即青州高柳村，在城北，史書與造像記"高柳村"記載相同。北魏臨淄縣高柳村之村名，至後世沿用。康熙《青州府志·鄉社》記益都縣務本鄉，在城正北，領社一十六，有"田家、高柳、石達、范家、石羊"等。③ 高柳社即今青州市高柳鎮高柳村。高柳鎮位於青州市北部，北陽河東岸，距益都鎮北13公里，東鄰口埠鎮，北靠朱良鎮，西與臨淄區接壤。高柳村歷經近1500年，依舊保持着頑強的生命力。由此亦可知北魏臨淄的縣境面積較廣，涵蓋今青州北部。

十四 【安村】

天平四年（537）《安村道俗一百餘人修故塔記》："是以獲嘉縣東清流福地，享曰安村，有大檀主置立尼寺，有故天宮一區。……唯大魏天平四年歲次丁巳七月甲午朔廿五日戊午。"④《河朔金石目》卷五著錄。造像者是東魏司州汲郡獲嘉縣安村人。

民國《新鄉縣續志·金石》："魏天平四年天宮造像，在西會館，相傳咸豐間衛河大水，由上流沖下至北關浮橋以西而止，拭之乃獲嘉

---

① （清）張承燮修，法偉堂等纂：光緒《益都縣圖志》金石志上，第329頁；《益都金石志三卷》亦錄，見（清）法偉堂撰，《石刻史料新編》第三輯第27冊。
② 《魏書·崔伯附崔懷順崔恩傳》，第627頁。
③ （清）崔俊修，李煥章等纂：康熙十五年《青州府志》卷十一，刻本，中國數字方志庫。
④ 北京魯迅博物館、上海魯迅紀念館：《魯迅輯校石刻手稿》第一函碑銘第三冊，上海書畫出版社1987年版，第835頁。

安村之遺碣，數十里流傳而來，當非偶然也。"① 造像在新鄉北關浮橋一帶發現，因大水碑由上流沖至北關。

今獲嘉縣與歷史上的獲嘉縣位置不相同。《魏書·地形志》獲嘉縣注："二漢屬河內，晉屬，後省。太和二十三年復，治新洛城。有獲嘉城。"《水經注·清水》："清水又東周新樂城，城在獲嘉縣故城東北，即汲之新中鄉也。"② 新樂城即新洛城，是獲嘉縣治，在今新鄉縣張固城村。乾隆《衛輝府志·古跡》有獲嘉故城，"後漢為侯國屬河內郡……晉改屬汲郡，後省。北魏太和二十三年復置，改治新樂城"。③《元和郡縣志》獲嘉縣："前獲嘉縣理，在今衛州新鄉縣西南十里獲嘉縣故城是也，高齊又移於衛州共城，隋自共城移於今理。"④ 今獲嘉縣是隋代分新鄉縣設置，乾隆《獲嘉縣志·疆域》記獲嘉疆界："東至新鄉縣界十七里，按漢初置獲嘉於新中鄉，東抵汲，西接修武，其地頗廣。隋文帝開皇初於古新樂城置新鄉縣，割縣之東境隸之嗣，是邑分為二，今之獲嘉大抵得舊邑西境。……"⑤ 因此歷史上的獲嘉縣域並非今獲嘉縣域，而是在今新鄉縣一帶。由此可知《修故塔記》中"安村"在今新鄉縣東。

今獲嘉縣東有安村。此村清時即有，乾隆《獲嘉縣志·營社》記城東有"安村，去城十八里"。⑥ 據獲嘉縣的縣治所在，以及分合變化，知此安村並非《安村道俗一百餘人修故塔記》的"安村"，只是今村名與古村名碰巧相同。《從出土的東魏造像碑看歷史上獲嘉縣的地理位置》亦認為安村"應該就在出土此碑的新鄉北關浮橋一帶"，"當時獲嘉有一個安村，因與現今的獲嘉安村同名，故出土時為人們

---

① 韓邦孚、田芸生：民國十二年《新鄉縣續志》卷四金石，刻本。
② （北魏）酈道元著，王先謙校：《水經注》卷九，巴蜀書社1985年版，第192頁。
③ （清）徐朗齋纂：乾隆五十三年《衛輝府志》卷五古蹟，新修方志叢刊，臺灣學生書局1968年版。
④ （唐）李吉甫撰，賀次君點校：《元和郡縣志》卷一六河北道一，中華書局1983年版，第447頁。
⑤ （清）吳喬齡修，李棟纂：乾隆二十一年《獲嘉縣志》卷一，刻本，中國數字方志庫。
⑥ （清）吳喬齡修，李棟纂：乾隆二十一年《獲嘉縣志》卷二營社，刻本，中國數字方志庫。

誤會為數十里流傳而來"。①

　　因發大水而顯露碑刻的事時而有之，耀縣很多造像記因大水沖刷"顯出真身"。碑言"獲嘉縣東清流福地曰安村"，斷句為獲嘉縣/東/清流福地/曰/安村，則安村在獲嘉縣東，而造像記出於新鄉北，地理位置有些不符。可能是安村人在獲嘉縣北一帶造像。

十五　【肆盧鄉孝義里】

興和二年（540）《劉懿墓誌》：

> 君諱懿，字貴珍，弘農華陰人也。……降年不永，奄從晨露，以興和元年，十一月辛亥朔，十七日丁卯薨於鄴都。……粵以二年，歲在庚申，正月庚戌朔，廿四日癸酉，葬於肆盧鄉孝義里。②

　　劉懿字貴珍，《北齊書》本傳作"劉貴"，脫一字。③墓誌言劉氏"弘農華陰人"，《北史·劉貴傳》謂"秀容陽曲人"，誌、傳不一。弘農華陰為劉懿偽冒士族之托，實為秀容陽曲人。對此高維德認為："秀容郡領有敷城、肆盧等四縣，劉貴封'敷城縣伯'，其籍貫以秀容敷城為妥。"④

　　志文只言"葬於肆盧鄉孝義里"，未言此鄉里隸屬何縣。由此引發討論，學者們依據不同，其隸屬亦不同。《東魏北齊鄴京里坊制度考》認為是鄴京郊鄉里："墓誌於民國初出土於河南安陽西北，即墓誌所稱'肆盧鄉孝義里'。鄴城郊外置鄉，孝義里為郊外之里。"⑤《劉懿墓誌考辨》依據劉懿的籍貫，認為肆盧鄉孝義里屬敷城縣，"墓葬'肆盧鄉孝義里'，敷城、肆盧二縣毗鄰，敷城縣領有'肆盧

---

① 杜彤華：《從出土的東魏造像碑看歷史上獲嘉縣的地理位置》，《中原文物》1980年第4期。
② 《北圖拓本匯編》第六冊，第59頁；《漢魏六朝碑刻校注》第七冊，第241頁。誌文"十一月辛亥朔，十七日丁卯"誤，應是"十一月庚戌朔，十七日丙寅"。
③ 《北齊書》卷一九《劉貴傳》，第250頁。
④ 高維德：《劉懿墓誌攷辨》，《晉陽學刊》1984年第2期。
⑤ 牛潤珍：《東魏北齊鄴京里坊制度攷》，《晉陽學刊》2009年第6期。

鄉孝義里'是完全可能的"。①

"葬於肆盧鄉孝義里"，墓誌出土地即葬地。關於劉氏墓誌出土地，普遍有兩種說法：或言河南省安陽市，或言山西省忻州市。《東魏北齊鄴京里制度考》據出土地為河南安陽的說法判斷肆盧鄉孝義里隸屬鄴城。然而，通過各種材料的輔證，表明墓誌出自忻州較為可靠。

其一，據方志文獻記載，萬曆《忻州志·坵墓》載："魏劉貴珍墓，治西九原崗上。"②《永樂大典》五千二百四"原"字韻引《太原志》言："魏劉貴珍墓，在忻州城西九原岡上，有碑在焉，舊云禦史中丞太尉公錄尚書事敷城公。"③"因為忻州說不但有出土的時間、地點、下落，而且和墓誌埋葬地點相符，還有墓碑可證明。"④

其二，從其他相關墓誌材料看，鄴城有孝義里。天統五年（569）《劉賓暨妻王氏志》："齊天統五年七月十六日終於鄴城西孝義里之宅，春秋五十有五。權窆於城西南廿五里野馬崗之南。"劉賓居所在"鄴城西孝義里"，卒後葬"城西南廿五里野馬崗之南"，即孝義里在城內，葬地在城郊偏遠處。再回到劉懿墓誌，劉氏以肆盧鄉孝義里為葬地，顯然墓地不可能設在人們的居住地，則劉懿墓誌中的孝義里並非劉賓墓誌中的孝義里。由此可以否定肆盧鄉孝義里隸屬鄴城，從而進一步否定劉懿墓誌出土於河南省安陽市。從古人的居、葬習俗看，葬地當是遠離人們的居住地。

那麼肆盧鄉孝義里為何縣之鄉里呢，是否真如高氏所說隸屬敷城縣呢？筆者以為不然。劉懿籍貫誠然當籍敷城縣。依筆者推斷，劉懿概葬在敷城與肆盧兩縣的交界一片山崗"九原崗"。而此片山崗有部分隸屬肆盧鄉。

要探究其隸屬，當從"肆盧"談起。北魏有肆盧城，因近肆盧水而得名，《讀史方輿紀要》定襄縣："肆盧城在縣西北。後魏置縣，以西近肆盧水而名。"⑤《明一統志》卷一九太原府："雲中水，在忻

---

① 高維德：《劉懿墓誌攷辨》，《晉陽學刊》1984年第2期。
② 萬曆《忻州志》卷一坵墓，中國數字方志庫。
③ 趙萬里：《漢魏南北朝墓誌集釋》（上），北京科學出版社1956年版，第294頁。
④ 高維德：《劉懿墓誌攷辨》，《晉陽學刊》1984年第2期。
⑤ （清）顧祖禹撰，賀次君、施和金點校：《讀史方輿紀要》卷四〇山西二，中華書局2005年版，第1848頁。

第二章 漢魏六朝石刻郡縣鄉里攷

州北七十里，一名肆盧川，又名忻水，與州南牧馬水俱入滹沱河。"
"盧""慮"方音相近，因此知肆盧川、忻水、雲中水同名異稱，指同一條河流。然而雖北魏於肆盧城置縣，但在北魏永興二年間此城並非肆盧縣的縣治，《魏書·地形志》記載其治新會城，而言秀容縣有原平城、肆盧城、秀容城，秀容縣的轄境包括原肆盧縣及漢原平縣故治，正如《清一統志》卷一一三忻州載："秀容故城，在州西北五十里，後魏置縣，為秀容郡治。"由此知肆盧城隸屬秀容縣。

在後世發展中，肆盧城發生了諸多變化。萬曆《忻州志·山川》："肆盧川，治西北五十里，又名肆樓川，今俗名四六奇村，史作肆盧川。"① 萬曆《忻州志·古跡》："治西北五十里為肆盧川，土人名四六奇村，明時簡稱奇村，清康熙年時，定為奇村鎮。"② 《忻州地名錄》載奇村鎮位於忻州市城西北，北與原平縣接壤。奇村建於明初，因該村與辛莊之間為北魏時期建立的肆盧縣城遺址，故又名肆盧奇村，演變為四六奇村，簡稱奇村。③ 從肆盧城的遺址看，也是在北魏秀容縣境。概言之，肆盧城因水得名，發展為縣治，後縣治遷移，此城併入秀容縣。進而後世廢城為鄉，至明代時演變為村，並諧音為四六奇村、奇村。

綜上所述，東魏時期肆盧鄉孝義里為秀容縣之鄉里，在今忻州市奇村鎮一帶。

十六　【都鄉叢亭里】

《新唐書·宰相世系表》："邦，漢高祖也。高祖七世孫宣帝，生楚孝王囂，囂生思王衍，衍生紆，紆生居巢侯般，字伯興。般生愷，字伯豫，太尉、司空。生茂，字叔盛，司空、太中大夫，徙居叢亭里。"④《宋書·劉延孫傳》："劉氏居彭城縣者，又分為三里，帝室居綏輿里，左將軍劉懷肅居安上里，豫州刺史劉懷武居叢亭里。"⑤ 綏

---

① 萬曆《忻州志》卷一山川，中國數字方志庫。
② 萬曆《忻州志》卷一古跡，中國數字方志庫。
③ 忻州市人民政府：《忻州市地名錄》1985 年，第 54 頁。
④ 《新唐書·宰相世系表》，第 2244 頁。
⑤ 《宋書·劉延孫傳》，第 2020 頁。

興里、安上里、叢亭里是彭城劉氏的居里，除叢亭里劉氏外其餘為劉交後裔。

南朝宋彭城縣與蕭縣接壤，宋武帝居綏興里，里名源自蕭縣綏興山，《元和郡縣志》蕭縣："綏興山，在縣東二十五里。宋高祖綏興里人，蓋因里以名山也。"① 《江南通志》卷三三古蹟："宋氏帝族居綏興里，蕭縣有綏興山，即其地。"② 嘉慶《蕭縣志·古跡》："綏興里，府志在縣綏興山下，宋武帝故居。"小字注："皆以綏興屬彭城，蓋以二縣接壤，前後分隸不常，故記載互歧若此耳。"③ 綏興里在彭城縣與蕭縣接界處綏興山下。

叢亭里，南朝宋劉氏居里，始為著籍。興和三年（541）《劉幼妃墓誌》："夫人諱幼妃，彭城彭城人也。……以正始四季，十月十七日，卒於彭城都鄉叢亭里第，春秋廿九。權窆於鄴西豹祠東南二里半。"④ 劉幼妃為李挺妻，興和三年（541）《李挺墓誌》："（李挺）元妻，侍中、太常文貞公彭城劉芳第二女，字幼妃，未莾而亡。"⑤ 又隋開皇三年（583）《劉鑒墓誌》："祖芳，魏侍中、太常卿，諡曰文貞公。父悅，魏平東將軍、太中大夫，沛郡大守。劉鑒，字子明，徐州彭城郡彭城縣叢亭里人。……以隋之開皇二年歲次壬寅夏四□□□二日乙丑遘疾，終於家，年五十八。以三年歲次□□□月丙寅朔十九日甲申，葬於舊鎮之所。"⑥ 劉幼妃、劉鑒為姑姪關係。劉鑒墓誌1994年徐州銅山縣茅村鄉花馬莊村出土。《金石錄》載《唐起居郎劉君碑》："劉氏世墓在彭城叢亭里，紹聖間故陳，無已。"可知從南朝宋至唐，彭城縣皆有叢亭里。

---

① （唐）李吉甫撰，賀次君點校：《元和郡縣志》卷九河南道五，中華書局1983年版，第226頁。
② 乾隆四十四年《江南通志》卷三三古蹟，影印文淵閣四庫全書本第508冊，第121頁。
③ （清）潘鎔修：嘉慶二十年《蕭縣志》卷七古蹟，中國地方志集成，安徽府縣志輯第29冊，江蘇古籍出版社1998年版。
④ 《鴛鴦七誌齋藏石》，第151頁；《漢魏六朝碑刻校注》第七冊，第308頁。
⑤ 《北圖拓本滙編》第六冊，第86頁；《漢魏六朝碑刻校注》第七冊，第304頁。
⑥ 梁勇：《江蘇徐州市茅村隋開皇三年劉鑒墓》，《攷古》1998年第9期。

✦ 第二章　漢魏六朝石刻郡縣鄉里攷 ✦

十七　【朝陽鄉太公里】

武定二年（544）《呂尟墓誌》：

  君諱尟，字羌仁，汲郡汲人也。自炎帝營基營丘，層構因承靈緒，本枝翹桀。以春秋八十三，正光二秊五月中終乎家。越以武定二秊，十一月辛巳朔，五日乙酉，改癸於朝陽鄉太公里。①

  墓誌在 1976 年出土於河南省衛輝縣太公泉鄉呂村。

  呂氏是汲郡汲人，即汲郡汲縣，以境內汲水命郡名、縣名。《魏書·地形志》司州汲郡下有汲縣，言"二漢屬河內，晉屬，後罷。太和十二年復，治汲城，有比干墓、太公廟、陳城。興和二年，恒農人率戶歸國，仍置義州於城中"。汲縣故城，乾隆《衛輝府志·古跡》有載②，在衛州所理汲縣西南三十里③；《路史》卷二四汲縣："太公居，今汲郡治汲縣有古汲城，在故新鄉東北四十八里，有太公泉及廟。"④ 古汲城在今衛輝市西南 30 里。

  朝陽鄉太公里即司州汲郡汲縣朝陽鄉太公里，顧名思義在古汲城之東面，今衛輝市西北太公泉鄉一帶，是姜太公之故里。太公泉鄉在衛輝市西北 12 公里，鄉名源自泉名，泉名又與姜太公有關。《水經注·清水》："城北三十里，有太公泉，泉上又有太公廟，廟側高林秀木，翹楚競茂。相傳云：太公之故居也。"並言："（汲縣）城東門北側有太公廟，廟前有碑，碑云：太公望者，河內汲人也。"⑤ 今太公泉鄉有呂村，《衛輝市地名志》："據《水經注》及太公廟碑載，姜太公呂尚該村人也。其墓在村西 1 公里處，姜太公姓呂，故名。屬太

---

① 《新中國出土墓誌·河南［壹］》（上冊），第 48 頁；《漢魏六朝碑刻校注》第七冊，第 391 頁。
② （清）德昌修：乾隆五十三年《衛輝府志》卷五古蹟，新修方志叢刊，臺灣學生書局 1968 年版。
③ （清）王謨輯：《漢唐地理書鈔》，中華書局 1961 年版。
④ （宋）羅泌撰：《路史》卷二四，影印文淵閣四庫全書本第 383 冊，第 257 頁。
⑤ （北魏）酈道元著，王先謙校：《水經注》卷九，巴蜀書社 1985 年版，第 192—193 頁。

公泉鄉。"① 明代有太公泉村，以泉名村②，清時亦有此村名，乾隆《衛輝府志·里社》記康熙時汲縣有"太公泉""呂村"。③

東魏太公里以太公號命名，明代以後言呂村是以姓氏命名，雖然名稱不同，但命名理據相同，都是圍繞人物命名，這表明鄉、里、村的命名注意突顯當時當地特殊人物。

十八 【八澗村】

武定六年（548）《志朗造像記》："……今大魏唯隆盛然，斯上黨郡之南，□八澗村之東北，龍山寺主高德，沙門比丘志朗，乃意存嚴岫，棲心靜穀。"④

石在山西平定縣。平定縣在今山西陽泉市東，東魏時是石艾縣。這與造像記地理位置"上黨郡之南，□八澗村"不符，記中八澗村處上黨郡南面，今山西省東南部。顯然這是龍山寺僧人在平定縣造像，造像者不是石艾縣人。此造像記言像主是龍山寺主，龍山寺在"上黨郡之南，□八澗村之東北"。八澗村的相關信息不明，只知隸屬上黨郡，村東北有龍山寺。

《魏書·地形志》上黨郡："秦置，治壺關城，前漢治長子城，董卓作亂，治壺關城，慕容儁治安民城，後遷壺關城。皇始元年遷治安民，真君中復治壺關。"《水經注·漳水》："漳水又東北，徑壺關縣故城西，又屈徑其城北，故黎國也。"楊守敬疏曰："漢縣屬上黨郡，後漢因，漢末及魏為上黨郡治，晉屬，後縣廢。後魏真君中，故城復為郡治。太和中移置，仍屬焉。《一統志》壺關故城有二：一在今長治縣東南，漢縣也。（另）一在今壺關縣東南，後魏縣也。而《地形志》不言壺關有壺關城。此《注》敘絳水入漳後，漳水方徑壺關故城西，則故城當在長治縣東北。"⑤

---

① 河南省衛輝市人民政府地名辦公室：《衛輝市地名志》，1990年。
② 河南省衛輝市人民政府地名辦公室：《衛輝市地名志》太公泉鄉，1990年。
③ （清）德昌修：乾隆五十三年《衛輝府志》卷八里社，新修方志叢刊，臺灣學生書局1968年版，第431頁。
④ 《北圖拓本匯編》第六冊，第149頁；《漢魏六朝碑刻校注》第八冊，第81頁。
⑤ （北魏）酈道元注，（民國）楊守敬、熊會貞疏：《水經注疏》卷一〇，江蘇古籍出版社1989年版，第918頁。

❖ 第二章 漢魏六朝石刻郡縣鄉里攷 ❖

今長治縣有八諫水、八諫山，雍正《山西通志》山川："八諫山在縣西南六十里，下有八諫水。"① 光緒《長治縣誌》言八諫山在"縣西南六十里，八諫水出焉"。②《太平寰宇記》卷四五引《水經》："八諫水源出上黨縣西。"而今本《水經》和《水經注》未見。這表明至少北魏以前已有"八諫"之名。

謂之"八諫"，源自發生在這一帶的一段故事。據《長治市地名志》介紹，自戰國長平大戰以來，八諫村一帶歷為軍事要隘。公元前265年，廉頗鎮守於此，後趙括欲冒犯長平，軍中有八位義士"勸諫括策"，卻被戮。為紀念此事，漢初以此地為"八義士諫趙處"。於是水名八諫水，山因稱八諫山，村因名八諫村。正如《山西通志》所說："長平之役，趙軍中有八諫而死者，故名。"③ 後歷經更名，宋初為八義村，後為八義鎮。明代有八諫鄉，朱載堉《樂律·全書律學新說》記："殿之東北，屬潞安府長治縣八諫鄉施莊里。"光緒《長治縣誌·鄉都》記八諫鄉在縣南迤西，有八義村、西八義村。此地今名八義鎮，下轄八義村等村落，今村口猶有清代所立"八義士諫趙處"碑石。不論是"八諫"還是"八義"，皆取自義士諫言之事。這是發生在此地的事件構成的人文因素在地名中的反映。

《志朗造像記》"八澗村"疑與此有關。首先"澗""諫"中古時期語音相同，同音字替代是常見現象，"澗""諫"亦常混用，如諫壁與澗壁，光緒《丹徒縣誌》："諫壁一作練壁，一作澗壁。"其次地理位置相符。造像記載明，八澗村的東北方向是龍山寺。今八義鎮八義村位於長治縣西南山區，鎮東偏北是五龍山，靠近八諫山。"五龍山"一稱久已有之，唐代宰相張說曾賦詩，言："川橫八諫闊，山帶五龍長。"光緒《長治縣誌》："長治南六十里有山，亦名五龍。周泰記，山高二千五百尺，與八諫山相近。""二仙山縣南四十里，連

---

① 雍正十二年《山西通志》卷一九潞安府長治縣山川，影印文淵閣四庫全書本第542冊，第602頁。
② （清）陳澤霖等修，楊篤纂：光緒二十年《長治縣志》卷二山川，刻本，中國數字方志庫。
③ 雍正十二年《山西通志》卷一九潞安府長治縣山川，影印文淵閣四庫全書本第542冊，第602頁。

八諫鄉五龍山，上有寶雲寺。"① 造像記中"龍山寺"概在今五龍山上。

十九 【三都、千畝坪】

武定八年（550）《魏故冀州刺史關寶顯誦德之碑文永記》，或稱《關勝頌德碑》：

> 大魏武定□年二月□已□四日甲申建立碑文
> 君諱勝，字寶顯，其本河東南解人也。……以武定五年十壹月侵疾薨……以去武定八年二月辛巳朔四日甲申窆於二□東南八里千畝坪……嗚呼哀哉乎□□北□有□二都東南□□土□□□□谷地勢東頃東帶長壑西屆磧邢北罟三交南詣陛營其中阪壤。②

碑文刊刻時間"武定□年二月□已□四日甲申"補為"武定八年二月辛巳朔四日甲申"。"窆於二□東南八里千畝坪"，銘文言碑處"□□北□有□二都東南□□土□□□□谷，地勢東頃，東帶長壑，西屆磧邢，北罟三交，南詣陛營"，則知葬地為"二都東南八里千畝坪"，對此侯旭東識為"三都東南八里千畝坪"。③ "二都""三都"識讀不一。

此碑在今山西陽泉市千畝坪村，其北有三都村，兩村同屬陽泉市郊區蔭營鎮。依地名、位置看，碑中地名應是"三都東南八里千畝坪"，與今地名相同，即三都村、千畝坪村（今分上千畝坪村、下千畝坪村）。今千畝坪確實是在三都村的東南方向。此三都村與後面論述的安鹿交村相距不遠，同屬并州樂平郡石艾縣。乾隆《平定州志·都邨》三賢都領13邨，其中三都邨在州北55里，蔭營邨在州北40

---

① （清）陳澤霖等修，楊篤纂：光緒二十年《長治縣志》卷二山川，刻本，中國數字方志庫。
② 北京魯迅博物館、上海魯迅紀念館：《魯迅輯校石刻手稿》第一函第五冊，上海書畫出版社1987年版。
③ 侯旭東：《北朝村民的生活世界——朝廷、州縣與村里》，商務印書館2010年版，第246頁。

❖ 第二章 漢魏六朝石刻郡縣鄉里攷 ❖

里，千畝坪在州北40里。① 有說法認為，在明清以前三都村稱三賢村，後李淵路過此村，認為此處能建都，故名三都村，或稱三賢都村，至清末村名逐漸演變為三都村。但從關勝碑文知東魏時此村就已經稱為三都村。因此，魯迅先生識"二都"有誤。"千畝坪"，村落處山溝坡窪間，以地形地物命名。②

二十　【甘淥鄉華望里、華鄉甘淥里】

大統七年（541）《楊玉起墓誌》：

　　君諱瑩，字玉起，秦州天水人也。入侍紫幃，出鄉名蕃。聖世高祖孝文南巡軍前大中正，選哲維仁德，並伊陟，遂除荊州長史，治同緝熙，後除七陽太守。守遠能邁宇宙寧謐，埋蘭根於天水，展芳柯於四海。宜以西光易奄，東流難息。今在甘淥鄉華望里西三里吳公阪上兆山右腳以為墓焉。其辭曰：出錦雙鄉，冠冕京都。選哲稱仁，振南崛，治道緝，熙德並阿，衡威而不猛，玉響金聲，廓清宇宙，竹帛馳名，乃居華鄉甘淥里居。精移神散，息馬天衢，兆山右股上名吳卜兆終天以為墓墟，銘之金石，與天合符。大魏大統七年歲次辛酉十一月廿八日。③

大統七年（541）《楊蘭墓誌》：

　　君諱蘭，字子芳，秦州天水人也。入侍幃幄，出廓宇宙。聖世高祖孝文初祉於洛京南，堅構大軍主，後司空府錄軍參軍。埋蘭根於天水，展芳柯於四海。宜以光易魄，東流難息。今在甘淥鄉華望西三里兆山右腳吳公阪上以為墓焉。其辭曰：金聲玉響，振若流芳，官高上寇，光服誠章，懷遠能邁，溫恭禰仁，廓清宇宙，四海來賓。乃居華鄉甘淥里居。忽神散焉，天衢兆山，

---

① （清）金明源纂修：乾隆五十五年《平定州志》卷三都邨，中國數字方志庫。
② 陽泉市志編委會：《陽泉市志》（上），當代中國出版社1998年版，第93頁。
③ 趙君平、趙文成：《河洛墓刻拾零》，北京圖書館出版社2007年版，第40頁。

右股處上,名吴公兆終天以為墓,銘之金石,與天□□。大魏大統七年歲次辛酉十□月巳巳朔廿八日丙申。①

兩誌主大統七年11月28日同葬,誌亦同時刻,2005年宜陽縣出土。誌文未述家譜,未言卒於何時。楊玉起與楊蘭為秦州天水人,後隨孝文帝遷都洛陽,卒後葬"甘渫鄉華望里西三里吳公阪上兆山右腳",即今宜陽縣境。"甘渫鄉","渫"是"泉"的加形異體字。

唐代墓誌記載甘泉鄉。"甘泉鄉之原"是唐代獨孤家族墓地,《獨孤公監墓表》記獨孤氏及其妻卒後改葬:"今年問宅兆於前都水使者張係,係卜甘泉東伊水西甘泉鄉之原,吉,謹以歲次已酉秋七月壬午,遷公、夫人靈坐,合安厝於此原。"②其第三子獨孤憕"遷宅兆於壽安甘泉鄉之原"③,第六子獨孤萬"奉遷神座祔於壽安縣甘泉鄉之原"④。對父子、兄弟的墓地位置,第五子獨孤丕墓誌表述十分清楚:"皇唐故潁川郡長史贈祕書監河南獨孤公遷宅兆於壽安縣甘泉鄉之原,公第五子丕陪葬於塋之西序,第三兄憕墳在右,第六弟萬墳在左,三穴齊列,如平生侍立之序,禮也。"⑤另有獨孤朗"歸祔河南之壽安甘泉鄉先公墓次"⑥,其弟獨孤鬱"葬河南壽安之甘泉鄉家塋,憲公墓側"⑦。甘泉鄉一帶亦有崔氏家族墓地,《崔君與鄭氏夫人合祔墓銘》"即以乾寧五年八月六日合葬於河南府壽安縣甘泉鄉連里村"⑧,《崔慎由墓誌》"歸祔河南府壽安縣甘泉鄉連理村南原"⑨。綜上所述,知唐代甘泉鄉隸屬河南壽安縣,位置在甘泉以東,伊水

---

① 趙君平、趙文成:《河洛墓刻拾零》,北京圖書館出版社2007年版,第41頁。誌文"十□月"補為十一月。
② (宋)李昉等撰:《文苑英華》卷九七〇墓表,中華書局1966年版,第5101頁。
③ (唐)獨孤及撰:《毘陵集》卷一〇,影印文淵閣四庫全書第1072冊,第235頁。
④ 同上書,第236頁。
⑤ 同上書,第235頁。
⑥ (唐)李翱撰:《李文公集》卷一四,影印文淵閣四庫全書第1078冊,第173頁。
⑦ (唐)韓愈撰,(宋)朱熹考異,王伯大重編:《別本韓文考異》卷29,影印文淵閣四庫全書第1073冊,第599頁。
⑧ 周紹良主編:《唐代墓誌彙編》,上海古籍出版社1992年版,第2534—2535頁。
⑨ 張寧、傅洋等主編:《隋唐五代墓誌匯編》北京附遼寧卷第二冊,天津古籍出版社2009年版,第127頁。

以西。

唐代壽安縣治在今宜陽縣城關鎮，隋仁壽四年前此地屬甘棠縣，《輿地廣記》卷五壽安縣："本漢宜陽、河南縣地，後魏置甘棠縣，隋仁壽四年更名壽安，屬河南郡。唐因之。"① 楊氏墓誌出宜陽縣境，西魏時屬甘棠縣甘泉鄉華望里。從西魏至唐代，歷經朝代更替和郡縣簡省，甘泉鄉名稱未發生變化。誌言"初祉於洛京南"，當指漢魏洛陽城南，墓出今宜陽縣，則"洛京南"為泛指。

楊蘭誌言居所在華鄉甘潦里，言葬地在甘潦鄉華望里，居葬地表達相似，似鄉里名互換。

二十一 【洛音村】

山西陽曲縣有二方造像記，《僧哲等四十人造像記》《僧通等八十人造像記》，同時刊於天保元年（550）。皆石爲四面刻，均正書，文字多同。

《僧哲等四十人造像記》：

> 大魏天保元年五月卅日，洛［音］村清信邑義長幼僧哲等卌人，自云生［在］蘭浮，長在三界。身非是常，娑羅難覩。暫餝聖容，則生不動之国。弟相導引，令生悟解。即知十善可登，衆意可捨。群心奮唱，興發菩提洪願，造石四面像一區，像身五尺，師子夫坐，暫餝成訖，不獨為己身。前願皇帝、国王延祚，人民衺壽，後願邑內大小香火因緣，七世所生父母，師僧、朋友、知識，春□□動，邊地衆生，有刑之類，皆同斯願。②

《僧通等八十人造像記》：

> 大魏天保元年六月十五日，洛音村清信諸邑義長幼僧通等八十人，俗云生在蘭浮，長在□境。寶非是常，財非人珍，曠劫□

---

① （宋）歐陽忞撰：《輿地廣記》卷五，影印文淵閣四庫全書本第471冊，第268頁。
② 《北圖拓本匯編》第七冊，第1頁；《漢魏六朝碑刻校注》第八冊，第233頁。

漸，娑羅難覩。建起刑像，願照□□。□請工匠，□護茲果。是以撫恤教導，衆心令淂開解。即知十善可□，諸惠莫比，□□唱興發菩提洪願，造四面石像一區，像身七尺，釋迦大像十二堪，師子夫坐，暫鋑成妙。不獨為邑身，前願皇帝、国王延粗，人民長壽，後願邑內大小香火因緣，七世所生父母，師僧、朋友、知識，眷□□動，邊地衆生，有刑之□，普同斯願。①

大魏天保元年，天保是北齊文宣帝高洋年號，兩記仍稱"大魏"，大致是因北齊剛受魏禪之故。《僧哲等四十人造像記》"洛"下一字泐，據《僧通等八十人造像記》作"洛音村"推之，當是"音"字。

北魏陽曲縣有羅陰城，《魏書·地形志》永安郡陽曲縣注："二漢、晉屬太原，永安中屬。有羅陰城、陽曲澤。"又有洛陰城，《水經注·汾水》："汾水又南出山，東南流，洛陰水注之。水出新興郡，西流逕洛陰城北，又西逕盂縣故城南。"②"羅""洛"音同，羅陰城、洛陰城指同一城。《山西通志》卷五七古蹟太原府："洛陰城東北六十里，北魏地形志陽曲有羅陰城，隋洛陰府之地，又名洛陰縣。唐初名羅陰縣，後省。今名羅陰村，有仁壽中修寺碑，驃騎將軍王整所立。"③《陽曲縣地名志》："此地北魏時設羅陰城。隋置洛陰府，為屯戍之地。唐武德七年又分置羅陰縣。貞觀初併入陽曲縣。"④

洛陰城得名於洛陰水，在洛陰水北。道光《陽曲縣志·山川》洛陰水"在縣北七十里，源出新興郡南，流經洛陰城北，故城南……"⑤ 同是描述洛陰水，康熙《陽曲縣志·山川》："洛陰水，在

---

① 《北圖拓本匯編》第七冊，第3頁；《漢魏六朝碑刻校注》第八冊，第237頁。
② （北魏）酈道元著，王先謙校：《水經注》卷六，巴蜀書社1985年版，第143頁。
③ 雍正十二年《山西通志》卷五七古蹟，影印文淵閣四庫全書本第544冊，第2頁。
④ 陽曲縣地名委員會辦公室：《太原市陽曲縣地名志》，1990年。
⑤ （清）李培謙修：道光二十三年《陽曲縣志》卷一輿地圖上，中國方志叢書華北地方第396號，成文出版社民國二十一年版。

❖ 第二章 漢魏六朝石刻郡縣鄉里攷 ❖

城北三十里，源出新昌郡，南流經洛陰城北，盂縣東北故城南。"①《讀史方輿紀要》言，洛陰水在府北三十里，源山忻州南界，南流經廢洛陰城。② 同是介紹洛陰水，差別甚大，參照《水經注》，疑康熙年間《陽曲縣志》有誤。

北齊永安郡陽曲縣洛音村，即羅（洛）陰城，原爲城名，演變爲村名。前載記錄或作"羅陰"，或作"洛陰"，唯造像記作"洛音"，"音""陰"音同。乾隆《太原府志·古蹟》："洛陰城，東北六十里，北魏地形志陽曲有羅陰城，今名羅陰村。"③ 使用至今，並分爲數個村落，道光《陽曲縣志》記有南洛陰、北洛陰、西洛陰。④《陽曲縣地名志》："位於東黃水公社北洛陰、南洛陰、西洛陰村一帶。"⑤

二十二　【□山前里】

天統元年（565）《趙征興墓誌》：

> 君姓趙，諱征興，字益舉，秦州天水郡桼鄉人也。……春秋六十二，天不愁遺，以乙酉季六月壬子朔，十六日丁卯，卒於鄴都里舍。以天統元季，十月廿四日窆於徐州彭城南十五里□山前里。⑥

趙征興本爲天水桼鄉縣人，"因封改族"，南徙後曾任霍州刺史，都督霍、合、豫諸軍事。霍州、合州都有天水縣，當是爲安置秦中流

---

① （清）戴夢熊修，李方蓁等纂：康熙二十一年《陽曲縣志》卷二山川，中國數字方志庫。
② （清）顧祖禹撰，賀次君，施和金點校：《讀史方輿紀要》卷四〇山西二，中華書局2005年版，第1810頁。
③ （清）沈樹聲等纂修：乾隆四十八年《太原府志》卷二十三古蹟，中國數字方志庫。
④ （清）李培謙修：道光二十三年《陽曲縣志》卷二輿地圖下，中國方志叢書華北地方第396號，成文出版社民國二十一年版。
⑤ 陽曲縣地名委員會辦公室：《太原市陽曲縣地名志》，1990年。
⑥ 《北齊趙征興墓誌》，《書法》2001年第2期；《漢魏六朝碑刻校注》第九冊，第235頁。

民而僑置。因而趙征興言天水葉鄉人，葬在彭城，彭城縣乃是其僑地，是遷徙後趙氏家族世居之地。

"徐州彭城南十五里□山前里"，□拓为 ▓，《漢魏六朝碑刻校注》注此字待攷，賀雲翱文中作峓①，《新出魏晉南北朝墓誌疏證》未予識讀②。依出土位置為今徐州銅山縣三堡鎮一帶。□山前里，按照表述習慣，里名多為一至兩個字，當然也有例外，石屋山里以山名里，為三個字。雖有一字不可識，但基本可以確定此里在彭城縣南15里處某山旁，並以此山名命里名。

三堡鎮位於徐州市東南部，誌言□山前里在"徐州彭城南十五里"，縣治未發生變化，而山是固定的，因此可以根據距離來判斷為何山。《魏書·地形志》彭城郡彭城縣有寒山、孤山、甌山、黃山、九里山，《大清一統志》卷六九徐州府山川記銅山縣有奎山、孤山、寒山、甌山、銅山、三山等，其中在東南、西南位置的有：奎山、三山等。③首先，奎山在銅山縣東南四里，《大清一統志》卷六九徐州府："奎山在銅山縣東南四里。"④《江南通志》卷一四山川："奎山在府東南四里，橫枕泗水，與對岸駱駝山為徐門戶。"⑤則距離不合。其次，三山，《大清一統志》卷六九徐州府言寒山在銅山縣東南十八里，言三山在銅山縣東南十餘里。⑥民國《銅山縣志·山川》："又東南十里為三山。"小字注："舊府志在城東南十五里。方輿紀要在州東南二十里。……魏書地形志彭城有寒山。方輿紀要謂在州東南十八里。今惟存此山。概古今異名也。"⑦依此今三山可能是《魏書》中的寒山。

---

① 釋文依據毛遠明師《漢魏六朝碑刻校注》錄。參見賀雲翱《〈齊故平南將軍太中大夫金鄉縣開國侯趙君墓誌銘序〉及其攷釋》，《南方文物》1999年第2期。
② 羅新、葉煒：《新出魏晉南北朝墓誌疏證》，中華書局2007年版，第179頁。
③ 乾隆二十九年《大清一統志》卷六九，影印文淵閣四庫全書本第475冊，第396頁。
④ 同上。
⑤ 乾隆四十四年《江南通志》卷一四輿地志，影印文淵閣四庫全書本第507冊，第474頁。
⑥ 乾隆二十九年《大清一統志》卷六九，影印文淵閣四庫全書本第475冊，第396頁。
⑦ 余家謨等纂修：民國《銅山縣志》第九篇山川，中國地方志集成江蘇府縣志輯第62冊，江蘇古籍出版社1991年版。

❖ 第二章 漢魏六朝石刻郡縣鄉里攷 ❖

因此"徐州彭城南十五里□山前里"推測為寒山前里，而且從字形上看，"寒"的字形與拓片相符。

二十三 【淄水里、五仿里】

山東淄博市臨淄區窩托村出土了數方北朝清河武城崔氏墓誌，有崔混、崔鴻夫婦、崔德、崔博、崔猷、崔鶹等人墓誌，唯有二方談及鄉里詞語。武平四年（573）《崔博墓誌》："春秋五十六，卒於淄水里。以大齊武平四年，歲次癸巳，十日壬寅，窆在黄山之陰。"① 天統元年（565）《崔德墓誌》："春秋卅三，河清四年，二月一日喪於五仿里。以大齊天統元年，歲次大梁，十月庚戌，四日癸酉，乃葬於黄山之北，黑水之南，太保翁之墓所。"② 崔德、崔博是兄弟，都是崔鶹的兒子。崔德誌言："祖敬友，梁郡太守。魏太保、文宣公之弟孫，奉朝請鶹之子。"崔博誌言："祖敬友，本州治中，梁郡太守，太保文宣公之弟孫。父鶹，解褐奉朝請，清河、廣州二太守。"前者卒於淄水里，後者居五仿里，表明兩兄弟已分居兩里，但皆葬於"黄山之陰，黑水之南"家族墓地，故於一地出土。

淄水里以淄水為名，是清河武城崔氏世居地。《魏書·崔光傳》言，祖曠"從慕容德南渡河，居青州之時水"。③ "時"，古水名，或作"淄"，《經典釋文》："時，如字。本或作'淄'。"《五音集韻》："淄，水名，在齊，通作時。"時水源頭在今臨淄縣西南窩托村一帶，《水經注·淄水》："時水出齊城西南北二十五里，平地出泉，即如水也。亦謂之源水，因水色黑，俗又目之為黑水。西北逕黄山東，又北歷愚山山東，有愚公塚。"④ 崔曠一支依淄水而居，居里稱淄水里，故此支崔氏稱淄水房崔氏。

崔博葬於北齊武平四年，前已述北齊時臨淄縣并入益都縣，因此淄水里應是益都縣之里。五仿里是崔德居里，誌未言五仿里屬何縣。

---

① 蘇玉瓊、蔣英炬：《臨淄北朝崔氏墓》，《攷古學報》1984年第2期；《漢魏六朝碑刻校注》第十冊，第24頁。
② 蘇玉瓊、蔣英炬：《臨淄北朝崔氏墓》，《攷古學報》1984年第2期；《漢魏六朝碑刻校注》第九冊，第220頁。誌文"四日癸酉"誤，應是"四日癸丑"。
③ 《魏書·崔光傳》，第1487頁。
④ （北魏）酈道元著，王先謙校：《水經注》卷二六，巴蜀書社1985年版，第442頁。

據誌文內容，崔德終生未出仕，其父兄任職只是齊州境內，未仕於京師洛陽。推測五仿里亦原是臨淄縣之里，北齊年間為益都縣之里。

二十四　【南鄉濟澗里】

天統三年（567）《張忻墓誌》：

> 君諱忻，字興樂，河內軹縣南鄉濟澗里人也。……以天保十年九月十三日遇疾，薨於家，春秋七十三。即以天統三年十一月，窆於黃河之陽，濟澗之右。①

軹縣，最初為戰國時魏的軹邑，漢時置縣（另一說秦置縣），為侯國，屬河內郡，故城在今河南濟源縣東南 13 里，現名軹城鎮，屬濟源縣。

聶政為軹縣深井里人，《史記·聶政傳》："聶政者，軹深井里人也。"司馬貞索隱："地理志河內有軹縣。深井，軹縣之里名也。"張守節正義："在懷州濟源縣南三十里。"② 聶政塚在軹城鎮南，泗澗村北，名為將軍嶺的丘陵上。軹縣深井里即今濟源縣泗澗村，據稱因鑿井深得水，稱深井里。

河內軹縣南鄉濟澗里，南鄉自然在軹縣南面。濟澗里，"澗"，《釋名·釋水》："山夾水曰澗。澗，間也，言在兩水之間也。"濟澗里因濱於濟水有其名。濟河，"古四瀆之一。包括黃河南、北兩部分；河北部分今仍名濟水，源出今河南省濟源市西王屋山……"③ 因濟水流過濟源市境內，其分支細流在境內形成許多溝道、澗溪，因此沿河一帶的村落多以澗、溝的地形地貌命名，如佛澗村、新澗溝、袁澗溝、澗西村、泗澗村、順澗村、橫澗村、薛澗村。今軹城鎮南面偏西南方向有濟澗村，在河南省洛陽市吉利區吉利鄉西北丘陵地帶，西與濟源市坡頭鎮坡頭村相鄰，疑此即濟澗里。這與《新出魏晉南北朝墓

---

① 《洛陽新獲墓誌》，第 16 頁；《漢魏六朝碑刻校注》第九冊，第 284 頁。
② 《史記·刺客列傳》，第 2522 頁。
③ 戴均良主編：《中國古今地名大詞典》，上海辭書出版社 2005 年版，第 2288 頁。

❖ 第二章 漢魏六朝石刻郡縣鄉里攷 ❖

誌疏證》所述南鄉濟澗里"位置應當在軹城東南、濟水西岸"① 稍有不同。從現地圖上看，濟澗里在軹縣西南更合適。

《張忻墓誌》於1993年在河南孟津縣送莊鄉南出土。"窆於黃河之陽，濟澗之右"，黃河之陽即黃河以北，濟澗之右指濟水的東面，也就是在濟澗村的東面，濟水的西岸。將居住地與葬地結合，更說明北齊軹縣南鄉濟澗里就是今之濟澗村。誌中描述的地理位置不論是籍貫地濟澗村，還是葬地"黃河之陽，濟澗之右"皆為黃河以北，而墓誌出土地卻在黃河以南的孟津縣送莊鄉南310國道工地，誌中內容與出土地隔河相對，顯然不合。為什麼會出現這種情況呢？難道墓誌記葬地有誤？似不太可能。或是黃河改道？亦不對，如黃河改道，張忻墓誌早已被沖毀。相關文獻未記載，這些值得研究。

二十五　【賈墥村】

《武平元年正月十五日賈墥村邑人等造菩薩像》："武平元年正月十五日，賈墥村邑義母人等，普為法界敬造玉像一軀。……"②

此造像記於1978年3月在河北藁城縣北賈同村東約150米處的一個土坑內出土。藁城，又作槀城，《魏書·地形志》巨鹿郡領縣三，為曲陽縣、槀城縣、鄡縣，槀城縣下注："前漢屬真定，後漢屬，晉罷，太和十二年復。"至北齊，改作高城縣。《元和郡縣誌》槀城縣："後魏重置，高齊改為高城縣，隋開皇十八年，復為槀城縣。"③《藁城縣誌》："北齊改為高城縣，置巨鹿郡。"④ 造像記刊於"武平元年正月十五日"，為北齊年間，故知賈墥村隸屬定州巨鹿郡高城縣。

嘉靖《藁城縣誌》記藁城縣有賈同村⑤，今藁城縣有南、北賈同村。賈墥村是否與賈同村有關呢？筆者認為北齊時的賈墥村就是明代的賈同村，即今南、北賈同村。"墥"作"同"，是音變的結果。

---

① 羅新、葉煒：《魏晉南北朝新出墓誌疏證》，中華書局2005年版，第184頁。
② 程紀寧：《河北槀城縣發現一批北齊石造像》，《攷古》1980年第3期。
③ （唐）李吉甫撰，賀次君點校：《元和郡縣志》卷一七河北道二，中華書局1983年版，第478頁。
④ （明）李正儒創修，（清）賴於宣重輯，江度續修：嘉靖十三年《藁城縣誌》卷一地理志，中國方志叢書第161號，成文出版社民國二十三年版，第16頁。
⑤ 同上書，第28頁。

"墥"有兩個讀音,或音dǒng,指螞蟻做窩時堆在穴口的小土堆,《集韻·董韻》:"墥,墥墥,封垤也。"或音tuǎn,同"疃",《玉篇·土部》:"墥,亦作疃。"《集韻·緩韻》:"墥,或作疃。"疃指村莊,唐彥謙《夏日訪友》:"孤舟喚野渡,村疃入幽邃。"元鄭廷玉《看錢奴》第三折:"你和我須同村共疃近鄰莊。"那麼,賈墥村的"墥"讀音究竟是哪個呢?據發掘簡報稱,造像記的發現地一帶在村落東面,此處原是高地,在後世取土的過程中逐漸變平,這正與墥的"土堆"義相符。再者,墥音dǒng,屬端母,"同"屬透母,前者清音濁化,加之二者韻母相同,賈墥村遂演變為賈同村。因此賈墥村的得名與村落附近的大土堆有關。

與《武平元年正月十五日賈墥村邑人等造菩薩像》同時出土的,還有"武平元年閏二月廿日賈蘭業兄弟造雙思惟菩薩像""天保元年二月一日賈幹德造觀音像""武定七年十二月十五日賈蘭朝等六人造觀音像"。題記中造像人多以賈姓為主,如賈蘭業兄弟、賈蘭朝、都維賈宛伯、賈幹德、賈伏生、賈僧達、賈文和等。據此可知,北齊年間賈墥村是個以賈姓人口居多的村落,賈墥村之"賈"便源於賈姓。

綜上所述,賈墥村的得名來自二個方面:一是村東面的土堆,故名"墥";二是村民多姓賈。村落名稱發生音變,"墥"音變成"同",成為賈同村。隨着時代的演變,因人口增多,原村落分出二個村:南賈同村、北賈同村,以所處方位分稱。

北齊又有高城縣崇仁鄉脩義里,武平二年(571)《常文貴墓誌》:"君姓常,諱文貴,字蔚榮,滄州浮陽郡高城縣崇仁鄉脩義里人也。"① 此"高城縣"與上述高城縣並不是指同一個縣。滄州浮陽郡高城縣是北魏舊制,而非北齊時制。《魏書·地形志》浮陽郡領縣四,其中高城縣注:"二漢、晉屬渤海,治高城。有平津鄉。興和中綰流民立東西河郡隰城縣。武定末罷。"《畿輔通志》卷一四鹽山縣:"漢置高城縣,屬勃海郡,為都尉治。後漢曰高城侯國。晉因之,後魏太和中屬浮陽郡,興和中分立東西河郡及隰城縣。武定末罷,仍屬

---

① 王敏之:《黃驊縣北齊常文貴墓清理簡報》,《文物》1984年第9期。

✦ 第二章 漢魏六朝石刻郡縣鄉里攷 ✦

浮陽郡。"① 墓誌 1977 年出於河北黃驊縣西才元村。

二十六 【汗殊里】

武平元年（570）《婁叡墓誌》："王諱叡，字休□，太安狄那汗殊里，武朙皇太后兄子也。"婁叡，鮮卑人，本姓匹婁，簡改姓婁。婁叡是婁昭侄，《北齊書·婁昭傳》言："婁昭，字菩薩，代郡平城人也，武明皇后之母弟也。……昭兄子叡。叡字佛仁，父拔，魏南部尚書。叡幼孤，被叔父昭所養。"② 傳言"代郡平城人"，婁叡誌作"太安狄那汗殊里人"，誌、傳不合。

《北齊書·竇泰傳》："竇泰，字世寧，大安捍殊人也。"③ "汗殊"即"捍殊"。《魏書·地形志》太安郡屬朔州，領狄那、捍殊二縣。史書記捍殊為縣，而婁睿誌"汗殊里"為狄那縣之一里，這表明"太安狄那汗殊里"不是北魏制，《太原市北齊婁睿墓發掘簡報》稱："汗殊，當為捍殊別譯，疑由狄那分置。據此，墓誌所載之區劃，當早於《魏志》。"④

婁叡誌刻於北齊年間，時朔州僑置在壽陽縣。康熙《壽陽縣志·坊里》記清代壽陽縣西五十里有太安鎮，並有太安寨、太安驛，又有狄那寨、狄那墩。⑤《尚書古文疏證》卷六："因考壽陽縣北有尖山，則當日神武郡首領之尖山縣。縣西有大安鎮，則大安郡，狄那寨則大安郡首領之狄那縣。"⑥ 僑置狄那縣地今為草溝村，僑置太安郡地今為太安驛村。

二十七 【百尺里】

武平二年（571）《朱岱林墓誌》："君諱岱林，字君山，樂陵濕

---

① 雍正十三年《畿輔通志》卷一四建置沿革，影印文淵閣四庫全書本第 504 冊，第 243 頁。
② 《北齊書·婁昭傳》，第 197 頁。
③ 同上書，第 193 頁。
④ 山西省攷古研究所、太原市文物管理委員會：《太原市北齊婁叡墓發掘簡報》，《文物》1983 年第 10 期。
⑤ （清）吳祚昌纂修：康熙十一年《壽陽縣志》卷二坊里，中國數字方志庫。
⑥ （清）閻若璩撰：《尚書古文疏證》卷六第九十三，上海古籍出版社 1987 年版，第 824 頁。

沃人也。……以大齊武平二年歲次辛卯二月乙卯朔六日甲申葬於百尺里東五里。"① 民國《壽光縣志》附有墓誌拓片。②

墓誌明末出土於壽光縣北 15 公里的田柳莊西（今田柳鎮）。民國《壽光縣志·塚墓》："北魏高士朱岱林墓，在縣城東北三十里田柳莊西。前明時村民掘地得其誌石，云齊武平二年葬於百尺里東五里。百尺里即今王高鎮。石尚存田柳莊內，其墓則犁為平疇，無從封樹矣。"《金石志》又說："北齊朱岱林墓誌銘，在城北田柳莊。"③ 一說北魏，又一說北齊，蓋因朱岱林仕於北魏，卒於北齊。《古誌石華》言誌出樂陵縣④，誤。正如縣志所言，葬地百尺里即王高鎮，具體地點應是在西王高村，今為田柳鎮西王高村。

百尺里的名稱與百尺溝有關。《水經注·巨洋水》："巨洋水又東北，積而為潭，枝津出焉，謂之百尺溝。西北流逕北益都城，漢武帝元朔二年，封菑川懿王子劉胡為侯國。又西北流而注於巨淀矣。"⑤《齊乘》卷二巨洋水："……又東北逕辟閭渾墓，俗名釣魚臺，又東北逕故益縣城，古別出一支為百尺溝，又北逕壽光縣東北。"⑥ 乾隆《壽光縣志》載："津枝百尺溝、徑直王胡城、百尺里，前明亦無蹤跡矣。"百尺溝在北益都城北，壽光境內有兩個益都城，前面"益城里"有論述，此北益都城為劉胡之侯國，又名王胡城，今名古城鄉。西王高村確在古城鄉之北。

百尺里在百尺溝附近，因百尺溝而得里名。

二十八　【南田元每村】

《田市仁等作像龕記》：

---

① 羅振玉輯：《山左塚墓遺文》，《石刻史料新編》第一輯第 20 冊，第 14900 頁。
② 宋憲章修纂：民國二十五年《壽光縣志》卷三塚墓，中國方志叢書華北地方第 65 號，成文出版社 1968 年版。
③ 宋憲章修纂：民國二十五年《壽光縣志》，中國方志叢書華北地方第 65 號，成文出版社 1968 年版。
④ （清）黃本驥撰：道光二十七年《古誌石華》卷三，《石刻史料新編》第二輯第 2 冊，第 1177 頁。
⑤ （北魏）酈道元著，王先謙校：《水經注》卷四，巴蜀書社 1985 年版，第 436 頁。
⑥ （元）于欽撰：《齊乘》卷二，影印文淵閣四庫全書本第 491 冊，第 712 頁。

❖ 第二章 漢魏六朝石刻郡縣鄉里攷 ❖

邑主田市仁口人等性辯三乘，獨閑正覺，遂求荊山琬琰，訪達聖奇工，建方石一區，作妙像八龕，鐫彤鏤琢，狀雲霓秀口，妝嚴麗美，似寶塔空懸。乃於河陽南田元每村，故使鄉閭合掌，正幕道場，邑俗投心，騫裳驟仰。①

題記未標明年代，據端方推測："今已斷矣。碑無年月，然記有'願四海無塵，關秦氣息，散馬休戈'等語，知其為北齊時物。"② 河陽南田元每村，即河陽縣南田鄉元每村。

二十九 【洪瀆鄉、西鄉、中原鄉】

1.【洪瀆鄉】

洪瀆鄉因洪瀆原而名，洪瀆原在北周墓誌記載最多，《北周地理志》言在"咸陽縣北二里畢原之址，東西一岡，闊七里許"。《關中勝蹟圖志》卷二畢原引《咸陽縣志》："一名咸陽北阪，（另）一名長平阪，其趾為洪瀆原。"③ 或作"洪突原"，《賀蘭祥墓誌》"窆乎洪突原"。又稱"胡瀆川"，《獨孤藏墓誌》於1988年在陝西咸陽底張灣出土，言獨孤藏"窆於涇陽胡瀆川。"④ 胡瀆川即洪瀆川。唐代墓誌中洪瀆川又作"洪渡川"。洪瀆川、胡瀆川、洪渡川是語音上的變化，是用語音相同或相近而形體不同的文字來記錄同一地名。

洪瀆鄉有永貴里、趙村，大成元年（579）《尉遲運墓誌》：

大成元年二月廿四日遘疾，薨於秦州，春秋卌有一。其年十月十四日，反葬於咸陽郡涇陽洪瀆鄉永貴里。⑤

---

① （清）端方撰：《匋齋藏石記》卷一三，《石刻史料新編》第一輯第11冊，第8108頁。

② 同上。

③ （清）畢沅撰，張沛校點：《關中勝蹟圖志》卷二名山，三秦出版社2004年版，第37頁。

④ 員安志：《中國北周出土珍貴文物——北周墓葬發掘報告》，陝西人民美術出版社1993年版，第89—92頁。

⑤ 《中國北周出土珍貴文物——北周墓葬發掘報告》第101頁；《漢魏六朝碑刻校注》第十冊，第328頁。

出土於咸陽市底張灣。"涇陽",《中國北周出土珍貴文物》釋作"澤陽",誤。

宣政元年（578）《若干雲墓誌》："薨於萬年縣東鄉里,時年卅一。窆於涇陽洪瀆川趙村東北。"①"瀆",《中國北周珍貴文物》釋为"讀",誤,咸陽市底張灣飛機場候機樓基址出土。從出土地點看,趙村概屬洪瀆鄉。

由此知洪瀆鄉在今咸陽底張灣一帶,既有鄉、里的設置,又有村落分布其中。

2.【西鄉始義里】

建德七年（578）《宇文儉墓誌》："（建德七年）其年三月戊辰朔十七日甲申,葬於雍州涇陽縣西鄉始義里。"咸陽國際機場新建停機坪出土。其妻步六孤須蜜多墓誌同地出土,言"（建德元年）歸葬長安之北原"。由出土地知北周"涇陽縣西鄉始義里"的確切位置。

北周墓誌鄉里的記載不如前代詳細,誌文中葬地或標以縣名,或直接書以"某原""某川"。墓葬主要集中在三個地區：第一,時稱洪瀆原的今咸陽國際機場附近,帝陵、高官、貴戚墓葬多發現於此;第二,長安北原,是中小官吏及平民墓葬區;第三,今西安北郊北二環一帶為北周都城長安城東郊,外來貴族墓葬地。② 以上幾份材料誌主皆出身貴族,誌文記葬地不一,出土地卻在咸阳底張灣機場附近,可知北周涇陽縣洪瀆鄉和西鄉毗鄰。

3.【中原鄉】

關於中原鄉有 2 份材料：

建德四年（575）《叱羅協墓誌》："以建德三季,十月十七日,薨亏私第,春秋七十有五。以四季三月五日,卜兆於中原鄉。"③ 1989 年咸陽市北斗鄉靳里村東出土。

---

① 《中國北周出土珍貴文物——北周墓葬發掘報告》,第72頁;《漢魏六朝碑刻校注》第十冊,第305頁。

② 陝西省玫古研究院隋唐玫古研究部：《陝西南北朝隋唐及宋元明清玫古五十年綜述》,《玫古與文物》2008年第6期。

③ 《中國北周出土珍貴文物——北周墓葬發掘報告》,第31頁;《漢魏六朝碑刻校注》第十冊,第283頁。

❖ 第二章　漢魏六朝石刻郡縣鄉里攷 ❖

　　建德元年（572）《梁才墓誌》："公諱才，字榮略，穎川陽翟人也，漢大將軍冀之後。春秋七十有二，以建德元年秋七月遘疾，薨乎宜君仁義里。粵以二年冬十月已酉窆於中原鄉。"① 出土地不詳。

　　叱羅協誌"中原鄉"即今北斗鄉靳里村一帶，梁才墓誌中"中原鄉"是否也是在這呢？筆者認為此中原鄉與叱羅協誌的"中原鄉"指同一鄉。

　　中國碑帖網以"北周榮略墓誌"為題，不言姓。②《梁才墓誌》云"爰起安定，因官徂東"，又言是"漢大將軍冀之後"。漢代以"冀"為名的大將軍只有東漢梁冀，《後漢書·梁統傳》記梁冀是梁統後代，"安定烏氏人"，由此推知誌主是梁氏，故里為安定烏氏，北齊《梁伽耶墓誌》亦記籍貫是安定烏氏。據推測，"誌主梁才及其家族很可能是自代北遷入中原的鮮卑族拔列氏的後裔"③，後改姓梁氏，《魏書·官氏志》："神元皇帝時，餘部諸姓內入者。……拔列氏，後改為梁氏。"④ 梁才至少自其祖父就已遷至中原，據誌文其祖任陽城郡守，父任穎川、大樑二郡守，梁氏的主要活動也在陽翟縣一帶。後"大統十二年，歸朝"，"歸朝"是指受封賜爵於西魏，於長安任職。其後梁氏的生活環境皆與益州相關，除"益州廣漢郡守、董郡諸軍事，領本郡邑中正"，此為實職，周二年"封益州偃宮縣開國子，邑五百户"，這是封爵。時人鄭術與梁氏經歷相似。⑤ 鄭氏為滎陽開封人，"既而左提右契，舉衆西歸"，"（大統）十五年遷員外散騎侍郎、持節大都督，又授使持節車騎大將軍、儀同三司"，"後三年，除益州和仁郡守"，後卒於長安，葬"長安之阿傍冒陂里"。梁氏與鄭氏之所以同在廢二年益州為官，是因為這年尉遲迥率軍討伐蕭紀，《周書·文帝紀》西魏廢

---

① 魏宏利：《北周〈梁才墓誌〉攷釋》，《寶雞文理學院學報》（社會科學版）2008 年第 4 期。
② 北周梁才墓誌出土時地不詳，誌石現為西安張氏藏，墓誌拓印本見中國碑貼網：http://www.bttp.net。
③ 魏宏利：《北周〈梁才墓誌〉攷釋》，《寶雞文理學院學報》（社會科學版）2008 年第 4 期。
④ 《魏書·官氏志》，第 3007 頁。
⑤ 任平、宋鎮：《北周鄭术墓誌攷略》，《文博》2003 年第 6 期。

二年，"八月，克成都，劍南平"①，蜀土平定後，"盛選明賢、撫茲荒梗"。

描述葬地時，誌言："言歸北皐，龍輴且轍。迥望寒原，悲風騷屑。""北皐""寒原"，這與咸陽北原環境相同。

綜上所述，北周涇陽縣已知三鄉：洪瀆鄉、西鄉、中原鄉，按常設應有都鄉，則涇陽縣至少有四鄉。

三十 【崇德鄉】

《王通墓誌》刻於天和二年（567），言王氏"粵以大周天和二年冬十月，窆於束城縣東五十里崇德鄉平原，禮也"。誌出河間縣，《古誌石華》言："康熙九年秋，河間縣束城鎮大水決古墓，得此誌。"② 康熙《河間縣志》記："康熙九年大水沖出，有墓誌銘。"③

束城縣北齊廢，關於束城縣的設置時間，諸書皆言束城縣復置於隋。《隋書·地理志》河間郡束城縣："舊曰束州，後齊廢。開皇十六年置，後改名焉。"《舊唐書·地理志》河北道東城："漢東州縣，屬渤海郡。隋曰束城，屬河間郡。"《太平寰宇記》束城縣："高齊天保七年省併文安，隋開皇中置束城縣於今理，因束州為名。"④ 康熙《河間縣志·古蹟》："束州城在縣東北六十里，本漢束州縣，屬渤海郡。晉屬章武二十三年，北齊廢。隋置束城縣，屬瀛州。"⑤ 王通以束城縣崇德鄉為葬地，顯然是北周時制，由此知北周復置束城縣，可能後來廢，於隋開皇十六年再置。《北周地理志》瀛州河間郡領武垣、樂城、鄚、任丘四縣⑥，未見束成縣，據王通

---

① 《周書·文帝紀》，第34頁。
② （清）黃本驥撰：道光二十七年《古誌石華》卷三，《石刻史料新編》第二輯第2冊，第1178頁。
③ （清）袁元修，楊九有纂：康熙十三年刻本《河間縣志》，《北京師範大學圖書館藏稀見方志叢刊》，2007年。
④ （宋）樂史撰，王文楚點校：《太平寰宇記》卷六六河北道十五，中華書局2007年版，第1344頁。
⑤ （清）袁元修，楊九有纂：康熙十三年刻本《河間縣志》，載劉利主編《北京師範大學圖書館藏稀見方志叢刊》，2007年。
⑥ 王仲犖：《北周地理志》，中華書局1990年版。

❖ 第二章 漢魏六朝石刻郡縣鄉里攷 ❖

墓誌可補一縣。清熙寧六年省束城縣爲鎮入河間縣，束城縣今爲河間市束城鎮。

三十一 【侯頭鄉隨厥里】

武成二年（560）《獨孤渾貞墓誌》：

公諱貞，字歡憙。桒干郡桒干縣侯頭鄉隨厥里人。……出身揚烈將軍，轉寧朔，俄授赤逢鄉男。……武成二季四月十五日，薨於長安，春秋六十一。……粤以其季八月五日葬於杜原。①

其於陝西省咸陽市渭城區北杜鎮成仁村南出土。"桒"同"桑"，桑干郡桑干縣在今山西山陰縣南，因傍桑干河而名。桑干郡北魏置，治桑干縣。到北魏孝昌年間省，後置桑干鎮。②誌稱獨孤氏爲"桒干郡桒干縣侯頭鄉隨厥里人"乃北魏舊制。

三十二 【蘭渠鄉三陽里】

開皇八年（588）《吕瑞墓誌》："公諱瑞，字連生，秦州天水人也。……以開皇八年歲次戊申十一月丙寅朔七日壬申，遂葬於伯陽縣界蘭渠鄉三陽里。"《隴右金石錄》稱墓誌在天水豐盛川。③

"伯陽縣界蘭渠鄉三陽里"，《隋書·地理志》無伯陽縣，秦州天水郡秦嶺縣注："後魏置，曰伯陽縣。開皇中改焉。"《甘肅通志》卷二三古蹟："秦嶺廢縣在縣西南一百二十里，後魏置伯陽縣，隋開皇中改名，唐貞觀十七年省縣入清水。"④據此，開皇八年吕氏墓誌刊刻時伯陽縣尚未更名，誌文對葬地的描述實是北周制的沿襲。北周伯陽縣屬秦州清水郡，《庾子山集》："去四月十三日，獲隴右符府參軍李暉牒，稱，戶屬秦州清水郡伯陽縣文谷林，在家庭

---

① 李朝陽：《咸陽市郊北周獨孤渾貞墓誌攷述》，《文物》1997年第5期。
② 王仲犖：《北周地理志》北魏延昌地形志北邊州鎮攷證，中華書局1990年版，第1060頁。
③ 張維編：《隴右金石錄》，《石刻史料新編》第一輯第21冊，第15981頁。
④ 乾隆元年《甘肅通志》卷二三古蹟，影印文淵閣四庫全書本第557冊，第622頁。

獲一赤雀。"①《北周地理志》言伯陽縣舊址即今甘肅天水市東伯陽鎮。

蘭渠鄉因蘭渠水而得名，《水經注·渭水》："渭水東歷縣北邽山之陰，流逕固嶺東北，東南流，蘭渠川水出自北山，帶佩衆溪，南流注於渭。"② 三陽里，因三陽川而得名。三陽川在州北二十里，《伊濱集·行狀·張君仲實行述》："先生諱模，字仲實，其先秦州三陽川人。"蘭渠水與三陽川均在州北，蘭渠水"在州北三十里，源自北山，帶衆流經三陽川，東南流注於渭"。③ 今天水市北道區石佛鄉有三陽村，即在蘭渠水、三陽川之間，地形描述吻合。但是三陽里不是今三陽村。按墓誌葬地"伯陽縣界蘭渠鄉三陽里"，蘭渠鄉三陽里在伯陽縣，伯陽縣有水為苗谷水，有川為伯陽川，《水經注·渭水》："（苗谷水）西北逕苗谷，屈而東逕伯陽城南，謂之伯陽川。"④ 今伯陽鎮與石佛鄉三陽村一東一西，相距很遠。筆者懷疑伯陽縣蘭渠鄉三陽里是移民的居所，北周時原居三陽川的居民遷徙至伯陽縣時，遂將原鄉、里名帶入新居地，不然伯陽縣的鄉、里為什麼以其他地方的地形特徵來命名本縣的鄉里。

三十三 【苑川鄉】

開皇元年（581）《周上柱國宿國公河州都督普屯威神道碑》：

> 公諱威，字某，河南洛陽人也。舊姓辛，隴西人。……十三年授車騎大將軍儀同三司尋遷驃騎大將軍開府，仍賜姓普屯，即為官族。以今開皇元年七月某日反葬於河州金城郡之苑川鄉。⑤

辛威，誌言河南洛陽人，《周書·辛威傳》："辛威，隴西人也。

---

① （北周）庾信著，（清）倪璠注釋：《庾子山集》卷7，康熙刻本。
② （北魏）酈道元著，王先謙校：《水經注》卷一七，巴蜀書社1985年版，第316頁。
③ 乾隆元年《甘肅通志》卷六蘭渠水，影印文淵閣四庫全書本第557冊，第243頁。
④ （北魏）酈道元著，王先謙校：《水經注》卷一七，巴蜀書社1985年版，第318頁。
⑤ （北周）庾信著，（清）倪璠注釋：《庾子山集》卷一四，康熙刻本。

第二章　漢魏六朝石刻郡縣鄉里攷

祖大汗，魏渭州刺史。父生，河州四面大都督。及威著勳，追贈大將軍、涼甘等五州刺史。……賜氏普屯氏。"① 辛威實為隴西狄道人，賜姓"普屯"為官族後，改籍河南洛陽，卒後歸葬故里。

《隋書·地理志》言金城縣"舊縣曰子城，帶金城郡。開皇初郡廢。大業初改縣為金城，置金城郡。有關官"。《北周地理志》河州金城郡領子城一縣。② 辛威墓誌雖言開皇元年葬，"河州金城郡之苑川鄉"卻是北周制，此時金城郡還沒有被廢。光緒《重修皋蘭縣志·古蹟》："蘭州故城在縣治少南，東西約六百餘步，南北約三百餘步，西魏及周子城縣、隋金城縣、唐五泉縣，皆治此城。"③ 依此，苑川鄉屬河州金城郡子城縣。

苑川鄉名來自苑川水。苑川，康熙《金縣志》言源川又作菀川，在縣南五十里。④《水經注·河水》："苑川水出勇士縣之子城南山，東北流，歷此成川，世謂之子城川。又北逕牧師苑，故漢牧苑之地也。羌豪迷吾等萬餘人，到襄武、首陽、平襄、勇士，抄此苑馬，焚燒亭驛，即此處也。""有東、西兩苑城，相距七十里。西城，即乞佛所都也。"⑤ 光緒《重修皋蘭縣志·輿地志》："苑川水在縣東南，有兩大源。一源出縣東南之新營諸山，東流逕新營北，又東合金縣之瓦家河，又東逕大營川，至甘草店折而北合金縣清水諸河入此川，是即《水經注》'出勇士縣子城南，東北流歷此城川，世謂之子城川，又北逕牧師苑之水也'，為苑川水最遠正源。"⑥ 以苑川水名城，為苑川城，《金縣志·山川》："菀川城在縣東北，水經注云故漢牧師苑之地也。"⑦ "菀"即"苑"。《輿地廣記》五泉縣："本金城縣，漢屬金

---

① 《周書·辛威傳》，第447頁。
② 王仲犖：《北周地理志》河州條，中華書局1990年版。
③ （清）楊昌濬修，張國常纂：光緒《重修皋蘭縣志》，新修方志叢刊，臺灣學生書局1967年版。
④ （清）耿喻修，郭殿邦等纂：康熙二十六年《金縣志》卷三山川，中國方志叢書華北地方第325號，成文出版社1970年版。
⑤ （北魏）酈道元著，王先謙校：《水經注》卷二，巴蜀書社1985年版，第82頁。
⑥ （清）楊昌濬修：光緒十七年《重修皋蘭縣志》卷一輿地，新修方志叢刊，臺灣學生書局1967年版。
⑦ 《金縣志》卷三山川，載邵國秀主編：《中國西北稀見方志續集》（七），中華全國圖書館文獻縮微復制中心，1997年，第86頁。

城郡，為氏羌所據。東漢及晉因之。有故苑川城，西秦乞伏國仁據此。後曰子城縣，置金城郡。"康熙《臨洮府志·古蹟》："苑川城，即質孤堡，廢縣舊址。"①依此苑川鄉為子城縣治。

《甘肅通志》言"辛威神道碑在狄道"，《隴西金石錄》亦言在臨洮縣境內，今佚。在臨洮縣北有辛氏家族墓地，《臨洮縣志》載漢左將軍辛慶忌墓在縣城北的東鳳台山下辛店坪，1949 年以前有大土塚數個，1949 年以後平田整地夷平。②

又有苑川郡。《庾子山集·周車騎大將軍賀婁公神道碑》："公諱慈，字元達，本姓張，清河東武城人也。……以建德四年三月日歸葬於河州苑川郡之禁山。"③《隴右金石錄》標題為"賀婁慈神道碑"，言在皋蘭縣境，今佚。《魏書·地形志》河州下無苑川郡，張維按曰："魏書地形志河州無苑川郡，當為北周所置。苑川乞伏氏所都，其地蓋錯綜於今皋榆沙臨之間。"④

第五節　石刻中其他居民聚居地

一　東漢【陽陵格】

元初五年（118）《太室石闕銘》：

> 元初五年四月，陽城縣長、左馮翊萬年呂常始造作此石闕，時［監之］。穎川太守京兆杜陵朱寵，丞江夏西陵□□監之。府掾陽翟□□□。丞河東臨汾馮□，河東臨汾張嘉，□□陽□□史□遠，崇高鄉三老嚴壽，長史蜀城佐石副垂，崇高亭長蘇重，時監之。陽翟平陵亭部陽陵格、王孟、功□車卿、王文□潘□□□□□共□□陽□□□□陽□□□君□□脩（下闕）人。⑤

---

① （清）高錫爵纂修：康熙廿六年《臨洮府志》，新修方志叢刊，臺灣學生書局1967年版。
② 臨洮縣志編纂委員會：《臨洮縣志》古墓葬，甘肅人民出版社2001年版。
③ （北周）庾信著，（清）倪璠注釋：《庾子山集》卷一四，康熙刻本。
④ 張維編：《隴右金石錄》，《石刻史料新編》第一輯第21冊，第15978頁。
⑤ 《北圖拓本匯編》第一冊，第47頁；《漢魏六朝碑刻校注》第一冊，第101頁。

❖ 第二章 漢魏六朝石刻郡縣鄉里攷 ❖

"張嘉"以下,《文學攷釋》作:"□□、易□□史□□□□、鄉三老嚴壽□□□、□佐石副垂崇高、亭長蘇重時監之、陽翟平陵亭部陽陵格王孟功、副□車卿王文□潘、□□□□之共□□、陽□□興□、陽□□君□□脩、□□□□□人。虎□□□□□□□人、諸師□□□□□眇(下闕)。"或文字脫誤,或標點不當。

這一段文字涉及參與刊刻石闕者,諸姓名前分別列出郡、縣、鄉、亭等。崇高鄉三老嚴壽、崇高亭長蘇重,崇高鄉、崇高亭以"崇高"為鄉名、亭名。《太室石闕銘》額題為"中嶽泰室陽城崇高闕",崇高鄉屬潁川郡陽城縣。崇高鄉、崇高亭之名源自嵩高山,《後漢書·郡國志》記"陽城縣有嵩高山"。

"陽翟平陵亭部陽陵格、王孟、功□車卿",依照句意,應斷句為"陽翟平陵亭部陽陵格王孟、功□車卿",其中"陽翟平陵亭部陽陵格"為地名。"陽翟"表示縣,"平陵亭部"表示具體的位置,前述"亭部"是漢代用來表示方位的常見標識,在買地券中出現較多。"陽陵格","格"是漢代的一種聚落稱呼。①《史記·王溫舒傳》"置伯格長以牧司姦盜賊"裴駰集解引徐廣《史記音義》曰:"一作落,古村落字亦作格。"司馬貞索隱:"伯音阡陌,格音村落。言阡陌村落皆置長也。"②"格"即村落之"落"③,"陽陵格"是一個名稱為陽陵的自然村落,用來表示王孟等的居住地,從"陽陵"之稱知此村落在一座大土山之南。"陽翟平陵亭部陽陵格"即潁川郡陽翟縣平陵亭部陽陵格,尤如前文南朝買地券言"始安郡始安縣都鄉牛馬楊田里",皆言亭轄域內之里、落。

二 東漢【嵩聚】

東漢石辟邪,高 1.09 米,長 1.66 米,背頸部陰刻錄書"緱氏嵩

---

① 侯旭東:《漢魏六朝的自然聚落——兼論"邨""村"關係與"村"的通稱化》,載黃寬重主編《中國史新論基層社會》,臺北聯經出版事業有限公司 2009 年,第 136 頁。
② 《史記·王溫舒傳》,第 3150 頁。
③ 嚴耕望:《中國地方行政制度史甲部——秦漢地方行政制度》,《中央研究院歷史語言研究所專刊之四十五》,第 66 頁。

聚成奴作"7字。① 1955年洛陽市澗西孫旗屯鄉防洪渠出土。辟邪，宮闕和陵墓神道前用以司護的神獸。石邪是東漢時住在緱氏縣嵩聚的一個叫成奴的人雕刻的。

"聚"指自然村落，是鄉里之外的聚落，《說文·鮴部》："聚，會也。从㐺，取聲。邑落云聚。""聚"在《漢書·地理志》，尤其是《後漢書·郡國志》記載頗多，縣下有聚是普遍現象，是東漢時期鄉里之外的聚落形式。嵩聚，此聚落以"嵩"為名。另有出土"黃簿"記載了泣聚，"泣聚户百卅四，口五百廿一人"。②《漢書·地理志》和《後漢書·郡國志》都沒有記載這兩個聚落名。

《後漢書·郡國志》緱氏縣有鄔聚，杜預注曰："鄔在縣西南。"③

三　西魏【谢营】

《咸陽西魏謝婆仁墓清理簡報》記西魏謝婆仁墓出土一墓磚，正面刻有"大統十六年七月九日，謝婆仁銘，住在謝營中。"（見本頁圖）墓在陝西省郵電學校院內發現，位於咸陽市文林路北、馬家堡對面的咸陽頭道塬上，北距漢成帝延陵2公里。④营，《清理簡報》識為"營"，《咸陽出土西魏墓磚銘商榷》隸定為"营"⑤。营的形體，在其他墓誌也有。《元則墓誌》"營州刺史"為营，《元端妻馮氏墓誌》"除燕營二州刺史"為营，《韓賄妻高氏墓誌銘》"營州刺史"為营。從字形書寫來看，此字隸定為"營"更妥。

"營"，《說文·宮部》："營，市居也，从宮，熒省聲。"段玉裁注："帀，各本作市。""玫《集韻》作市，《類篇》《韻會》作匝。蓋

---

① 宮萬琳：《東漢帝陵神道石象與刻銘"天祿""辟邪"》，《美與時代》2011年第2期。
② 湖南文物攷古研究所等：《沅陵虎溪山一號漢墓發掘簡報》，《文物》2003年第1期。
③ 《後漢書·郡國志》，第3392頁。
④ 劉衛鵬：《咸陽西魏謝婆仁墓清理簡報》，《攷古與文物》2003年第1期。
⑤ 馬永強、孫愛芹：《咸陽出土西魏墓磚銘商榷》，《攷古與文物》2004年第4期。

由古本作币，故有訛為市者。币居謂圍繞而居。"有軍營義，《字彙·火部》："營，軍壘為營。"漢代有細柳營，是周亞夫在細柳的軍營。"住在謝營中"，謝營是謝氏居所，非屯軍處。《咸陽出土西魏墓磚銘商榷》認為"營"是指"魏時官府設立，由軍隊對戰俘或攻占地區居民進行集中管理的特定組織設置"，"'謝營'也可能就是所設立的謝氏'營'"①，即謝營指營戶。十六國、東晉、南北朝時，民戶分為編戶和雜戶兩種，編戶包括士籍和民籍，正式編入一定的郡縣城鄉，一般稱為正戶。雜戶包括營戶、雜工戶、醫寺戶等。謝婆仁屬雜戶，聚居在今咸陽郊外。謝營是迄今為止所見最早以居住者的姓命名的營戶。這表明此營戶的居住者——所虜之民來自一個以謝氏族人為主的聚落。統治者掠奪人口是為了增加賦役，對人口的爭奪一直未停止。謝營的稱謂，提示這種掠奪以聚落為單位，同時也顯示當時人們的聚居狀態是以家族為主。在陝西一帶，以營為村名的地名屢見，如漢中市崔家營、謝家營，最初可能皆是以姓氏為營戶名，後演變為村落名。

隋代洛陽有張方營，開皇十六年《張協墓誌》："筮宅於華源鄉之南郊，張方營之北野。"晉時河間王遣張方征長沙王，曾營軍在此，故名。同一葬地的仁壽三年《朱寶誌》言："葬於城西華原鄉，張方橋東北七里。"張方營即張方橋。至唐時為張方里，貞觀二年《張女羨墓誌》："粵以其年（貞觀二年）冬十一月癸卯朔七日己酉，合葬於雒陽縣清風鄉張方里，芒山之陽。"從張方營至張方里，初為軍營之地，在使用過程中固定下來，並演變為居里之名。

四　北魏【白揚鄔】

熙平二年（517）《元萇墓誌》言："公姓元，諱萇，字於顛，河南洛陽宣平鄉永智里人也。……熙平二年歲次丁酉二月壬辰朔廿九日庚申，窆於河內軹縣嶺山之白揚鄔。"② 於 2003 年濟源市出土。元萇墓誌是目前已知的北魏遷洛後唯一一方未出土於邙洛兆域的元氏宗室

---

① 馬永強、孫愛芹：《咸陽出土西魏墓磚銘商榷》，《攷古與文物》2004 年第 4 期。
② 趙君平、趙文成：《河洛墓刻拾零》，北京圖書館出版社 2007 年版，第 23 頁。

墓誌，葬地在黃河北岸，與洛陽隔河相望。

白揚鄔，"鄔"同"塢"，本是指小型城堡，《後漢書·皇甫規傳》："後先零諸種陸梁，覆没營塢。"李賢注："《說文》曰：'塢，小障也，一曰庳城也。'"①《後漢書·董卓傳》："（董卓）又築塢於郿，高厚七丈，號曰'萬歲塢'。"②塢最初是防衛用的小城堡，在戰亂分裂時期，演變為以宗族與鄉里為紐帶組成的自保避亂的社會組織。魏晉南北朝時期，國家長期分裂，生民塗炭，民衆為了自保，以宗族或鄉里為基礎，組成塢壁。塢壁帶有鄉里組織性質，多設在地勢險要處。三國魏晉時在今濟源市黃河以北一帶，依托地形分布着大大小小的塢。如鐘鷂塢，今濟源市東南中王村，屬軹城鄉，位於雙陽河左岸。因三國魏太傅鐘鷂屯兵於此，名鐘公壘。村以壘名，後演變為村名。後改為鐘王村，簡寫為中王村。③石梁塢，《晉書·魏浚傳》："魏浚，東郡東阿人，寓居關中。……永嘉末，與流人數百家東保河陰之硤石……及洛陽陷，屯於洛北石梁塢，撫養遺衆，漸修軍器。"④白騎塢，《水經注·濟水》："（溴水）東北流逕白騎塢南，塢在原上，為二溪之會，北帶深隍，三面阻險，惟西版築而已。"⑤又有一合塢，《水經注·洛水》："洛水又東逕一合塢南，城在川北原上，高二十丈，南、北、東三箱，天險峭絶，惟築西面即為固，一合之名，起於是矣。"⑥同是描述塢，白騎塢言"塢在原上"，一合塢言"城在川北原上"，一言塢，一言城，可見酈道元對塢的性質的界定較模糊。這也表明，隨着社會的穩定，塢已失去了最初用以防衛自保的功能，成為百姓聚居地，《集韻·莫韻》："塢，野聚也。"元蒝既然以此為葬地所在，此處肯定不會是屯兵之所，白揚塢具有普通村落的性質。

前列材料《西涼敦煌郡敦煌縣西宕鄉高昌里建初十二年（416）

---

① 《後漢書·皇甫規傳》，第2132頁。
② 《後漢書·董卓傳》，第2329頁。
③ 《河南省》編纂委員會尚世英主編：《中華人民共和國地名詞典河南省》，商務印書館1993年版，第286頁。
④ 《晉書·魏浚傳》，第1712—1713頁。
⑤ （北魏）酈道元著，王先謙校：《水經注》卷七，巴蜀書社1985年版，第164頁。
⑥ （北魏）酈道元著，王先謙校：《水經注》卷一五，巴蜀書社1985年版，第280頁。

❖ 第二章 漢魏六朝石刻郡縣鄉里攷 ❖

籍》，在每一份户籍上登記較完整的户都有"居趙羽塢"的記錄，節錄：

敦煌郡敦煌縣西宕鄉高昌里兵裴晟年六十五
息男魄　　　　　年二十九　　丁男二
魄男第溱　　　　年二十九　　次男一
溱妻馮　　　　　年二十九　　女口一
　　　　　　　　　　　　　　居趙羽塢
　　　　　　　　　　　　　　建初十二年正月籍

"塢"，陳垣先生解釋為"備戰守之地"。① 著籍在西宕鄉高昌里卻居趙羽塢，趙羽塢應是普通村落。②

《魏書·元萇傳》："世宗時，為北中郎將，帶河内太守。"河内郡治所懷州（今沁陽縣），"萇以河橋船緪路狹，不便行旅，又秋水汎漲，年常破壞，乃為船路，遂廣募空車從京出者，率令輸石一雙，累以為岸。橋闊，來往便利，近橋諸郡，無復勞憂，公私賴之"。③ 元萇任時居黄河對岸的軹縣，薨後未葬於家族墓地，而是選擇了生前居住地。按照劉蓮香等人的説法，除了任職在此的原因，更主要的是"族葬觀念發生變化的反映"。④

五　北魏【北坊】

正始四年（507）《張神洛買田券》："正始四年，九月十六日，北坊民張神洛，從糸民路阿兜買墓田三畝，公［丈］査王墓北，引五十三步，東査□墓四引十二步。"⑤ 券出河北涿縣。坊為城廂之坊，北坊在涿縣城内。

---

① 陳垣：《跋西涼户籍殘卷》，載《陳垣史學論著選》，上海人民出版社1981年版。
② 張尚謙、張萍：《敦煌古代户籍殘卷研究》，《雲南教育學院學報》1994年第6期。
③ 《魏書·元萇傳》，第351—352頁。
④ 劉蓮香、蔡運章：《北魏元萇墓誌攷略》，《中國歷史與文物》2006年第2期。
⑤ 《北圖拓本匯編》第三冊，第106頁；《漢魏六朝碑刻校注》第四冊，第90頁。

六　北齊【賈家莊】

武平元年（570）《賈致和等十六人造像》原為北京法源寺舊藏，今佚：

> 武平元年二月二十一日，賈家莊邑義十六人敬造白玉像一區，上為皇帝陛下，又師僧父母，谷同生會。賈致和、賈川順、賈盛魁、賈積善、賈國章、賈稀和、賈稀珍、賈渡山、賈渡河、賈喜成、賈沈、賈克仁、賈克琳、賈淨枝、賈竝山、賈力根。①

"莊"，《新方言·釋地》："《爾雅》：'六達謂之莊。'……今人以為通名，田家邨落謂之莊，山居園圃亦謂之莊。"《漢語大詞典》《漢語大字典》"莊"表示村莊的義項，都引用杜甫的《懷錦水居止》："萬里橋西宅，百花潭北莊。"

賈家莊應是村落名，題記中署名16人皆為賈姓，知此村落賈姓居民居多，其中有兄弟姊妹的親屬關係者有賈稀珍與賈稀和、賈克仁與賈克琳、賈渡山與賈渡河，這說明造像者來自賈姓大家族。《賈致和等十六人造像》刊刻時間是北齊武平元年，表明在北齊時，"莊"已用來表示人們聚居生活的自然聚落，可將《漢語大詞典》《漢語大字典》的用例提前。

七　北魏【綺亭城】

正光二年（521）9月底綺麻仁為全家老小一百廿九口造像，言居住地在"北地郡富平縣北綺亭城西二里"。②

綺亭城，後世作義亭城，"綺""義"音相近。綺亭城名源於綺亭，亭概是漢時亭名在後世地名中遺留下來，《長安志》卷一九富平縣言富平縣"開元中徙縣於義亭城，蓋古之鄉亭也。"③嘉慶《耀州

---

① 《北圖拓本匯編》第八冊，第3頁。
② 耀生：《耀縣石刻文字略志》，《攷古》1965年第3期。
③ （宋）宋敏求撰，（清）畢阮校注：《長安志》卷一九，中國方志叢書華北地方第290號，成文出版社民國二十年版。

第二章 漢魏六朝石刻郡縣鄉里攷

志·地理志》："古義亭城，開元中徙縣於此，今亦不知。長安志亦曰古之鄉亭也。"①

綺亭城在富平縣北，唐代開元年間徙富平縣治於義亭城，即今富平縣華朱鄉舊縣村。舊縣村在富平縣竇村鎮東北6公里，原名義亭城②，諸書皆有記載。《肇域志》："開元間，徙富平於義亭城，故其里曰義鄉。即今舊縣地（舊縣在今治東北十里）。"③乾隆《富平縣志·古蹟》："義亭城，通志云唐開元間徒（徙之誤）富平於義亭城，即今舊縣地，蓋古之義亭也。里曰義林里，在富平縣東北十里。"④《富平縣鄉土志》："義亭城故址，縣東北十里，即唐徙富平舊治。"⑤宋時義亭為鄉名，《長安志》卷一九富平縣："義亭鄉龍門里在縣南管村三十二。"⑥"漆沮水，在縣西北四十五里，亦名石川水。自華原縣界來，經義亭、脾陽、豐潤三鄉。"⑦今為舊縣村，因此地曾作為富平縣治，故名。

綺亭城蓋名於居民姓氏。由造像記知綺麻仁率全家大小129人造像，綺亭城是綺氏家族成員聚居地，故以"綺"為名。綺亭城是今舊縣村的最早記錄，雖言城，推測此地域範圍不會太大，概就是一個與里的面積、人口相當的城。既言亭又言城，亦反映了這一點。

又有義亭故城，《長安志》卷一九華原縣："後魏初徙北地郡於今宜君縣界義亭故城，於此置北雍州。"⑧這個義亭故城與義亭城不是指同一個地方，嘉慶《耀州志·地理志》："義亭，按後魏

---

① （清）李廷寶修：嘉慶三十六年《耀州志》卷二地理志富平古蹟，中國方志叢書華北地方第527號，成文出版社1976年版。
② 《陝西省》編纂委員會陸耀富主編：《中華人民共和國地名詞典陝西省》，商務印書館1994年版，第210頁。
③ （清）顧炎武：《肇域志》第三冊陝西西安府富平縣，上海古籍出版社2004年版，第1441頁。
④ （清）喬履信纂修：乾隆五年《富平縣志》卷一古蹟，中國數字方志庫。
⑤ （清）佚名纂修：清末1851—1911年《富平縣鄉土志》，中國數字方志庫。
⑥ （宋）宋敏求撰，（清）畢沅校注：《長安志》卷一九，中國方志叢書華北地方第290號，成文出版社民國二十年版。
⑦ （清）顧炎武：《肇域志》第三冊陝西西安府富平縣，上海古籍出版社2004年版，第1378頁。
⑧ （宋）宋敏求撰，（清）畢沅校注：《長安志》卷一九華原縣，中國方志叢書華北地方第290號，成文出版社民國二十年版。

徙北地郡於宜君縣界。義亭故城則義亭當在同官北境。今同官人不復知此名矣。富平亦嘗徙義亭，當別為一地。"① 義亭故城與義亭城同名。

"川"，一般用來稱河流，在關中地區有不少帶"川"字的地名，《水經注》有牛官川、宜君川、藍田川、中亭川等，表示平川原野。當人們用"川"來表示居所時，"川"就不僅僅用來表示一般地名，還用來稱呼人們居住的自然村落，並常用來表示籍貫，如魏文朗為三原縣陽源川人，樊奴子為北魯川人。

八　北魏【宕城川】

正光五年（524）《韓賄妻高氏墓誌銘》1964年河北省曲陽縣出土，云：

> 魏故持節、征虜將軍、營州刺史、長岑侯、韓使君賄夫人高氏墓銘。夫人勃海條人也。……春秋七十一，正光四年，歲在癸卯，十一月十九日，抱疾薨於洛陽延壽里。卜遠有終，禮祔泉堂。以正光五年，歲次壽星，十一月三日移葬於定州常山郡行唐縣宕城川蘭山之陽，□河之陰韓侯墓右。侯有宿志，故不同墳。②

"定州常山郡行唐縣宕城川，蘭山之陽，□河之陰，韓侯墓右"，墓誌對墓地方位標識明確，高氏祔葬在丈夫韓賄墓旁。疑斷句有誤，應為"移葬於定州常山郡行唐縣宕城川，蘭山之陽，□河之陰，韓侯墓右"。墓地在宕城川，在蘭山之南，□河之南。墓葬出土於當時曲陽縣黨城公社嘉峪村北0.5公里的耕地中。黨城鄉嘉峪村現名喜峪村，"據查，該村建於宋朝開寶年間。因村址南依沙河，北靠山坡，是個水源豐富，土地肥沃，令人喜悅的山溝，故取名喜峪"。③ 從地

---

① （清）李廷寶修：嘉慶三十六年《耀州志》卷二地理志同官縣古蹟，中國方志叢書華北地方第527號，成文出版社1976年版。
② 河北省博物館文物管理處：《河北曲陽發現北魏墓》，《文物》1972年第5期；《漢魏六朝碑刻校注》第五冊，第293頁。
③ 河北省曲陽縣地名辦公室：《曲陽縣地名資料匯編》，1983年，第135頁。

❖ 第二章 漢魏六朝石刻郡縣鄉里攷 ❖

圖上看，喜峪村確實是在山南水北，墓誌卻言蘭山之南，河水之南，可能墓誌記載有誤，當為"□河之陽"。

□河，誌拓㳂，似是欲刻某字而誤刻，從形體上看似"沙"字，疑今沙河。《水道提綱》卷三："沙河源出山西繁峙縣東界岩頭山……西又東流，經宕城西，始出山。"① 《畿輔通志》卷九四："唐河之南有沙河，來自山西之繁峙，至白坡頭口入曲陽界。……沿流多資灌溉，宕城、鴉窩、產德、北川、南川，皆其處也。"② 康熙《曲陽縣新志·山川》："沙河，治西三十里。……邑之宕城、南川、北川，各社咸受衝決之害。"③ 由此知沙河流經宕城一帶，在宕城南。

"宕城川"為葬地，即今喜峪村一帶。宕城，《大清一統志》卷三四定州古蹟："在曲陽縣西北三十里。"④ 今黨城村即宕城所在，"宕""黨"音近，黨城概為宕城音變而來。言黨城為近代之稱，清代時為宕城。康熙《曲陽縣新志·鄉社》有北鄉宕城社，領村十二，有宕城村、城南村、峪兒里、崔古莊、齊古莊等。⑤ 光緒《重修曲陽縣志》宕城社有宕城村，在縣西北四十里。⑥ 關於黨城鄉的來歷，據《曲陽縣地名資料匯編》介紹，相傳在隋朝有黨龍、黨虎、黨仙姑兄妹三人在此地稱霸，建造一座土城，故得名"黨城"，現尚存土城遺址。⑦ 顯然有誤。

九 北魏【陽源川】

始光元年（424）《魏文朗造像碑》在1934年出土於陝西耀縣漆河，造像記出漆河，蓋造像於大道旁，被河水沖刷所致。現藏耀縣藥王山碑林。此碑資料兩次發表，兩次所錄資料略有不同。

---

① （清）齊召南撰：《水道提綱》卷三，影印文淵閣四庫全書本第583冊，第32頁。
② 雍正十三年《畿輔通志》卷九四畿輔西南水利疏，影印文淵閣四庫全書本第506冊，第232頁。
③ （清）劉師峻纂修：康熙十一年刻本《曲陽縣新志》卷二山川，中國數字方志庫。
④ 乾隆二十九年《大清一統志》卷三四定州古蹟，影印文淵閣四庫全書本第474冊，第648頁。
⑤ （清）劉師峻纂修：康熙十一年刻本《曲陽縣新志》卷二鄉社，中國數字方志庫。
⑥ （清）周斯億修，董濤纂：光緒三十年《重修曲陽縣志》卷一興地圖說第二，中國數字方志庫。
⑦ 河北省曲陽縣地名辦公室：《曲陽縣地名資料匯編》，1983年，第31頁。

《耀縣石刻文字略志》錄文：

始光元年北地郡□□□□三原縣陽源姚忠佛弟子魏文朗□□不赴，皆有建勸，為男女造佛道像一傴。供養□□，再過自然，子孫冒疢，所願從心。眷屬大小，一切家□，如是因緣，使人後揚。①

《耀縣藥王山的佛道混合造像碑》錄碑文：

始光元年，北地郡三原縣民陽浪川忠佛弟子魏文朗，家多不赴，皆有違勸，為男女造佛道像一傴。拱養平等，每過自然，子孫昌榮，所願從心。眷屬大小，一切荡駕，如是因緣，使人□揚。②

以上釋文識讀多有誤處，經仔細核實拓片，校勘如下：

始光元年，北地郡三原縣民陽源川□佛弟子魏文朗，哀孝不赴，皆有［建］勸，為男女造佛道像一區供養。□□每過自然，子孫昌［族］，所願從心。眷屬大小，一切□□，如是因緣，使人後楊。

其中"乇"應是"三"字，"乚"爲衍畫。下文"孫魏乇保"，"乇"字同。"川"下一字泐，《北朝佛道造像碑精選》釋作"忠"，備參。③造像主魏文朗，是北地郡三原縣陽源川人。

十　前秦【青岩川】

建元十六年（380）《梁阿廣墓誌》：

---

① 耀生：《耀縣石刻文字略志》，《玫古》1965年第3期。
② 韓偉、陰志毅：《耀縣藥王山的佛道混合造像碑》，《玫古與文物》1984年第5期。
③ 張燕：《北朝佛道造像碑精選》，天津古籍出版社1996年版，第1頁。

❖ 第二章　漢魏六朝石刻郡縣鄉里攷 ❖

> 秦故領民酋大功門將襲爵晉王司州西川梁阿廣，以建元十六年三月十日丙戌終。於其年七月歲在東辰廿二日丁酉，窆於安定西北小盧川大墓塋內，壬去所居青岩川東南卅里。①

建元十六年為前秦苻堅時期，墓誌於 2000 年在寧夏回族自治區彭陽縣新集鄉征集。②

誌主梁阿廣的籍貫是司州安定郡西川縣。司州指前秦的司隸校尉部。西川縣的位置據梁阿廣墓誌出土地點，即前秦西川縣所在，自然也是魏晉西川都尉所在。譚其驤先生《中國歷史地圖集》在曹魏和西晉的雍州地圖上，把西川縣村的郡境的最東端，略當於今陝西旬邑底廟一帶，恐不當。③

青岩川為梁阿廣居住處，屬司州安定郡西川縣。各書未見關於青岩川的記載。誌稱梁阿廣是"功門將、襲爵興晉王"，顯然出自部族首領之家。曹魏時設置西川都尉，是為了鎮撫新遷入的由梁元碧統率的二千餘家休屠胡，此地本屬高平縣，西晉時改都尉區為縣。因此，羅新認為"如果把梁阿廣與梁元碧聯繫起來，應當是沒有什麼問題的。也就是說，我們相信梁阿廣是曹魏時期遷徙到西川來的那一批休屠胡的後裔"。④ 由此可知青岩川為少數民族人口聚居地，是否有鄉里設置，未知。從墓誌內容知部族的居、葬地分開，梁阿廣墓葬地"去所居青岩川東南卅里"，可知部族居地青岩川在靠近六盤山的東北緣山地。窆地在"安定西北小盧川大墓塋內"，大墓即祖墳，指家族墓地。兩地相距 30 餘里。小盧川，蓋因都盧山而得名，都盧山即六盤山。

十一　北魏【高望鄉北魯川】

太昌元年（532）《樊奴子造像記》：

---

① 羅新：《跋前秦梁阿廣墓誌》，《出土文獻研究》（第八輯），上海古籍出版社 2007 年版，第 235 頁。
② 固原博物館：《固原歷史文物》，科學出版社 2004 年版，第 113—114 頁。
③ 譚其驤：《中國歷史地圖集》第四冊，地圖出版社 1982 年版。
④ 羅新：《跋前秦梁阿廣墓誌》，《出土文獻研究》（第八輯），上海古籍出版社 2007 年版，第 235 頁。

大魏太昌元年，歲次壬子，六月癸亥朔，七日庚午，樊奴子體解四非，玄識幽旨，[志]洪慈善。自竭家珍，敬崇石像一區。……八世祖樊坦，坦生琯，琯生□，生世，世生雷，雷生倭，倭生寶。北雍州北地郡高望鄉東嚮北魯川佛弟子樊奴子為（下闕）一區。比丘僧龜一心，比丘僧慶一心，佛弟子樊奴子供養，祖樊倭供養。①

石在陝西省富平縣，《富平縣志稿·金石志》有"都督樊奴子造像記"。②

"北雍州北地郡高望鄉東嚮北魯川"，侯旭東書中作"北雍州北地郡高望縣東嚮北魯川"③，筆者依據的是《漢魏六朝碑刻校注》釋文。這一段文字刻在石刻邊緣，蝕泐嚴重，較難識別。那麼究竟是高望縣還是高望鄉呢？

高望縣，《魏書·地形志》幽州趙興郡領縣五，為陽周、獨樂、定安、高望、趙安，雍州北地郡領縣七，為富平、泥陽、弋居、雲陽、銅官、土門、宜君。造像記中"北雍州北地郡"，顯然此處識讀為高望縣有誤，應為高望鄉，據造像記在今陝西省富平縣，可確定高望鄉為富平縣轄。

此外據"北魯川"亦可知像主居所應是富平縣高望鄉。北魯川，各家史書、地理志書籍皆未載，卻見北虜川、北陸川、北鹵川。

北虜川，在北虜原下，《長安志》卷一九富平縣："北虜原在縣西北一十里……北虜川在縣北五里"。④《肇域志》："北虜原，在縣西

---

① 《中國西北地區歷代石刻匯編》第一冊，第57頁；《漢魏六朝碑刻校注》第六冊，第369頁。題記"七日庚午"誤，當是"七日己巳"。
② （清）樊增祥修：光緒十七年《富平縣志稿》（一）卷三金石志，中國方志叢書華北地方第239號，成文出版社1969年版，第311頁。
③ 侯旭東：《北朝村民的生活世界——朝廷、州縣與村里》，商務印書館2010年版，第33頁。
④ （宋）宋敏求撰，（清）畢沅校注：《長安志》卷一九，中國方志叢書華北地方第290號，成文出版社民國二十年版。

❖ 第二章 漢魏六朝石刻郡縣鄉里攷 ❖

北一十里。其下為北虞川，今軍寨地，即張浚戰處。"①

北鹵川，又有北鹵原，《太平寰宇記》富平縣："北鹵川在縣北五里。"《大清一統志》卷一七八西安府："北鹵原在富平縣西北十里。"②

北陸川，或作北龍川。于右任先生點校本《關中勝蹟圖志》卷三："（澤多泉）又流至縣北，北泉入之，又東至南陽村北，龍川入之。又至安頭之南，入石川河。""龍川"，按曰"川在縣北五里"。③"龍川"，《關中勝蹟圖志》文淵閣四庫全書本作"又東至南陽村北龍川入之陸川"，《大清一統志》卷一七八西安府作"北陸川"。疑于右任先生點校《關中勝蹟圖志》時，斷句有誤，應是"又東至南陽村，北龍川入之"。按照此川在富平縣內的方位、距離，此川應就是北虞川、北鹵川，只是字形不同。

從語音情況來看，"魯""虞""鹵""陸"四字語音相同或相近，北魯川、北虞川、北鹵川、北陸川采用不同文字形體來記錄同一地名，四者實為同指。同一地名有多種文字表現形式，展現中國漢字在音節、形體上靈活性和多樣性。且一個地名的由來、表現形式往往與這個地方的歷史事件或歷史人物息息相關，真實的記載當地的文化等一系列相關信息。從各個不同時期的用字情況，可以推測分別寫作"魯""虞""鹵""陸"的出發點亦不同。

北鹵川，"鹵"不純粹是取音同，北鹵川附近有鹵泊灘，因有鹽而得名。北陸川則為 lu 的諧音，說明此處為陸地。北虞川，"虞"與居民的身份相關。像主樊姓為少數民族姓氏，是入關羌人的後裔，入關時間較早。《廣武將軍□產碑》題記載樊氏一人，部大樊良奴，《晉書·苻堅載記》："特進樊世，氐豪也，有大勳於苻氏。"④ 苻生氐將強懷，妻為樊氏，可知樊氏為氐族大姓。北虞川是樊氏家人及其族人的聚居地，"虞"應是最准確恰當也是最原始的

---

① （清）顧炎武：《肇域志》，上海古籍出版社2004年版，第1378頁。
② 乾隆二十九年《大清一統志》卷一七八，影印文淵閣四庫全書本第478冊，第19頁。
③ （清）畢沅撰，于右任點校：《關中勝跡圖志》卷三，西京日報社1934年版，第77頁。
④ 《晉書·苻堅載記》，第2885頁。

寫法，標明此地樊氏居民的身分及來源。《長安志》保存了此地居民的"真實身份"的最早書面記錄。北魯川，從現有記載看北魯川是此地的最早記錄，用以標明樊姓族人居住地。書作"魯"，取音同。為何書作"魯"而不作"虜"呢？這正如山西省平魯縣，《今縣釋名》："漢中陵縣地，明為平虜衛，清改縣，並改'虜'為'魯'。"使用一個同音字替代，也受到統治者倡導的儒家思想對少數民族的文化及思想的影響。

北魯川的具體位置，據光緒《富平縣志稿》，"自波頭村起，巡流曲鎮南而西，至山最西處曰孤塠神廟，為浮山之南面，東十里為張浚戰處，即北鹵川，今之軍寨也。又東自定國寺而起……"①"（溫泉河）又東至南陽村北鹵川泉入即軍寨。"②"張浚戰場今名為軍寨里，東北十里有富平故城，西魏時城也。"③ 張浚戰處就是北魯川，今為富平縣王寮鎮軍寨村，軍寨村得名於抗金名將張浚部曾設寨於此。在軍寨村東有定國村，定國村名源自村中有定國寺。《樊奴子造像記》最初應是立於原定國寺，參與人有定國寺的僧人僧䁔一心、僧慶一心。

東嚮，即北魯川在高望鄉的東面。

確定了北魏北魯川在今富平縣內，再回頭看看高望縣與高望鄉，造像記地名"北雍州北地郡高望鄉東嚮北魯川"，全稱為"北雍州北土郡富平縣高望鄉東嚮北魯川"。

---

① （清）樊增祥修：光緒十七年《富平縣志稿》（一），中國方志叢書華北地方第239號，成文出版社1969年版，第92頁。
② 同上書，第93頁。
③ （清）李廷寶修：嘉慶三十六年《耀州志》卷二地理志富平古蹟，中國方志叢書華北地方第527號，成文出版社1976年版。

第三章

漢魏六朝石刻都城鄉里攷

第一節　洛陽里坊及四郊地名探討

　　漢魏六朝時期相繼有東漢、曹魏、西晉、北魏定都洛陽，四個王朝相沿使用同一個城址，時間長達330年，因此記錄的鄉里名稱也較多，其中以北魏洛陽里坊為最多。北魏洛陽城東至七里橋，南臨洛水，西近張方橋，北抵邙山。其里坊制度在繼承前代的基礎上有了新的發展。創建內城、外郭城形制，在外郭城大規模開闢規整的里坊區，按里坊制度布局與管理，是中國古代建設史上第一次有計劃地把都城居民的里整齊地建成，對東魏北齊鄴城及隋唐長安、洛陽里坊制度產生了直接影響。隋唐東都洛陽城與漢魏洛陽城在具體地理位置上有參差。隋洛陽城謂之"東都"，營建始於大業元年（605），捨棄漢魏洛陽故城，向西移18里，距故周王城東5里，直接繼承了北魏洛陽的里坊制度，且里坊名及命名原則與北魏洛陽城里坊關係十分密切。

　　一　漢代石刻的鄉里

　　漢代洛陽里坊多記錄在買地券中，有研究認為："買地券的發生地不是別的地方，就是當時的政治、經濟、文化、宗教中心洛陽地區。在洛陽發生以後，再逐漸向各地傳播。"[1]

---

[1] 羅操：《從買地券看東漢時期的土地買賣和土地契約》，碩士學位論文，蘇州科技學院，2011年。

1.【當利里】

西晉《當利里社碑》節錄：

……祈與晉降神其□□（殘）當利里社□□□舊□處深澗之（殘）天□之至靈□□合德日月齊明……①

此碑是當利里居民立社時刊刻，舊傳洛陽出土，則當利里為洛陽里坊。

東漢中平五年（188）洛陽有當利亭：

中平五年十二月戊申朔七日甲寅，雒陽男子，從同縣男子申阿、仲節、季節、元節所名有當利亭部大陽仟北高坫佰西垣塚田一町，東西長廿五步，南北卅八步，東□東出角佰，廣五步，長五十四步，並為田五畮。②

當利亭部屬洛陽，亭名與當利里社碑的里名同。"西晉《當利里社碑》，當利里是西晉都城洛陽的一個里，即最基層的行政區劃。其里名與鉛券亭名同。古代地名的使用具有很強的延續性，漢晉朝代毗連，當利亭和當利里很有可能處於洛陽的同一地域。"③

東漢河南郡新成縣亦有當利里，"河南郡新成當利里乾克，字子遊，神爵五年正月壬戌過東"。河南郡新成當利里，原釋文作"新城（成）"，注云："新成，漢初疑屬內史，《地理志》記屬河南郡。"④周振鶴先生說："陝、盧氏、新安、新成《志》屬弘農郡，漢初無弘農郡，故整理者疑其漢初屬內史，誤。漢初應屬河南郡。弘農乃析內史河南而置。"⑤故城在今河南伊川縣西南。顯然此新成縣當利里與

---

① 北京魯迅博物館：《魯迅輯校石刻手稿》第一函第三冊，上海書畫出版社1986年版，第567頁。
② 趙振華、董延壽：《東漢洛陽縣男子□□卿買地鉛券研究》，《中原文物》2010年第3期。
③ 同上。
④ 胡平生、張德信：《敦煌懸泉漢簡釋粹》，上海古籍出版社2001年版，第73頁。
⑤ 周振鶴：《二年律令秩律的歷史地理意義》，《學術月刊》2003年第1期。

❖ 第三章　漢魏六朝石刻都城鄉里攷 ❖

洛陽縣當利里同名異地。

2.【鄧里】

元初二年（115）《張盛墓記》："故左郎中鄧里亭侯沛國豐張盛之墓。元初二年記。"洛陽出土。"故左郎中鄧里亭侯沛國豐張盛"，斷句為故左郎中／鄧里亭侯／沛國／豐／張盛，張盛為沛國豐縣人，官任左郎中，封鄧里亭侯。鄧里蓋為里名，鄧里亭以里名亭。大概是洛陽之里，蓋以鄧姓為里名。

3.【東鄉】

有三塊石刻記載了漢代洛陽同一個地名東鄉。

東鄉。建寧二年（169）《肥致墓碑》："功臣五大夫雒陽東鄉許幼仙師事肥君，恭敬烝烝。解止幼舍，幼從君得度世而去。""大伍公從弟子五人，田佪、全［雨］中、宋直忌公、畢先風、許先生，皆食石脂，仙而去。"① 墓主題為肥致，但建碑者為許幼之子許孝萇。碑於1991年在河南偃師縣（今偃师市）南蔡莊鄉南蔡莊村出土。據《發掘簡報》："許幼為一家之主，棺床當在主室。肥致、許幼死時，還有弟子田佪、全中、宋直忌公、畢先風、許先生一起'食石脂而仙去'，很可能同葬一墓。"② 雒陽東鄉即雒陽縣東鄉，是許氏居所，在今偃師南蔡莊鄉一帶。

又有東鄉東曲里。永元十年（98）《張仲有修通利水大道刻石》，又名《東曲里通利水大道刻石》："永元十年十月十一日，都卿□□□□□作後□書□虐訾大道東鄉內東曲里人。……使東曲里以民保泥□里浚，徙土增道中，畀下通利水大道以無回，永不上管道，傳後世子孫。時長吏王君，即使東曲里父老馮建□食□□□□作□波□坍，畀下通水大道，又爲□保。……"③ 其於1932年河南偃師縣出土。東鄉內東曲里，即東鄉東曲里。

又有東鄉東郡里。《劉伯平鎮墓文》："（上缺）□月乙亥朔廿二

---

① 河南省偃師縣文物管理委員會：《偃師縣南蔡莊鄉漢肥致墓發掘簡報》，《文物》1992年第9期；《漢魏六朝碑刻校注》第一冊，第298頁。
② 河南省偃師縣文物管理委員會：《偃師縣南蔡莊鄉漢肥致墓發掘簡報》，《文物》1992年第9期。
③ 徐玉立：《漢碑全集》第一冊，河南美術出版社2006年版，圖207頁。

日丙申□，天帝下令移前雒東鄉東郡里劉伯平，薄命蚤……"① "月乙亥朔廿二日丙申朔"前缺年月，據干支推測，為"熹平三年正月乙亥朔廿二日丙申"，即公元174年的農曆正月二十二日。出土地未知，羅振玉藏。"雒東鄉東郡里"，"雒"即洛陽省稱，劉伯平居里為洛陽縣東鄉東郡里。

東鄉、東鄉東曲里、東鄉東郡里皆屬東鄉，是漢代洛陽郊外鄉，從《張仲有修通利水大道刻石》與肥致碑同出偃師，知東鄉在今偃師境，大概在南蔡莊鄉一帶。據民國二十三年《偃師縣風土志略》，偃師"西鄰洛陽故城三十里，抵洛陽縣城四十里"。② 南蔡莊鄉位於偃師市西北漢魏洛陽故城東南約5公里處，北依邙山，南臨洛河。東曲里應處洛河東岸，為洛河水勢曲折處，故名，此里也正因治水患而立此碑。

4．小杜里

《唐門寺成氏鎮墓文》於1970年在洛陽市唐門寺發掘，記小杜里，"今有小杜里成氏後死，子貝……"③

晉司馬氏一統宇內後，仍都洛陽，期間洛陽的里坊情況見於志傳，未見於石刻。《河南志·晉城闕·古蹟》載永安里、汶陽里、德宮里、宜春里、白社里、步廣里、延嘉里，"諸里"引《晉宮閣名》言洛陽城中有年和里、宜壽里、永年里、宜都里、太學里、富弼里、大雅里、孝敬里、安城里、左池里、東臺里、安民里、延壽里、日中里、西國里、東牛里、穀陽里、北恢里、安武里、孝西里、太始里、光林里、石市里、宜秋里、葛西里、西河里、宣賜里、南孝里、中恢里、宜年里、渭陽里、利民里、西樂里、北溪里、西義里、東統里、宣都里、石羊里、中安里、右池里。並記洛陽宮有顯昌坊、綏福坊、修城坊、延祿坊、休徵坊、承慶坊、福昌坊、壽成坊、宣光坊、安樂坊、舍利坊、益壽坊、永壽坊、城祚坊、陽遂坊、桂芬坊、椒房坊、

---

① 羅振玉：《貞松堂集古遺文》下冊卷一五《地券》，北京圖書館出版社2003年版，第358頁。
② （民國）喬榮筠：民國二十三年《偃師縣風土志略》。
③ 洛陽市文物工作隊：《洛陽唐門寺兩座漢墓發掘簡報》，《中原文物》1984年第3期。

舒蘭坊、藝文坊、恭職坊、繁昌坊、吉陽坊、肅成坊。這是晉代洛陽里坊較全的記載。① 這些名稱有一部分在北魏洛陽里坊名繼續沿用。

二 北魏洛陽里坊概述

北魏從平城遷都洛陽，洛陽的城市規劃與營建，是中國古代都城建設史上第一次有計劃地把居民的"里"進行統一、整齊的布局。外郭城的範圍，包括"京師東西二十里，南北十五里，戶十萬九千餘。廟社宮室府曹以外，方三百步為一里，里開四門，門置里正二人，吏四人，門士八人，合有二百二十里。寺有一千三百六十七所"。② 北魏洛陽里、坊混用，洛陽城里坊數目，有三種說法：《洛陽伽藍記》卷5言"合有二百二十里"；《魏書·世宗紀》景明二年（501）"築京師三百二十三坊"；同書《太武五王·廣陽王嘉傳》又言"築坊三百二十"③，歷史記載不一。對此，王仲殊先生認為"二百二十應係三百二十之誤"④，宿白先生認為"北魏洛陽里坊數字，《洛陽伽藍記》的記錄可能是接近實際的"。⑤ 張金龍先生認為，《魏書》所記三百二十三坊為未築前的方案，《洛陽伽藍記》所記二百二十坊則是築成後的實際數字。⑥ 洛陽城里坊修築的時間，是魏世宗景明二年開始歷經四旬建設一次完成，或許正如張先生所說里坊數存在規劃與實際的差別。但東魏北齊鄴城沿襲北魏洛陽的里坊制度，北齊"京城下有鄴、臨漳、成縣三縣"，三縣共有三百二十三里，此數目與《魏書·世宗紀》所記三百二十三坊正合，因此從這個角度說明洛陽里坊可能確實有三百二十三個。這些里坊的分布，駱子昕認為洛陽二百二十坊或三百二十坊都不包括洛水以南的里坊，"洛水以南諸里坊並非京師之地"，"把洛南地區排除在京師以外是北魏及其以後

---

① （清）徐松輯，高敏點校：《河南志》，中華書局1994年版，第67頁。
② （北魏）楊衒之撰，周祖謨校釋：《洛陽伽藍記校釋》卷5，中華書局1963年版，第228頁。
③ 《魏書》卷八《世宗紀》，第194頁；卷十八《廣陽王嘉傳》，第428頁。
④ 王仲殊：《中國古代都城概說》，《攷古》1982年第5期。
⑤ 宿白：《北魏洛陽和北邙陵墓——鮮卑遺跡輯錄之三》，《文物》1978年第7期。
⑥ 張金龍：《北魏洛陽里坊制度探微》，《歷史研究》1999年第6期。

一段時期內人們的一個比較普遍的觀念"。①

據前面輯錄的墓誌材料,以及《洛陽伽藍記》的記載,可以看到北魏洛陽的里坊名稱,整理如下（按音序排列）②：

安豐里（鄭道忠誌）、安貴里（穆亮妻尉氏誌）、安仁里（元過仁誌）、安義里（宋虎誌）、安衆鄉崇讓里（元鑒妃吐谷渾氏誌、元靈曜誌、元斌誌、元維誌）、白馬里（郭達誌）、白象坊（記卷3）、承華里（寇猛誌、穆循誌、呂通誌、呂仁誌）、城東里（李蕤誌）、城休里（趙氏姜夫人誌）、乘軒里（元懷誌）、澄海鄉綏武里（元湛妻薛慧命誌、元舉誌、元融妃穆氏誌）、崇恩里（馮邕之妻元氏誌）、崇仁鄉嘉平里（元恩誌）、崇信里（張顏誌）、崇義里（記卷2）、達貨里（記卷4）、調音里（記卷4）、東安里（崔賓媛誌、記卷2）、都鄉（澄風）顯德里（李彰誌、李遵誌）、都鄉安武里（封昕誌、封□妻長孫氏誌、元俤誌、皮演誌、長孫盛誌）、都鄉洛陽里（元簡誌、李璧誌、元顥妃李元姜誌、元均及妻杜氏誌、梁嗣鼎誌）、都鄉孝悌（弟）里（元液誌、元遙誌、元秀誌、元曄誌）、都鄉永建里（趙暄誌）、都鄉照文里（元略誌、記卷3）、篤恭里（元珍誌、堯遵誌）、敷義里（元颺誌、元璨誌）、阜財里（記卷4）、谷水里（元誘妻馮氏誌）、穀陽里（于景誌、于纂誌、于祚妻和醜仁誌）、光睦（穆）里（元彦誌、元詳誌、元飀誌、元茂誌、元昉誌、元毓誌、元子直誌）、歸德里（記卷3）、歸正里（記卷2）、胡公里（謝岳暨妻關氏誌）、懷仁里（賈思伯誌、董敬誌）、暉（徽）文里（崔光誌、崔猷誌、羊祉及夫人誌、記卷2）、建陽里（記卷2）、金肆里（記卷4）、景寧里（記卷2）、景平里（緱靜誌）、景泰鄉熙寧里（元延明誌）、敬士鄉慈孝里（記卷4）、敬士鄉奉終里（趙億誌、記卷4）、靜恭里（楊璉誌）、靜順里（元引誌）、敬義里（記卷2）、寬仁里（元湛誌、元融誌）、樂律里（記卷4）、樂氏里（李架蘭誌）、利民里（記卷3）、凌陰里（記卷1）、洛濱里（鄴乾誌）、洛汭里（裴譚誌）、慕化里（記卷4）、慕義里（記卷3）、穆

---

① 駱子昕：《漢魏洛陽城址攷辨》,《中原文物》1988年第2期。
② 誌文從略。《洛陽伽藍記》的出處簡稱"記卷",如"記卷1"表示《洛陽伽藍記》卷1。

❖ 第三章　漢魏六朝石刻都城鄉里攷 ❖

族里（元演誌）、欽政里（元範妻鄭令妃誌）、清風鄉清風里（趙賢誌）、（勸）學里（王誦妻誌、記卷3）、阮曲里（楊熙儁誌、《水經注》卷16）、善正鄉嘉平里（元夫人陸孟暉誌、元騰暨妻程法珠誌、王君妻元氏墓誌）、上商里（記卷5）、獅子坊（記卷3）、受（壽）安里（郭顯誌、郭翻誌、高猛妻元瑛誌）、壽丘里（記卷4）、肅民鄉德宮里（趙君誌、賈祥誌）、綏民里（宋京誌、記卷2）、天邑鄉靈泉里（元鷟誌）、通商里（記卷4）、文始里（元嵩誌）、西鄉（奚真誌）、西鄉瀍源里（元暉誌、元俊誌、元愭誌）、西鄉里（王普賢誌、王紹誌、王翊誌）、西原鄉斜圾里（唐耀誌）、咸安鄉安明里（董偉誌）、顯中里（李諜誌）、孝敬里（記卷2）、孝義里（元弼誌、記卷2）、信義里（趙齡暨妻郭氏誌）、休□里（趙氏姜夫人誌）、休齡里（于神恩誌）、修民里（和遂誌、羅宗及夫人陸蒺藜誌）、修仁里（山暉誌）、修文里（李暉儀誌）、修政鄉文華里（穆紹誌）、脩睦里（張寧誌）、宣化里（元顯魏誌、元顯儁誌、元伯揚誌）、宣平鄉永智里（元萇誌）、宣政里（元舉誌）、延沽里（石育及妻戴氏誌）、延年里（記卷1）、延壽里（侯掌誌、侯忻誌、韓賄妻高氏誌）、延賢里（記卷3）、衣冠里（記卷1）、依仁里（楊慎誌、楊津誌、楊播誌、楊穎誌、楊叔宣誌、楊仲宣誌、楊舒誌、楊順誌）、宜都里（常敬蘭誌）、宜年里（穆纂誌、王虬誌、記卷4）、宜壽里（段暉誌、記卷1）、義井里（記卷1）、永安里（記卷3）、永和里（長孫士亮妻宋靈妃誌、元睿誌、邢偉誌、記卷1）、永康里（元氏妻趙光誌、王禎誌、王基誌、記卷1）、永樂里（長孫瑱誌）、永年里（李超誌、辛祥誌、胡顯明誌）、永平里（張問誌、記卷5）、澤泉里（殷伯姜誌）、張曲里（張徹誌）、昭德里（記卷2）、昭義里（記卷3）、照樂（洛）里（元祐誌、元祐妃常季繁誌）、照明里（元倪、王溫誌）、正始里（元玕誌）、殖貨里（記卷2）、治觴里（記卷4）、治粟里（記卷1）、中甘里（記卷3）、中練里（奚智誌、奚真誌、侯剛誌、張孃誌）、中鄉縠城里（元謐妃馮會誌）、中源鄉仁信里（崔鴻誌、楊乾誌）、遵讓里（元玹誌、元玹妻穆玉容誌）、□和鄉（寧懋誌）。

城郊分布着村落，有凉上村（耿韶誌）、陵户村（元順誌）、馬村（張寧誌）、小宋村（宋虎誌）、趙村（趙慶祖造像記）。

其中既有鄉名，又有里名，屬洛陽、河陰兩縣。北魏洛陽城北郊和西郊劃分為洛陽、河陰兩縣。"從北魏洛陽城之東北，即今偃師縣西北的省莊村開始，西至今洛陽城的西北郊區柿園村為界的範圍內，都是北魏時期洛陽、河陰縣的轄屬範圍。"① 河陰縣在遷都及里坊修築時縣地屬洛陽縣，至正始二年（505）方從洛陽縣分出。《魏書·地形志》："河陰，晉置。太宗併洛陽，正始二年復。"但二縣仍並稱京師，因此將河陰縣的鄉里歸入洛陽縣，是可行的（見本頁圖）。②

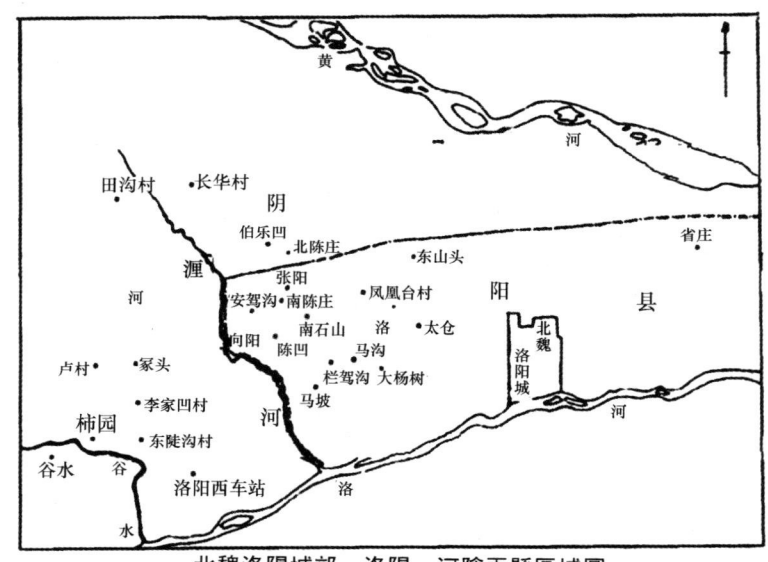

北魏洛陽城郊、洛陽、河陰兩縣區域圖

三 洛陽里坊與沿襲

1. 晉、北魏洛陽里坊的沿襲

第一種情況，里址不廢，里名更改。

---

① 張劍：《關於北魏洛陽城里坊的幾個問題》，《洛陽攷古四十年》，科學出版社1996年版。

② 圖見張劍：《洛陽出土墓誌與洛陽古代行政區劃之關係》，《洛陽出土墓誌研究文集》，2002年，第142頁，並增加數村。其中"長華村"，即原陳凹村。《孟津文史資料》第二輯"長華原名陳凹"："1931年（民國二十年）'孟津縣自治籌備處'進行行政區劃，將今縣城駐地陳凹村更名為長華。"即今孟津縣城關鎮長華村。

❖ 第三章　漢魏六朝石刻都城鄉里攷 ❖

1)【白社里、建陽里】

晉代白社里，北魏時為建陽里，《洛陽伽藍記·城東·瓔珞寺》："瓔珞寺在建春門外御道北，所謂建陽里也。即中朝時白社地，董威輦所居處。"①

2)【步廣里、澤泉里】

晉時有步廣里，北魏有澤泉里。陸機《洛陽記》記翟泉在晉朝東宮街步廣里，《洛陽伽藍記·城內·景林寺》："高祖於泉北置河南尹。中朝時步廣里也。"②《河南志》記步廣里在翟泉側。③ 孝昌元年《殷伯姜墓誌》："（正光六年）卒於洛陽澤泉里宅。"④ 澤泉里之名源於翟泉，翟泉又作狄泉。《史記·周本紀》："景王元年晉人入敬王，子朝自立，敬王不得入，居澤。"裴駰集解："賈逵曰：'澤邑名，周地也。'"⑤ 今漢魏故城外西北有翟泉村，屬洛陽市孟津縣平樂鎮，當即澤泉里。⑥ 步廣里與澤泉里指同一里，不同時期命名不同，北魏因里內有泉，故以泉名里。

3)【馬道里、暉文里】

北魏暉文里，即晉時馬道里。《洛陽伽藍記·城東·秦太上君寺》："趙逸云：暉文里是晉馬道里……"⑦

4)【上商里、聞義里】

上商里又名聞義里，在洛陽城東，北魏時是造甕者的居所，此里亦見《居延漢簡》："客居長安當利里者雒陽上商里范義。"（《居延漢簡》157·24）從漢至北魏可見洛陽城里名使用的持久性。

---

① （北魏）楊衒之撰，周祖謨校釋：《洛陽伽藍記校釋》卷二，中華書局1963年版，第74頁。
② （北魏）楊衒之撰，周祖謨校釋：《洛陽伽藍記校釋》卷一，中華書局1963年版，第66頁。
③ （清）徐松輯，高敏點校：《河南志》，中華書局1994年版，第77頁。
④ 洛陽第二文物工作隊：《洛陽新獲墓誌》，文物出版社1996年版，圖第12頁，第198—199頁。
⑤ 《史記》卷四《周本紀》，第157頁。
⑥ 李獻奇：《北魏六方墓誌攷釋》，載洛陽市第二文物工作隊編《畫像磚石刻墓誌研究》，第208—209頁。
⑦ （北魏）楊衒之撰，周祖謨校釋：《洛陽伽藍記校釋》卷二，中華書局1963年版，第85頁。

第二種情況，里名沿襲，里址情況或不變，或未知。

5）【德宮里】

《河南志·晉城闕·古蹟》載，又見《文選·潘安仁〈楊仲武誄並序〉》："楊綏，字仲武，滎陽宛陵人也。……往歲卒於德宮里。"李善注引陸機《洛陽記》："德宮，里名也。"① 北魏亦見，《趙廣春墓誌》："君諱廣春，南陽人也。……年登六廿，以普泰元年四月十八日薨於洛陽金墉城德宮里。"②《賈祥墓誌》："以孝昌二年二月十日卒於洛陽肅民鄉德宮里，其月廿七日葬於芒山之陽。"③ 從賈祥墓誌知德宮里在北魏屬肅民鄉。

6）【宜都里】

晉代有宜都里，北魏沿用。神龜元年《常敬蘭墓誌》："春秋五十有三，薨於洛陽之宜都里。"④ 唐代洛陽亦有宜都里，《全唐詩·薛曜〈邙山古意〉》："昔掩佳城路，曾驚窒易遷。今接宜都里，翻疑海作田。"

7）【安武里】

晉代洛陽有安武里，北魏封昕、封□妻長孫氏、元俸、皮演、長孫盛墓誌皆記安武里。

此類者還有延壽里、穀陽里、永安里、孝敬里、永年里、永和里等。

以上是晉洛陽與北魏洛陽里坊名稱的沿用，北魏洛陽與隋代洛陽的里坊名稱沿用情況更多，關係更為密切。可以分為兩個階段，一個階段是大業元年東都洛陽建成之前，另一個階段是東都洛陽建成之後。東都建成之前，隋代仍在使用洛陽故城，其中有一些里坊名稱可能是北魏洛陽里坊名，因此從隋代初期墓誌中可以推測出北魏洛陽里坊名。而在東都建成後，洛陽里坊雖位置發生了變化，但有很多相同的名稱來記錄東都洛陽的里坊。

---

① （梁）蕭統編，（唐）李善注：《文選》卷五六，上海古籍出版社1986年版，第2446頁。
② 齊運通：《洛陽新獲七朝墓誌》，中華書局2012年版，第34頁。
③ 同上書，第20頁。
④ 同上書，第13頁。

第三章　漢魏六朝石刻都城鄉里攷

2. 北魏與隋、唐洛陽相同里坊探討

北魏與隋代、唐代洛陽有相同的鄉里名稱，僅沿用北魏洛陽的鄉、里名稱，大部分地址發生變化。

1）【懷仁里】

北魏《賈思伯墓誌》記孝昌元年賈氏薨於洛陽懷仁里。隋大業二年《董敬墓誌》："以大隋大業二年三月廿六日，卒於雒陽縣惟新鄉懷仁里。"① 大業六年《段模墓誌》："大業六年終於洛陽縣之懷仁里宅。"② 董敬誌與段模誌皆言懷仁里，這是東都洛陽懷仁里，據《河南志》載長夏門街之東第五街，凡八坊：從南第五曰懷仁坊，小注："南街東出外城之建春門。"③ 賈氏誌所記懷仁里是漢魏洛陽故城懷仁里，隋洛陽里坊名稱借用北魏洛陽里坊名。

2）【洛濱里】

延昌元年（512）《鄴乾墓誌》記鄴氏為"司州河南洛陽洛濱里人"，北魏洛濱里在洛陽城東面，位於洛水之濱，里名取自地理特徵。隋代洛濱里見大業六年《賈珉墓誌》："以大業六年十一月，終於東都洛濱里舍。"④ 據《河南志》載，定鼎門街之西第二街，從南第六坊曰廣利坊。小注："北至洛水。即唐洛濱坊之地。垂拱中築入苑。"⑤《唐兩京城坊攷》卷五更正"廣利坊"為"洛濱坊"。⑥

3）【穀陽里】

穀陽里，以處穀水之陽而得名。穀水，《國語·周語》："靈王二十二年，穀洛鬥，將毀王宮。"韋昭注："穀、洛，二水名也。洛在王城之南，穀在王城之北，東入於瀍。"《水經注·穀水》："（穀水）東北過穀城縣北，又東過河南縣北東南入於洛……"⑦

---

① 羅新、葉煒：《新出魏晉南北朝墓誌疏證》，中華書局2007年版，第512頁。
② 王其禕、周曉薇：《隋代墓誌銘彙考》，線裝書局2007年版，第4冊，第122頁。
③ （清）徐松輯，高敏點校：《河南志》，中華書局1994年版，第22頁。
④ 王其禕、周曉薇：《隋代墓誌銘彙考》，線裝書局2007年版，第4冊，第126頁。
⑤ （清）徐松輯，高敏點校：《河南志》，中華書局1994年版，第26頁。
⑥ （清）徐松撰，張穆校補，方嚴點校：《唐兩京城坊攷》卷五，中華書局1985年版。
⑦ （北魏）酈道元著，王先謙校：《水經注》卷一六，巴蜀書社1985年版，第293頁。

隋代有穀陽里，鄭開明二年《韋匡伯墓誌》"權殯於洛陽縣鳳臺鄉穀陽里"①，依大業十二年《段濟誌》"權葬於洛陽東北馬安山鳳臺鄉界"，誌出洛陽城東北鳳凰臺村，推測隋代鳳臺鄉範圍"西起楊凹村、東至鳳凰臺村"②，穀陽里概在此範圍內。唐代亦有穀陽里，大曆四年《張獻誠墓誌》"合葬於河南縣穀陽鄉穀陽里"，永徽二年《楊仁方墓誌》"窆於邙山穀陽鄉金穀里"，後者民國十五年在塚頭和盧村之間出土，則"今塚頭村、盧村一帶轄屬於唐代穀陽鄉"。③

《晉宮閣名》記洛陽有穀陽里。北魏穀陽里居住着于氏家族，于景"薨於都鄉穀陽里"、于纂"卒於洛陽穀陽里第"、于祚妻和醜仁"薨於穀陽里"。依照《晉宮閣名》穀陽里顯然是城內之里。

由此知北魏、隋、唐墓誌雖皆記穀陽里，但顯然只是同名。晉、北魏穀陽里在漢魏洛陽城內，隋代穀陽里在今洛陽東北鳳凰臺村一帶，唐代穀陽里在今洛陽西北塚頭村、盧村一帶。

4）【依仁里】

依仁里是北魏楊氏家族的居住地，在北魏洛陽城東郭。依仁里之名，隋代洛陽未見，見於唐代，《河南志》："長夏門街之東第五街，凡八坊：從南第一曰里仁坊，次北永通坊。"小注：本曰依仁。④ 唐長安亦有依仁里，《全唐詩·李商隱〈井泥四十韻〉》："皇都依仁里，西北有高齋。昨日主人氏，治井堂西陲。"

5）【千金鄉】

從北魏至唐代，墓誌都有千金鄉的記載。北魏《無名氏夫人殘墓誌》無具體年月，誌言："河南郡河南縣千金鄉邙山之北原，禮也。"隋代河南縣千金鄉，《宮人元氏誌》"葬於河南縣千金鄉北芒之山"，《王香仁墓誌》"窆於城東北千金鄉楊村北二里。南眺伊洛之水，北背邙阜之山"。《蕭瑒墓誌》"永窆於河南郡河南縣千金鄉靈淵里之

---

① 周紹良、趙超主編：《唐代墓誌彙編》，上海古籍出版社1992年版，第6頁。
② 周曉薇等：《隋代東都洛陽四郊地名攷補——以隋代墓誌銘為基本素材》，《中國歷史地理論叢》2009年第3期。
③ 趙振華、何漢儒：《唐代洛陽鄉里村方位初探》，載《洛陽出土墓誌研究文集》2002年，第84頁。
④ （清）徐松輯，高敏點校：《河南志》，中華書局1994年版，第22頁。

❖ 第三章 漢魏六朝石刻都城鄉里攷 ❖

塋。"① 據攷證，隋代千金鄉大概在"由塔灣村向西北至後洞村，再向北至前李村、向東至前海資村一帶均為千金鄉所轄，亦即轄界跨越了河南與洛陽兩縣"。② 唐代亦有千金鄉，《唐代洛陽鄉里村方位初探》認為此鄉的北界在今南石山村北張陽村南，南界在盤龍塚和北窰之間。③

北魏河南縣千金鄉的具體位置不知，但應與隋唐不是一個位置。唐代千金鄉的範圍內，有王普賢、王紹、王翊墓誌出土，皆言此地為洛陽西鄉里。

6）【安眾鄉】

正光四年《元靈曜墓誌》"河南洛陽安眾鄉崇讓里人也"，知北魏洛陽有安眾鄉。隋東都洛陽有安眾鄉安眾里，大業十年《白仵貴墓誌》"卒於河南郡河南縣安眾鄉安眾里"。④ 唐代亦有安眾坊，天寶九年《唐故夫人博陵崔氏墓誌銘》"終於東京安眾坊之私第"⑤，從北魏洛陽安眾鄉、隋代河南安眾鄉至唐代安眾坊，張金龍認為或是指一處，"隋唐東都洛陽有安眾坊，在洛水之南，約當北魏永橋東南、四通市西北，與四夷里相距不遠。安眾坊或即北魏安眾鄉之遺址，其地所住外國歸化者較多，與安眾涵義亦有相通之處。果如此，則安眾鄉當位於城南"。⑥

北魏洛陽安眾鄉崇讓里是元靈曜遷洛陽後的籍貫，元靈曜是"恭宗景穆皇帝之曾孫，使持節、侍中、征南大將軍、啓府儀同三司、青雍二州刺史、京兆康王之孫，荊州刺史之第二子"。居崇讓里的人，據墓誌還有元斌、元鑒妃吐谷渾氏、元維，皆是元氏宗室。"當時洛北和洛南的居民成分絕然不同，洛北里坊為'代遷之士'所居，洛

---

① 《隋代墓誌銘彙考》第 3 冊，第 303 頁；第 4 冊，第 183、244 頁。
② 周曉薇等：《隋代東都洛陽四郊地名攷補——以隋代墓誌銘為基本素材》，《中國歷史地理論叢》2009 年第 3 期。
③ 趙振華、何漢儒：《唐代洛陽鄉里村方位初探》，《洛陽出土墓誌研究文集》，朝華出版社 2002 年版，第 70 頁。
④ 王其禕、周曉薇：《隋代墓誌銘彙考》，線裝書局 2007 年版，第 5 冊，第 116 頁。
⑤ 周紹良、趙超主編：《唐代墓誌彙編》，上海古籍出版社 1992 年版，第 1643—1644 頁。
⑥ 張金龍：《北魏洛陽里坊制度探微》，《歷史研究》1999 年第 6 期。

南里坊則是'四夷之人'的棲居之所。"① 王室宗親主要集中在城西壽丘里居住。因此安眾鄉崇讓里應是漢魏洛陽城北，而非城南。

隋代東都洛陽已西移18里，"河南與洛陽的分界線，大致就是馬坡到楊凹再到小梁的連線"②，因此隋代河南安眾鄉非北魏洛陽安眾鄉地。唐代安眾坊，據《河南志》載在長夏門街之東第一街，從南第八曰安眾坊，小注云"北至洛水"。③ 由此隋、唐安眾鄉與北魏安眾鄉同名異地。

亦有漢魏洛陽城里名至隋時演變為鄉名。興和三年（541）《元鷙墓誌》："王諱鷙，字孔雀，司州河南郡洛陽縣天邑鄉靈泉里人。"東魏天邑鄉靈泉里至隋代發生變化，無天邑鄉，"靈泉"用作鄉名，為靈泉鄉，屬河南縣。大業五年《元禈墓誌》"即以其年八月乙未朔八日壬寅權葬於河南縣靈泉鄉之原"，大業五年《衛聞誌》"卜葬靈泉鄉"，大業九年《衛君妻王氏誌》"即以其年十一月廿日葬於河南郡河南縣靈泉鄉華陽里"，大業十一年《蕭濱誌》"且以其月廿三日殯於河南縣靈泉鄉龍淵里北邙山之陽"。④ 其中《元禈墓誌》《蕭濱墓誌》在洛陽城北前海資村（今向陽村）出土，表明隋代靈泉鄉在今向陽村一帶。

與此同時，靈泉里又用作隋代洛陽縣里名。大業八年《口德誌》言誌主"以大業八年五月十三日終雒陽縣千金鄉靈泉里"⑤，同為大業年間墓誌，上述例證雖未見靈泉里，但有靈泉鄉，按照鄉、里名稱的關係來看，靈泉里應屬靈泉鄉轄，此處卻言千金鄉靈泉里，蓋靈泉里在千金鄉與靈泉鄉交界處。

3. 據隋代里坊推測北魏洛陽里坊

依據隋代墓誌推測北魏洛陽里坊，在很大程度上是因為隋代與北

---

① 駱子昕：《漢魏洛陽城址考辨》，《中原文物》1988年第2期。
② 張劍：《洛陽出土墓誌與洛陽古代行政區劃之關係》，《洛陽出土墓誌研究文集》，朝華出版社2002年版，第141頁。
③ （清）徐松輯，高敏點校：《河南志》，中華書局1994年版，第13頁。
④ 王其禕、周曉薇：《隋代墓誌銘彙考》，線裝書局2007年版，第3冊，第359頁；第4冊，第18頁；第5冊，第7、168頁。
⑤ 陳長安主編：《隋唐五代墓誌匯編》洛陽卷第一冊，天津古籍出版社2009年版，第149頁。

❖ 第三章 漢魏六朝石刻都城鄉里攷 ❖

魏洛陽在命名原則上的一致。楊衒之武定五年重遊洛陽，"城廓崩毀，宮室傾覆，寺觀灰燼，廟塔丘墟。牆被蒿艾，巷羅荊棘，野獸穴於荒階，山鳥巢於庭樹"。① 北魏洛陽城遭受遷都、戰火的大破壞，破落不堪，但部分居民里坊仍在使用，隋東都大業年間方建成，因此大業年間以前尤其是開皇年間刊刻的一些墓誌的里坊，可能是北魏洛陽里坊名稱。

1）【景平里】

北魏建明二年《緱靜墓誌》："維大魏建明二年歲次辛亥二月辛丑朔廿日，緱中散之墓誌銘。君諱靜，字定國，巴西漢昌人也。……永安三年十月十五日薨於洛陽景平里，堪虞。其年二月廿日窆於故邑緱氏之原。"② 其於 2009 年在河南偃師出土，大魏建明二年，這個年號存僅四個月，遺留下來的墓誌較少。誌主緱靜本是北魏的番邦外族人，後來他的國家被北魏滅，逃亡至高麗。故邑即指今偃師縣緱氏村，緱氏之原即《水經注·洛水》中的緱氏原。景平里亦見開皇五年《橋紹誌》"卒於洛城西景平里"，洛城即漢魏舊城，此正與緱靜誌"景平里"相合。景平里在洛陽城西。

2）【永康里】

延昌四年《王禎墓誌》："延昌三年，四月己卯朔，十日戊子卒於洛陽永康里。"正光元年《元氏妻趙光墓誌》："以正光元年，歲在玄枵，七月癸酉朔，廿日壬辰寢疾，薨於永康里。"隋開皇元年《囗光墓誌》："卒於洛陽永康之里，葬張夫人橋西北二里。"③ 隋東都洛陽未見永康里，且開皇元年新城未建，因此永康里當是北魏洛陽故城里坊。這在隋代有記錄，《張開墓誌》："君諱開，字正通，河南雒陽人也。……以大業四年閏三月二日終於東京集賢里舍。……夫人趙氏……以仁壽元年五月十六日春秋五十有二，終於雒陽故城永康里舍。"④ "東京"與"雒陽故城"對稱，表明隋初有永康里，在北魏洛

---

① （北魏）楊衒之撰，周祖謨校釋：《洛陽伽藍記校釋》原序，中華書局 1963 年版，第 7 頁。
② 齊運通：《洛陽新獲七朝墓誌》，中華書局 2012 年版，第 31 頁。
③ 趙君平、趙萬成：《河洛墓刻拾零》，北京圖書館出版社 2007 年版，第 45 頁。
④ 齊運通：《洛陽新獲七朝墓誌》，中華書局 2012 年版，第 57 頁。

陽故城內西。

3）【修仁里】

修仁里，熙平元年《元進墓誌》言元氏"孝明帝熙平元年卒於洛陽脩仁里"，延昌四年《山暉墓誌》作脩仁里，言"河陰脩仁里人也"。開皇三年《□遵暨妻□氏誌》言"（開皇三年）薨於洛陽修仁里"，李健超《增訂唐兩京城坊攷》認為："開皇三年十月十九日，正道薨於修仁里，以其年十月二十五日，合葬於邙山之陽。……按此時隋唐東都洛陽尚未建，該里應為洛陽故城之里，或為鄉里之里。"① 修仁里是河陰縣之里。

景平里、永康里、修仁里三里既見於北魏墓誌，又見於隋開皇初年墓誌，因此可確定開皇初年繼續在使用北魏里坊名稱。有一些只能推測隋初墓誌中記載的里坊名可能屬北魏洛陽。

4）【崇信里】

開皇三年《張顏墓誌》："……以大象之年遷入洛京，方厲嘉猷，訓導邦邑，先秋忽至，眉壽不終。以開皇三年大歲癸卯七月丁酉朔日廿六日壬戌卒於崇信里，春秋六十六。以十月八日窆於張方橋西北二里。"② 張氏北周大象年間遷入洛陽，開皇三年卒於崇信里，既言洛京又言崇信里，此時東都洛陽尚未建設，崇信里是北魏洛陽里坊。

5）【信義里】

信義里之名見於北齊鄴城、隋代洛陽里坊。北齊武平二年《劉忻墓誌》"卒於鄴城北信義里"，隋開皇十二年《趙齡暨妻郭氏誌》"合葬於洛陽縣北邙山信義鄉信義里"，北齊鄴城、隋初洛陽皆有信義里，再者趙氏墓誌在開皇十二年刊刻，因此推測北魏洛陽有信義里。唐代洛陽用"信義"作為鄉名，貞觀十九年《大唐隋故邛州司戶參軍明君墓誌》："以貞觀十九年六月二日終於洛陽信義鄉。"

6）【白馬里】

見下文論述。

---

① （清）徐松撰，李健超增訂：《增訂唐兩京城坊攷》，三秦出版社2006年版，第452頁。
② 齊運通：《洛陽新獲七朝墓誌》，中華書局2012年版，第11頁。

❖ 第三章 漢魏六朝石刻都城鄉里攷 ❖

7)【胡公里】

開皇三年《謝岳暨妻關氏誌》:"春秋九十有三,薨於胡公里,以開皇十五年十月廿四日與夫人關氏合葬邙山之陽。"① 謝岳"年十八,召補信州主簿",信州,北齊始於陳郡置。謝氏仕北齊,可能也居鄴城,開皇初卒於洛陽,可能是在鄴城毁後遷至洛陽。

8)【欽政里】

開皇九年《元範妻鄭令妃誌》:"……遘疾以大隋開皇九年歲次己酉七月十一日終於洛陽欽政里,春秋八十有三。"② 東都洛陽無欽政里,有崇政里、寬政里、從政里,皆屬河南縣。

9)【顯安坊】

北魏《王懷本墓誌》收錄在《邙洛墓誌三百種》,王氏孝昌三年(527)五月葬"北邙之顯文,禮也"。2000年洛陽出土。③ 同書亦有隋代墓誌《□達墓誌》:"以開皇六年五月十日窆於雒陽城東,他山之西,芒山之南,顯安坊北。"④ 2000年洛陽出土。顯文坊、顯安坊,都在邙山一帶。似可為北魏洛陽增補2里坊:顯文坊、顯安坊。然而《王懷本墓誌》是偽作⑤,那麽顯文坊可能是杜撰的。

10)【(清風鄉)清風里】

青風里,正始三年《趙賢墓誌》:"君諱賢,字應天,河南洛陽人也。春秋六十有五。以正始三年薨於京師。其年十一月十六日歲次丙戌葬於洛陽北芒,青風里之陽。"⑥

隋代有青風鄉,或作清風鄉。開皇十五年《韻智孫誌》"窆於洛城西北青風鄉"⑦,開皇十五年《王節墓誌》"合塋於洛城之西,張方橋北清風鄉"。⑧ 張方橋,《洛陽伽藍記·城西·法雲寺》:"延伯出師於洛陽城西張方橋,即漢之夕陽亭也。"《永明寺》:"出閶闔門城外

---

① 羅新、葉煒:《新出魏晉南北朝墓誌疏證》,中華書局2007年版,第448頁。
② 王其褘、周曉薇:《隋代墓誌銘彙考》,綫裝書局2007年版,第1冊,第330頁。
③ 趙君平、趙文成:《邙洛碑誌三百種》,中華書局2004年版,第20頁。
④ 同上書,第34頁。
⑤ 朱亮:《洛陽出土北魏墓誌選編》,科學出版社2001年版,第205頁。
⑥ 趙君平、趙文成:《秦晉豫新出墓誌搜佚》,國家圖書館出版社2011年版。
⑦ 王其褘、周曉薇:《隋代墓誌銘彙考》,綫裝書局2007年版,第2冊,第160頁。
⑧ 王其褘、周曉薇:《洛陽新見隋代墓誌銘輯釋三種》,《華夏攷古》2011年第4期。

七里，有長分橋。……或云：晉河間王在長安遣張方征長沙王，營軍於此，因名為張方橋也。未知孰是。今民間語訛，號為張夫人橋。朝士送迎，多在此處。"① 則張方橋在北魏洛陽城西。由此知二方隋代墓誌的"洛城西北""洛城之西"指北魏洛陽，且二誌刊時隋東都未建成，因此清（青）風鄉應是北魏洛陽之鄉。由相同的里名、鄉名知北魏有清風鄉清風里。

四 幾個鄉里的攷證

1．【靜恭里】

太和廿二年《楊璉墓誌》："君諱璉，恒農胡城人。春秋七十有六，大魏太和廿二年正月乙丑朔十一日丙子，薨於洛陽靜恭里。"② "太和廿二年正月乙丑朔十一日丙子"，墓誌干支記載有誤，應是"太和廿二年正月癸未朔十一日癸巳"。

2．【敬士鄉奉終里】

永平四年《趙億墓誌》："君諱億，字萬千，魏郡鄴人也。……至永安四年被旨召喚，君遂遷京，居於敬士鄉奉終里。"③《洛陽伽藍記·城西·法雲寺》："出西陽門外四里御道南，有洛陽大市，周迴八里。""市北［有］慈孝、奉終二里。"④ 由趙億誌知慈孝里、奉終里皆屬敬士鄉，在洛陽大市以北。

3．【中鄉穀城里】

熙平元年《元謐妃馮會墓誌》言馮氏"以熙平元年，八月二日窆於中鄉穀城里"⑤，1930 年洛陽城西北李家凹村南出土。永安二年《笱景墓誌》："遷葬於洛陽城西四十五里，當穀城之北。"⑥ 1928 年洛陽城西北 15 里東陡溝村西南角出土。兩誌出土地相距不遠，由此

---

① （北魏）楊衒之撰，周祖謨校釋：《洛陽伽藍記校釋》卷四，中華書局 1963 年版，第 158、177 頁。
② 楊勇：《北魏楊璉墓誌淺談》，《青少年書法》2011 年第 6 期。
③ 趙君平、趙文成：《秦晉豫新出墓誌搜佚》，國家圖書館出版社 2011 年版。
④ （北魏）楊衒之撰，周祖謨校釋：《洛陽伽藍記校釋》卷四，中華書局 1963 年版，第 154—160 頁。
⑤ 《漢魏南北朝墓誌集釋》圖一七二；《漢魏六朝碑刻校注》第四冊，第 303 頁。
⑥ 《漢魏南北朝墓誌集釋》圖二七一；《漢魏六朝碑刻校注》第六冊，第 268 頁。

❖ 第三章 漢魏六朝石刻都城鄉里攷 ❖

知中鄉穀城里在漢魏洛陽城西45里,地處穀城以北,屬河陰縣,即今洛陽西北李家凹村至東陡溝村南一帶。

穀城里因穀城而名。穀城是夏商時期穀國的都城,《水經注·穀水》:"(穀水)東北過穀城縣北,城西臨穀水,故縣取名焉。"中鄉,《水經注·穀水》亦提到:"今穀水出千崤東馬頭山穀陽谷,東北流歷黽池川,本中鄉地也。"①《水經注》與墓誌的"中鄉"指同一鄉,"中鄉從其轄穀城里及為葬地的情況看,也當距洛陽城區較遠,應在洛陽城西南穀水一帶"。②

4.【阮曲里】【張曲里】

熙平元年《楊熙儁墓誌》:"春秋卅有一,延昌四年冬十有二月十二日壬子,卒於京師阮曲里。"③楊熙儁為楊佑之孫,楊胤之子,與楊椿等為旁支。《水經注·穀水》:"穀水又東南轉屈而東注,謂之阮曲,云阮嗣宗之故居也。"④穀水流經阮氏居里得名阮曲里,在洛陽城東。與阮曲里命名理據相同的洛陽里坊還有張曲里。正光六年《張徹墓誌》:"君諱徹,字明寶,清河東武城人也。……正光六年二月甲申葬於張曲之里、洛水之陰。"⑤張徹在《魏書·常景傳》提及:"正光初,除龍驤將軍、中散大夫,舍人如故。時肅宗行講學之禮於國子寺,司徒崔光執經,敕景與董紹、張徹、馮元興、王延業、鄭伯猷等俱為錄義。"⑥"張曲之里、洛水之陰",張曲之里即張曲里,在洛水南,因張徹居此里故名張曲里。

5.【小宋村】

《楊兒墓誌》刻於永安二年(529),全稱《魏故太原太守平南將軍懷州刺史息厲威將軍穎川郡承楊君墓銘》:"君諱兒,字靈景。……春秋七十,永安二年二月九日卒於洛陽,權葬於洛南小宋村

---

① (北魏)酈道元著,王先謙校:《水經注》卷一五,巴蜀書社1985年版,第291頁。
② 張金龍:《北魏洛陽里坊制度探微》,《歷史研究》1999年第6期。
③ 洛陽市第二文物工作隊:《洛陽新獲墓誌續編》,科學出版社2008年版,第4頁。
④ (北魏)酈道元著,王先謙校:《水經注》卷一六,巴蜀書社1985年版,第303頁。
⑤ 楊吉平:《北魏張徹墓誌評析》,《青少年書法》2011年第8期。
⑥ 《魏書》卷八二《常景傳》,第1803頁。

東。……"①

洛南小宋村，"洛南"是指洛南縣，還是指洛陽城之南？洛南縣的設置在隋代，《隋書·地理志》上洛郡洛南縣注："舊曰拒揚，置拒揚郡。開皇初郡廢，縣改名焉。"因此"洛南"概指洛陽城之南。楊兒墓"權葬於洛南小宋村東"，權葬又稱權厝，是指暫且將亡人埋葬在祖塋之外的地方。權葬後是否再遷葬回祖塋，就目前材料看，有些是以權葬地為最終歸宿地，有些則在若干年後，後人再將屍骨歸葬祖塋。

因此"洛南小宋村東"在北魏洛陽南郊，小宋村顯然是因村民姓氏而得名。

6.【安義里】

安義里僅見於太昌元年（532）《宋虎墓誌》。宋虎"降年有期，春秋七十遘疾，建明元年，二月廿六日，終於安義里。酸感內外，有識含悲。朝廷追傷，襃贈中堅將軍、菜軋菜乾太守。太昌元年，十一十八日窆於周城東北首陽之麓"。墓誌出土地、時間不詳。"周城東北首陽之麓"，周城即成周城，為周時洛陽城所在，首陽山在洛陽附近，依葬地宋虎葬於洛陽。

古代宋氏有五大郡望，分別為西河、廣平、敦煌、河南、扶風。墓主宋虎為敦煌宋氏，其"曾祖茜，龍驤將軍、涼州刺史。祖龍周，酒泉太守之元孫。父嗣祖，新鄉令之長子"。宋虎家族晉時已居於敦煌。其祖父曾任新鄉令，新鄉縣非北魏時制，為晉制，《晉書·地理志》敦煌郡有新鄉縣。可能是在北魏初期遷徙至洛陽，遂卒於洛陽安義里。

7.【馬村】

永熙二年《張寧墓誌》："春秋六十有五，永熙二年，歲次癸丑，五月戊子朔，廿七日甲寅薨於上京脩睦之里。粵八月廿八日窆於孝明皇帝陵西南二里，馬村西北亦二里。" 1932年洛陽城東北太倉村西北山嶺頭南出土。②"馬村西北亦二里"，"二"，《漢魏南北朝墓誌彙

---

① 趙君平、趙文成：《秦晉豫新出墓誌搜佚》，國家圖書館出版社2011年版。
② 《北圖拓本滙編》第五冊，第186頁。

第三章　漢魏六朝石刻都城鄉里攷

編》作"三",誤。上文"窆於孝明皇帝陵西南二里",下文"馬村西北亦二里";若作"三",則與"亦"不相協。此墓位於今洛陽太倉村西北,東距北魏洛陽外廓城兩三公里,據侯旭東攷證,"且現在該墓東南一公里左右有一村名'馬村',從方位上看,應是墓誌提到的'馬村'"。①

8.【西鄉】

北魏洛陽鄉里與西鄉有關的葬地的墓誌較多:

第一,《王普賢墓誌》:"窆於洛陽西鄉里……"1925年洛陽城北十餘里鄭家凹村出土。

第二,《王紹墓誌》:"窆乎洛陽西鄉里……"清宣統三年洛陽城北南陳莊村南出土。

第三,《王翊墓誌》:"窆於洛陽西鄉里……"1926年洛陽城東北馬溝村出土。

第四,《寇猛墓誌》:"窆於湹澗之西鄉邸……"1956年夏洛陽市西車站東端出土。

第五,《元暉墓誌》:"粵三季三月甲申,遷葬於洛陽西四十里,長陵西北一十里,西鄉湹源里,湹澗之濱。"1926年洛陽城北陳凹村西出土。

第六,《元悛墓誌》:"粵其年七月丙辰朔,十二日丁卯,窆於洛陽西卌里,長陵西北一十里,西鄉湹原里,湹澗之濱。"1926年洛陽城西北陳凹村出土。

第七,《元愔墓誌》:"粵以其年七月丙辰朔,十二日丁卯,窆於洛陽西卌里,長陵西北十里,西鄉纒源里,纒澗之濱。"1926年洛陽城西北陳凹村出土。

以西鄉為卒地的墓誌有:

目前只有《奚真墓誌》:"君諱真,字景琳,河陰中練里人也。……春秋六十,卒於河陰西鄉。……大魏正光四年,歲在癸卯,十一月癸未朔,廿七日己酉,塟於洛京西湹泉之源。夫人樂安孫氏合

---

① 侯旭東:《北朝村民的生活世界——朝廷、州縣與村里》,商務印書館2010年版,第34頁。

塋。"1926 年洛陽城西北孟津西漮水發源地田溝村南嶺出土。

上述情況匯表於本頁：

誌主	葬年	葬地	出土地	來源
王翊	永安二年	洛陽西鄉里	洛陽城東北馬溝村	《時地記》第 40 頁①
王紹	延昌四年	洛陽西鄉里	洛陽城北南陳莊村南	《時地記》第 18 頁
王普賢	延昌二年	洛陽西鄉里	洛陽城北十餘里鄭家凹村	《時地記》第 27 頁
元愔	建義元年	西鄉緟源里	洛阳城西北陳凹村	《時地記》第 36 頁
元颺	神龜三年	西鄉漮源里	洛陽城北四十里陳凹村西	《時地記》第 21 頁
元俊	建義元年	西鄉漮原里	洛阳城西北陳凹村	《時地記》第 36 頁
奚真	正光四年	洛京西漮泉之源	洛陽城西北四十里孟津縣田溝村南嶺	《時地記》第 26 頁
寇猛	正始三年	漮澗之西鄉邸	洛陽市西車站東端	《文物參考資料》1957 年第 2 期

1）關於西鄉里

王氏三墓皆葬西鄉里，出土地點卻不在一處，分別在今洛陽城東北馬溝村、南陳莊村、鄭家凹村出土。由此知西鄉里在三個村莊之間。王紹墓距王翊墓約 4 公里，距王普賢墓約 1 公里，王普賢墓距王墓約 3 公里，三者之間面積不到 4 平方公里，由此知西鄉里最少有 4 平方公里。②

2）關於西鄉漮源里

漮源里，"漮"，《篇海類編·地理類·水部》："漮，水名。"《字彙補·水部》："漮，漮字之譌。"或作緟源里，"緟"通"漮"，即漮源里。漮源里因在漮水源頭得名。漮水，《水經注·漮水》："漮水出河南穀城縣北山，東與千金渠合，又東過洛陽縣南，又東過偃師縣南，又東入於洛。"③ 穀城山"在府西北五十里，東連孟津

---

① 郭培育、郭培智主編：《洛陽出土石刻時地記》，大象出版社 2005 年版。以下簡稱《時地記》。

② 侯旭東：《北朝村民的生活世界——朝廷、州縣與村里》，商務印書館 2010 年版，第 147 頁。

③ （北魏）酈道元著，王先謙校：《水經注》卷一五，巴蜀書社 1985 年版，第 290 頁。

❖ 第三章 漢魏六朝石刻都城鄉里考 ❖

縣界，舊名替亭山，瀍水所出"。① 元氏墓誌出土地陳凹村即今孟津縣城關鎮長華村，這一帶是昭成皇帝六世、七世之塋地，先後出土元倖、元暉、元悛、元僧、元信等墓誌。元悛、元僧為兄弟，均死於河陰之難。據元氏誌知河陰縣西鄉瀍源里在北魏洛陽城西40里處瀍水之旁，即今長華村。奚真父奚智墓誌言"葬在厘泉之源"，"厘"是"廬"的簡筆俗字，此處通"瀍"。與奚真誌同出孟津縣田溝村。由元氏、奚氏墓誌知河陰縣西鄉瀍源里在今孟津縣田溝村與長華村附近。

3）關於西鄉邸

寇姓墓誌關於葬地的描述，"洛城西十五里大墓所""洛陽城西廿五里，高祖雍州刺史墓次""洛陽都西廿里北芒""窆於洛陽城西北芒，附於大兆次""洛京西大墓次""合厝於城西十五里"，皆在洛陽城東北攔駕溝村（今攔溝村）東北出土。今洛陽城東北六里攔溝村一帶，自魏迄唐為寇家祖墳。

寇氏在洛陽居住，卒後大多葬在洛陽城郊，但墓誌都不記載居所，唯寇猛墓誌言卒於承華里。寇猛"窆於涸澗之西鄉邸"，據出土地為洛陽西車站，距離寇家祖墳地相距較遠。同為寇氏，為何寇猛未葬於家族墓地呢？《魏書·恩幸傳》記寇猛，亦稱上谷人，與《寇猛墓誌》誌主應是同一人。寇猛"父諱貴，俟懃地河後"，"懃"同"勤"，"俟勤地何"，《南齊書·魏虜傳》記北魏官制有"俟勤地何"，俟勤，應該是柔然的俟斤，是職官名。這表明寇猛一家並非漢族，應是來自柔然部落。寇氏"諱猛，字吐陳"，"猛"與"吐陳"顯然不符古代漢人名與字的關係。"吐陳"疑是突厥官制中的"吐屯"，取音同。由此明白了寇猛的來歷，本為柔然人，在北魏改姓的漢化運動中將原少數民族姓氏改為漢族的寇姓，"這種背離北族傳統的改姓方式，表明這些姓氏雖然同出於一個政治名號，但彼此並不一定存在社會和血緣關係的事實"。② 這也就能解釋為什麼同為寇氏，寇猛的墓葬卻遠離漢姓寇氏家族墓

---

① （清）顧祖禹撰，賀次君，施和金點校：《讀史方輿紀要》卷四十八河南三，中華書局2005年版，第2228頁。

② 羅新：《柔然官制續考》，《中華文史論叢》2007年第1期。

地的原因。

寇猛誌言"窆於西鄉邸","邸"即宅第義。據出土地為今洛陽西車站看,西鄉概為一個泛指,出土地當屬河陰縣境,而河陰縣西鄉在今孟津縣城關鎮附近。

綜上所述,西鄉里是洛陽縣之里,在北魏洛陽城西北10余里,西鄉瀍源里是河陰縣之鄉里,在北魏洛陽城西北40里,西鄉邸為泛指,在北魏洛陽城西約40里,三者之間沒有聯繫。

9.【正始里】【敬義里】

正始里,天平二年(535)《元玕墓誌》:"君諱玕,字叔珎,河南洛陽人也。……春秋卅四,以天平二年,四月十四日薨於洛陽之正始里。"① 正始里唯此例。洛陽城有正始寺,《洛陽伽藍記·城東·正始寺》:"正始寺,百官等所立也。正始中立,因以為名。在東陽門外御道南,所謂敬義里也。"② 參照洛陽里坊寺名與里名的關係,正始里之名源自正始寺。"正始中立,因以為名"言正始寺以年號名寺,"正始"為公元504—508年,正始寺立於敬義里。據《元玕墓誌》,《北魏洛陽里坊制度探微》認為正始里當即敬義里。

可是《洛陽伽藍記》未記載敬義里更名之事。據考證,《洛陽伽藍記》的創作時間大概始於東魏武定元年(543),約至武定五年(547)完成,費時五年。③ 雖寫於東魏武定,但書中所敘皆北魏末年洛陽城之事。永安年間"銜之時為奉朝請",為公元528—530年,此時楊銜之概20餘歲,正在洛陽任職。元玕卒於東魏天平二年,此時高歡遷都鄴城,楊銜之亦隨遷,正始里更名大概就在此時,不然楊銜之居洛陽城內,如何不知曉敬義里更名之事?

五 偽誌與洛陽鄉里

墓誌作偽以北朝墓誌居多,其中自撰出自洛陽一帶的數量不少。

---

① 《北圖拓本滙編》第六冊,第30頁;《漢魏六朝碑刻校注》第七冊,第142頁。
② (北魏)楊銜之撰,周祖謨校釋:《洛陽伽藍記校釋》卷二,中華書局1963年版,第88頁。
③ 王建國:《〈洛陽伽藍記〉的作者及創作年代辨證》,《江漢論壇》2009年第10期。

❖ 第三章　漢魏六朝石刻都城鄉里攷 ❖

偽誌信息自然是虛假的,那麼其中的鄉里情況如何呢?

1.【白馬里】

東魏《元韶及妻侯氏合葬誌》,《漢魏南北朝墓誌彙編》偽刻目錄作"□韶墓誌東魏武定八年正月五日"①、《增補校碑隨筆》偽刻目錄中作"郭□韶墓誌,正書,武定八年正月"②。據此則知《北圖拓本匯編》收錄偽刻。最早著錄的是《石刻名匯》卷二存目"元韶墓誌",下注云"武定六年存正書""今藏直隸定縣金石保存所"。③元韶墓誌的作偽有其藍本,即隋代《郭達墓誌》,這兩通相隔70餘年的墓誌所載內容相似程度很大(見本頁表)。

	東魏《元韶及妻侯氏合葬誌》	隋《郭達墓誌》
誌主卒地、卒年	孝昌三年,七月十一日終於故雒陽城南白馬里,春秋六十有七。	仁壽二年十月十二日終於故雒陽城西白馬里,春秋七十有七。
夫人卒地、卒年	武定六年六月七日,亡於中山縣敦行里,時年六十九。	大業七年七月七日亡於河南縣敦行里。時年七十九。

白馬里宅第是元氏、郭氏的卒地,元氏誌言"故雒陽城南白馬里",郭達誌言"故雒陽城西白馬里",同是白馬里,一言城南,另一言城西。目前為止,北魏洛陽里坊名稱中不論是出土墓誌還是傳世文獻都沒有對白馬里的相關記載。白馬里的得名與白馬寺相關,可能在白馬寺附近。北魏洛陽一些里名與寺名相關,如景寧里與景寧寺、正始里與正始寺、照樂里與照樂寺等。《洛陽伽藍記·城西·白馬寺》:"白馬寺,漢明帝所立也。寺在西陽門外三里御道南。"④"故雒陽城",是隋代舍棄漢、魏洛陽故城,在舊城西18里另建新都,郭氏宅在舊洛陽城內。元韶墓誌東魏年間刊,已遷都鄴城,天平年初即置

---

① 趙超:《漢魏南北朝墓誌彙編》目錄,天津古籍出版社1992年版。
② 方若、王壯弘:《增補校碑隨筆》,上海書畫出版社1984年版,第671頁。
③ 黃立猷:《石刻名匯》卷二,《石刻史料新編》第二輯第2冊,第1033頁。
④ (北魏)楊衒之撰,周祖謨校釋:《洛陽伽藍記校釋》卷四,中華書局1963年版,第150頁。

洛陽郡，不存在"故洛陽城"之說。郭氏仁壽二年亡於漢魏洛陽城，墓誌刊於大業八年，此時隋東都建成，故稱漢魏洛陽城為"故雒陽城"。由隋代郭氏墓誌知北魏洛陽里坊有白馬里，為北魏洛陽里坊增補一里坊名。按照《北魏洛陽伽藍圖》所示白馬寺在洛陽城西，照此白馬里也應在洛陽城西，西陽門外。

"河南縣敦行里"，亦見於其他隋代墓誌。《劉淵墓誌》："春秋八十有六，卒於崇政鄉敦行里。"① 又稱敦行坊，《河南志》載定鼎門街東第三街，從南第二曰敦行坊。② 唐代墓誌亦有河南縣敦行里，《崔氏墓誌》："以天寶八載九月十七日夭折於河南敦行里之私第，享年一十有一。越四日殯於邙山之原。"③ 河南縣敦行里從隋至唐確實存在。遍查各種文獻材料，沒有發現"中山縣敦行里"的記載。《魏書·地形志》有中山郡，領縣七，沒有中山縣。中山縣在梁開平三年（909）改唐縣置，治今河北省唐縣西南，屬定州。④ 中山縣敦行里應是《元韶及妻侯氏合葬誌》的作偽者編造出來的。

由郭達墓誌可以推測元韶墓誌的作偽時間：郭達墓誌清末出土，則元韶墓誌作偽時間不會早於清末。《石刻名匯》收錄《元韶墓誌》，此書刻印時間為民國十五年（1926），所以最晚不超過 1926 年。由此可以確定作偽時間為清末至公元 1926 年之間。

2.【仁義里】【型仁里】

《陶潛墓誌》言陶潛"窆葬於洛邙仁義里之原陵"，整理者在《前言》中指出："儘管該誌俗別字甚多，貌似古拙，經我們根據史實鑒定，卻應是一方偽誌。"⑤《河南新見陶潛墓誌辨偽》從多個角度出發，對墓誌中地名、官名、誌主履歷等進行攷證，說明陶潛墓誌作偽。⑥ 仁義里亦見《晉故以左丞相都督諸軍事南陽王妃墓誌銘并序》，

---

① 王其禕、周曉薇：《隋代墓誌銘彙考》，線裝書局 2007 年版，第 3 冊，第 311 頁。
② （清）徐松輯，高敏點校本：《河南志》，中華書局 1994 年版，第 8 頁。
③ 周紹良、趙超：《唐代墓誌彙編》，上海古籍出版社 1992 年版，第 1636 頁。
④ 戴均良：《中國古今地名大詞典》第一冊中山縣條，上海辭書出版社 2005 年版，第 459 頁。
⑤ 《新中國出土墓誌·河南［貳］》"附一"《大魏故彭澤令陶公（潛）墓誌》，文物出版社 2002 年版。
⑥ 王昕：《河南新見陶潛墓誌辨偽》，《中國歷史文物》2003 年第 6 期。

言"其年越二月葬於洛陽郡仁義里之原壤",此誌亦偽。① 兩誌可相互證明。

又有陶潛嫡孫陶浚的墓誌,言陶浚"越太和十八年甲戌,冬十月乙亥中旬,六日丙辰,窆塋於洛陽郡型仁里之原陵"。② 此誌亦疑是偽刻。首先,從時間上看,太和十七年五月北魏遷都洛陽,至太和十八冬十月已有一年半餘,此時似乎不能稱為洛陽郡。其次,據《魏書·地形志》載洛陽郡為東魏天平初年置,《隋書·地理志》洛陽縣云:"又東魏置洛陽郡、河陰縣。開皇初郡並廢,又析置伊川縣。"《輿地廣記》洛陽縣:"東魏置洛陽郡。隋開皇初郡廢。"③ 北魏時未見有洛陽郡。

第二節　鄴城里坊及四郊地名探討

一　鄴城里坊述略

鄴城有着悠久的歷史,各個朝代朝曾建都於此。古鄴城由北、南兩座相連的城組成,分別為鄴北城、鄴南城。鄴北城始築於春秋齊桓公,三國時曹操以此為都,後趙、前燕皆都於北城。正德《臨漳縣志·古蹟》:"鄴北城在縣西南仁壽里。按春秋時齊桓公所築。漢置魏郡於此,魏武帝因之建都。後趙、前燕並都之。"④《水經注》記鄴北城"東西七里,南北五里",城內分南、北兩區,北區中央為宮殿,西邊苑圃,東邊是貴族居住的戚里,南區是居民里坊。⑤ 天平元年(534)高歡父子率洛陽40萬户北徙鄴城,先居鄴北城,元象元年始建鄴南城,"高歡以北城窄隘,故令僕射高隆之更築此城"⑥,興和

---

① 洛陽市文物工作隊:《洛陽出土歷代墓誌輯繩》,中國社會科學出版社1991年版,第8頁。
② 洛陽市文物局編,朱亮主編:《洛陽出土北魏墓誌選編》,科學出版社2001年版,圖第215頁,釋文第5頁。
③ (宋)歐陽忞撰:《輿地廣記》卷五,影印文淵閣四庫全書本第471冊,第266頁。
④ (明)陶景芳編:正德元年《臨漳縣志》卷六古蹟,《天一閣藏明代方志選刊續編》第1冊,上海書店1990年版,第598頁。
⑤ 徐光冀、顧智界:《河北臨漳鄴北城遺址勘探發掘簡報》,《攷古》1990年第7期。
⑥ (明)崔銑纂修:嘉靖《彰德府志》卷八《鄴都宮室志》,《天一閣藏明代方志選刊》第14冊,臺灣新文豐出版公司1985年版。

二年遷入鄴南城，同時北城繼續使用。北齊依舊以鄴南城為都，《讀史方輿紀要》："鄴有南北二城，高歡遷其主善見至鄴，居北城，明年，改築南城而居之。其後高洋篡位，亦居南城。"① 南城在漳河南，面積比北城大，城周25里，《鄴中記》："（鄴南）城東西六里，南北八里六十步。"② 南城內城是官府及高官宅邸，平民里坊較少，大多數平民居住在外城。鄴南城與北城地理位置的關係經攷古鑽探，發現"東西牆基本沿北城東西牆向南延伸，北牆沿用北城南牆，與嘉靖《彰德府志·鄴都宮室志》記載'南城之北，即連北城，其城門以北城之南門為之'相符"。③ 今大概位置，"北城即今鄴鎮、三臺村、景隆村、顯王村一帶。南城即今馬家辛莊、河圖村、倪家辛莊一帶"。④ 北齊時分鄴城為鄴、成安、臨漳三縣，鄴縣所領為鄴南城中軸線（朱雀門內大街）以西、鄴城南郊及西城垣外郊區，成安縣領鄴北城居民區及北郊、鄴之東北京畿地區，臨漳縣領南城朱雀門內大街以東及東郊。

鄴城自始建，至北周大象二年楊堅一把大火燒毀，存在1200餘年。今遺址在河北省臨漳縣境內，位於縣城西南，漳河橫貫中間。⑤

北齊於鄴城東置臨漳縣，城西置鄴縣，城東北置成安縣，縣下設鄉，臨漳三百鄉，鄴縣五百鄉，成安二百五十鄉。⑥ 然而就目前材料，僅見"咸安鄉"，其餘未見記載。鄴城之里，"鄴又領右部、南部、西部三尉，又領十二行經途尉。凡一百三十五里，里置正。臨漳又領左部、東部二尉，左部管九行經途尉。凡一百一十四里，里置正。成安又領後部、北部二尉，後部管十一行經途尉，七十四

---

① （清）顧祖禹撰，賀次君，施和金點校：《讀史方輿紀要》卷四九河南四，中華書局2005年版，第2322頁。
② （明）崔銑纂修：嘉靖《彰德府志》卷八《鄴都宮室志》引《鄴中記》，《天一閣藏明代方志選刊》第14冊，臺灣新文豐出版公司1985年版，第157頁。
③ 郭濟橋：《北朝時期鄴南城布局初探》，《文物春秋》2002年第2期。
④ 秦佩珩：《鄴城攷》，《河南文博通訊》1979年第1期。
⑤ 圖摘自鄴城攷古隊：《河北臨漳縣鄴城遺址趙彭城北朝佛寺遺址的勘探與發掘》，《攷古》2010年第7期。
⑥ （明）崔銑纂修：嘉靖《彰德府志》卷八《鄴都宮室志》，《天一閣藏明代方志選刊》，臺灣新文豐出版公司1985年版，第157頁。

❖ 第三章　漢魏六朝石刻都城鄉里攷 ❖

里，里置正。"① 依此三縣共323里坊。記載鄴城里坊的材料不多。《鄴中記》一書為晉代陸翽撰，後佚，《隋書·經籍志》作二卷，他書有征引。因其殘缺不完，今所見部分都是石虎都鄴時的事情，雖有涉及高歡高洋者，大約是後人纂入。對北城里坊的記載，諸家皆引左思《魏都賦》："其閭閻則長壽吉陽，永平思忠。亦有戚里，置宮之東。"② 長壽、吉陽、永平、思忠四里均在鄴北城南，戚里在鄴北城宮殿區的東側，這些里的區域約為鄴北城面積的一半。鄴南城的居民里坊在數量和規模上大大超過北城，"南城自興和遷都之後，四民輻湊，里閈闠溢，蓋有四百餘坊，然皆莫見其名，不獲其分布所在"。③ "四百餘坊"實為323個里坊，不單指南城，應是包括鄴城里坊之總數。雖偶見資料記載，但為數甚少，如七帝坊、公子坊等。自晚清以來遺址附近不斷有墓誌出土，其中記載鄴京里坊，這為瞭解鄴京提供了珍貴資料。綜合各方面資料，王仲犖先生攷證鄴南城里坊可攷者13里：永康里、允忠里、敷教里、修正里、清風里、中壇里、修義里、信義里、德遊里、東明里、嵩寧里、徵海里、宣平行里，6坊：土臺坊、義井坊、元子思坊、天宮坊、東夏坊、石橋坊。④《東魏北齊鄴京里坊制度攷》攷證鄴城有28里3坊。⑤ 張金友《北魏洛陽里坊制度探微》增補鄴11里：孝德里、永福里、修人里、景榮里、宣化里、鄉義里、風義里、崇仁里、道政里、遵明里、西口里。⑥ 其間有重復。

本節將對鄴城已知里坊進行說明，並增補鄴城里坊材料，從三個角度探尋鄴城里坊：一、補充新材料；二、利用方志或今村落名增補鄴城里坊；三，利用鄴城、洛陽、長安的關係探討里坊名稱。（見192頁圖）

---

① 《隋書》卷一七《官氏志》，第761頁。
② （梁）蕭統編，（唐）李善注：《文選》，上海古籍出版社1986年版，第1冊，第278頁。
③ （清）顧炎武：《歷代宅京記》卷十二鄴，中華書局2004年版，第186頁。
④ 王仲犖：《北周地理志》（下），中華書局1980年版，第921—923頁。
⑤ 牛潤珍：《東魏北齊鄴京里坊制度攷》，《晉陽學刊》2009年第6期。
⑥ 張金龍：《北魏洛陽里坊制度探微》，《歷史研究》1999年第6期。

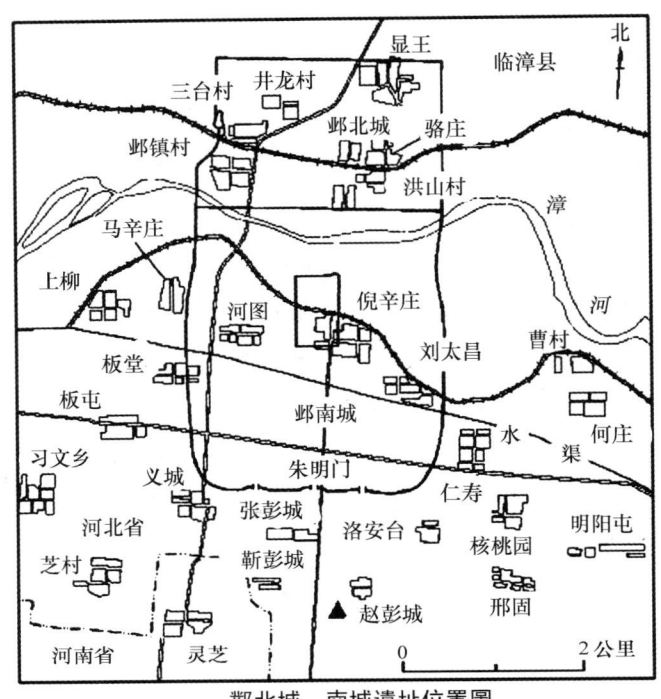

鄴北城、南城遺址位置圖

二 東魏北齊鄴城里坊攷

1.【鄉義里、鳳義里】

武定六年（548）《元延明妃馮氏墓誌》："春秋六十四，遘疾，薨於鄉義里。以武定六季，十月廿二日，窆於鳳義里地。"① 誌出東魏皇陵。鳳義里，《東魏北齊鄴京里坊制度攷》識為"鳳義里"，依《北圖拓片匯編》，拓片清晰，為鳳義里。鄴城墓誌多記錄卒地里坊，少言葬地，鳳義里屬特殊例之一。武定五年《元澄妃馮令華墓誌》言"窆於鄴城西崗漳水之北"，馮令華墓誌與元延明妃馮氏墓誌同地出土，前者言鄴城西崗漳水之北，後者言鳳義里，可知鳳義里在鄴城西崗、漳水之北，即今講武城鄉西北。鳳義里是東魏皇陵和元魏陵的所在地，"東魏皇陵和元氏兆域範圍，在今磁縣岳城鄉及時村營鄉以東，講武城以北，申家莊鄉西部駙馬溝以南，基本上包括鄴西漳水之

---

① 《汉魏六朝墓誌集释》圖一七〇；《漢魏六朝碑刻校注》第八冊，第88頁。

第三章　漢魏六朝石刻都城鄉里攷

間、武城之陰的北原，即西崗及以南地域"。①

鄉義里前未屬所轄，應是鄴城之里。馮氏葬於武定六年，此時尚未分置成安縣。今成安縣有北鄉義鄉，可能與鄉義里有關。北鄉義村的歷史悠久，《成安縣地名志》言鄉義為一古村，原為一個鄉義村，至明嘉靖以後，已發展為多村，有東、西、南、北四個鄉義村。② 如果是這樣，那麼鄉義里在鄴北城。

2.【景榮里】

武定二年（544）《魏武定二年賈太妃墓誌》言："瑯琊王祖母太妃賈尼，春秋五十，不幸邁疾，薨於鄴城景榮里。"③ "榮"，拓片⿱艹榮，《北魏洛陽里坊制度探微》識為"榮"。④

3.【元子思坊】

《北齊書·楊愔傳》："後有選人魯漫漢，自言猥賤，獨不見識。愔曰：'卿前在元子思坊，騎禿尾草驢，經見我不下，以方麴鄣面，我何不識卿？'"⑤《資治通鑑》卷一六六敬帝太平元年條胡三省注曰："元子思坊，鄴城中坊名。魏侍中元子思居此，後謀西奔，被誅，時人因以名坊。"⑥ 元子思坊即元子思居住的里坊，元子思為北魏元萇之子，其父居洛陽宣平鄉永智里。以居住的人來命名里坊，鄴城里坊僅此見。

4.【敷教里】

天平四年（537）《元鷙妃公孫甑生墓誌》："天平四年，歲次丁巳，六月乙丑朔，十九日癸未寢疾，薨於魏郡鄴縣敷教里。春秋卅七。即以其年七月甲午朔，十六日己酉，卜窆於鄴城之西，武城之北。"《長孫囧墓碑》："天平四年，歲次丁巳，六月乙丑朔，十九日癸未，薨於鄴縣敷教里，春秋七十七。以其年七月十六日，卜窆於鄴

---

① 馬忠理：《磁縣北朝墓群——東魏北齊陵墓兆域攷》，《文物》1994年第11期。
② 成安縣地名辦公室：《成安縣地名志》1983年，第70頁。
③ 阿英：《從晉磚文字說到〈蘭亭序〉書法——為郭沫若〈蘭亭序〉依託說做一些補充》，《文物》1965年第10期。
④ 張金龍：《北魏洛陽里坊制度探微》，《歷史研究》1999年第6期。
⑤ 《北齊書》卷34《楊愔傳》，第457頁。
⑥ （宋）司馬光撰，胡三省注：《資治通鑑》卷一六六敬帝太平元年，中華書局1982年版，第5150頁。

城之西。"①

兩位誌主是父女關係。《元鷙妃公孫甑生墓誌》"父囧，字〔九〕略，大鴻臚少卿、營州大中正、使持節、冠軍將軍、燕州刺史、義平子"與《長孫囧墓碑》"君諱囧，字九略，遼東襄平人也。鴻臚少卿、營州大中正、燕州刺史、義平子"同，兩誌銘辭內容基本相同，稍有裁減，二石爲同一人、同期制。爲何父女倆人的卒葬日相同？疑長孫囧墓爲遷葬。長孫氏爲北魏帝室之姓，北魏獻帝次兄，爲拔拔氏，後改爲長孫氏。《魏書·官氏志》："次兄爲拓跋氏，後改爲長孫氏。"② 拓跋，當是"拔拔"之誤。父爲長孫氏，而女爲公孫氏。元鷙原居洛陽天邑鄉靈泉里，後遷鄴，《元鷙墓誌》言："天平二季三月還京，詔除大司馬，侍中、華山王如故。"蓋天平二年遷居鄴城敷教里，在鄴北城，此時南城尚未建。從居住成員看，敷教里爲貴族居住處，在鄴北城東側。

5.【束明里】

武平二年（571）《梁子彥墓誌》："（武平二年）薨於束明里宅，春秋五十八。粵其年四月戊寅朔，廿日丁酉，葬於野馬崗，北去王城廿里。"③ 鄴城有束明觀，《水經注·濁漳水》曰："東城上，石氏立束明觀，觀上加金博山，謂之鏘山。"《洹水》："洹水又東，枝津出焉，東北流逕鄴城南，謂之新河。又東，分爲二水，一水北逕束明觀下。"④ 嘉靖《彰德府志·鄴都宮室志》引《鄴中記》："南城東北角，北城東南隅，有束明觀，因成爲基。"⑤ 束明觀後趙時建，"在城東南角發現夯土建築基址，有可能是後趙所建的束明觀的基址。"⑥ 鄴南、北城緊靠，"鄴南城的東、西牆基本沿鄴北城的東、西牆向南

---

① 《北圖拓本滙編》第六冊，第41頁；《漢魏六朝碑刻校注》第七冊，第177頁；《北圖拓本滙編》第六冊，第42頁；《漢魏六朝碑刻校注》第七冊，第179頁。
② 《魏書》卷一一三《官氏志》，第3006頁。
③ 《漢魏南北朝墓誌集釋》圖三四〇；《漢魏六朝碑刻校注》第9冊，第375頁。
④ （北魏）酈道元著，王先謙校：《水經注》，巴蜀書社1985年版，卷十，第213頁；卷九，第207頁。
⑤ （明）崔銑纂修：嘉靖《彰德府志》卷八《鄴都宮室志》，《天一閣藏明代方志選刊》，臺灣新文豐出版公司1985年版，第154頁。
⑥ 徐光冀、顧智界：《河北臨漳鄴北城遺址勘探發掘簡報》，《考古》1990年第7期。

延伸，鄴南城的北牆，即鄴北城的南牆"。① 蓋東明里有東明觀，觀因里得名。東明里在鄴北城的東南角。

6.【石橋坊】

《太平廣記·李文府傳》："隋文帝開皇初，安定李文府住鄴都石橋坊。"② 北朝資料未記載石橋坊，雖言開皇初，蓋為北齊鄴城之里坊之沿用。《北朝時期鄴南城布局初探》認為"石橋坊在北城建春門外"。③ 但筆者認為石橋坊在鄴南城以東，為臨漳縣轄。

石橋坊名源於鄴城東五里的石橋，嘉靖《彰德府志·鄴都宮室志》記："王城東五里，南北長一百尺，東西闊二丈九尺，高一丈九尺。元象二年僕射高隆之造，以橋北為東市，即古萬金渠也。"石橋，元象二年在建鄴南城時高隆之建造。以"石橋"為村落名，唐代《張世師墓誌》有記載，誌言張世師與夫人慕容氏"（景龍三年）合葬於故鄴南城東三里，石橋村西南二百步平原，禮也"。④ 墓誌新出臨漳縣習文鄉。"石橋村"，依誌言在鄴南城東3里，這與《鄴都宮室志》石橋在城東5里正好相符。據任乃宏攷證，石橋村在今趙彭城村東北方向3—5華里範圍內，即習文鄉核桃園村一帶。⑤ 唐代石橋村概是北周石橋坊遺留下來的名稱。嘉靖《彰德府志》亦記臨漳縣石橋管統村十九，轄南石橋、北石橋、仁壽、太倉、北鄴城、昭德等。⑥ 仁壽村、太倉（今劉太昌村）皆在舊鄴南城以東。

從《太平廣記》《張世師墓誌》《彰德府志》知在不同朝代皆有以石橋命名的村落，在鄴南城東外郭，屬臨漳縣轄。

7.【永福里、香夏里】

天統三年（567）《堯峻妻吐谷渾靜媚墓誌》："以天統元年，六月三

---

① 郭濟橋：《北朝時期鄴南城佈局初探》，《文物春秋》2002年第2期。
② 李昉等編：《太平廣記》第七冊卷三二七，中華書局1986年版，第2597頁。
③ 郭濟橋：《北朝時期鄴南城佈局初探》，《文物春秋》2002年第2期，第25頁注[63]。
④ 任乃宏：《新出〈唐張世師墓誌〉攷釋》，《邯鄲職業技術學院學報》2012年第2期。
⑤ 同上。
⑥ （明）崔銑纂修：嘉靖《彰德府志》卷八《鄴都宮室志》村名，《天一閣藏明代方志選刊》第14冊，臺灣新文豐出版公司1985年版，第164頁。

日薨於京師永福里第。粤以三季，歲次丁亥，二月壬寅朔，廿日辛酉，合葬於鄴西漳清北負郭七里。"天統二年（566）《堯峻墓誌》："大齊天統二年，歲次丙戌，六月七日遘疾，薨於臨漳縣永福里第。"武平二年（571）《堯峻妻獨孤思男墓誌》："武平二年，七月廿六日卒於臨漳香夏里。粤以二季十月廿二日，祔葬於堯儀同鄴西漳水北舊塋。"①

三誌於1975年同出磁縣講武鎮陳村。堯峻與妻吐穀渾氏天統三年合葬鄴西北七里。卒地，一言京師永福里，另一言臨漳永福里，實則一地，"分鄴置臨漳縣"，轄鄴城左、東部。獨孤氏武平二年卒於臨漳香夏里，同年祔葬舊塋。香夏里、永福里，應相距不遠。奇怪的是，同是堯峻妻，卻生活在不同的里。或是時隔二年時間，永福里更名為香夏里？不可知。

8.【遵明里】

天統元年（565）《崔昂墓誌》："以天統元年，六月壬子朔，廿九日庚辰遘疾，終於鄴都之遵明里舍。"② 崔昂夫人盧氏天保二年卒於鄴縣修人里，崔昂天統二年卒於鄴都遵明里，兩人當年歸葬臨山舊塋。從修人里到遵明里，說明崔昂宅第曾搬遷。而崔昂的另一位夫人鄭氏，在崔昂卒後便回到崔氏故里蒲吾縣，開皇七年卒於"蒲吾縣郭蘇川之舊宅"。

9.【孝終里】

《北齊書·陸卬傳》："陸卬，字雲駒。……以父憂去職……卬兄弟相率廬於墓側，負土成墳，朝廷深所嗟尚，發詔褒揚，改其所居里為孝終里。"③ 《隋書·陸彥師傳》："陸彥師字雲房，魏郡臨漳人。……以父艱去職，哀毀殆不勝喪，與兄卬廬於墓次，負土成墳。"④ 陸卬、陸彥師為兄弟倆，陸卬傳未載籍貫，陸彥師為魏郡臨漳人，顯然陸卬亦為臨漳人。由此知孝終里是臨漳縣之里。

10.【宣範里】

皇建二年（561）《褚寶慧墓誌》："齊皇建二年辛巳四月丙子朔

---

① 磁縣文化館：《河北磁縣東陳村北齊堯峻墓》，《文物》1984年第4期。
② 河北博物館：《河北平山北齊崔昂墓調查報告》，《文物》1973年第11期。
③ 《北齊書》卷三五《陸卬傳》，第469—470頁。
④ 《隋書》卷七二《孝義·陸彥師傳》，第1662頁。

❖ 第三章 漢魏六朝石刻都城鄉里攷 ❖

四日己卯,終於鄴城宣範里舍。"①

11.【建忠里】

武定元年(543)《郭肇墓誌》:"春秋六十有八,終於上京建忠里。越以武定元年閏月廿九日,塋於鄴城西南十五里。"② 上京是對国都的通稱。《文选·班固〈幽通賦〉》:"皇十紀而鴻漸兮,有羽儀於上京。"李善注:"有羽翼於京師也。"③ 上京建忠里即鄴城建忠里。

12.【公子坊】

《永樂大典》卷一三八二引《相台志》:"妙福寺在彰德府臨漳縣東一百步,北齊時置於鄴縣東城公子坊內,本名廣法寺。"④ 公子坊在鄴南城外郭。

13.【德遊里】

武定二年(544)《叔孫固墓誌》:"公諱固,字万季,河南洛陽人也。……春秋七十八,薨於德遊里。粵武定二季,歲次甲子,十一月辛巳朔,廿九日己酉,窆於紫陌之陽焉。"⑤ 1915 年河南安陽出土。"德遊里",王仲犖認為是東魏鄴城里坊⑥,張金龍認為是北魏洛陽里坊。⑦ 為什麼會出現這種情況?原因在於叔孫固誌文。誌文言叔孫固洛陽人,薨於德遊里,葬於鄴城附近。因不知其卒年,無法明確德遊里究竟是洛陽里坊,還是鄴城里坊。筆者贊成王先生觀點,德遊里應是鄴城里坊。叔孫氏屬帝室九姓之一,與拓跋氏同出一源,為代姓貴族。《魏書·官氏志》載,獻帝命叔父之胤曰乙旃氏,後改為叔孫氏。長孫氏居鄴城敷教里,慕容氏居永康里,顯然九姓都隨高歡遷鄴,因此叔孫氏亦隨遷。叔孫固卒年未知,葬年為 544 年,此時已遷都十年,斷不會卒於洛陽而葬鄴北城外的紫陌橋南面。因此德遊里應

---

① 鄭志剛:《北齊石刻五種》,《書法叢刊》2011 年第 3 期。
② 楊慶興:《魏故郭君墓誌簡釋》,《青少年書法》2010 年第 20 期。
③ (梁)蕭統編,(唐)李善注:《文選》卷一四,上海古籍出版社 1986 年版,第 635—636 頁。
④ 《永樂大典》卷一三八二,中華書局 1960 年影印明殘本。
⑤ 《漢魏南北朝墓誌集釋》圖三〇三;《漢魏六朝碑刻校注》第八冊,第 2 頁。
⑥ 王仲犖:《北周地理志》,中華書局 1980 年版,第 921—923 頁。
⑦ 張金龍:《北魏洛陽里坊制度探微》,《歷史研究》1999 年第 6 期。

是鄴城里坊。

14.【中壇里】

天保四年（553）《司馬遵業墓誌》："公諱遵業，字子如，河內溫人也。以齊天保三季，十二月廿五日，薨於鄴都中壇里第，時季六十四。"① 中壇里應在鄴南城啟夏門附近。

15.【崇仁里】

武定三年（545）《宗欣墓誌》："春秋六十有七，以武定三季，七月戊寅朔，七日甲申寢疾，薨於縣□。家□夫人之□，邑號□悴之悲。其年九月遷柩鄴都崇仁里宅。"② 開皇三年（583）《源剛誌》："以武定五年十一月十四日卒於城安縣崇仁里，春秋卌，以其月權窆於鄴城之北二里。以大隋開皇三年歲次癸卯十一月丙申朔十四日癸酉，遷葬於洛陽河南先公之舊塋。"③ "鄴都崇仁里"與"城安縣崇仁里"是同一里，城安縣即成安縣。宗欣誌武定三年鄴都未分置三縣，故言"鄴都崇仁里"，源剛誌刊於開皇三年，雖言"武定五年十一月十四日卒於城安縣崇仁里"，武定五年為東魏時期，此時未有成安縣名，至北齊時方分鄴城置成安縣，因此成安縣崇仁里為北齊沿用至開皇初年的設置。北齊崇仁里既在成安縣，則東魏時崇仁里在鄴北城。

16.【廣都里】

建德六年（577）《張滿澤妻郝氏墓誌》："夫人年十有六，以大周建德六年，三月三日卒於鄴城。還於此月十一日，窆於廣都里漳河之北四里。"④ 郝氏卒於北周年間，北周建德六年（577）即北齊承光元年，這一年正月周師克鄴，郝氏三月三日卒，因此墓誌紀年為北周年號。據《增補校碑隨筆》，清宣統元年河南安陽縣（一說河北省磁縣）境一農家鑿井得此墓誌⑤，《磁县北朝墓群——东魏北齐陵墓兆

---

① 《北圖拓本匯編》第七冊，第25頁；《漢魏六朝碑刻校注》第8冊，第292頁。
② 《北圖拓本滙編》第六冊，第127頁；《漢魏六朝碑刻校注》第8冊，第21頁。
③ 齊運通：《洛陽新獲七朝墓誌》，中華書局2012年版，第42頁。《源剛墓誌》葬期干支記載錯誤，"開皇三年歲次癸卯十一月丙申朔十四日癸酉"誤，應是"開皇三年歲次癸卯十一月乙未朔十四日戊申"。
④ 《漢魏南北朝墓誌釋釋》圖三五二；《漢魏六朝碑刻校注》第10冊，第299頁。
⑤ 方若、王壯弘：《增補校碑隨筆》，上海書畫出版社1984年版，第421頁。

❖ 第三章　漢魏六朝石刻都城鄉里攷 ❖

域攷》言誌出講武城西部，則廣都里在鄴城外，為郊外里，在漳河以北。①

17.【王直長村】

大成元年（579）《王榮暨妻劉氏誌》："武平三年，敕任內館客京并從駕。屬以齊室運終，內參縱暴，南安作亂，西晉被圍，國敗主逃，被括融隅參司。春秋六十有三，周大成元年薨於鄴城東北王直長村。遐邇咸悲，朝野共惜，權殯村後。"②

王榮未載於史傳，據墓志，其本為太原晉陽人，後"陪駕累遷，還歸本土，後為洛陽人也"。東魏遷都，王氏亦率家人遷居鄴城，北周年間卒於鄴城東北王直長村，權葬村後。北齊滅亡後，其子女遷至洛陽。待至仁壽四年，王氏夫人卒於洛陽，遂"即以其年十月十七日謹迎亡考靈柩於此，安厝在馮村之北，平樂園西，卻帶邙山，前瞻洛水"。故王榮夫妻合葬於洛陽馮村，而"鄴城東北王直長村"是遷厝前的葬處。從墓誌可知王氏家族經歷多次遷徙：本居晉陽，後隨拓跋氏徙洛陽，進而東魏時遷鄴城，北齊亡後遷回洛陽。

王直長村，此村村名與王榮所任官職密切相關。王氏歷任官職，墓誌表述非常詳細：

> 弱齡十四，起家殿內將軍，又轉羽林監，隨駕鄴京，任騎都尉，加厲威將軍，左衛府司馬。又遷寧朔將軍、左箱領禁衛直長。齊天保已來，軍漢司別，乃令皇宗武職，漢配文官，仍本軍號，前資四品。孝昭皇帝特留親近，寵愛尤深，恩如子侄。天統元年，改寧朔，就振威。武平三年，敕任內館客京並從駕。

由志文知王氏曾任"左箱領禁衛直長"一職，銘文亦曰"出身殿內，入衛直長。帝主禮禦，天王愛賞。"

直長，《歷代職官辭典》釋："官名。北齊門下省、隋開皇時的門下省、大業時的殿內省、唐殿中省所轄各供奉機構，均設此官，為

---

① 馬忠理：《磁縣北朝墓群——東魏北齊陵墓兆域攷》，《文物》1994年第11期。
② 王其褘、周曉薇：《隋代墓誌銘彙考》，線裝書局2007年版，第3冊，第116頁。

奉禦等主官的輔佐。宋沿置。元各供奉機構也有直長，但地位很低，非主官輔佐。"① 王榮隨帝遷鄴京後，因其任直長一職，其居住的村落遂依此名為"王直長村"，"王"即王榮之姓，"直長"即王榮的官職。按古人聚族而居的習俗，王直長村應是王氏族人的聚居地，在鄴城東北，按鄴城的地域劃分，當屬成安縣。

《歷代職官辭典》言直長首見於北齊官制，此官職設立時間似可商榷。依照王榮墓誌，王氏任直長一官早在"齊天保"前，表明此官職在東魏時已設置。

18.【令鄉里】

武定二年（544）《可足渾洛妻叔孫氏墓誌》："夫人叔孫，司州魏郡鄴縣人。武定二年九月十四日終於鄴縣令鄉里，粵其年十一月廿九日葬於豹祠西南野馬崗東十里。"② 鄴縣令鄉里，此里首見載。

三 利用方志增補鄴城里坊

受材料的限制，鄴城里坊所知數量並不多。將攷古材料、方志與今村落名結合，利用多種材料試着增補鄴城里坊，亦可探析里坊名在今村落名的延續。

1.【仁壽里】

今臨漳縣習文鄉有仁壽村，《臨漳縣志·古蹟》記此村位於東魏、北齊鄴南城仁壽門遺址，故名仁壽。③ 據《河北臨漳縣鄴南城遺址勘探與發掘》："今倪辛莊仁壽村和鄴南城東牆南端城門臨近，該城門正是文獻中的仁壽門。可見村莊即是因城門而得名，延用至今。"④ 由此推知仁壽村大概就是東魏北齊鄴城之仁壽里，在鄴南城東仁壽門外。

2.【板堂村（里）】

《鄴都宮室志》記臨漳縣有板堂村："統村二十五，上流、時故、

---

① 沈起煒、徐光烈：《中國歷代職官辭典》，上海辭書出版社1998年版，第192頁。
② 齊運通：《洛陽新獲七朝墓誌》，中華書局2012年版，第37頁。
③ （明）陶景芳編：正德《臨漳縣志》卷五古蹟，《天一閣藏明代方志選刊續編》，上海書店1990年版。
④ 鄴城攷古工作隊：《河北臨漳縣鄴南城遺址勘探與發掘》1997年第3期。

❖ 第三章 漢魏六朝石刻都城鄉里考 ❖

樊村……南鄴城、板堂、修仁……"①《臨漳地名志》稱："北齊時此地有個花園，園中建有木板祠堂，形成村落，取名板堂。"② 今亦有板堂村，位於習文鄉駐地東北2公里處，位置在鄴南城的西華門之外。其中"修仁"村疑為鄴城修仁里名之遺留。

3.【顯望（陽）里】

《鄴都宮室志》載村名："昭陽管村九，顯望、齊村、斬塚、西務本、東務本、廻漳、香菜、北章故、南章故。"③ 今臨漳縣有顯王村，位於香菜營鄉西南偏南。此處是顯陽門遺址，顯望是由顯陽音轉，後演變為顯王。④ 從《鄴北城實測圖》上看，顯望（陽）里在鄴北城內城，為戚里。此里不知確切是否存在，因為在顯陽門內側，此位置有顯陽殿。

4.【景寧里】

今臨漳縣香菜營鄉有井龍村，據《臨漳縣地名資料匯編》介紹，該村曾叫景寧，因近漳河，又叫景漳，清乾隆五十九年，漳河改道，建立新村，改名景隆，後簡化為井龍。⑤ 井龍村與鄴鎮村同屬香菜營鄉，"井龍位於香菜營公社駐地西南6公里處，鄴鎮村位於香菜營公社駐地西南6.5公里處"。⑥ "今景隆村一帶應是曹魏時銅爵園的位置。"⑦ 按鄴北城的格局佈置，里坊皆在鄴北城南，井龍村在銅爵園附近，似不合鄴北城的里坊分佈。或此村受河患之災，僅保留了原鄴城景寧里的名稱，而位置發生變化。

北魏洛陽里坊亦有景寧里，據《洛陽伽藍記·城東·景寧寺》，遷都之初楊椿即創居景寧里，並分宅為寺。"景寧寺，太保司徒公楊椿所立也。在青陽門外三里御道南，所謂景寧里也。高帝遷都洛邑，

---

① （明）崔銑纂修：嘉靖《彰德府志》卷八《鄴都宮室志》，《天一閣藏明代方志選刊》第14冊，臺灣新文豐出版公司1985年版，第164頁。
② 臨漳縣地名辦公室：《臨漳縣地名志》，臨漳縣地名志辦公室，1983年。
③ （明）崔銑纂修：嘉靖《彰德府志》卷八《鄴都宮室志》，《天一閣藏明代方志選刊》，臺灣新文豐出版公司1985年版，第164頁。
④ 臨漳縣地名辦公室：《臨漳縣地名志》，臨漳縣地名志辦公室，1983年。
⑤ 臨漳縣地名辦公室：《臨漳縣地名資料匯編》自然村現狀、沿革，1983年，第138頁。
⑥ 同上書，第139頁。
⑦ 徐光冀、顧智界：《河北臨漳鄴北城遺址勘探發掘簡報》，《攷古》1990年第7期。

椿創居此里，遂分宅為寺，因以名之。"① 然據楊氏家族中楊穎、楊幼才、楊通、楊仲宣、楊順、楊舒、楊仲彥等墓誌皆注明卒於依仁里，未見有景寧里者，張金龍分析"景寧里與依仁里應為同里異名"。②

方志載鄴城原有景寧里，與洛陽景寧里同名，是否僅是巧合？鄴城里坊大都借於洛陽里坊名，如果景寧里亦為借用，就意味着在東魏遷鄴後，對部分鄴北城的里坊名進行了更改。且意味着北魏洛陽城一直都有景寧里，至少在東魏遷都前尚有景寧里，與依仁里為兩個不同的里。

5.【昭德里】

據載："鄴南城十一門：南面三門，東曰啟夏門，中曰朱明門……西曰厚載門；東面四門，南曰仁壽門，次曰中陽門，次北曰上春門，北曰昭德門；西面四門，南曰上秋門，次曰西華門，次北曰乾門，北曰納義門。"③ 昭德門為鄴南城東牆之最北門。

嘉靖《彰德府志》記臨漳縣石橋管有昭德村④，乾隆五十九年漳河改道，將昭德村沖毀，丁姓在此建新村。今名丁家村，位於香菜營公社（鄉）駐地西南偏南5.5公里處，距鄴鎮村2里餘。⑤ "經過廣泛鑽探，在今丁家村北偏西的部位，亦即東西大道之北的中央部位，發現十處夯土建築遺址……這裡應是鄴北城的宮殿區。"⑥ 則知丁家村的位置正在鄴北城的居民區內。

北魏洛陽城東有昭德里，在東陽門外敬義里南。鄴城里坊名仿洛陽模式，結合昭德門的位置及昭德村的名稱，推測鄴北城有昭德里，因昭德門而得名，即今丁家村附近。

---

① （北魏）楊衒之撰，周祖謨校釋：《洛陽伽藍記校釋》卷二，中華書局1963年版，第103頁。
② 張金龍：《北魏遷都後官貴之家在洛陽的居住里坊》，《河洛史志》2000年第1期。
③ （明）崔銑纂修：嘉靖《彰德府志》卷八《鄴都宮室志》，《天一閣藏明代方志選刊》，臺灣新文豐出版公司1985年版，第157頁。
④ （明）崔銑纂修：嘉靖《彰德府志》卷八《鄴都宮室志》雜志第九村名，《天一閣藏明代方志選刊》，臺灣新文豐出版公司1985年版，第164頁。
⑤ 臨漳縣地名辦公室：《臨漳縣地名資料匯編》自然村現狀、沿革，1983年，第139頁。
⑥ 徐光冀、顧智界：《河北臨漳鄴北城遺址勘探發掘簡報》，《攷古》1990年第7期。

四　鄴城與北魏洛陽里坊

鄴南城的規劃大部分借鑒了北魏洛陽城的經驗,《魏書·李興業傳》:"遷鄴之始,起部郎中辛術奏曰:'今皇居徙禦,百度創始,營構一興,必宜中制。上則憲章前代,下則模寫洛京。……'"①"模寫洛京"所指的應該是鄴南城的布局和北魏洛陽城的關係。"鄴都南城,其制度蓋取諸洛陽與北鄴。"②將鄴城、洛陽里坊進行比照,可互相勘補。

1.【天宮坊】

武平六年(575)《范粹墓誌》:"以武平六秊,四月廿日薨於鄴都之天宮坊,春秋廿有七。以五月一日遷厝於豹祠之西南十有五里。"③天宮坊是鄴城新建時命名,應在鄴南城。就目前所見材料未載北魏洛陽城有天宮坊,《洛陽伽藍記》亦未載北魏城有天宮寺。唐宋時洛陽有天宮寺,《新唐書·五行志》:"長壽中,東都天宮寺泥像皆流汗。"《太平廣記·異僧》:"華嚴和尚學於神秀。禪宗謂之北祖。常在洛都天宮寺。"④

2.【信義里】

武平元年(570)《劉忻墓誌》:"以武平元秊庚寅,十二月庚辰,十八日丁酉,卒於鄴城北信義里。""鄴城北信義里"言信義里在鄴北城。墓誌出土地或言河北磁縣,或言山東益都縣。誌言"粵以武平二年辛卯,五月丁未,三日己酉,葬於武城北。"依"武城北"即今講武城北,可確定劉忻誌出土磁縣。⑤武城即今河北磁縣講武城鎮,《漢書·地理志》載:"鄴有……武城。"據《磁縣地名資料匯編》:"相傳戰國時建村。三國曹操在此築城練兵講武。講武城在戰國時就有武城之稱。"⑥宋代始更名"講武城",沿用至今。"講武城在磁縣

---

① 《魏書》卷八四《李興業傳》,第1862頁。
② (清)顧炎武:《歷代宅京記》卷一二鄴下,中華書局1984年版,第188頁。
③ 《新中國出土墓誌·河南》[壹](上冊)第1頁。
④ 李昉等編:《太平廣記》第二冊卷九四,中華書局1986年版,第624頁。
⑤ 馬忠理:《磁縣北朝墓群——東魏北齊陵墓兆域攷》,《文物》1994年第11期。
⑥ 臨漳縣地名辦公室:《磁縣地名資料匯編》講武城,1983年,第226頁。

城南 20 華里處，漳河北岸，從講武城往東行 12 華里有古都鄴城。"①

1957 年在講武城外垣發現兩座唐墓，有磚誌："大唐貞觀廿三季歲次巳酉十一月壬寅朔十八日巳未，滏陽縣滏陽鄉信義里故人尚登寶，年八十，殯□□城內東關道北上，□□瑪□月廿五日銘記。"②北周時析臨水縣置滏陽縣，治今河北磁縣，貞觀廿三年滏陽縣屬相州，尚氏誌中信義里與北齊鄴城北信義里同名異地。

北魏洛陽里坊亦有信義里。

3.【義井坊】

鄴城有義井坊，《北齊書·祖珽傳》："所住宅在義井坊，旁拓鄰居，大事修築，陸媼自往案行。"③北魏洛陽有義井里，《洛陽伽藍記·城內·景樂寺》："北連義井里。［義］井里北門外有叢樹數株，枝條繁茂，下有甘井一所，石槽鐵罐，供給行人，飲水庇陰，多有憩者。"④義井里名源於甘井。

4.【永康里】

永康里二見，河清三年（564）《高百年妃斛律氏墓誌》："河清二季，八月十九日薨於鄴縣永康里弟，春秋十有五。"⑤興和四年（542）《慕容纂墓誌》："君諱纂，字元仁，遼西人也。……興和三年九月廿六日薨於鄴都永康里宅，興和四年歲次壬戌十一月癸亥朔十一日癸酉，遷葬豹寺之南，野馬罡之東。"⑥鄴是"鄴"的異體。"永康里當在鄴南城右部（西半部）"⑦，甚是。

斛律氏為高百年妻，高百年本為太子，被武成帝高湛慘殺。《北齊書·孝昭六王傳》載："百年被召，自知不免，割帶玦留與妃斛律

---

① 臨漳縣地名辦公室：《磁縣地名資料匯編》講武城古城址，1983 年，第 87 頁。
② 河北省文物管理委員會：《河北磁縣講武城古墓清理簡報》，《攷古》1959 年第 1 期。誌文識讀有誤，"大唐貞觀廿三季歲次巳酉十一月壬寅朔十八日巳未"應是"大唐貞觀廿三季歲次己酉十一月壬寅朔十八日己未"。
③ 《北齊書》卷三九《祖珽傳》，第 519 頁。《東魏北齊鄴京里坊制度攷》作"井義坊"，誤，《晉陽學刊》2009 年第 6 期。
④ （北魏）楊衒之撰，周祖謨校釋：《洛陽伽藍記校釋》卷一，中華書局 1963 年版，第 58 頁。
⑤ 《漢魏六朝碑刻校注》第九冊，第 144 頁。
⑥ 陶鈞：《東魏慕容纂墓誌銘考釋》，《東方藝術》2006 年第 8 期。
⑦ 牛潤珍：《東魏北齊鄴京里坊制度攷》，《晉陽學刊》2009 年第 6 期。

氏。"百年死,"妃把玦哀號,不肯食,月餘亦死。玦猶在手,拳不可開,時年十四,其父光自擘之,乃開"。① 斛律氏為斛律明月之女。《鄴都宮室志》南城:"齊左丞相咸陽王斛律明月宅,在城北,今其所居之地為南、北斛律二村。"② 言今南、北斛律二村位於古鄴城北,疑有誤。嘉靖《彰德府志》記臨漳縣村名,"韓王管統村十:韓王、十里堠、南胡律、北胡律、合河、曹村、國子監……"③ 南胡律、北胡律即南、北斛律村,胡、斛音同。今稱為胡連莊,屬臨漳縣習文鄉,此村正位於古鄴南城之西,不知為何言在鄴城北。

洛陽亦有永康里,在北魏趙光、王禎、王基、賈祥、隋□光墓誌皆有記載,元乂宅在永康里。

5.【徵海里】

仁壽四年(604)《馮君妻李玉琦墓誌》:"春秋卅有八,以齊武平三年十二月薨於鄴城之徵海里第。越以大隋仁壽四年歲次甲子十一月癸巳朔四日丙申合葬於共城東北十五里栢尖山之東,禮也。"④ 李氏墓是改葬墓。"徵",拓片𢼄,王仲犖、張金龍、王祺偉皆識為"徵"。從形體上看,"彳"略變形,𢼄識為"徵"確無誤,如《韓仁墓碑》"得"寫作𢔶。雖形體無誤,但筆者認為此字識"澂"更為合適。

"徵"同"澂",《資治通鑑》卷五四漢桓帝延熹二年條:"陛下不加清澂,審別真偽。"胡三省注:"范書《黃瓊傳》,'澂'作'澄'。澄,與澄同。譬之水也,若清澄則塵翳在上,滓濁在下,不可得而混矣。"⑤ "澂"與"澄"為古今字。"澂",《說文·水部》:"澂,清也。"段玉裁注:"澂之言持也,持之而後清。《方言》曰:'澂,清也。''澂'、'澄'古今字。"⑥ "澄",《玉篇·水部》:"澄,

---

① 《北齊書》卷一二《孝昭六王傳》,第158頁。
② (明)崔銑纂修:嘉靖《彰德府志》卷八《鄴都宮室志》,《天一閣藏明代方志選刊》,臺灣新文豐出版公司1985年版,第159頁。
③ 同上書,第164—165頁。
④ 郝本性主編:《隋唐五代墓誌匯編》河南卷第一冊,天津古籍出版社2009年版,第12頁。
⑤ (宋)司馬光編,(元)胡三省注:《資治通鑑》卷五四《漢桓帝延熹二年》,中華書局1982年版,第1752頁。
⑥ (漢)許慎撰,(清)段玉裁注:《說文解字注》,上海古籍出版社1981年版,第550頁。

同澂。"徵海里即澄海里。

北魏洛陽未見澄海里，有澄海鄉，《元湛妻薛慧命墓誌》："薨於澄海鄉綏武里舍。"綏武里，《濟陰王元鬱墓誌》亦言"河南洛陽綏武里人也"①，元鬱卒於太和十五年，當時北魏都城在平城，因此"洛陽綏武里"應是北魏遷都洛陽後元鬱子嗣所居，此誌為後人追記。《王妃穆氏墓誌》記穆氏卒於洛陽綏武里，薛氏和元舉誌記亡於澄海鄉綏武里。由此知綏武里應該是皇室宗族聚居之地。據王連友推測，元鬱既為宗親，其子嗣所居的綏武里應屬於壽丘里之一，位於洛陽城西郭。② 由此亦知澄海鄉在洛陽城西郊。

6.【宣化里】

鄴城宣化里的居住成員主要是漢族官吏，已知有趙郡柏仁李氏和趙氏。武平四年《李君穎墓誌》"終於宣化里"，天統五年《李祖牧墓誌》"薨於鄴城宣化之里舍"，皇建二年《李祖牧妻宋靈媛墓誌》"終於鄴城宣化里"，武定七年《趙奉伯妻傅華墓誌》"薨於鄴城宣化里第"。

洛陽宣化里為宗氏元氏居里，如延昌二年《元顯儁墓誌》"卒於宣化里第"，孝昌元年《元顯魏墓誌》"終於宣化里宅"，孝昌二年《元伯陽墓誌》"終於宣化里宅"，元顯儁、元顯魏、元伯陽為兄弟，是景穆皇帝之曾孫，鎮北將軍、冀州刺史、城陽懷王之子。

7.【清風里】

清風里，墓誌二見。武平五年（574）《魏懿墓誌》："君諱懿，字惠貴，清都鄴人也。以武平五年，歲次甲午，十月戊子朔，廿二日己酉，薨於清風里。"武平三年（572）《徐之才墓誌》："武平三年歲次壬辰六月辛未朔四日甲戌遘疾，薨於清風里第。"③

清風里為鄴城里坊，得名概與清風園有關。清風園實際只是一個菜園，是齊後主高緯修建的。《北史·斛律金傳》："帝又以鄴清風園賜提婆租賃之。於是官無菜，賒買於人，負錢三百萬，其人訴焉。"④《鄴都故事》："後主緯以此園賜穆提婆。於是官無蔬菜，賒買於民，

---

① 王連龍：《新見北魏〈濟陰王元鬱墓誌〉攷釋》，《古代文明》2010 年第 4 期。
② 同上。
③ 《漢魏六朝碑刻校注》第九冊，第 413 頁；第十冊，第 64 頁。
④ 《北史》卷五四《斛律金傳》，第 1969 頁。

負錢三百萬。蓋此乃蔬園也。"① 正德《臨漳縣志·古蹟》:"清風園,在鄴城之南。"②《北周地理志》引《歷代帝王宅京記》言,"清風園在鄴北",筆誤。③ 清風里在鄴南城外。

前述北魏《趙賢墓誌》知北魏洛陽有青風里。

8.【脩仁里、修人里、修仁里】

1) 東魏"脩仁里"

武定八年(550)《元孟瑜墓誌》:"夫人諱孟瑜,河南河陰人也。以武定七年歲次巳巳四月十六日遘疾卒於鄴城脩仁里宅,以武定八年歲在庚午五月巳酉朔十三日辛酉窆於滎陽舊山。"④

2) 北齊"修人里"

天保二年(551)《崔昂夫人盧脩娥墓誌》:"以天保二年,二月乙亥朔,廿九日癸卯卒於鄴縣之修人里舍,春秋卅七。"⑤

3) 北齊之"修仁里"

河清四年(565)《薛廣墓誌》:"蓍秋六十七,以大齊河清二季,薨於成安縣修仁里舍,即以河清四季,歲次乙酉,二月甲寅朔,七日庚申,遷厝於野馬崗東壹十里所。"⑥

天統五年(569)《于孝卿墓誌》:"君諱孝卿,字殺鬼,河南洛陽人也。天統五年九月卅日,終於鄴城咸安鄉修仁里之宅。粵以其年歲次己丑十月丁巳朔五日辛酉,窆於橫河之西七里。"⑦

脩仁里、修仁里、修人里,從書寫形式上看,"修""脩"通假,《字彙補·肉部》:"脩,與修通。"《集韻·尤韻》:"修,或通作脩。""人"與"仁"音同,墓誌書寫常用同音字。這三個里應是指同一個里,然而誌文顯示分別隸屬鄴縣、成安縣、鄴城咸

---

① (明)崔銑纂修:嘉靖《彰德府志》卷八《鄴都宮室志》,《天一閣藏明代方志選刊》,臺灣新文豐出版公司1985年版,第159頁。
② (明)陶景芳編:正德《臨漳縣志》卷五古蹟,《天一閣藏明代方志選刊續編》,上海書店1990年版,第606頁。
③ 王仲犖:《北周地理志》,中華書局1990年版。
④ 趙君平、趙文成:《邙洛碑誌三百種》,中華書局2004年版,第32頁。
⑤ 河北省博物館文物管理處:《河北平山北齊崔昂墓調查報告》,《文物》1973年第11期。
⑥ 《北圖拓本匯編》第七冊,第148頁;《漢魏六朝碑刻校注》第九冊,第178頁。
⑦ 鄭志剛:《北齊石刻五種》,《書法叢刊》2011年第3期。

安鄉。

脩仁里在元孟瑜、李彬誌皆言屬鄴都,這是東魏武定年間,此時未分置三縣,因此言鄴都脩仁里無誤。天保二年言修人里,亦同。北齊鄴城分置三縣,修仁里屬成安縣,故薛廣誌言成安縣修仁里。天統五年"鄴城咸安鄉修仁里"准確描述應是成安縣咸安鄉修仁里。修仁里在鄴城未分置三縣以前,皆稱鄴城修仁里,因此作為一個早已存在的里,不可能在分置三縣後會出現有重名的現象。依此論述,修人里、脩仁里、修仁里三里實為一里,皆在鄴北城,北齊時屬成安縣咸安鄉。

目前所見東魏北齊鄴城里坊材料均未有關於鄉的記載,《隋書·地理志》對鄴城的里坊制度只記其里及里正,未見關於鄉的編制的記載。侯旭東亦提出"僅北齊一朝鄴城周圍,即京畿地區似乎無此類編制"。①"鄴城咸安鄉修仁里"實為成安縣咸安鄉修仁里,表明北齊時期,鄴都即京畿地區沒有鄉的編制。

北魏洛陽亦有修仁里。或作脩仁里,《元進墓誌》言元氏"孝明帝熙平二年卒於洛陽脩仁里"。② 隋代長安有修仁鄉,開皇十七年《趙長述誌》:"長安縣修仁鄉故民趙長述銘,住在懷遠坊。"誌出西安市西郊土門权楊村。③

北魏洛陽亦有咸安鄉,孝昌三年(527)《董偉墓誌》:"以正光四年四月廿五日,卒於洛陽咸安鄉安明里。"④

9.【孝義里】

天統五年(569)《劉賓暨妻王氏誌》:"齊天統五年七月十六日終於鄴城西孝義里之宅,春秋五十有五。權窆於城西南廿五里野馬崗之南。"⑤ 孝義里在城西。

北魏洛陽城東有孝義里,普泰元年(531)《元弼墓誌》:"永安二年,七月廿一日卒於孝義里宅。"《洛陽伽藍記·城東·景寧寺》:

---

① 侯旭東:《北朝村民的生活世界——朝廷、州縣與村里》,商務印書館2010年版,第139頁。
② 齊運通:《洛陽新獲七朝墓誌》,中華書局2012年版,第11頁。
③ 武伯綸:《唐萬年、長安縣鄉里攷》,《攷古學報》1963年第2期。
④ 《漢魏南北朝墓誌集釋》圖二五七;《漢魏六朝碑刻校注》第六冊,第85頁。
⑤ 齊運通:《洛陽新獲七朝墓誌》,中華書局2012年版,第59頁。

❖ 第三章 漢魏六朝石刻都城鄉里攷 ❖

"出青陽門外三里許，御道北有孝義里。"① 隋長安城亦有孝義里，開皇十年《李椿墓誌》："以開皇十三年正月廿七日遘疾，薨於京師之永吉里第，春秋五十。越以大隋開皇十年歲次癸丑十二月丙寅六日辛未，厝於孝義里地。"李椿誌出西安市慶華廠廠區（今灞橋區洪慶鎮田王村一帶）。其妻劉琬華"以（大業）六年歲次庚午癸亥朔正月廿日，葬於藍田縣童人鄉之山"。② 二墓誌同出一墓，二地所指為一，葬地為藍田縣童人鄉孝義里。唐時為萬年縣銅人鄉。③

10.【安仁里】

孝昌二年（526）《元過仁墓誌》："以孝昌二年三月廿二日卒於河陰縣之安仁里宅。"唐代長安亦有安仁里，《唐君墓誌》："以顯慶元年十月三日薨於安仁里第，春秋七十八。"

鄴城相關材料未見安仁里，但隋開皇三年（583）《張叔墓誌》："以隋開皇三年歲次癸卯二月庚午朔十五日甲申窆於魏郡豹祠之南安仁里。"④ 另有《宋循墓誌》："（開皇九年）窆於清德鄉豹祠西北一里。"宋循墓誌在安陽縣北部安豐公社北豐大隊村西土圪嶺出土⑤，與張叔墓誌出土地相距不遠，兩誌皆記"豹祠"，'豹祠'指西門豹祠。同為隋初，僅相隔六年，因此兩誌出土地在隋代時屬魏郡清德鄉，安仁里亦在此附近。據北魏及隋初墓誌的記載推測北齊鄴城西豹祠附近可能有安仁里。

11.【永貴里】

東晉有永貴里，《晉書·苻堅載記》："苻堅字永固，一名文玉，雄之子也。祖洪，從石季龍徙鄴，家於永貴里。"⑥ 永貴里為晉代鄴

---

① （北魏）楊衒之撰，周祖謨校釋：《洛陽伽藍記校釋》卷二，中華書局1963年版，第104頁。
② 羅新、葉煒：《新出魏晉南北朝墓誌疏證》，中華書局2007年版，第432頁。《李椿墓誌》記李氏的葬年早於卒年，顯然存在問題。又開皇十年為庚戌，開皇十三年正是癸丑，因此"十年"當為"十三年"之誤。但"十二月丙寅六日辛未"亦不對。開皇十三年十二月為丁卯朔，五日辛未、六日壬申，是否為五日？
③ 武伯綸：《唐萬年、長安縣鄉里攷》，《攷古學報》1963年第2期。
④ 王其禕、周曉薇：《隋代墓誌銘彙考》，線裝書局2007年版，第1冊，第45頁。誌文"二月庚午朔十五日甲申"誤，應是"二月己巳朔十五日癸未"。
⑤ 羅新、葉煒：《新出魏晉南北朝墓誌疏證》，中華書局2007年版，第402頁。
⑥ 《晉書》卷一一三《苻堅載記》，第2883頁。

城里坊，自然是在鄴北城。東魏北齊鄴城是否有永貴里，如有則在鄴北城。永貴里在各都城皆見，東晉鄴北城永貴里，北魏、北周長安、北魏洛陽，因此永貴里之里名在東魏北齊鄴城也可能有。

五　鄴城里坊的特殊表達方式

某里（坊）、某鄉某里是鄴城里坊居住地記載的常用格式，在諸多東魏北齊墓誌中，有四方墓誌記載的墓主卒地的格式非常特殊。

1.《是連公妻邢阿光墓誌》

墓誌刊於皇建二年，記邢氏"以皇建元年，十月十六日遘疾，卒於鄴城西宣平行土𡋤坊中之宅"。①"𡋤"，《字彙·土部》："𡋤，古臺字。"《東魏北齊鄴京里坊制度考》釋作"塙"，誤，當作"臺"，土𡋤坊即土臺坊。

2.《元華墓誌》

墓誌刊於武平四年，元氏"武平四年六月廿五日終於鄴城宣風行廣寧里，春秋六十有四。……其年八月廿八日合葬於鄴城西南十五里"。元氏墓誌在1975年與其夫和紹隆墓誌同出土於河南省安陽縣安豐鄉張家村。②

3.《趙明度墓誌》

墓誌刊於天平四年，言："君諱明度，字元亮，秦州天水郡清水縣崇仁鄉禮賢里人。……其年四月辛未朔廿五日癸巳寢疾不豫，卒於京邑景穆行昭仁里。粵四年歲次丁巳十月壬辰朔十五日丙午葬於鄴城之西南。"③2008年在河南省安陽縣安豐鄉洪河村東南出土。

4.《李寧墓誌》

墓誌刻於天保七年，稱："君諱寧，字天安，秦州隴西人。……

---

① 牛潤珍：《東魏北齊鄴京里坊制度探析》作"土塙坊"，《晉陽學刊》2009年第6期。

② 河南省文物研究所、安陽縣文管會：《安陽北齊和紹隆夫婦合葬墓清理簡報》，《中原文物》1987年第1期。

③ 孔德銘、焦鵬、申明清：《河南安陽縣東魏趙明度墓》，《攷古》2010年第10期。誌文"四月辛未朔廿五日癸巳"誤，應是"四月辛未朔廿五日乙未"。

❖ 第三章　漢魏六朝石刻都城鄉里攷 ❖

以天保七年十二月廿九日薨於鄴城東軌俗行光義里，春秋九十。"①此志全稱《齊故平西將軍涇州平涼太守當郡都督李君墓誌》，出土情況未見介紹。從行文、字體及內容看是六朝手法。

以上墓誌記載四個居住地，分別是：趙明度卒於"京邑景穆行昭仁里"（京邑即鄴城）；李寧薨於"鄴城東軌俗行光義里"；邢阿光卒於"鄴城西宣平行土臺坊中之宅"；元華終於"鄴城宣風行廣寧里"。從表述看，四墓主生前皆居於鄴城內，李寧居城東，邢阿光居城西。景穆行昭仁里、軌俗行光義里、宣平行土臺坊、宣風行廣寧里分別是東魏北齊鄴城內的地名，稱謂名稱不同，但記載方式相同，表現形式一致，均概括為 XX 行 XX 里（坊）。

顯然，XX 行 XX 里（坊）異於東魏北齊鄴城其他里坊的表達形式，更未見於北魏洛陽里坊名，乃至目前已發現的歷代石刻或古籍材料中，以 XX 行 XX 里記載墓主居所的例證僅見於上述四方墓誌。對此展開細緻分析，探討其內在含義，有助於揭開東魏北齊鄴城的里坊設置情況，為研究中國古代都城提供可靠材料。

1．"行"的所指

東魏北齊鄴城在戶籍管理上實行縣鄉里制，地方基層單位實行縣、鄉、里的結構分層，顯然"行"不是行政基層單位。"行"也不是里坊內的街道。書籍記載各種里坊內街道的稱謂，如巷、街、曲等。巷是里內道路，各家各戶房屋之間的空隙形成的通道，也是人們行走通道，《梁書·王志傳》："志家世居建康禁中里馬蕃巷。"② 街，較巷大、寬些，里與里之間以街為界。里坊的內部結構是"四區"區劃制，即里內有一個十字街，據此分一里為四個區，每面開一門，十字街是里內的主要通道。巷、曲是僅次於街的里內通道，居民住宅分佈在諸巷、曲內。《北史·李崇傳》："積五年，元氏更適趙起。嘗夢庶謂己曰：'我薄福，託劉氏為女，明旦當出，彼家甚貧，恐不能見養。夫妻舊恩，故來相見告，君宜乞取我。劉家在七帝坊十字街

---

① 此拓片源自"中國書法網"。不知其真假。但從行文、字體來看，應是六朝時期手法。

② 《梁書》卷二一《王志傳》，第20頁。

南，東入窮巷是也。"① "七帝坊十字街南，東入窮巷"，從七帝坊的佈局知在鄴城内里坊有大十字街，里内各户之間有巷相通。這些表明"行"並非里内的道路。

"行"究竟指什麽呢？要瞭解"XX行XX里（坊）"的"行"，要從北魏經途尉説起。北魏時期，洛陽城内各處設置經途尉，負責都城的治安管理，永平四年爲從九品，《魏書·甄琛傳》："琛表曰：……京邑諸坊，大者或千户、五百户，其中皆三公卿尹，貴勢姻戚，豪猾僕隸，蔭養奸徒，高門遽宇，不可干問。……請取武官中八品將軍已下幹用貞濟者，以本官俸恤，領里尉之任，各食其禄，高者領六部尉，中者領經途尉，下者領里正。"② 北魏洛陽的里坊治安管理是以縣尉爲首的管理機制，經途尉是指通過巡察的方式維持地區的社會治安，類似於巡警，"巡警之職，通過沿途巡察方式維持一段地區之社會治安"③，"當是負責京城内主要街道交通、治安、守衛等職責的官吏"。④

東魏北齊鄴城實行縣尉坊（村）制度，繼承北魏六部尉制度的同時，也沿襲經途尉制度。經途尉一職亦稱"行經途尉"，《隋書·百官志》記載北齊時分鄴城爲鄴、臨漳、成安三縣，"……鄴又領右部、南部、西部三尉，又領十二行經途尉。凡一百三十五里，里置正。臨漳又領左部、東部二尉，左部管九行經途尉。凡一百一十四里，里置正。成安又領後部、北部二尉，後部管十一行經途尉，七十四里，里置正"。⑤ 由此可知，鄴城按行政區域共置三十二行經途尉，治領323個里，分别隸屬鄴縣、臨漳、成安三縣。其中鄴縣三尉十二行經途尉，治領135個里，臨漳縣左部九行經途尉，治領114里，成安縣後部十一行經途尉，治領74個里。

行經途尉對探討"XX行XX里（坊）"起着重要的提示作用。由"高者領六部尉，中者領經途尉，下者領里正"可知，經途尉官職高

---

① 《北史》卷四三《李崇傳》，第1605頁。
② 《魏書》卷六八《甄琛傳》，第1514—1515頁。
③ 張金龍：《北魏洛陽裏坊制度探微》，《歷史研究》1999年第5期。
④ 牛潤珍：《東魏北齊鄴京里坊制度攷》，《晉陽學刊》2009年第6期。
⑤ 《隋書》卷二七《百官志》，第761頁。

❖ 第三章　漢魏六朝石刻都城鄉里攷 ❖

於里正，管轄權力大於里正，在一定程度上，這意味着東魏北齊鄴城以經途尉管轄的大範圍區域稱謂里正管轄的小範圍區域。由此，基於結合傳世文獻與墓誌記載，筆者認為"XX行XX里（坊）"的"行"與行經途尉的"行"所指相同。

2. 行與里的關係

基於以上描述，大致可釐清東魏北齊鄴城行與里（坊）的關係：行與里（坊）為隸屬關係，行統轄一定數量的里，里隸屬於行，某幾個里在地域上聯合構成一個行，形成一片地區。此地區的治安等情況由某個行經途尉負責，稱謂這個行下的里為XX行XX里（坊），從名稱上對管轄情況進行界定。受地域及人口居住等情況的影響，每個行所領的里的數目不定。

據現有材料，天平四年趙明度墓誌"京邑景穆行昭仁里"是鄴城XX行XX里的最早記錄。東魏天平元年，高歡父子率洛陽40萬戶北徙鄴城，先居鄴北城，至興和二年鄴南城建成，方遷入鄴南城。趙明度葬於鄴城西南，與其墓發現地大致位置相符，不涉及遷墓或重葬之說，因此其居所應是當時記載。由此可知，"景穆行昭仁里"位於鄴北城。這似表明東魏時期鄴北城已有行經途尉制度，且已用行來稱謂里。

《隋書·地理志》對鄴城里坊只記其里及里正，未見關於鄉的編制的記載。《彰德府志》載臨漳縣下設三百鄉，鄴縣下設五百鄉，成安縣下設二百五十鄉，[①] 侯旭東亦提出"僅北齊一朝鄴城周圍，即京畿地區似乎無此類編制"。[②] 沒有鄉的編制，卻見四例"XX行XX里（坊）"用以指稱居所，這表明以"行"稱謂其統轄區域內的里（坊）是當時的主要形式。

"鄴城西宣平行土臺坊中之宅"，《東魏北齊鄴京里坊制度考》認為"'西宣平行土墧坊'，似脫一'里'，應為'西宣平行里土墧

---

① （明）崔銑纂修：《嘉靖彰德府志》，《天一閣藏明代方誌選刊》卷八，臺灣新文豐出版公司1985年版。
② 侯旭東：《北朝村民的生活世界——朝廷、州縣與村裏》，商務印書館2010年版，第139頁。

坊'；或為口語，省一'里'字。"① 對此，筆者持不同看法。"鄴城西宣平行土臺坊中之宅"表明邢氏住宅位於鄴城西面的宣平行土臺坊內，同理"鄴城東軌俗行光義里"中"鄴城東"說明軌俗行光義里在鄴城的東面，而非指西宣平行或東宣平行。鄴城有石橋坊、元子思坊、七帝坊、公子坊、天宮坊等諸坊，七帝坊、公子坊、元子思坊因人物得名，石橋坊因坊附近有石橋命名，天宮坊概因坊內天宮寺得名，以此推論，土臺坊或因坊內（附近）有土臺而命名。

因此，前述材料中的墓誌居所分別解釋為：趙明度宅在鄴城的景穆行的昭仁里，元華宅在鄴城的宣風行的廣寧里，邢阿光卒於鄴城西面宣平行的土臺坊，李寧宅在鄴城東面的軌俗行的光義里。

東魏北齊鄴城32行，已知景穆行、宣風行、宣平行、軌俗行四行，各領昭仁、廣寧、土臺、光義里坊。

3."行"的名稱探討

東魏北齊鄴城三十二行各有其名，除"景穆、軌俗、宣平、宣風"4個行名外，其餘28行如何命名就目前材料不可具知。將現有行名與里名對照，可發現部分行名亦用來記錄里名。

宣平行，"宣平"既稱行，又稱里名。東魏鄴城宣平里，武定二年《呂盛墓誌》："（興和四年）十月卒於鄴城宣平里，春秋七十有五。以武定二年二月二日葬於野馬之原。"以"宣平"命名里（鄉）在北魏洛陽、隋唐長安墓誌皆有記載。北魏洛陽有宣平鄉，熙平二年《元苌墓誌》："姓元，諱苌，字於巔，河南洛陽宣平鄉永智里人也。"隋長安有宣平里，大業六年《韋圓照妻楊靜徽志》："大業六年三月十五日遘疾，薨於宣平里第。"唐長安墓誌記載較多，《于府君夫人京兆韋氏墓誌》："元和二年五月十一日，終於上都宣平里第。"《隴西李府君墓誌》："以大和七年五月四日啟手足於長安宣平里第。"

"軌俗"是行名，亦是里名。天統四年《劉難陀墓誌》："以大齊天統二年四月廿四日，卒於京師軌俗里。""軌"，為效法、規矩義。軌俗，與範世同義，即讓老百姓效法。

宣平、軌俗既作行名，又作里名，表明行名與里名可相同。

---

① 牛潤珍：《東魏北齊鄴京裏坊制度攷》，《晉陽學刊》2009年第6期。

第三章　漢魏六朝石刻都城鄉里攷

"宣風"未見稱鄴城里坊名，但有宣風觀。《鄴都宮室志》記："其中有紫微殿、宣風觀、千秋樓，在七盤山上。""已上並在仙都苑中。"不能確定有宣風觀，就一定有宣風里。但鄴城里坊中有觀名與里名相符的例證。鄴城有東明里，武平二年《梁子彥墓誌》："（武平二年）薨於東明里宅，春秋五十八。"有東明觀，後趙修建，《水經注·濁漳水》曰："東城上，石氏立東明觀，觀上加金博山，謂之鏘山。"蓋東明里有東明觀，里因觀得名。以"宣"為核心語素構成里名，常見於北魏洛陽里坊，如宣平里、宣化里、宣政里。

鄴城未見景穆里，但見以"景"為核心語素構成的里名，如景寧里、景榮里。

景穆、宣風是行名，也可能用作里名。由此可見行名與里名在一定程度上有相似之處。那麼就有疑問了：東魏北齊鄴城為什麼要以里名命行名呢？行名只有32個，那麼是如何從300餘個里坊名稱進行選擇？就目前所見材料而言，暫時難以闡述。

這裡有必要說一說"宣平行里"。

《梁伽耶墓誌》："以河清元年，十月八日卒於宣平行里。"王仲犖、牛潤珍先生皆認為"宣平行里"是一里名，"《北齊墨曹參軍梁伽耶墓誌》里的'宣平行里'，邢氏志里的'西宣平行'，當皆為里名"。對此，結合"鄴城西宣平行土墻坊"，筆者認為"宣平行里"指宣平行某某里，並非是以"宣平行"命里名。可從不同角度解釋：其一，鑒於鄴城既有宣平行，又有宣平里，存在行名與里名相同的情況，推測宣平行里是"宣平行宣平里"的省稱，概因宣平里與宣平行之"宣平"重復而省略；其二，宣平行里指宣平行下轄的某某里，墓誌只言其行，而不記其里。假設前者成立的話，可總結出東魏北齊鄴城里坊名稱表示的另一種方法：當行名與里（坊）名相同時，可略稱為"XX行里"。

結合墓葬仔細分析，從天平四年至武平四年，即東魏初至北齊末整個時期對居所住宅一直可使用XX行XX里（坊）形式稱謂，適用於整個鄴都。

從墓主身份看，墓主地位、身份皆有不同。趙明度、李寧皆秦州人，或漢族，或北魏時期少數民族隨遷者的後人；邢阿光的丈夫是連公，為代北少數民族姓氏，隨北魏孝文帝南遷後改連氏，《魏書·官氏志》："是連氏，後改為連氏。"至北齊復舊姓；元華家族聲名顯赫，其七世祖為昭成皇帝，曾祖、祖父均居高位。由此可知以 XX 行 XX 里（坊）稱謂居所並非某個階層的專有形式，廣泛應用於各個社會階層。

綜上所述，XX 行 XX 里（坊）是東魏北齊鄴城里坊命名的一種常用格式，以這種形式記載居所時無身份差異，且延續使用較長時間，至少從東魏政權遷都至鄴城以來一直在使用。時間跨度、使用人口皆表明 XX 行 XX 里（坊）記錄居所的通用性、普遍性。

北齊鄴城內只見里而未見鄉名，或許"行"的出現可以解釋這個問題。

據以上論述，綜合墓誌、傳世文獻等各種材料的記載，已知記載東魏北齊鄴城里坊的詞語有 56 個，村名 2 個：

長壽里（《魏都賦》）、崇仁里（宗欣誌、源剛誌）、道政里（李希宗妻崔氏誌）、德遊里（叔孫固誌）、东夏坊（《北周地理志》）、東明里（梁子彥誌）、風義里（元延明妃馮氏誌）、敷教里（元鷙妃公孫甑生誌、長孫囧誌）、公子坊（《永樂大典》卷1382）、廣都里（張滿澤妻郝氏誌）、軌俗里（劉難陀誌）、軌俗行光義里（李寧誌）、吉遷里（李伯欽誌）、吉陽里（《魏都賦》）、建忠里（郭肇誌）、景穆行昭仁里（李明度誌）、景寧里（臨漳縣志）、景榮里（賈太妃誌）、令鄉里（可足渾洛妻叔孫氏誌）、七帝坊（《北史·李崇傳》）、清德鄉安仁里（張叔誌、宋循誌）、清風里（魏懿誌、徐之才誌）、仁壽里（臨漳縣志）、石橋坊（《太平廣記》卷327）、思忠里（《魏都賦》）、嵩寧里（公孫略誌）、天宮坊（范粹誌）、西口里（元子邃誌）、西里（袁月璣誌）、咸安鄉修仁里（于孝卿誌）、顯望里（彰德府志）、香夏里（堯峻妻獨孤思男誌）、鄉義里（元延明妃馮氏誌）、孝義里（劉賓暨妻王氏誌）、孝終里（《北齊書·陸卬傳》）、信義里（劉忻誌）、修義里（高建妻王氏誌）、脩（修）仁（人）里（元孟瑜誌、李彬誌、崔昂夫人盧脩娥誌、薛廣誌）、脩（修）正里（元凝妃陸順華誌）、宣范里（褚寶慧誌）、宣風行廣寧里（元華誌）、宣化里

❖ 第三章 漢魏六朝石刻都城鄉里攷 ❖

(李祖牧夫妻誌、李君穎誌、趙奉伯妻傅華誌)、宣平里（呂盛誌）、宣平行里（梁伽耶誌）、宣平行土臺坊（是連公妻邢阿光誌）、延德里（李德元誌）、義井坊（《北齊書·祖珽傳》)、永福里（堯峻誌、吐谷渾靜媚誌）、永貴里（《晉書·苻堅載記》)、永康里（慕容纂誌、高百年妃斛律氏誌）、永平里（《魏都賦》)、元子思坊（《北齊書·楊愔傳》)、允忠里（竇泰妻婁黑女誌）、昭德里（彰德府志）、徵海里（馮君夫人荊山郡君李氏誌）、中和里（張瓘誌）、中壇里（司馬遵業誌）、遵明里（崔昂誌）。

板堂村（彰德府志）、王直長村（王榮暨妻劉氏誌）。

第三節　長安鄉里探討

對長安城里坊的研究，以隋唐長安為主，從晚清徐松的《唐兩京城坊攷》始，以後研究更趨細深，有一系列的研究成果，利用唐代墓誌勘補長安鄉里成果突出。武伯綸著《唐萬年、長安縣鄉里攷》①，程義《隋唐長安轄縣鄉里攷新補》② 在武伯綸等論文的基礎上，補出隋代14鄉、5里，唐代16鄉、33村、19里。王靈《隋代兩京城坊及其四郊地名攷補——以隋代墓誌銘為基本素材》，采撷近世以來出土的隋代墓誌銘文，對隋代兩京有關地理情況進行攷證，側重於兩京的鄉、里、村及四郊地理名稱的研究攷證。③ 然而隋唐以前的長安城的鄉里如何，較隋唐長安研究鳳毛鱗角。王子今《漢代長安鄉里攷》運用傳世材料、漢簡、封泥等描述漢代長安的里坊情況，攷證長安有建章鄉、盧鄉、東鄉共3鄉，長安之里載於《三輔黃圖》卷二"長安城中閭里"有宣明、建陽、昌陰、尚冠、修城、黃棘、北煥、南平、大昌、戚里，載於《文選》卷十《西征賦》有尚冠、修城、黃棘、宣明、建陽、昌陰、北煥、南平，史書資料載陵里、函里、孝里，見於漢代簡牘有宜

---

① 武伯綸：《唐萬年、長安縣鄉里攷》，《攷古學報》1963年第2期。
② 程義：《隋唐長安轄縣鄉里攷新補》，《中國歷史地理論叢》2006年第4期。
③ 王靈：《隋代兩京城坊及其四郊地名攷補——以隋代墓誌銘為基本素材》，碩士學位論文，陝西師範大學，2007年。

·217·

里、棘里、南里、苟里、有利里、當利里、假陽里、嚻陵里、敬上里，綜合各方面材料，漢代長安里名已知 22 個。① 魏晉南北朝時期，以長安為都城的朝代唯有西魏、北周，西魏歷 10 餘年而亡，遺留相關攷古材料較少。北周為鮮卑宇文氏所建，歷時僅 25 年，建都長安，建國時間短，遺存的金石文物情況卻占多數，《中國北周珍貴文物——北周墓葬發掘報告》較早公布 10 方墓誌②，《陝西南北朝隋唐及宋元明清攷古五十年綜述》③、《西魏北周墓葬的發現及研究述評》④ 概括了陝西墓誌等出土情況。《陝西北周墓葬主死葬地攷》搜羅墓誌和文獻記載北周墓主死、葬地材料，認為"北周在城邑外之農村置鄉、黨、里、村，在城邑者，設坊和里等。"⑤

石刻中記載的長安鄉里顯然不如洛陽、鄴數量多，但較特殊的是，這些鄉里詞語多用來表示葬地，這就使我們能大致了解這些鄉里詞語的確切所指。

一 關於永貴里

長安有一個里"永貴里"較特殊，在不同時期的墓誌中頻繁出現。

北魏"永貴里"：

正光元年（520）《邵真墓誌》："君諱真，字天生，相州魏郡阿陽人也。……以正光元年，十一月辛未朔，三日癸酉窆於明堂北鄉永貴里。"⑥ 西安任家口出土。

孝昌二年（526）《韋彧墓誌》："君諱彧，字遵慶，京兆杜人也，

---

① 王子今：《漢代長安鄉里攷》，《人文雜志》1992 年第 6 期。
② 員安志：《中國北周出土珍貴文物——北周墓葬發掘報告》，陝西人民美術出版社 1993 年版。
③ 陝西省攷古研究院隋唐攷古研究部：《陝西南北朝隋唐及宋元明清攷古五十年綜述》，《攷古》2008 年第 6 期。
④ 倪潤安：《西魏北周墓葬的發現與研究述評》，《攷古與文物》2002 年第 5 期。
⑤ 周偉洲：《陝西北周墓葬主死葬地攷》，《中國歷史地理論叢》1995 年第 1 期。
⑥ 景璧：《西安任家口 M229 號北魏墓清理簡報》，《文物參考資料》1955 年第 12 期；《漢魏六朝碑刻校注》第五冊，第 82 頁。

第三章　漢魏六朝石刻都城鄉里攷

今分山北縣洪固鄉疇貴里。春秋五十一，孝昌元秊八月廿六日，薨於長安城永貴里苐。窆於舊兆杜陵。"①

西魏"永貴里""永貴阜"：

大統元年（535）《魏東夏州刺史姬買勖墓誌》："君諱□，字買勖，京兆萇安人也，大統元年天□尚德尊齒，就家詔拜君撫軍將軍東夏州刺史，春秋八十二，遘疾，薨於永貴里舍。"② 長安縣出土。

大統十二年（546）《鄧子詢墓誌》："惠響虛傳，不幸遘疾，春秋五十有三，以大統十二年，正月廿日卒於苐。……其月廿九日，窆於長安洪固鄉永貴阜。"③ 西安市東郊韓森寨出土。

北周"永貴里"：

保定四年（564）《拓跋虎墓誌》："（保定）四秊二月遘疾，三月一日薨於長安平定鄉永貴里，秊卅有八，身經一十四陣。其月廿六日，歸葬於石安北原。"④

保定四年（564）《周故梁府君墓誌》："君諱歡祖，字仲豫，安定烏氏人。以保定三年八月薨於長安縣之永貴里，時年七十三，粵四年十月廿四日窆於石安忠孝之原。"⑤ 咸陽市渭城區北原之上出土。

建德四年（575）《周大將軍崔說神道碑》："建德四年正月十日，薨於長安之永貴里私第。……即以某年二月二十四日葬於京兆平原鄉之吉遷里北陵。"⑥

大成元年（579）《尉遲運墓誌》："大成元年二月廿四日遘疾，薨於秦州，春秋卅有一。其年十月十四日，反葬於咸陽郡涇陽洪瀆鄉永貴里。"⑦

---

① 周偉洲等：《新出土的四方北朝韋氏墓誌攷釋》，《文博》2000年第2期；《漢魏六朝碑刻校注》第六冊，第78頁。
② 武伯綸：《唐萬年、長安鄉里攷》，《攷古學報》1963年第2期。
③ 《新中國出土墓誌·陝西［貳］》（上冊）第3頁；《漢魏六朝碑刻校注》第八冊，第189頁。
④ 李朝陽、馬先登：《咸陽市渭城區北周拓拔虎夫婦墓清理記》，《文物》1993年第11期；《漢魏六朝石刻校注》第六冊，第78頁。
⑤ 羅紅俠：《〈周故梁府君墓誌之銘〉攷略》，《文博》2011年第1期。
⑥ （北周）庾信著，（清）倪璠注釋：《庾子山集》卷十三，康熙刻本。
⑦ 員安志：《中國北周出土珍貴文物——北周墓葬發掘報告》，陝西人民美術出版社1993年版，第101頁；《漢魏六朝碑刻校注》第十冊，第328頁。

從北魏到北周長安皆有永貴里，是否為同一里呢？其中一處為永貴阜，與永貴里有何關係？

1. 永貴阜非永貴里

"窆於長安洪固鄉永貴阜"，"阜"，《爾雅·釋地》："大陸曰阜。"邢昺疏引李巡曰："土地高大名曰阜。"①古長安以"阜"稱地名者較少見。記葬地為永貴阜的《鄧子詢墓誌》在今韓森寨出土，記葬地為永貴里的《尉遲運墓誌》在咸陽底張灣出土，《邵真墓誌》在任家口出土。韓森寨在城東，與底張灣、任家口隔西安市區東西相望，顯然永貴阜不是永貴里，阜名與里名偶同。武伯綸先生認為"永貴阜當即永貴里"②，此說可能有誤。以永貴阜為葬地，概與他誌言葬地地形是一回事，強調葬處為坡狀地帶。

2. 永貴里

北魏"明堂北鄉永貴里"，明堂是古代帝王宣明政教的地方。凡朝會、祭祀、慶賞、選士、養老、教學等大典，都在此舉行。《孟子·梁惠王下》："夫明堂者，王者之堂也。"《玉台新詠·木蘭辭》："歸來見天子，天子坐明堂。"《禮記·玉藻》孔穎達正義："淳於登曰，明堂在國之陽，三里之外，七里之內，丙巳之地。"③丙巳即東南方向。唐時分萬年縣置明堂縣，《新唐書·地理志》："萬年……總章元年析置明堂縣，長安二年省。"轄原萬年縣南部，在長安城南。因此"明堂北鄉永貴里"之"明堂"顯然不是明堂縣。邵真墓於陝西省西安市任家口229號墓發掘，任家口位於古長安城北。"明堂"概代指長安，即長安北鄉永貴里。據此知與邵真誌同時期的韋彧誌言"長安城永貴里"、姬買勔誌言"永貴里"皆為北鄉永貴里。晉代永貴里在長安城內，《晉書·姚興載記》："起浮圖於永貴里，立波若臺於中宮，沙門坐禪者恒有千數。"④

平定鄉永貴里，《長安志》載唐長安五十九鄉，但文中見義陽、善

---

① （清）阮元校刻：《爾雅注疏》卷七，《十三經注疏》（下），中華書局1996年版，第2616頁。
② 武伯綸：《唐萬年長安縣鄉里攷》，《攷古學報》1963年第2期。
③ （清）阮元校刻：《禮記正義》卷二八，《十三經注疏》（下），中華書局1996年版，第1473頁。
④ 《晉書》卷一一七《姚興載記》，第2985頁。

❖ 第三章 漢魏六朝石刻都城鄉里考 ❖

政、同洛、豐邑、苑西、華林六鄉，畢沅注增加渭陽、孝悌、永平三鄉，未見平定鄉。① 後人利用唐代墓誌對長安鄉里進行攷補，也沒有平定鄉。梁歡祖誌與拓跋虎誌、崔沈碑的永貴里應是指同一里，特別是梁氏與拓跋氏葬期為同一年，皆卒"永貴里"，為長安縣平定鄉永貴里。

依據墓誌描述的葬地與墓誌出土地結合，可知除韋彧歸葬長安城南家族墓地外，其他住在永貴里的誌主，不論是北鄉永貴里還是平定鄉永貴里者，或言長安永貴里者，葬地皆在長安以北。邵真誌之"北鄉永貴里"即任家口，拓拔虎誌之"石安北原"為今咸陽市，梁歡祖誌之"石安忠孝之原"為今咸陽市渭城區北原，皆在長安北。崔訦碑未知出土地，可推測葬地大致位置。《周大將軍崔訦神道碑》言崔氏建德四年"葬於京兆平原鄉之吉遷里北陵"，平原鄉，《長安志》卷一三咸陽縣云："平原鄉在縣北管平城里。"② 武伯綸認為"似平原鄉亦在今韋曲東之洪固原上"③，二者所說平原鄉地址相悖，分別處長安縣一北一南。"北陵"之說亦表明平原鄉在今咸陽一帶。由此推斷武伯綸先生的說法可能有誤。

由以上論述，推斷北魏北鄉永貴里與北周平定鄉永貴里實為一里，在今西安任家口一帶，在不同時代，鄉名發生變化而里名未變。尉遲運墓誌葬地"咸陽郡涇陽洪瀆鄉永貴里"，出土地在今西安底張灣機場一帶，距任家口數十公里，隸屬郡、縣、鄉皆不同，顯然與上述為同名異地。

二 山北縣鄉里

《魏書·地形志》京兆郡領縣八，有山北縣。山北縣，十六國時姚興置，設置時間不長，"山北城在西安府東南五十里，魏分長安、藍田二縣地置。以在終南山北而名。"④ 據墓誌記載，山北縣有高望鄉吉遷里、洪固鄉。

---

① （宋）宋敏求撰，（清）畢沅校注：《長安志》卷一二長安縣，中國方志叢書華北地方第290號，成文出版社民國二十年版。
② （宋）宋敏求撰，（清）畢沅校注：《長安志》卷一三，中國方志叢書華北地方第290號，成文出版社民國二十年版。
③ 武伯綸：《唐萬年長安縣鄉里攷》，《攷古學報》1963年第2期。
④ 雍正十三年《陝西通志》卷四建置第三北魏，影印文淵閣四庫全書本第551冊。

1. 北魏【高望鄉吉遷里】

西安市南郊長安區韋曲鎮的塔坡村以東出土二方韋氏墓誌：

永熙二年（533）《魏員外散騎侍郎韋君墓誌》："君諱輝和（？），京兆山北人也。……春秋十八，遘疾終於雒宅。粤永熙二年歲右福（？）提孟陬之日甲申朔廿六日巳酉，窆於京兆郡山北縣高望鄉吉遷里之北原。"

永熙三年（534）《韋乾墓誌》："君諱乾，字德政，京兆杜人也。……以永熙二年歲次癸丑六月戊午朔四日巳酉遇疾而終。"①

據誌文，韋輝和生於正始元年（504），卒時18歲，葬於永熙二年（533），其墓應是遷葬墓。據發掘簡報推測，兩誌主是親兄弟，籍貫一言京兆郡山北縣，另一言京兆郡杜縣，實為一地。②

《韋輝和墓誌》"京兆郡山北縣高望鄉吉遷里之北原"，在韋曲鎮塔坡村以東出土，地處少陵塬向西北延伸的末端。高望鄉因地處高望堆而得名。高望堆，西晉便有，處少陵原北高處，《長安志》卷一一萬年縣："高望堆，《長安圖》曰在延興門南八里。"③《文選·潘安仁〈西征賦〉》："憑高望之陽隈，體川陸之汙隆。"李善注："廣雅曰憑，登也。《長安圖》曰高望堆，延興門南八里。……"④ 唐代有高望里，屬萬年縣高平鄉，《楊迥墓誌》所記"安厝於萬年縣高平鄉高望里"，高望里在今韋曲鎮北焦村一帶。⑤ 今有高望村，在高望堆村東南方向。高望鄉、高望里、高望村，從北魏、唐代至今日，相同的名稱與不同的行政基層單位，這是不同時代地名的延續，位置皆在今韋曲鎮内。

北魏高望鄉可能涵蓋今韋曲鎮塔坡村、北焦村、高望村、高望堆

---

① 西安市文物攷古保護研究所：《西安南郊北魏北周發掘簡報》，《文物》2009年第5期。誌文"四日巳酉"誤，應是"四日辛酉"。
② 西安市文物攷古保護研究所：《西安南郊北魏北周發掘簡報》，《文物》2009年第5期。
③ （宋）宋敏求撰，（清）畢沅校注：《長安志》卷一一，中國方志叢書華北地方第290號，成文出版社民國二十年版。
④ （梁）蕭統編，（唐）李善注：《文選》卷一〇，上海古籍出版社1986年版，第472頁。
⑤ 程義：《隋唐長安轄縣鄉里攷新補》，《中國歷史地理論叢》2006年第4期。

❖ 第三章 漢魏六朝石刻都城鄉里攷 ❖

村一帶。

2.【洪固鄉疇貴里、壽貴里】

洪固鄉在北魏至西魏年間設於山北縣下，北周時廢山北縣，鄉境歸屬萬年縣，且鄉、里名不改。

三　長安、萬年縣里坊探討

《周書·明帝紀》二年六月記："分長安為萬年縣，並治京城。"① 《長安志》卷一一萬年縣引《周地圖記》曰："後周明帝二年分長安、霸城及姚興所置山北三縣，於長安城中別置萬年縣，屬京兆尹，取漢縣舊名也。天和三年省山北縣，建德二年又省霸城、北城二縣，皆併入。"② 萬年縣的縣境範圍在不斷增加，包括長安城、山北、霸城、北城四縣。

1.【冐陂里】

天和四年（569）《鄭術墓誌》："君諱術，字博道，滎陽開封人。……以（天和）四年歲次己丑十二月丙辰朔十七日壬申，同窆於長安之阿傍冐陂里。"③ 2002 年長安縣鎬京鄉灃鎬村出土。

古鎬池在西周鎬京，今灃鎬村西北窪地一帶，池水經由滈水，北注入渭水，漢武帝在池南鑿昆明池。《三輔黃圖·右甘泉宮》："鎬池在昆明池之北，即周之故都也。廟記曰長安城西有鎬池，在昆明池北，周匝二十二里。"後言鎬陂。陂指池塘、湖泊，與池同義，《淮南子·說林訓》："十頃之陂可以灌四十頃，而一頃之陂可以灌四頃，大小之衰然。"高誘注："蓄水曰陂。"《漢書·地理志》："文王作酆，武王治鎬。"顏師古注曰："今昆明池北鎬陂是。"《通典》："武王理鎬，今昆明池北，鎬陂是也。有阿房宫、終南山、龍首山……"④ 各家之說不論是鎬池還是鎬陂，都是池塘名。《鄭術墓誌》記北周鎬陂里為居民聚居地，因近於鎬池，故以其名。以陂為地名者亦有富陂

---

① 《周書》卷四《明帝紀》，第 55 頁。
② （宋）宋敏求撰，（清）畢阮校注：《長安志》卷一一，中國方志叢書華北地方第 290 號，成文出版社民國二十年版。
③ 任平、宋鎮：《北周鄭术墓誌攷略》，《文博》2003 年第 6 期。
④ （唐）杜佑撰：《通典》卷一七三州郡三，中華書局 1984 年版，第 916 頁。

縣，"《十三州志》曰：漢和帝永元九年分汝陰置，多陂塘以溉稻，故曰富陂縣也"。① 此鎬陂里的命名與此同。誌中"鎬"作"冔"，取同音字替代。

墓誌出灃鎬村，在阿房宮遺址西南約 4 里。阿房宮為秦朝宮殿，遺址在今西安市西郊。《三輔黃圖·宮》："阿房宮，亦曰阿城。惠文王造，宮未成而亡。始皇廣其宮，規恢三百餘里。"② 《史記·李斯傳》："高聞李斯以為言，乃見丞相曰：'關東群盜多，今上急發繇治阿房宮，聚狗馬無用之物。……'" 司馬貞索隱："房音旁，一如字。"③ 指讀音為旁。"長安之阿傍冔陂里"，阿傍，梵語"阿傍"為鬼卒名，顯然與誌文義無關。此阿傍是否與近在咫尺的阿房宮有關？傍，《說文·人部》："傍，近也。从人，旁聲。"徐灝注箋："依傍之義即旁之引申，旁、傍蓋本一字耳。"《廣韻·唐韻》："傍，亦作旁。"墓誌"阿傍"之"傍"明確阿房宮可作阿旁宮，亦可作阿傍宮，若如此，讀音為 ēpáng。

2.【高司里】

天和五年（570）《周柱國大將軍大都督同州刺史爾綿永神道碑》："其年（天和五年）十一月五日，葬於京城南高陽原高司里。"《長安志》卷一三咸陽縣記："高陽原，今在縣東三十里。"④ 據周偉洲先生攷證，高陽原當在長安南，其地在今西安市杜城西北袁旗寨一帶。⑤ 高司里亦在此。開皇六年《劉俠誌》"卜葬於長安高陽原司臺里"，2004 年出郭杜鎮康都村西北大學新校區。⑥ 司臺里、高司里應距離不遠。

3.【北胡坊】

《歷代三寶記》："金光明經更廣壽量大辯陀羅尼品五卷。第二出在北胡坊歸聖寺譯。"

---

① （北魏）酈道元著，王先謙校：《水經注》卷三〇，巴蜀書社 1985 年版，第 486 頁。
② 何清谷撰：《三輔黃圖校釋》卷一秦宮，中華書局 2005 年版，第 49 頁。
③ 《史記》卷八七《李斯傳》，第 2558 頁。
④ （宋）宋敏求撰，（清）畢阮校注：《長安志》卷一三，中國方志叢書華北地方第 290 號，成文出版社民國二十年版。
⑤ 周偉洲：《陝西北周墓葬主死葬地攷》，《中國歷史地理論叢》1995 年第 1 期。
⑥ 王其禕、周曉薇：《隋代墓誌銘彙考》，線裝書局 2007 年版，第 1 冊，第 212 頁。

4.【大司馬坊】

宣政元年（578）《獨孤藏墓誌》："宣政元年八月四日，薨於長安大司馬坊第。"大司馬坊，周偉洲認為此坊"似有疑問，因獨孤藏父信，官至大司馬，故名。是否坊即名此，則難遽下結論"。① 此坊的性質與東魏北齊鄴城的元子思坊相同，皆是以居住的人來命名。

5.【清德里】

開皇十二年（592）《呂思禮及夫人墓誌》："夫人辛氏，即魏太子詹事遐之第三女……大統五年九月薨於長安清德里第。粵以開皇十二年正月十五日，合葬於高陽原。"② 墓誌雖然在開皇年間刊刻，但清德里是西魏年間長安里坊。

6.【山北鄉】

武成元年（559）《侯遠墓誌》："粵以武成元年，歲在己卯，十一月甲寅朔，七日□□卒於家。妻南陽樂顯妃、妻董小妃、妻王□貴窆於雍州城南山北縣樊川。"③ 明帝二年六月山北縣已廢，侯遠卒於武成元年，此時已無山北縣，而誌卻言"窆於雍州城南山北縣樊川"，概以舊稱，這種情況與隋代《王瑱墓誌》言葬地為霸城相似。山北縣廢後原縣治地設為鄉。隋大業四年《梁羅墓誌》言梁某"葬於京兆郡山北鄉樊川之岡"④，大業四年山北縣已廢，故稱山北鄉，屬萬年縣，"山北鄉"是山北縣廢後，原治所更名為山北鄉。因此在明帝二年後萬年縣有山北鄉。唐代亦為萬年縣山北鄉，《獨孤士衡墓誌》："維元和十二年六月丙戌，獨孤公寢疾，終於安邑里第，享年十四。其年九月廿三日葬於萬年縣山北鄉神禾原，祔先塋，禮也。"⑤

---

① 周偉洲：《陝西北周墓葬主死葬地攷》，《中國歷史地理論叢》1995年第1期。
② 陝西省攷古研究所：《隋呂思禮夫婦合葬墓清理簡報》，《攷古與文物》2004年第6期。
③ 《陝西碑石精華》第18頁；《漢魏六朝碑刻校注》第十冊，第151頁。"七日□□卒於家"補為"七日庚申卒於家"。
④ （清）毛鳳枝撰：《關中金石文字存逸攷》卷五"咸寧縣"，《石刻史料新編》第二輯第14冊。
⑤ 王連龍：《新見唐〈獨孤士衡墓誌〉攷略》，《書法叢刊》2011年第5期。

《陝西通志》記梁羅墓在杜曲①,獨孤士衡墓在神禾原,侯遠墓在樊川,這些葬地表明山北鄉的位置在今長安縣南。

山北鄉與顯美鄉的來歷相同。仁壽元年(601)《成公蒙及妻李世暉墓誌》:"以仁壽元年太歲辛酉三月甲申朔廿十六日己酉合葬於姑臧縣顯美鄉之藥水里。"② 出土於甘肅武威市北郊金羊鄉。此地原設有顯美縣,北周顯美縣被廢後成為姑臧縣的一個鄉。

7.【洪固鄉疇貴里、壽貴里】

洪固鄉因洪固原得名,是長安墓誌最常見的一個鄉。洪固鄉之名至少從北魏開始,沿用至唐,期間轄縣名發生變化,但鄉名和地理位置未變化。北魏時為山北縣洪固鄉;北周明帝二年時分山北縣為萬年縣,遂為萬年縣洪固鄉;隋代立大興縣,故為大興縣洪固鄉;唐時又為萬年縣境。這在北魏、周、隋、唐代墓誌中有具體表現。

北魏洪固鄉疇貴里屬山北縣,孝昌元年(525)《韋彧墓誌》:"君諱彧,字遵慶,京兆杜人也,今分山北縣洪固鄉疇貴里。"大統十六年(550)《韋彧妻柳敬憐墓誌》:"合葬杜陵舊兆洪固鄉疇貴里。"③ 為夫妻合葬墓,在韋曲北原出土。北周屬萬年縣,沒有相關材料記載。隋時屬大興縣,仁壽元年《魯阿鼻誌》"遷葬小□之原洪固鄉疇貴里",仁壽元年《魯鐘馗誌》"歸葬於雍州大興縣洪固鄉疇貴里之原",大業六年《韋圓照妻楊靜徽誌》"遷窆舊塋鴻固鄉疇貴里"(鴻固即洪固)。前兩誌在今長安縣洪固鄉出土,後一誌在今長安縣韋曲鎮北原出土,與韋彧夫婦墓的出土地點接近。由此可知從北魏年間至隋代洪固鄉疇貴里的位置沒有發生變化。唐代有胄貴里,《韓滉行狀》記"京兆府萬年縣洪固鄉胄貴里韓滉年六十五",《渾瑊神道碑》"葬於京兆府萬年縣洪固鄉胄貴里"。"胄""疇"一音之轉,可能胄貴里是疇貴里的音變,采用不同形體的字記錄。

北周萬年縣洪固鄉壽貴里,宣政元年(578)《宇文瓘墓誌》:

---

① 雍正十三年《陝西通志》卷七〇,影印文淵閣四庫全書本第555冊,第210頁。
② 羅新、葉煒:《新出魏晉南北朝墓誌疏證》,中華書局2007年版,第485頁。
③ 牟發松、蓋金偉:《新出四方北朝韋氏墓誌校注》,《故宮博物院刊》2006年第4期。

第三章　漢魏六朝石刻都城鄉里攷

"反葬於萬年縣洪固鄉壽貴里。"① 1987年長安縣郭杜鎮岔道口村北魚池出土。大象二年（580）《韋孝寬墓誌》："公諱寬，字孝寬，本姓韋氏，京兆杜陵人。……以大象二年十一月廿日死於京第。越其年十二月九日歸葬於萬年之壽貴里。"② 1990年出於長安縣韋曲鎮北原。兩誌皆葬萬年縣壽貴里，出土地卻不相同，由此可知壽貴里大致在郭杜鎮至韋曲鎮之間。洪固鄉又作鴻顧鄉，宣政元年（578）《莫仁相墓誌》："君本姓馬，諱相，字飲勿頭，長安扶風人也。粵以宣政元年歲次戊戌四月戊戌朔廿三日庚申，遷於萬年縣鴻顧鄉壽貴里。"③

以上洪固鄉疇貴里、壽貴里二里均涉及韋氏家族墓誌。宇文瓘本為韋氏，正如誌言："公諱瓘，字世恭，京兆萬年人也。本姓韋氏，後魏末改焉。"《北史·韋孝寬傳》亦曰："恭帝元年，以大將軍與燕公于謹伐江陵，平之，以功封穰縣公。還，拜尚書右僕射，賜姓宇文氏。"④ 疇貴里是居里，壽貴里是葬地，皆在今韋曲鎮，韋氏世居、世葬於此，至唐時"唐京城南，韋、杜二族居之，謂之韋曲、杜曲。語云：'城南韋、杜，去天尺五。'"⑤

洪固鄉的位置，《長安志》卷一一萬年縣："洪固鄉在縣南一十五里，管邨四十八，冑貴里。"⑥ 從衆墓誌出土地可知洪固鄉的大致方位在今洪固鄉與韋曲鎮、郭杜鎮之間。

8.【原望鄉三儒里】

建德六年（577）《莫仁誕墓誌》："君諱誕，字迴樂，本姓馬氏，扶風郿人也。乃祖僑居朔州神武郡尖山縣。春秋卅有四，大周建德五年十月廿七日壬申卒於晉陽之城。粵以六年歲次丁酉三月甲戌朔廿三

---

① 宋英、赵小宁：《北周〈宇文瓘墓誌〉攷釋》，《碑林集刊》第八輯。
② 戴應新：《韋孝寬墓誌》，《文博》1991年第5期。
③ 陝西省攷古研究所：《北周莫仁相、莫仁誕發掘簡報》，《攷古與文物》2012年第3期。
④ 《北史》卷六四《韋孝寬傳》，第2262頁。
⑤ 司馬光編著，（元）胡三省注：《資治通鑒》卷二〇九睿宗景雲元年，中華書局1982年版，第6646頁。
⑥ （宋）宋敏求撰，（清）畢阮校注：《長安志》卷一一，中國方志叢書華北地方第290號，成文出版社民國二十年版。

日丙申，窆於萬年縣原望鄉三儒里。"①

莫仁相與莫仁誕為父子，墓誌同出西安市長安區韋曲街道夏殿村西，兩墓相距19.5米。墓葬地提及鄉里在北魏至西魏時隸屬京兆山北縣下，北周廢山北縣置萬年縣，故鄉里皆屬萬年縣。令人費解的是，墓僅相距不到20米，鄉里名完全不同，莫仁相誌言"萬年縣鴻顧鄉壽貴里"，子莫仁誕誌言"萬年縣原望鄉三儒里"，據周偉洲先生推測："在這19.5米距離中，即此兩同縣不同鄉里的分界處，故這兩葬地雖鄰近，但屬不同鄉里，兩墓誌所記葬地也就不同了。"②

通過這二方墓誌，知洪固鄉與原望鄉相鄰，莫仁誕墓位於莫仁相墓東北19.5米處，則原望鄉在洪固鄉東面，兩鄉的分界線在洪固鄉的壽貴里與原望鄉的三儒里之間。

9.【壽里】

天和四年（569）《周大都督陽林伯長孫瑕夫人羅氏墓誌銘》："以周天和四年二月八日薨於長安之洪固鄉，時年二十有三，某年某月日窆於萬年縣之壽里，山非宋國，翻為節女之陵，地異荊臺，遂有賢妃之墓。"萬年縣壽里，周偉洲先生認為壽里"當在長安城內或郊區"。既為葬地，則在郊區。

10.【天義里】

建德元年（572）《獨孤賓墓誌》："建德元年歲次壬辰五月壬寅朔十二日癸丑，薨於萬年縣天義里第。"③

11.【中鄉里】【萬年里】

中鄉里，《李誕墓誌》記李誕保定四年薨於萬年里，死後葬於中鄉里。墓誌2005年在西安北郊南康村出土，南距坑底寨北周康業墓500米。④ 則中鄉里在今南康村一帶。

萬年里是長安城內里坊，亦見《後魏驃騎將軍荊州刺史賀拔夫人

---

① 陝西省考古研究所：《北周莫仁相、莫仁誕發掘簡報》，《考古與文物》2012年第3期。
② 周偉洲：《北周莫仁相、莫仁誕父子墓誌釋解》，《考古與文物》2013年第1期。
③ 劉呆運、李舉綱：《北周獨孤賓探微》，《考古與文物》2011年第5期。
④ 《陝西西安發現北周婆羅門後裔墓葬》，《中國文物報》2005年10月21日第2版，目前未見墓誌拓片或釋文公布。

元氏墓誌》:"以周天和四年二月二十六日,薨於長安萬年里。"①

12.【東鄉里】

宣政元年(578)《若干雲墓誌》:"一匱未成,遽從朝露,薨於家萬年縣東鄉里,時年卅一。"東鄉里既以東鄉命里名,似表明萬年縣有東鄉。

由以上知北周萬年縣有洪固鄉、山北鄉、原望鄉、東鄉、中鄉。②山北縣廢後,其隸屬的高望鄉、中鄉是否保留下來,未知。

第四節　建康及四郊鄉里探討

一　六朝建康鄉里概況

建康是"六朝都城",先後有六個朝代在此建都。最初以建康為都的是三國時期的孫吳。孫權於建安十六年徙至秣陵(今南京),次年改秣陵為建業,直至西晉太康元年(280)滅亡。西晉滅吳後,恢復建業為丹楊郡秣陵縣。公元318年東晉始,至589年陳朝為隋所滅,前後近270年的時間,東晉、宋、齊、梁、陳五朝相繼以此為都。《宋書·州郡志》揚州刺史:"建康令,本秣陵縣。漢獻帝建安十六年置縣,孫權改秣陵為建業。晉武帝平吳,還為秣陵。太康三年,分秣陵之水北為建業。愍帝即位,避帝諱,改為建康。"六朝建康城的範圍較廣,"梁都之時,戶二十八萬。西至石頭城,東至倪塘,南至石子岡,北過蔣山,南北各四十里"。③晉時以秦淮水為界,分建康、秣陵兩縣,《景定建康志》卷五"辨建鄴"言:"晉書太興三年,分淮水北為建鄴,南為秣陵,此所謂淮水者,蓋指秦淮而言耳。秦淮之水來自建鄴之東而西注於江,故晉於此水之南置縣曰秣陵,名因秦舊也。此水之北置縣曰建鄴,名因吳舊也。"④

石刻記載的建康鄉里數量較少,在史書和《景定建康志》等方志

---

① (北周)庾信著,(清)倪璠注釋:《庾子山集》卷一三,康熙刻本。
② 關於中鄉、東鄉見第四章的論述。
③ (宋)司馬光編著,(元)胡三省注:《資治通鑒》卷一六二《武帝太清三年》注引《金陵記》,中華書局1982年版,第5018頁。
④ (宋)周應合撰:清嘉慶六年刊本影印《景定建康志》卷之五"辨建鄴",中國方志叢書華中地方第416號,成文出版社1983年版,第747頁。

記載較多。綜合各方面的材料，目前已知記載的建康鄉里的詞語有 37 個：

白石里（《隋書·禮儀志》）、濱江里（《至正金陵新志》引《慶元建康志》）、長干里（《建康實錄》卷 2、卷 17；輔國將軍誌）、崇孝里（《宋書·符瑞志》）、定陰里（《建康實錄》卷 17）、東鄉土山里（《晉書·謝安傳》、謝濤誌）、都亭里（《景定建康志》卷 16、《宋書》卷 100 自序）、都鄉中黃里（宋乞誌）、斗場里（《南齊書·祥瑞志》）、鳳凰（永昌）里（《宋書·符瑞志》《建康實錄》卷 12）、佛佗里（《高僧傳·康僧會傳》）、歸仁里（《梁書·明山賓傳》）、化義里（《宋書·符瑞志》；《至正金陵新志》引《慶元建康志》）、嘉瑞里（《至正金陵新志》引《慶元建康志》）、建節里（蕭崇之側室夫人王寶玉誌）、建康里（《南齊書·五行志》）、建興里（《梁書·武帝紀》）、蔣陵里（《建康實錄》卷 12、卷 13）、蔣山里（《建康實錄》卷 17）、椒唐里（《宋書·祥瑞志》）、禁中里（《梁書·王志傳》）、賴鄉齊平里（《南齊書·祥瑞志》）、賴鄉石泉里（謝球誌、宗愨母夫人誌）、南塘里（《南齊書·五行志》）、牛屯里（《梁書·江紑傳》）、青溪里（《景定建康志》卷 42）、舜澤里（《至正金陵新志》引《慶元建康志》）、朔陰里（《梁書·武帝紀》）、太清里（《建康實錄》卷 12、卷 17）、同夏里（《梁書·武帝紀》；《建康實錄》卷 18）、桐下里（《梁書·武帝紀》《建康實錄》卷 17）、西鄉下里（《上清真人許長史舊館壇碑》）、西鄉顯安里（謝濤誌）、翔鷟里（《至正金陵新志》引《慶元建康志》）、延賢里（《至正金陵新志》卷 4）、中興里（《建康實錄》卷 12）、□乡梅府里（建衡元年買地券）

以上鄉里或屬秣陵縣，或屬建康縣。鄉的得名多與位置相關，能見諸史載的里名，或是寺院所在，如長干里與長干寺，斗場里與斗場寺，蔣陵里有竹園寺；或與帝王將相的苑園有關，如建興里與建興苑；或為帝王故里，同夏里為梁武帝的出生地。從這 30 餘個里坊的名稱來看，建康里坊的名稱多與地形有關。

其中墓誌、買地券記載建康的鄉里詞語只有數個，如□鄉梅府里、賴鄉石泉里、東鄉土山里、西鄉下里、都鄉中黃里、西鄉顯安

❖ 第三章 漢魏六朝石刻都城鄉里攷 ❖

里、建節里。

二 幾個鄉里的攷證

1.【□鄉梅府里】

攷古工作者 2007 年 8 月至 9 月在南京市江甯區濱江開發區天成路西建設工地發現 3 座六朝墓葬，第 3 號墓出土買地券，紀年"建衡元年"，是吳末帝孫皓第 4 個年號，知此墓是孫吳晚期（269）墓葬。《簡報》附買地券拓片及釋文，釋文為：

> 建衡元年□□月□巳朔五日辛酉相府吏繆承今還丹陽業建□鄉梅府里十字塚宅從地主古買地三項五十畝二錢三百五十萬鄉吏朱恂證知賣承買對共破荊先生可這乃為手書。①

券文有未釋讀、誤讀或漏讀現象，張學鋒先生對照公布拓片補釋校訂：

> 建衡元年十二月丁巳朔五日辛酉，相府吏繆承，今還丹楊業建□鄉梅府里，卜安塚宅。從地主古糸買地三項五十畝，直錢三百五十萬。鄉吏朱恂證知糸賣承買，對共破荊，先立可信，乃為手書。②

"丹楊業建□鄉梅府里"，這是目前為止有明確紀年標識的記載建業鄉里的最早材料。"業建"是"建業"的誤刻，建安十七年（212）孫權改秣陵為建業縣。丹楊，《景定建康志》卷五"辨丹陽"稱"西漢地理志字從楊，東漢郡國志字從陽，自晉至唐見於史傳者，或為楊，或為陽，無定字也。"③ □鄉梅府里，因券殘鄉名不可識。盧海

---

① 南京市江寧區博物館：《南京濱江開發區 15 號路六朝墓清理簡報》，《東南文化》2009 年第 3 期。
② 張學鋒：《南京濱江開發區吳墓出土"建衡元年"買地券補釋》，《東南文化》2010 年第 1 期。
③ （宋）周應合撰：清嘉慶六年刊本影印《景定建康志》卷之五"辨丹陽"，中國方志叢書華中地方第 416 號，成文出版社 1983 年版，第 744 頁。

鳴分析六朝建康里坊後，認為"見諸史載的建康里坊或在建康縣，或在秣陵縣，而絕無在建業（鄴）縣者。據此可以斷定，建康里坊設置的上限不早於東晉。換言之，其設置最早只可能始於東晉。"① 建衡元年繆承買地券"丹陽建業□鄉梅府里"的記載否定了此說法，說明三國時期建業已有里坊制度。

梅府里各家著錄均未收。有梅里，《建康實錄》："太伯所築勾吳故城，在梅里平墟，今常州無錫縣東三十里，故吳城是也。"② 梅里在今無錫，梅府里依出土地為今江寧區，顯然梅里与梅府里无关。亦與梅嶺崗無關，"梅嶺崗在國門之東，晉豫章太守梅賾家於崗下故民名之"③，梅府里名孫吳即有。梅府里疑為今江寧區梅府村，墓誌出土地與梅府村相距較近。墓地原屬江寧區銅井鎮牧龍行政村孫園自然村，所在處原為一座不知名的小山坡，南面不遠處是牧龍河，在江寧區靠近長江的一片區域中，此處依山傍水，為風水佳處。"墓葬發現地牧龍村與今梅府村尚有一段距離，說明當時的梅府里所轄範圍要比今日梅府村大。"④《江寧縣地名錄》言梅府村名源於清時，一梅姓官員家宅在此，故名。⑤ 此言顯然有誤，梅府村之名三國時已有。

2.【建節里】

永明六年（488）《王寶玉墓誌》："以永明六年四月庚戌朔九日戊午，卒於建節里中，春秋廿又八。粵閏十月丁丑朔六日壬午□，窆於臨沂縣之黃鵠山。"⑥ 據墓誌題首"齊故冠軍將軍東陽太守蕭府郡側室夫人王氏墓誌銘"，知王氏為蕭崇之側室夫人。建節里為建康之里。

3.【西鄉下里、顯安里】【東鄉土山里】

西鄉有二里：下里、顯安里。

---

① 盧海鳴：《六朝建康里坊制度探析》，《南京社會科學》1994 年第 6 期。
② （唐）許嵩撰，張忱石點校：《建康實錄》卷一太祖上，中華書局 1986 年版，第 1 頁。
③ （清）王謨輯：《漢唐地理書鈔》，中華書局 1961 年版，第 179 頁。
④ 南京市江寧區博物館：《南京濱江開發區 15 號路六朝墓清理簡報》，《東南文化》2009 年第 3 期。
⑤ 江寧縣地名委員會：《江蘇省江寧縣地名錄》1981 年，第 126 頁。
⑥ 邵磊：《南齊王寶玉墓誌攷釋——兼論南朝墓誌的體例》，《文獻》2003 年第 4 期。

第三章　漢魏六朝石刻都城鄉里攷

《上清真人許長史舊館壇碑》："真人姓許，諱穆，世名謐，字思玄，本汝南平輿人。後漢靈帝中平二年，六世祖光，字少張，避許相訹俠，乃過江居丹陽句容都鄉之吉陽里。（隱居手書）碑陰記：華陽隱居陶弘景，丹陽秣陵西鄉下里人，宋孝建三年丙申歲夏至之日……"① 陶弘景為丹陽郡秣陵縣西鄉下里人。

《宋故散騎常侍謝公（謝濤）墓誌》："宋故散騎侍揚州丹陽郡秣陵縣西鄉顯安里領豫州陳［郡］陽夏縣都鄉吉遷里謝濤，字明遠，春秋有卅九，元嘉十八年歲次，屠維月依林鐘十七日卒，其年九月卅日窆穸於揚州丹陽郡建康縣東鄉土山里。"② 謝濤誌記居所在秣陵縣西鄉顯安里，葬地在建康縣東鄉土山里。土山，一名東山，在建康城東南20里，《晉書·謝安傳》："又於土山營墅，樓館竹林甚盛，每攜中外子姪往來遊集，肴饌亦屢費百金，世頗以此譏焉，而安殊不以屑意。"③ 土山里應在土山附近。

4.【賴鄉】

賴鄉，老子為"陳國苦縣賴鄉曲仁里"人，此賴鄉非彼賴鄉，只是鄉名相同。不論是史書還是出土材料，從三國至六朝末都有"賴鄉"的相關記載。《三國志·吳志·孫登傳》亦云："後弟慮卒，權為之降損，登晝夜兼行，到賴鄉，自聞，即時召見。"④ 據材料，從西晉至南朝時期賴鄉有三個里：

1）漦湖里

永寧二年（302）《大中大夫買地券》：

永守二年二月辛亥朔廿日庚午，楊州盧江郡樅陽縣大中大夫，汝陰□□□□丹陽郡［江］寧縣賴鄉漦湖里地方，買五頃八十畝，直錢二百萬。⑤

---

① 《句容金石記》卷一，《石刻史料新編》第二輯第九冊，第6424頁。
② （清）葉奕苞：《金石錄補》卷七，《石刻史料新編》第一輯第12冊。
③ 《晉書》卷七九《謝安傳》，第2076頁。
④ 《三國志》卷五九《吳志·孫登傳》，第1364頁。
⑤ 南京市文物保管委員會：《南京板橋鎮石閘湖晉墓清理簡報》，《文物》1965年第6期。

券文記載墓主葬地在"丹陽郡〔江〕寧縣賴鄉潎湖里"一帶。潎湖里,其名"潎湖"概與湖有關,以所處地理特徵命里名。然而未見潎湖的記載,唯《永嘉郡記》有潎湖溪,"潎湖溪中多大鯰,昔有流得一死者,須大五六圍"。① 南朝宋時永嘉郡轄今浙江溫州一帶,自然與潎湖里無關。"潎",《玉篇·水部》:"潎,水涯也。"南朝梁江淹《遣大使巡詔》:"才寡務殷,若無津潎。"由此推測"潎湖"並非指一湖名,而是指湖邊,因居里位置靠近湖邊,遂命里名。將此分析與墓葬出土地相結合,的確如此。地券1964年在南京市中華門外橋鎮一個名為"牛屎墩"的山坡北部出土,此坡東南約2公里處為石閘湖。"潎湖"之"湖"大概就是石閘湖。出土地"牛屎墩"為地勢略高的山坡,葬地遠離居里。賴鄉潎湖里應在今石閘湖西北一帶。

2)齊平里

《南齊書·祥瑞志》:"(永明)六年四月,江寧縣北界賴鄉齊平里三成邏門外路東太常蕭惠基園棪樹二株連理……"② 齊平里在江寧縣北。

3)石泉里

關於此里的記載最多,主要見於墓誌材料。

賴鄉石泉里有兩屬:一言江寧縣賴鄉石泉里。1984至1987年間南京市博物館在南京中華門外雨花臺區鐵心橋鄉大定坊司家山先後發掘7座東晉謝氏家族墓,義熙二年《謝溫墓誌》言葬"丹楊郡江甯縣牛頭山",《謝統墓誌》言"安厝丹楊江寧縣賴鄉石泉里中"。又有元嘉二年《宋乞墓誌》:"元嘉二年,太歲乙丑,八月十三日於江寧石泉里建。"③ 另一言秣陵縣賴鄉石泉里。《集古錄跋尾》卷四《宋宗愨母夫人墓誌》:"涅陽縣都鄉安衆里人,窆於秣陵都鄉石泉里。"④ 都鄉疑是"賴鄉"之誤。⑤ 義熙三年《謝球墓誌》言葬"秣陵縣賴鄉

---

① (宋)李昉等撰:《太平御覽》卷九三七鱗介部引《永嘉郡記》,中華書局1998年版,第4164頁。
② 《南齊書》卷一八《祥瑞志》,第360頁。
③ 斯仁:《江蘇南京市中華門外鐵心橋出土南朝劉宋墓誌》,《攷古》1998年第8期。
④ 歐陽修:《集古錄跋尾》卷四,《石刻史料新編》第一輯第24冊。
⑤ 王志高、羅宗真:《六朝文物》,南京出版社2004年版,第232頁。

第三章 漢魏六朝石刻都城鄉里攷

石泉里牛頭山"。

西晉太康元年分秣陵置臨江縣（次年改稱江寧縣），三年，"分秦淮水北為建鄴，水南為秣陵縣"。區域劃分經常調整，這就使得一些處於邊界線上的里的隸屬時常發生變化。建興里在秦淮河南岸，概在秣陵與江寧交界處，在文獻記載中時屬江寧縣，時屬秣陵縣。東晉江寧縣有建興里，《宋書·符瑞志》："晉孝武帝寧康三年六月辛卯，江寧縣建興里僑民留康家樹異李連理。"① 南朝梁建興里屬秣陵縣，《梁書·武帝本紀》："（天監四年）是月，立建興苑於秣陵建興里。"② 賴鄉石泉里與建興里情況相同。

據出土地點，賴鄉石泉里在中華門外雨花臺區牛首山北麓司家山一帶。牛首山即牛頭山，在南京中華門外西南約 10 公里處。《中華人民共和國地名詞典》言："東晉名天闕山，南朝梁名仙窟山，唐宋名牛頭山"③，依據墓誌記載，詞典顯然有誤，東晉已稱牛頭山。東晉南朝時牛首山屬賴鄉境，謝溫墓葬"丹楊郡江甯縣牛頭山"，而一年後謝球誌言"安厝丹揚郡秣陵縣賴鄉石泉里牛頭山"。石泉里、牛頭山的歸屬在不斷發生變化。在地形上，牛首山可能是秣陵縣和江寧縣的分界線④，從行政區劃上，石泉里設置在北麓今司家山下，處在兩縣交匯地帶。迄今為止，牛首山依舊是南京市區與江寧縣（今雨花臺區與江甯區）的分界線。正如王志高、羅宗真在《六朝文物》所說："究其原因，江寧縣乃太康元年（280）由秣陵縣西南境析置，大約因為石泉里地處兩縣交匯地帶，晉末宋初連年不斷的土斷可能多次涉及京郊縣域的區劃調整，石泉里首當其衝。"⑤

賴鄉名稱使用時間較長，至少從《永甯二年大中大夫買地券》西晉永寧二年（302）至《南齊書·祥瑞志》中永明六年（488）近

---

① 《宋書》卷二九《祥瑞志》，第 859 頁。
② 《梁書》卷二《武帝本紀》，第 42 頁。
③ 江蘇省編纂委員會編，單樹模主編：《中華人民共國和地名詞典》江蘇省條，商務印書館 1987 年版，第 501 頁。
④ 朱智武：《從墓誌地名看東晉南朝陳郡謝氏之浮沉——南京出土 6 方謝氏墓誌所載地名匯釋》，《南京農業大學學報（社會科學版）》2005 年第 3 期。
⑤ 王志高、羅宗真：《六朝文物》，南京出版社 2004 年版，第 232 頁。

200 年內一直在使用。從材料的出土地推測賴鄉的大致範圍，石泉里在今牛首山北麓司家山定坊村一帶，潦湖里在今板橋鎮石閘湖一帶，齊平里在今江寧區北界，則賴鄉涵蓋江寧區北部牛首山北麓至石閘湖一帶。

第四章

漢魏六朝石刻鄉里村坊命名分析

第一節 命名理據

金祖孟在《地名學概論》中說："地名學普通分為三部分，第一部分是訓詁地名學，其目的在解釋地名的意義或尋求地名的來源，在西文中更着重地名拼音的變遷……""訓詁地名學的工作，大體可以分成兩部分，第一是釋義，就是解釋地名在文字上的意義；第二是推源，就是推究古代地名如何演變而成今日通行的地名。……"[①] 詞的理據是某個特定的社會集團的約定俗成，對地名詞語而言，使用性及標注性使得約定俗成的特點表現更明顯。由於年代久遠，時過境遷，地名詞語的理據顯得撲朔迷離。同一個地方的地名從一種語音、文字形式轉變為以另一個語音、文字形式表示，其間發生變化，變化的動因就是不同時代的人們所依據的理據不同。隨着時間的推移，後人已難知曉當初緣何用此地名。地名理據的研究的根本任務，在於揭示這種語言符號的創造和發展變化的動因，知其所源，知其所然。"從理據學角度看，語詞同時具有理性意義（詞義）和背後支援它的理據。"[②] 這種理據成為一個普遍潛在的動因，它使得語言系統按照使用者的意願，有序的安排合乎使用者表情達意需要的語言符號進入"地名詞彙"這個大容器中。對地名詞彙的理據發掘和闡釋，是後人利用和組織有關線索對曾經發生並存在的理據進行推求，以"析詞"

[①] 轉引自華林甫《中國地名學源流》，湖南人民出版社、人民出版社 2010 年版，第 415 頁。

[②] 王艾錄、司富珍：《漢語的語詞理據》，商務印書館 2001 年版，第 2 頁。

的方式進行歷史溯源，從而尋求"造詞"時的理據。當然這種析詞並不是簡單的對複合式詞語進行拆分，而是要綜合當時的社會歷史情況、地形地貌以及相關事件、居住於此的人物等諸多信息，從而大致推測記載鄉里名稱的詞語的基本情況。南北朝鄉里詞彙大部分是複合式詞語，內部形式更多表現爲語義與語義組合，理據則是造成內部形式的動因。前述對具體鄉里的考證中，或多或少對鄉里村坊的命名展開了討論，但分布較散，此節將原則進行匯總，並略舉一兩例，材料兼及其他文獻。

一 源自地理特征

地名的產生、發展和演變，與地理環境及社會環境之間有着密不可分的關係。地理特點是最直觀、直接的地名詞彙理據，它產生於人們對事物和現象的某些特徵的捕捉。"地名是代表地形或地域的符號，其決定與變更常受地理環境的控制和影響。"① 透過源自地理特點而命名的鄉里詞語，可以清晰地看到古人對自身居住環境的瞭解和掌握。

1. 因山而名

前述郡縣鄉里的考證中，五風里因五鳳嶺得名，綏興里處綏興山下，寒山前里在寒山旁，弋壁里因弋壁山而名，揭嶺邨概與揭嶺相關。再如：

1）東魏【榮山鄉石溝里】

天平五年（538）《鄧恭伯妻崔令姿墓誌》："夫人諱令姿，清河武城人也。春秋廿有九，以武泰元年三月卅日卒於第。天平五年太歲戊午正月辛酉朔，一日辛酉窆於歷城縣榮山鄉石溝里。"今濟南市歷下區盛福莊出土。② 《碑帖敘錄》誤作"1965年1月在河南洛陽市東郊出土"③，正之。

---

① 轉引自華林甫《中國地名學源流》，湖南人民出版社、人民出版社2010年版，第416頁。
② 王建浩、蔣寶庚：《濟南市東郊發現東魏墓》，《文物》1966年第4期；《漢魏六朝碑刻校注》第七册，第197頁。
③ 楊震方：《碑帖敘錄》，上海古籍出版社1982年版。

❖ 第四章 漢魏六朝石刻鄉里村坊命名分析 ❖

歷城縣，《魏書·地形志》齊州濟南郡有歷城縣，是古齊歷下城，因城在歷山下得名。"榮山鄉石溝里"的鄉、里名取自地形。榮山鄉以榮山命名，歷代縣志、資料均未載榮山，有幸的是唐代墓誌有記載，開元廿一年《高毛墓誌》記高氏"歸祔於歷城縣東榮山西原，侍先塋也"。[①] 由"歷城縣東榮山西原"知歷城縣東有榮山，這與墓誌出土地今盛福莊在今濟南市東相符。石溝里，依據出土地在歷山（今千佛山）東北部，地處山間溝壑。榮山鄉石溝里大概位置在今歷下區盛福莊至八澗堡一帶，是歷城縣郊外鄉里。

崔氏清河武城人，為崔琰之後，夫鄧恭伯是南陽人。崔氏卒、葬年跨10年，考慮葬俗應是遷葬，可能是鄧恭伯死後將兩人合葬的緣故。然鄧恭伯墓未同時出土。為何崔氏會葬在歷城縣？史書未見其夫鄧氏齊郡任官的相關記錄，蓋與崔氏生前最後兩年在歷城縣參與佛教活動有關。孝昌二年《元氏法義三十人造像記》記錄了鄧恭伯夫婦在歷城縣的活動："大魏孝昌二年九月丁酉朔八日甲辰……都維那比丘靜志、鄧恭伯、崔令姿、魚小姬……""（一百餘人）各抽家財，於歷山之陰敬造石窟，雕刊靈像。"[②] 歷山即今千佛山。東魏榮山鄉石溝里，即原聖佛寺村，顯然聖佛寺村以寺院得名，處千佛山東北部。崔氏葬於這一帶概與此相關。

2）北魏【黃山里】

孝昌二年（526）《李諜墓誌》山東安丘縣出土，具體不詳。誌記李氏"正光四年，歲次甲辰，七月廿七日病卒於洛陽顯中里，春秋廿七。至孝昌二年，二月十五日，窆齊郡安平縣黃山里，祔使君之神塋"。[③]

從"祔使君之神塋"可知"齊郡安平縣黃山里"是李氏家族墓地。誌云李氏遼東襄平人，大概其父任"大魏青州刺史"，因官上任，遂遷家眷至齊郡安平縣，故卒後葬黃山里。誌石出安丘縣，只是一個大致範圍。《匋齋藏石記》推測："安平縣屬齊郡，北魏因之，在今山東青州府臨淄縣東。謹按大清一統志，黃山在昌樂縣東南二十

---

① 周紹良、趙超：《唐代墓誌彙編》，上海古籍出版社1992年版，第1413—1414頁。
② 荊三林：《濟南近郊北魏隋唐造像》，《文物參考資料》1955年第9期。
③ 《北圖拓本匯編》第五冊，第17頁；《漢魏六朝碑刻校注》第五冊，第384頁。

五里，安邱縣在昌樂縣東南二十里，李謀葬黃山里，今誌石出安邱縣，以地形攷之適合。蓋黃山里在安平縣東南，與今日昌樂、安邱之間壤相錯矣。"① 顯然黃山里因山而名，為安平縣郊鄉之里。黃山里在明代臨朐縣亦見，嘉靖《臨朐縣志》記黃山社，因"黃山在縣南四十里，以名社。"② 皆因黃山而名。

3）北齊【石屋山里】

青州市博物館收藏北齊《驃騎將軍左光祿大夫治書侍御史張君墓誌》，天保三年（552）刊，記張氏"以齊天保三年三月五日，葬於石屋山里"。③ 民國年間在益都縣（今青州市）出土。

"石屋山里"前未記州郡縣名，但可以根據誌文推測。張氏本是清河郡武城縣人，其祖上十六國時遷徙至"天齊"，"五識錯峙，九州幅裂，爰自冀壤，來適天齊"。"天齊"，《史記·封禪書》："齊所以為齊，以天齊也。其祀絕莫知起時。八神：一曰天主，祠天齊。天齊淵水，居臨菑南郊山下者。……"④ 左思《齊都賦》云："天齊之池，因名國也。"天齊水在臨淄南郊山下，《齊乘》卷二天齊淵："天齊淵居臨淄南郊山下，五泉竝出南郊。山即牛山也。按此淵在臨淄東南八里。"⑤ 在今臨淄區齊陵鎮一帶。張氏自祖上徙至臨淄縣，蓋居石屋山里一帶，卒後亦葬在這裏。由此知石屋山里隸屬青州齊郡臨淄縣。臨淄、益都兩縣接壤，這也正與墓誌出土益都縣合。則石屋山里大概位置在今臨淄區東南、青州市西北。李森亦認為如此。⑥ 石屋山里因山而得名，各資料未載臨淄、青州一帶有石屋山。

2. 因水而名

古人擇水而居，沿江湖河流生活，以水為名的鄉、里名稱，或直呼水名，如白水里在白河岸邊，澫水里在澫水源頭，穀水里在穀水旁，溳源里在溳水源頭；或以水為地標，如漊湖里在湖邊，西宕鄉在宕渠西，河陌里在河邊，鎬陂里在鎬池旁，牛馬里在牛河、馬河流

---

① （清）端方撰：《匋齋藏石記》卷七，《石刻史料新編》第一輯第 11 冊，第 8047 頁。
② （明）王家士修，祝文、馮惟敏纂：嘉靖三十一年《臨朐縣志》，中國數字方志庫。
③ 賴非：《齊魯碑刻墓誌研究》，齊魯書社 2004 年版，第 308 頁。
④ 《史記》卷二八《封禪書》，第 1367 頁。
⑤ （元）于欽撰：《齊乘》卷二天齊淵，影印文淵閣四庫全書本第 491 冊，第 713 頁。
⑥ 李森：《北齊張攀墓誌攷鑒》，《中國文物報》2004 年 10 月 13 日。

❖ 第四章　漢魏六朝石刻鄉里村坊命名分析 ❖

域，曇溪里在曇溪旁，下箬里在箬水旁，肆盧鄉在肆盧水旁，洛音村在洛陰水旁；或以水形水勢為名，博成里記錄博水水勢，瀝里記錄水流特點。這些無不體現水與百姓的生活環境關係密切。就石刻材料而言，因水得名的鄉、里名顯然在數量上占有優勢，這與《漢書·地理志》記錄相同。據華林甫統計，《漢書·地理志》對以山、水為名類的命名淵源解釋，僅陽城1處表示山，其餘11處均表示水，以方位為名類也由山、水的相對位置而命名，其中因山為名僅5處，因水得名有7處。① 表明人們對水的依賴比山更為強烈，通過地名群的探討同樣可以顯現出來。

"地名群"理論認為，"無論中外地名，都有一種'結群'的現象。所謂'結群'，就是若干不同的地名，由於有一個共同的來源，往往在形式上（用字）或含義上有類似的地方，這種類似的地名，可以很明顯的自成一群。這種地名之群，我們稱為地名群；同一地名群所屬各地名之間，因為有共同的來源，總有一種類似共同血統的關係。因此，'地名群'也可稱為'地名屬'。所謂'共同的來源'，至少有兩種。第一是構成地名的共同的語言文字的基礎；第二是地名取義的共同的地理事物的根據"。② 這種因共同地理事物構成的地名群在石刻亦有表現。

1）以澠水命名構成地名群

以澠水為命名的共同来源的里有澠灣里、澠川里、澠水里，分別以澠水為對象從不同的角度命名。

第一，北齊【澠灣里】。

武平四年（573）《高僑為妻王江妃造木版》：

> 齊武平四年歲次癸巳七月乙丑朔六日庚午釋迦文佛弟子高僑敢告：□灣里地振卹□□高僑，元出冀州勃海郡，因宦仍居青州齊郡益都縣澠□里。……③

---

① 華林甫：《中國地名學源流》，湖南人民出版社、人民出版社2010年版，第43頁。
② 轉引自華林甫《中國地名學源流》，湖南人民出版社、人民出版社2010年版，第417頁。
③ （清）端方撰：《匋齋藏石記》卷一二，《石刻史料新編》第一輯第11冊，第8103頁。

文中二處各缺里名，一為□灣里，一為澠□里，相互參照補為澠灣里。由第二處知澠灣里隸屬青州齊郡益都縣。

第二，隋初【城陽之鄉，澠川之里】。

開皇十五年（595）《燕孝禮誌》，益都縣出土，誌言：

　　……春秋六十有四，以大隋開皇十四年，□□城陽之鄉□川之里。□東流不住，西景無停。□□□□，永息泉扃。今十五年，歲在東宮，十月廿四日甲申□□□□霞山之北，化城之南。①

"□□城陽之鄉□川之里"，據拓片，此句補為"卒於城陽之陽澠川之里"。燕孝禮葬期與葬地，陸增祥釋讀為："今十五年，歲在東宮，十月廿四日甲申□□□□霞山之北，化城之南。"王其禕釋讀為："今十五年，歲在東宮，十月廿四日甲寅窆於霞山之北，州城之南。"②審核拓片，葬地釋為"霞山之北，州城之南"更恰當。"十月廿四日甲"的下一個字拓片較模糊，墓誌記載干支有誤，廿四日應是己酉。因此葬期、葬地為"今十五年，歲在東宮，十月廿四日己酉窆於霞山之北，州城之南"。

第三，唐代【孝義鄉澠水里】。

乾符六年（879）《耿庸夫婦墓誌》在壽光縣出土，誌言：

　　爰以曾高松柏，北海遠郊，近□考妣創塋，卜茲近地，以明年春二月二十四日祔葬於青州益都縣孝義鄉澠水里之原禮也。③

"澠灣里""城陽之陽澠川之里""孝義鄉澠水里"分屬北齊、隋、唐三個朝代，里名皆與澠水有關。"澠"，《玉篇·水部》："澠，水也。"《左傳·昭公十二年》："齊侯奉矢，曰：'有酒如澠，有肉如

---

① （清）陸增祥：《八瓊室金石補正》卷二，文物出版社1985年版，第32頁。
② 王其禕、周曉薇：《隋代墓誌銘彙考》，線裝書局2007年版，第2冊，第193頁。
③ 周紹良：《唐代墓誌彙編》，上海古籍出版社1992年版，第2492—2493頁。

❖ 第四章 漢魏六朝石刻鄉里村坊命名分析 ❖

陵。寡人中此，與君代興。'"杜預注："澠水出齊國臨淄縣北，入時水。"①《讀史方輿紀要》引《從征記》，言博興縣："縣西南有澠水，自臨淄縣北逕博昌南界入時水，自下通謂之澠水云。"②澠水發自臨淄申池，向北流入時水，高僑、燕孝禮、耿庸居里皆因在澠水流經區域而得名。

"澠灣里"，澠水"北流者勢極屈曲，俗稱九里十八灣"③，里在澠水河灣處，"澠灣里之名，昉此僑居益都與臨淄壤相錯，其先塋在澠灣里矣"。④究竟此里在哪一灣，不可知曉。既言益都縣，而《匋齋藏石記》言木版出自山東臨朐縣社壇。

《燕孝禮誌》"以大隋開皇十四年卒於城陽之鄉，澠川之里"，"城陽之鄉"，《八瓊室金石補正》釋"武陽之鄉"，並認為"燕孝禮墓誌未詳所在，文云'城陽之鄉'，城陽隋為豫州汝南郡，今河南信陽州東北境，誌石當出其地。惟此係卒地，而葬地已缺。但見'霞山之北'字，不審是城陽否？"⑤《山東通志》認為城陽鄉為莒州（今莒縣）地，"案地志，今莒州為漢之城陽國，魏之城陽鄉，故著錄都以為莒州石也"。⑥兩者說法實誤。葬地"霞山之北，州城之南"，霞山指今青州雲門山，位於青州城南5公里，北齊《燕繼墓誌》"每取樂於銜霞之高峰，散賞興於澠陽之清流"。⑦唐代墓誌言霞山為雲門山，《故居士天水趙府君墓誌銘並序》"志好雲門山水""殯於益都縣雲門山東岡原"，《清河張氏夫人墓誌銘》"卜兆於府城之南雲門山之下""澠水為鄰兮雲門是鄉"，因此葬地"霞山之北，州城之南"在益都縣境內。葬地與《逢哲墓誌》"澠水之南，霞山之北大埠里"地理位置相同。正如《漢魏六朝墓誌集釋》所說："法偉堂《益都縣圖志二

---

① （清）阮元校刻：《春秋左傳正義》卷四五，《十三經注疏》（下），中華書局1996年版，第2062頁。
② （清）顧祖禹撰，賀次君、施和金點校：《讀史方輿紀要》卷三五，中華書局2005年版，第1634頁。
③ （元）于欽撰：《齊乘》卷二，影印文淵閣四庫全書本第491冊，第771頁。
④ （清）端方撰：《匋齋藏石記》卷一二，《石刻史料新編》第一輯第11冊，第8103頁。
⑤ 陸增祥：《八瓊室金石補正》卷二五，文物出版社1985年版，第163頁。
⑥ （清）孫葆田等撰：《山東金石志》（《山東通志》卷一五一）《石刻史料新編》第二輯第12冊，作"隋邵孝禮墓誌"，誤，當是燕孝禮墓誌。
⑦ 李森：《新見北齊燕繼墓誌攷析》，《中國文化研究》，2010年冬之卷。

六金石志上》全錄其文，《稽古錄六》亦云'山東益都'，蓋出益都無疑。陸星農謂出信陽，則瞽說耳。"①

"城陽之鄉，澠川之里"即城陽鄉澠川里，言城陽鄉在城南，顯然澠川里在澠水流經域，在益都縣境內。唐代的"澠水里"亦為益都縣之里。

2) 因"曲"構成的地名群

曲，指水流彎曲的地方，《詩·魏風·汾沮洳》："彼汾一曲，言采其藚。"朱熹集傳："一曲，謂水曲流處。"居里在河水流經處故名"某曲里"，目前所見材料有張曲里、阮曲里、東曲里、洛曲里、韋曲里、孝曲里。

張曲里，《張徹墓誌》："正光六年二月甲申葬於張曲之里，洛水之陰。"張曲里在洛陽，處洛水之南，是張氏居里。

阮曲里，《楊熙儒墓誌》："卒於京師阮曲里。"阮曲里在洛陽，處洛水之北，是阮氏居里。

韋曲里，唐永隆二年《王府君夫人祿氏墓誌》："即以永隆二年二月九日合葬於京城南洪固鄉界韋曲之禮也。"② 大中十三年《臨壇律大德比丘尼廣惠塔銘》："以其年六月十八日幢蓋香花，遷座於韋曲之右。"③ 初均稱韋曲，未見韋曲里，實為一地，因韋氏家族聚居在此，故名。韋曲之"曲"指潏水，《陝西通志》卷九咸寧縣："（潏水）西迤杜曲、樊川南，又西過韋曲、華嚴川南……"《大清一統志》卷一七九引《咸寧縣志》言："韋曲東北倚龍首，南面神禾，潏水繞其前，為樊川第一名勝。諸韋世居於此。"④

東曲里，《張仲有修通利水大道刻石》："永元十年十月十一日，都卿□□□□□作後□書□虐萅大道東鄉內東曲里人。"東曲里以方位命名，屬洛陽東鄉，在洛水之東。

洛曲里，《李慶容墓誌》："魏永平三年，歲在庚寅，閏六月辛未

---

① 趙萬里：《漢魏南北朝墓誌集釋》（上），北京科學出版社1956年版，第392頁。
② 周紹良、趙超：《唐代墓誌彙編》，上海古籍出版社1992年版，第674頁。
③ 同上書，第2368頁。
④ 乾隆二十九年《大清一統志》卷一七九，影印文淵閣四庫全書本第478冊，第63頁。

❖ 第四章　漢魏六朝石刻鄉里村坊命名分析 ❖

朔，二日壬申，卒於華州鎮之洛曲里。"李慶容卒於華州鎮之洛曲里，概與其夫辛祥任職"華州、征虜、安定王長史"有關。"華州鎮"指華州州治，北魏初在李潤堡，後景明初年（500）華州刺史元燮上表奏請遷州治，曰："及改鎮立郡，依岳立州，因籍倉府，未刊名實。竊見馮翊古城，羌魏兩民之交，許洛水陸之際，先漢之左輔，皇魏之右魏，形勝名都，實惟西蕃奧府。"① 遂移華州州治於今大荔縣南馮翊故城。由此知洛曲里的具體位置在今大荔縣南一帶，當是城郊之里。"洛"即洛水，又稱北洛河，在陝西省北部，是渭水支流，為區別陝西東南部的洛河得名。源出定邊縣東南白于山，經富縣、洛川等縣，至大荔縣南三合口處流入渭河。② 洛曲里即北洛河流經域的一個里。

孝曲里，隋開皇九年《王昌暨妻薛氏誌》："以開皇九年歲次己酉十月辛酉朔十三日癸酉，遷葬於義成鄉孝曲里之東原。"其父王瑱墓誌同時出土，誌言："以今開皇九年歲次己酉十月辛酉朔十三日癸酉改葬霸城之東塋。"③ 霸城縣非隋制，按隋制葬地應是大興縣義成鄉孝曲里。墓誌出土地西安灞橋區洪慶街道，即義成鄉孝曲里所在，灞水從北至南流過。《魏書·地形志》載霸城縣有灞水，孝曲里之"曲"指灞水流經處。

3. 因域內物命名

因里內有較特殊的事物，於是便以此事物命里名。如義井里因井而名，白馬里、天宮坊因寺而名，白石里因境內白石而名，白象坊、獅子坊因其地飼有乾陀羅國、波斯國胡王所獻白象、獅子而名。

1）東漢【梧臺里】

在臨淄縣，《隸釋》記梧臺石社碑："臨淄梧臺西有石社碑，猶存，漢靈帝熹平五年立，其題云梧臺里。"④ 梧臺里以境內梧宮而得

---

① 《魏書》卷一九《安定王傳附元燮傳》，第518頁。
② 戴均良：《中國古今地名大詞典》，上海辭書出版社2005年版，第2281頁。
③ 陝西省考古研究所：《西安洪慶北朝、隋家族遷葬墓地》，《文物》2005年第10期。兩誌干支記載有誤，當是"開皇九年歲次己酉十月庚申朔十三日壬申"。
④ （宋）洪适撰：《隸釋隸續》卷八，中華書局1985年版。

名,《水經注·系水》對其得名進行了解釋,"系水又北經臨淄城西門北,而西流逕梧宮南,昔楚使聘齊,齊王饗之梧宮,即是宮矣。其地猶名梧臺里……"①

2) 北齊【般石村】

武平四年(573)《合村邑義造像》記村落"般石村",該造像在今平定縣巨城鎮上盤石村,處於三窟以北的桃河下遊,距東魏北齊間石艾縣安鹿交村造像處不遠。般石村,"般""盤"音通,字形相近,般石村即盤石村,屬石艾縣。村名源於村落附近有大盤石,乾隆《平定州志·都邨》言:"自娘子關西大者為縣山,承天盤石龍頭又西北……"② 並記平定有盤石都,管九邨,其中有上盤石,在州東四十五里;下盤石,在州東五十里。二邨舊志併為一。③《平定縣志》"古村名攷":"盤石,據《穆天子傳》記載,周穆王於公元前994年出巡,'觴天子於盤石之上',就在這個地方,後分為上盤石、下盤石兩村。"④

3) 東魏【五池鄉】

武定五年(547)《鄭君殘碑》:"以東魏武定五年二月七日薨於陽武縣五池鄉永豐里舍。粵以五里其子江陵縣令……"⑤ 此碑不全,僅存下半截,不知為何人碑。據殘缺內容,《匋齋藏石記》認為"據君與從兄廣州刺史先護同心戮力之文,知其為鄭君之碑。"⑥ 羅振玉亦言:"文內又有君與從兄廣州刺史先護語,先護《魏書》附見鄭羲傳,乃思明之子,則此碑之鄭公亦義之族孫,惜名字已泐不可攷矣。"⑦

"五池鄉永豐里",五池鄉亦見《水經注·渠水》:"歷酸棗逕陽武縣南出,世謂之十字溝,而屬於渠。""渠水右合五池溝,溝

---

① (北魏)酈道元著,王先謙校:《水經注》卷二六,巴蜀書社1985年版,第443頁。
② (清)金明源纂修:乾隆五十五年《平定州志》卷三都邨,中國數字方志庫。
③ 同上。
④ 平定縣志編纂委員會編:《平定縣志》,社會科學文獻出版社1992年版,第32頁。
⑤ 北京魯迅博物館、上海魯迅紀念館:《魯迅輯校石刻手稿》第一函第五冊,上海書畫出版社1987年版。
⑥ (清)端方撰:《匋齋藏石記》卷九,《石刻史料新編》第一輯第11冊,第8068頁。
⑦ 羅振玉撰:《唐風樓金石文字跋尾》,《石刻史料新編》第一輯第26冊,第19843頁。

❖ 第四章 漢魏六朝石刻鄉里村坊命名分析 ❖

上承澤水，下流注渠，謂之五池口。魏嘉平三年，司馬懿帥中軍討太尉王凌於壽春，自彼而還，帝使侍中韋誕勞軍於五池者也，今其地為五池鄉矣。"① 五池鄉得名於五池溝，《讀史方輿紀要》卷四七中牟縣："亦曰五池口，今涸。曹魏嘉平二年，司馬懿討王淩還，魏主使侍中韋誕勞軍於五池。宋張洎曰，莨蕩渠自滎陽五池口出，注為鴻溝是也。"② 五池口在今中牟縣西南，則五池鄉亦在此一帶。

4. 以山坡或山形為名

1）北齊【大嵷里】

武平二年（571）《逢哲墓誌》："君諱哲，字景智，北海下密人也。以天統四年，三月十二日，終於邑里。粵以武平二年，歲次辛卯，十月乙亥朔，十日甲申，窆於瀰水之南，霞山之北大嵷里。"③《九鐘精舍金石跋尾甲編》記清代山東沂水縣出土。④ "逢哲墓誌亦稱'窆於瀰水之南，霞山之北。'霞山無攷，此二誌先後出一地，從可知矣。"⑤ 知逢哲墓誌出自山東沂水的說法有誤，應在益都縣（今青州）一帶出土。

大嵷里，"嵷"，《漢語大字典》未收。"崒"，《集韻·灰韻》："堆，聚土。或作崒。"或作"嵶"，《字彙補·山部》："嵶，古文崒字。聚土成崒也。""嵷""崒"為異體字，構件相同，位置不同。"崒"同"堆"，意為土墩、沙墩或水中聚焦的礁石，即"阜"，《釋名·釋山》："土山曰阜。阜，厚也，言高厚也。"大嵷里之名源自大嵷，即居里附近有大的山坡或土坡，即霞山，大嵷里處於霞山之坡旁。據李森《北齊逢哲墓誌出土地點辨正》攷證，大嵷里地望在青州望城埠⑥，位於今青州雲門山北鳳凰山的山坡上。又作望城阜，元代《待制集·于思容墓誌銘》："始卜地於益都城南十里望城阜之原，而

---

① （北魏）酈道元著，王先謙校：《水經注》卷二二，巴蜀書社1985年版，第381頁。
② （清）顧祖禹撰，賀次君、施和金點校：《讀史方輿紀要》卷四七，中華書局2005年版，第2163頁。
③ 《漢魏南北朝墓誌集釋》圖三四二；《漢魏六朝碑刻校注》第九冊，第386頁。
④ 轉引自趙萬里《漢魏南北朝墓誌集釋》（上），北京科學出版社1956年版，第342頁。
⑤ 趙萬里：《漢魏南北朝墓誌集釋》（上），北京科學出版社1956年版，第392頁。
⑥ 李森：《北齊逢哲墓誌出土地點辨正》，《文物春秋》2010年第4期。

序塋焉。"望城阜在"益都城南十里",正與《燕孝禮墓誌》"城陽之鄉"的居所描述相符,由此看來燕孝禮卒於居里,葬地亦在住所附近。

2)【都鄉唐阪里】

山西省太原市南郊太堡磚廠附近出土三方墓誌,分別為辛祥及夫人李慶容墓誌、辛鳳麟夫人胡顯明墓誌。

第一方,方永平三年(510)《李慶容墓誌》:"遷塋并州太原郡都鄉唐阪里之北山。"

第二方,方神龜三年(520)《辛祥墓誌》:"遷塋并州太原郡看山之陽。"

第三方,方正光三年(522)《胡顯明墓誌》:"歸祔於晉陽之北山,合塋東安府君。"

辛氏家族祖籍隴西狄道,後辛紹先徙居晉陽,"世祖之平涼州,紹先內徙,家於晉陽"。① 據辛祥墓誌和胡顯明墓誌,兩人皆卒於洛陽永年里宅第,可能是當年隨孝文帝遷都而定居洛陽。死後遷葬至家族墓葬地"并州太原郡晉陽縣都鄉唐阪里看山之陽"。并州太原郡晉陽縣都鄉唐阪里是辛氏故里。"唐阪里"在太原王氏族譜也有記載,《承慶祠族簿》:"太原王氏始祖為晉公,周靈王之太子,字子喬,因諫忤肯廢為庶人,謫居并州太原郡晉陽縣都鄉唐阪里。"晉陽縣又稱唐城,《漢書·地理志》:"晉陽本唐國。"《史記·晉世家》:"於是遂封叔虞於唐。唐在河、汾之東,方百里,故曰唐叔虞。姓姬氏,字子于。唐叔子燮,是為晉侯。"張守節正義引《括地志》云:"故唐城在并州晉陽縣北二里。《城記》云堯築也。"② 萬曆《太原府志·古蹟》:"晉陽城,在太原縣北,唐叔虞子燮父徙都之所,一名唐城。"③ 唐阪里之"唐"便是指唐城。"阪",《說文·阜部》:"阪,坡者曰阪。"此阪指看山之坡,看山又稱牢山、北山,李慶容、胡顯明墓誌皆言北山,辛祥墓誌言看山,即指同一座山。唐阪里處於晉陽城北看山之坡旁,故得

---

① 《魏書·辛紹先傳》。
② 《史記》卷三九《晉世家》,第1636頁。
③ (明)關廷訪修,張慎言纂:萬曆《太原府志》卷二四古蹟,中國數字方志庫。

❖ 第四章 漢魏六朝石刻鄉里村坊命名分析 ❖

名唐阪里。

5. 以道路為名

河陌村、當陌村，皆以"陌"為名，"河陌"在河邊，"當陌"指村子在大路旁。

二 源自人物

1. 以某人姓氏命名

如前述太公里因呂姜居所而得名。

2. 以家族姓氏命名

1）北齊【鄭里】

河清元年（562）《李君妻崔宣華墓誌》洛陽出土，誌稱："夫人諱宣華，博陵安平人也。以大魏永安元秊，六月廿四日卒於滎陽鄭里。春秋廿有八。以大齊河清元秊，歲次壬午，十一月丁卯朔，十八日甲申，將祔先塋。"① 滎陽，又作榮陽。荥陽鄭里蓋是以姓名里，與荥陽鄭氏有關。《新唐書·宰相世系表》："鄭氏出自姬姓。周厲王少子友封於鄭，是為桓公。……十三世孫幽公為韓所滅，子孫播遷陳、宋之間，以國為氏。幽公生公子，魯六世孫榮，號鄭君，生當時，漢大司農，居荥陽開封。"② 漢代南郡亦有鄭里。③

以居住者姓氏命名在村落名表現尤為明顯，如大吳村、趙村、馬村、張村、賈墥村、新王村、史村、淳于村、謝營、賈家莊等。

2）東魏【新王村】

武定二年（544）《王貳郎等造佛菩薩像》："大魏武定二年歲次甲子二月丙辰朔十六日辛未……有維那王貳郎率法義三百人等……青州北海郡都昌縣方山東新王村凡法義有二百人等敬造石像碑銘。"④ 此造像題名雖言300人，但據錄文實不到200人，此村居民以王、賈、高三姓居多。都昌縣新王村在方山以東，《匋齋藏石記》："右造

---

① 《北圖拓本匯編》第七冊，第123頁；《漢魏六朝碑刻校注》第九冊，第119頁。
② 《新唐書》卷七五《宰相世系表》，第3259頁。
③ 裘錫圭：《湖北江陵鳳凰山十號漢墓出土簡牘攷釋》，《文物》1974年第7期。
④ （清）端方撰：《匋齋藏石記》卷九，《石刻史料新編》第一輯第11冊，第8063頁。

象王貳朗等為青州北海郡都昌縣方山東新王村人,魏北海郡都昌縣,今山東青州府臨朐縣東北。謹按,《大清一統志》方山在昌樂縣東南二十里,昌樂縣之西南,即臨朐縣也。"①

3)北魏【張村】

景明四年（503）《張村合邑八十人造像記》題名記張村②,《河南新鄉石刻綜述》題為"下張村合邑八十人造像記"③,略有不同,未見拓片公布。河南新鄉市輝縣出土。

4)北齊【公孫村】

天保四年（553）《公孫村母卅一人造像記》："大齊天保四年二月廿日,公孫村母人合卅人一人等,敬造白玉象一區,生者願在佛左右,往過者妙樂□,各得成佛。"④公孫村,公孫應是姓氏。然而參與造像的成員未見姓公孫者。

5)【趙村】

石刻材料有二處:

第一處,天保五年（554）《趙慶祖造像記》："南陽人前魯陽郡中正趙慶祖……三百餘人不謀同辭,遂於龍門趙村建立真容,工巧匠能,世無所……"⑤

造像記在今洛陽市龍門。在今龍門與洛陽市區間有一村叫趙村,或許就是造像記中的趙村。⑥由趙慶祖之"趙"姓,推測此村因姓氏而名。

第二處,宣政元年（578）《若干雲墓誌》："窆於涇陽洪瀆川趙村東北。"

"趙村"是北周咸陽郡涇陽縣洪瀆鄉趙村,在今咸陽市底張灣飛機場候機樓一帶。

顯然兩趙村同名異地,皆以村落居民姓氏為村名。

---

① （清）端方撰:《匋齋藏石記》卷九,《石刻史料新編》第一輯第11冊,第8063頁。
② 《文叢》第五輯,1981年第12期。
③ 傅山泉:《河南新鄉石刻綜述》,《華夏考古》2009年第3期,稱"下張村"。
④ （清）端方撰:《匋齋藏石記》卷一一,《石刻史料新編》第一輯第11冊,第8082頁。
⑤ 馮吾現:《四件北朝造像碑介紹》,《中原文物》1994年第2期。
⑥ 侯旭東:《北朝村民的生活世界——朝廷、州縣與村里》,商務印書館2010年版,第34頁。

❖ 第四章 漢魏六朝石刻鄉里村坊命名分析 ❖

3. 以居住者的身份特徵或從事職業命名

1）以居住者的民族特徵名鄉里

漢代邛都縣安斯鄉是斯叟聚居地，北魏武都里是赫氏族人居住地，北魯川是羌人聚居地，北胡坊概亦是少數民族聚居里坊，這些都是依據居住者的民族身份命名。

2）以居住者的身份名里

王直長村以王榮曾任直長，故以官職稱其居所。

戚里，《漢書·石奮傳》："於是高祖召其姊為美人，以奮為中涓，受書謁。徙其家長安中戚里，以姊為美人故也。"顏師古注曰："於上有姻戚者，則皆居之，故名其里為戚里。"①

3）以居住者的職業名里

北魏洛陽里坊四夷里、通商里、達貨里、奉終里等10個里都是按照居住者的身份特徵命名，《洛陽伽藍記·城西·法雲寺》：

> 市東有通商、達貨二里。里內之人盡皆工巧屠販為生，資財巨萬。……市南有調音、樂律二里。里內之人，絲竹謳歌，天下妙伎出焉。……市西有延酤、治觴二里。里內之人多醞酒為業。……市北〔有〕慈孝、奉終二里。里內之人多以賣棺槨為業，賃輀車為事。……別有阜財、金肆二里，富人在焉。凡此十里，多諸工商殖貨之民，千金比屋，層樓對出，重門啟扇，閣道交通，迭相臨望。②

三 源自事件

發生在此處的事件構成人文因素，也反映在鄉里名稱中，如東魏八澗村。東魏《志朗造像記》記上黨郡壺關縣有八澗村，八澗村實為八諫村。謂之"八諫"，源自此地曾發生八義士諫言之事。據《長治市地名志》介紹，自戰國長平大戰以來，八諫村一帶歷為軍事要隘。公元前265年，廉頗鎮守於此，後趙括欲冒犯長平，軍中有八位

---

① 《漢書》卷四六《石奮傳》，第2193頁。
② （北魏）楊衒之撰，周祖謨校釋：《洛陽伽藍記校釋》卷四，中華書局1963年版，第157—161頁。

義士"勸諫括策",卻被戮。為紀念此事,漢初以此地為"八義士諫趙處",建村得名八諫村。後歷經更名,宋初為八義村,後為八義鎮;明清皆為八諫鄉;今復為八義鎮。① 不論是"八諫"還是"八義",皆源自義士諫言之事。《志朗造像記》作"八澗",取"諫"之同音字替代。

四 源自神話故事

1. 東漢【壻鄉】

《唐公房碑》東漢刻,無具體年月,碑原在陝西漢中城固縣西北,節錄文:

> 君字公房,成固人,故使聟鄉春夏毋蚊蜢,秋冬鮮繁霜,癘蠱不遏,[去其螟蠍,百穀]收入,天下莫[知],斯德祐之效也。真人者,遂[與]□[期聟谷口]山上,[乃與]君神藥,曰:'服藥以後,當移意萬里,知[鳥]獸言語。'是時府在西成,去家七百餘里。……②

"聟",同"婿",洪适注:"'聟'即'壻'字。"③《金石錄》認為是"智"字,非。壻鄉的名稱源於傳說。據說東漢城固縣人房士得道成仙,唯留其婿在人間,此事流傳,誕生此傳說的地方稱為壻鄉,谷稱為壻谷,水稱壻水,此地相關名稱皆以神話傳說為共同命名理據。《水經注·沔水》:

> 左谷水出西北,即壻水也。北發聽山,山下有穴水,穴水東南流歷平川中,謂之壻鄉,水曰壻水。川有唐公祠,唐君字公房,成固人也,學道得仙,入雲臺山,合丹服之,白日升天,雞鳴天上,狗吠雲中,惟以鼠惡留之,鼠乃感激,以月晦日,吐腸胃更生,故時人謂之唐鼠也。公房升仙之日,壻行未還,不獲同

---

① 長治市地名辦公室:《長治市地名志》,長治市地名委員會,2006年。
② 《隸釋隸續》卷三;《漢魏六朝碑刻校注》第二冊,第142頁。
③ (宋)洪适撰:《隸釋隸續》卷三,中華書局1985年版。

❖ 第四章 漢魏六朝石刻鄉里村坊命名分析 ❖

階雲路，約以此川為居，言無蚉霜蛟虎之患，其俗以為信然，因號為堉鄉，故水亦即名焉。百姓為之立廟於其處也，刊石立碑，表述靈異。①

北魏宣武帝正始年間城固縣治移至堉鄉川。

2. 三國吳【語兒鄉】

語兒鄉，《水經注·漸水》："浙江又東逕禦兒鄉。萬善歷曰：吳黃武六年正月，獲彭綺。是歲，由拳西鄉有產兒，墮地便能語，云：天方明，河欲清，鼎腳折，金乃生。因是詔為語兒鄉。"②

五　源自縣名

鄉、里名取自縣名，或里名取自鄉里。縣名、鄉名、里名之間名稱相同據目前所見材料有以下幾種情況：

1. 鄉名、里名與縣名同

在石刻僅發現一例：北魏胡城縣胡城鄉胡城里。

正光四年（523）《席盛墓誌》："君諱盛，字石德，安定臨涇人也。……正光四年，歲在癸卯，二月戊午朔，廿四日甲申，歸窆於恒農胡城縣胡城鄉胡城里。"③ 1987年河南靈寶縣焦村鎮焦村出土。出土地、葬地結合，知恒農胡城縣胡城鄉胡城里即今焦村鎮焦村一帶。

胡城縣，"胡"與"湖"，各書記載不一。《漢書》《後漢書》《晉書》皆作湖縣，《元和郡縣志》湖城縣："本漢湖縣，屬京兆尹。即黃帝鑄鼎之處。後漢改屬恒農郡，至宋加'城'字為湖城縣。"④《晉書·地理志》弘農郡湖縣注曰："故曰胡，漢武更名湖。"《魏書·地形志》作胡城，墓誌亦作"胡"，說明北魏書作"胡"。按時制，胡城縣屬西恒農郡。焦村鎮焦村在今靈寶市區西北2公里，胡城鄉胡城里應是北魏胡城縣治所在。

---

① （北魏）酈道元著，王先謙校：《水經注》卷二七，巴蜀書社1985年版，第454頁。
② （北魏）酈道元著，王先謙校：《水經注》卷四〇，巴蜀書社1985年版，第608頁。
③ 《新中國出土墓誌·河南［貳］》（上冊）第321頁；《漢魏六朝碑刻校注》第五冊，第177頁。誌文"二月戊午朔，廿四日甲申"誤，應是"二月戊午朔，廿四日辛巳"。
④ （唐）李吉甫撰，賀次君點校：《元和郡縣志》卷六河南道二，中華書局1983年版，第164頁。

陳直先生曾推論，冠以縣名的鄉都是都鄉。① 胡城縣胡城鄉，以縣名為鄉，是都鄉所在。前述肆盧鄉雖與肆盧縣名同，但不是肆盧縣治。

2. 里名與縣名同

里名源自縣名的例子較多，如益城里以益縣名，建康里以建康縣名，洛陽里以洛陽城名，蒲坂里以蒲坂縣名，萬年里以萬年縣名。里名與縣名相同者，此里是城內之里。另有：

1）隋初【略陽里】

開皇九年（589）《杨君暨妻吳女英誌》："春秋六十有二，去建德三年五月十五日薨於秦州，權殯於略陽里。以大隋開皇九年歲次己酉三月甲子朔廿一日甲申遷葬於華州華陰東原通靈鄉通靈里。"②《魏書·地形志》秦州略陽郡領五，其中隴城縣注曰："前漢屬天水，後漢屬漢陽，晉罷，後復屬。有隴城，略陽城。"後魏略陽郡治隴城，北周略陽郡有略陽縣，在今甘肅秦安縣東北隴城鎮。③《隋書·地理志》天水郡隴城縣下注："舊曰略陽，置略陽郡。開皇二年郡廢，縣改曰河陽。六年改曰隴城。"誌主卒於北周建德三年，略陽里在北周時應是秦州略陽郡略陽縣略陽里。至隋時郡廢縣改名，但縣名在里名中保留下來。

2）北周【上邽里】

天和六年（571）《趙佺墓誌》："公本姓趙，諱佺，字元昌，天水上邽人也。""以其年（天和六年）十月廿八日窆於上邽里之山。"民國二十五年築路得此誌。或言出天水縣三陽川④，或言天水秦城區瓦窯坡北山香山寺。⑤ 天水上邽即天水郡上邽縣，《魏書·地形志》上封縣注："前漢屬隴西。後漢屬漢陽，晉屬。犯太祖諱改。"《隋書·地理志》上邽縣："故曰上邽，帶天水郡。開皇初郡廢，大業初復置郡，縣改名焉。"《元和郡縣志》上邽縣："本邽戎地，秦伐邽戎

---

① 陳直：《漢書新證》，天津人民出版社1979年版，第138頁。
② 王其禕、周曉薇：《隋代墓誌銘彙考》，線裝書局2007年版，第1冊，第282頁。
③ 王仲犖：《北周地理志》，中華書局1980年版，第146頁。
④ 張維編：《隴右金石錄》，《石刻史料新編》第一輯第21冊，第15976頁。
⑤ 高世華：《趙佺墓誌銘及相關史事攷述》，《天水師範學院學報》2002年第4期。

❖ 第四章 漢魏六朝石刻鄉里村坊命名分析 ❖

而置縣焉。漢屬隴西郡，晉屬天水郡。後魏以避道武帝諱，改曰上邽，廢縣為鎮。隋大業元年復為上邽縣，屬天水郡，武德屬秦州。"①依《元和郡縣志》在隋初"上封"復作"上邽"，趙佺誌刻於北周天和年間卻作"上邽"。因未見墓誌原拓，不知錄文者是否秉承墓誌文字原貌，如真實，則北周時期雖無上邽縣，但里名卻不避諱。《天水縣志》上邽故城"在縣城東五十里，今東柯峪。……後魏改為上封，廢縣為鎮"。② 上邽里概在天水縣城東 50 里。與上述略陽里情況相同，上邽里之名源自上邽縣名。

3）北魏【武邑里】

神龜二年（519）《高道悅妻墓誌》："（神龜元年）薨於信都城之武邑里，殯於西墙。（神龜二年）遷葬於條縣之崇仁鄉孝義里。"③

"信都城之武邑里"是北魏時制，屬冀州長樂郡轄。這是信都縣武邑里。北魏有武邑縣，西漢置屬信都國，"西漢始歷為武邑縣治""北魏屬武邑郡，北齊天保中廢"。④ 武邑縣治在今武邑鎮，在河北省武邑縣中部。按常理，武邑里很可能是因武邑縣而得名，當為武邑縣之里，然而為何是"信都城之武邑里"，未可知。

是否可以作一個推測：在一個縣的諸多里中，會有一個與縣名相同的里名？從建康縣之建康里、洛陽縣之洛陽里、萬年縣之萬年里來看，都城所在縣尚且如此，何況他縣呢？由此可以尋找出城內里名的一條命名規律。

3. 里名與鄉名同

分為兩種情況，一種是鄉、里名完全相同，如清風鄉青（清）風里、通靈鄉通靈里、胡城鄉胡城里；另一種是在里名中含鄉名，如西鄉里、都鄉里、右鄉里、中鄉里、東鄉里，鄉名多由方位語素構成。前一種情況無可非議，後一種則讓人產生疑惑，西鄉里是表示里名呢，還是西鄉之里？

---

① 《元和郡縣志》卷三九隴右道上，上邽縣。其注［一四］曰：改曰上邽攷證：地形志"邽"作"封"，此志文義應爾，傳鈔誤。1983 年，第 1005 頁。
② 應以緩等修，賈纘緒纂：民國二十八年《天水縣志》，蘭州國民印刷局，鉛印本。
③ 山東省石刻藝術博物館：《高道悅夫人墓誌字帖》，山東美術出版社 2008 年版。
④ 戴均良：《中國古今地名大詞典》，上海辭書出版社 2005 年版，第 1687 頁。

西鄉里，見《畫虜奴鎮墓文》《魏平友鎮墓文》《□富昌鎮墓文》，是敦煌郡敦煌縣之里。西鄉里應是西鄉西鄉里。之所以這樣推測，是因為據鎮墓文記載敦煌縣有東鄉、西鄉、西宕鄉三個鄉，顯然敦煌縣的鄉以方位命名，而且這三方鎮墓文都以"西鄉里"表述里籍，因此西鄉里不是表示西鄉之里。大概是因為鄉、里名相同，西鄉里的表述簡省鄉名"西鄉"，完整表述應是敦煌郡敦煌縣西鄉西鄉里。

"都鄉里"，見《畫虜奴鎮墓文》《□安富鎮墓文》，皆言籍貫為"敦煌郡敦煌縣都鄉里"，按常例都鄉在多數縣皆設置，都鄉里應是敦煌縣都鄉隸屬之里，即敦煌郡敦煌縣都鄉都鄉里。

依此類推，《翟普林造像記》"右鄉里"應是汴洲衛輝郡楚邱縣右鄉右鄉里，《若干雲墓誌》"東鄉里"應是京兆郡萬年縣東鄉東鄉里，《李誕墓誌》"中鄉里"應是京兆郡萬年縣中鄉中鄉里。

六　源自古書文意

古書文意，主要體現在都城里坊的命名。"儒家經典、漢魏典故是孝文帝確立對洛陽新都城建設施命名的根據所自。"① 對北魏洛陽的城建設施命名時，孝文帝提出"名目要有其義"，即從熟知的儒家經書選取典雅的字詞為洛陽里坊命名，以儒家經典之"義"為城建設施命名，這是以儒家思想作為遷都後北魏統治的指導思想的體現之一。

從熟知的儒家經書中選取典雅字詞，如洛陽德遊里，取自《禮記·少儀第十七》："士依於德，游於藝；工依於法，游於說。"靜順里，取自《素問·五常政大論》："靜順之紀，藏而勿害。"咸寧鄉，取自《尚書·大禹謨》："野無遺賢，萬邦咸寧。"里仁里，取自《論語·里仁第四》："子曰：里仁為美。"里坊名來自典故者，如乘軒里，《左傳·閔公二年》："冬，十二月。狄人伐衛，衛懿公好鶴，鶴有乘軒者。"杜預注："軒，大夫車。"② 後用來指做官。元懷居乘軒

---

① 張金龍：《北魏洛陽里坊制度探微》，《歷史研究》1999年第6期。
② （清）阮元校刻：《春秋左傳正義》卷一一，《十三經注疏》（上），中華書局1996年版，第1787頁。

❖ 第四章 漢魏六朝石刻鄉里村坊命名分析 ❖

里，居此里者多為元室宗親、達官貴人。對取自儒家經書的里坊名的剖析，《元一統志》解釋大都城內49坊坊名的來歷，如咸寧坊名取自《尚書》、鄰德坊名取自《論語》、宜民坊名取自《毛詩》，同樂坊名取自《孟子》，等，可參考借鑒。①

特別一提的是靜恭里，北魏《楊璉墓誌》："薨於洛陽靜恭里。""靜恭"，《詩·小雅·小明》："靖共爾位，好是正直。神之聽之，介爾景福。"②王先謙《詩三家義集疏》："魯'共'作'恭'。韓'靖共'作'靜恭'。"③關於"靖"之義，有多種說法。《毛傳》："靖，謀也。"《左傳·襄公七年》杜預注："靖，安也。"《爾雅·釋詁》："靖者，安謀也。"《禮記·表記》鄭玄注："靖，治也。""靜、靖、竫［同源字］。三字同音均有安靜義。"④"靖共爾位"之"共"，《毛詩正義》箋云："共，具也。"《禮記·表記》陸德明釋文："共本亦作恭。"楊璉墓誌的"靜恭"與韓本記載相同。洛陽里坊名多取自古書，靜恭里名的出處概源於《詩·小雅·小明》"靖共爾位"，楊氏墓誌新出材料，以石證經書。

這種取古書文意命名的里坊名稱及命名原則對後世有深遠影響，東魏北齊鄴城、隋唐洛陽的里坊繼承了北魏洛陽里坊的名稱及命名原則，這也就是北魏洛陽與北齊鄴城里坊、北魏洛陽與隋唐洛陽里坊名稱能夠互相借鑒、推導的緣由。

七 源自方位語素

現當代地名中常見的方位詞有東西南北中、上下、左右、前後、內（裏）外、經緯等。漢語方位詞通常或以地、日參照，以地球重心引力方向或太陽位置為假設進行方位判斷，如上/下，東/西/南/北，或以說話人的位置假設進行方位判斷，如前/後，左/右。人們的觀念或語言的詞彙跟物質環境的關係非常密切，

---

① （清）英廉等：《欽定日下舊聞考》卷三八"京城總紀"引《元一統志》，影印文淵閣四庫全書本第497冊，第546—547頁。
② （清）阮元校刻：《毛詩正義》卷一三，《十三經注疏》（上），中華書局1996年版，第464頁。
③ （清）王先謙撰，吳格點校：《詩三家義集疏》，中華書局1987年版，第744頁。
④ 王力：《古代漢語字典》，中華書局2000年版，第1623頁。

《周禮》"惟王建國，辨方正位，體國經野，設官分職，以為民極"說明地理方位作為建國行政的重要性。各個郡縣名稱多以東/南/西/北這些單純方位詞與行政制度中的郡、縣構成複音詞。東、南、西、北一般指較大的方位域，多用在大的行政區域後，而陰、陽方位詞表示的空間語義場相對狹小，多用在較小的行政區域後。所以郡後多東南西北的後置構詞成分，縣後多陰、陽的後置構詞成分。這是郡縣與方位語素組合情況。在鄉、里名稱的構詞方面情況有異。

1. 東/南/西/北/中

張金光指出，漢代鄉的名稱有二類：一類為專名，蓋因多於5鄉，不能都以方位為名，故以專名稱；另一類以方位命名，有東鄉、西鄉、南鄉、北鄉。① 判定方位的地理標准是以縣治為本。漢簡鄉名記錄不多，共13個鄉，以東、南、西、北、中命名的鄉有9個：雒陽之北鄉、江陵之西鄉、鄴縣之東鄉、繁陽之北鄉、張掖之西鄉、觻得之北鄉、居延之西鄉、福祿之西鄉、邯鄲之中鄉。三國吳簡中東、西、南、北鄉常見，四個方位語素分別構成東鄉、南鄉、西鄉、北鄉等鄉名。

1）以"東"為語素組合成鄉、里名，略舉例②

漢印：東閭鄉印、上東陽鄉印、東昌祭尊（？）③、東鄉（？）

漢簡：東進里、東邑、東陽里、東里、東阿里、東城里④

石刻：東郡里、東曲里、東明里、東安里

傳世文獻：東里（《漢書》）、廷東里（《漢書》）、東呂鄉東呂里（《漢書》）、東安里（《洛陽伽藍記》）、東城里（《梁書》）⑤

2）以"西"為語素組合成鄉、里名

漢印：霸西祭尊、西昌鄉印（？）、西成祭尊（？）、西季平鄉、

---

① 張金光：《秦鄉官制度及鄉亭里關係》，《歷史研究》1997年第6期。

② 說明：在三種材料中有相同的里，但這不是重復，雖名稱相同，但處在不同朝代不同郡縣。下面鄉里只是舉例性質。

③ 有些侯國或縣以鄉為名，漢印"東昌祭尊"，祭尊是鄉官，東昌是指東昌侯國之鄉官還是東昌鄉之鄉官，不能確定是侯國、縣還是鄉名。存疑。以下同。

④ 說明：來自漢簡。

⑤ 傳世文獻中的例子分別注明出自何書。

第四章 漢魏六朝石刻鄉里村坊命名分析

西立鄉、西平鄉印（？）、西鄉之印（？）

漢簡：西里、西土里、西望里、西陽里、城西里

石刻：西鄉、西里、西夜里、西鄉里

3）以"南"為語素組合成鄉、里名

漢印：高南鄉、南鄉（？）、南成鄉印（？）、南池里印、南孟祭尊、南陽鄉印（？）

漢簡：南安里、南里、南陽里、南池里

石刻：南仁里、南煥里、南鄉、市南里

傳世文獻：南里（《陶淵明集》）

4）以"北"為語素組合成鄉、里名

漢印：北鄉（？）、北鄉之印（？）、城北單父老印

漢簡：北里、北鄉、北昌里、北舒里、北遂里、北平里、北中里、市北里

石刻：北鄉、北原里、北里

5）以"中"為語素組合成鄉、里名

漢簡：中里

石刻：中鄉

傳世文獻：中鄉（《漢書》）、禁中里（《宋書》）、概中里（《梁書》）、中陽里（《漢書》）

東西南北中五個語素，其中以"中"構成鄉里名的能力較弱。由於東南西北中的方位明確，較少相互組合構成鄉、里名，唯見"北中里"。

2. 陰陽

1）以"陽"為語素組合成鄉、里名

直呼陽里，漢簡出現二次。

漢印：安陽鄉印（？）、朝陽鄉印、南陽鄉印（？）、義陽鄉印、陽夏鄉印、渭陽鄉印、沙陽鄉印

漢簡：陽里、雲陽里、假陽里、河陽里、女陽里、具陽里、萊陽里、武陽里、中陽里、定陽里、軍陽里、安陽里、市陽里、池陽里、朝陽里、西陽里

石刻：吉陽里、高陽里、宜陽里、朝陽鄉、河陽邨、穀陽里、朝

陽村

傳世文獻：中陽里（《漢書》）、高陽里（《漢書》）、渭陽里（《三國志》）、汶陽里（《晉書》）

2）以"陰"為語素組合成鄉、里名

直呼陰里，漢簡一見，為西漢陳留郡平丘縣陰里。

漢印：陰明里

漢簡：市陰里、陰里

石刻：陰晉里、陰灌里

傳世文獻：蕩陰里、養陰里（《漢書》）、定陰里（《建康實錄》）、朔陰里（《宋書》）

陰、陽構成里名，漢簡載魏郡貝丘縣有陰陽里。

以陽命名的地名明顯比以陰命名的地名數量多，或許是出土材料有限，未能反映地名全貌，但現有材料相差如此懸殊，這涉及地名詞匯的色彩意義，反映了古代人們在選擇地名用字時的文化心理。

3. 左右

左右是人本參照，受說話人位置變動影響，隨意性較大，難以把握，顯然不如以東、南、西、北這類表示方位的語素構成鄉、里名多。

1）以"左"為語素組合成鄉、里名

左鄉，以左鄉為縣名有左鄉縣，《三國志·魏志·劉放傳》："果大破之，進爵左鄉侯。"①《宋書·州郡志》山陽太守條有："左鄉令，晉安帝立。"以左鄉為鄉名，延熹五年（162）《倉頡廟碑》："高陵左鄉有秩（下闕）萬年左鄉有秩遊智千，萬年北鄉有秩畢奮千五百，蓮勺左鄉有秩杜衡千五百，池陽左鄉有秩何博千五百。"左鄉有秩，有秩是鄉吏官名，左鄉為鄉名，高陵、萬年、蓮勺、池陽四縣分別有左鄉。《臨淄新出漢封泥集》記臨淄縣有"左鄉"。②

漢簡魏郡鄴縣有都里、左都里，顯然左都里在都里的左邊，以都里為參照。

---

① 《三國志》卷一四《魏志·劉放傳》，第457頁。
② 劉創新：《臨淄新出漢封泥集》，西冷印社出版社2005年版。

❖ 第四章 漢魏六朝石刻鄉里村坊命名分析 ❖

2）以"右"為語素組合成鄉、里名

右鄉，南朝宋吳國錢塘縣有右鄉，《宋書·符瑞志》："咸和九年四月甲寅，甘露降吳國錢唐縣右鄉康巷之柳樹。"① 北魏溧陽縣右鄉，武泰元年（528）《陳天寶造像記》："有揚州丹陽郡溧陽縣右鄉西里佛弟子陳天寶因茅齊都，輸官魏闕……"②

有右鄉里，正始二年（505）《翟普林造像記》言翟氏為"汴洲衛輝郡楚邱縣右鄉里人"。

4. 上下

1）以"上、下"為語素組合成鄉、里名，多采用對舉的方式

漢簡中，以"池"為參照，處池左有左池里，處池上有池上里，漢代定陶、館陶縣皆有池上里；以"蛇"為參照，長沙國桂陽縣有上蛇里、蛇下里。

2）以"上"為語素組合成鄉、里名

上里，僅見漢簡，東郡須昌縣有上里。另有上庫里、上樂里、利上里、致上里、敬上里。以"上"構成鄉、里名未見於石刻材料。

3）以"下"為語素組合成鄉、里名

下里，《上清真人許長史舊館壇碑》碑陰記陶弘景為"丹陽秣陵西鄉下里人"。

邑下里，《孫觀暨妻墓誌》："南徐州晉陵郡曲阿縣高陵鄉邑下里"。

5. 前後

未見直書前里、後里例。《趙征興墓誌》記趙氏葬寒山前里。

在一縣之內如何以左、右，上、下命名鄉，張金光先生認為與縣境特點有關："以左、右稱者多為3鄉，還有以上、下稱者。縣境東西狹長者，多以左、右論；南北狹長者，多以上、下稱；較方且又較廣者，多以東、南西、北名。這顯示了地方政域劃分的地理標准是以縣治為本，也說明鄉轄區地理範圍的廣闊。"③

方位語素組合構成鄉里名，漢代里名多見以市為地標，與方位語

---

① 《宋書》卷二八《符瑞志》，第816頁。
② 《北圖拓本匯編》第五冊，第81頁。
③ 張金光：《秦鄉官制度及鄉亭里關係》，《歷史研究》1997年第6期。

素組合命名。市在城內，是專門劃出的貿易之所或商業區。如漢代平陰縣都鄉市南里，即處於市之南。

或以方向東、南、西、北命名：

【市北里】☐白馬市北里陳遂（《居延新簡》53：223）
【市東里】戍卒黨泫氏市東里賈名（《敦煌漢簡》2443）
【市南里】平陰都鄉市南里曹仲成（《曹仲成買地鉛券》）

或以陰、陽命名：

【市陰里】☐冠軍邑市陰里☐（《居延漢簡》230·14）
【市陽里】
☐卒故道市陽里楊崔年三十三（《敦煌漢簡》268）
市陽里郭安（《居延漢簡補編》506·12）
☐市陽里上造王福（《居延漢簡》14·13）
令史觻得市陽里公乘楊禹（《居延漢簡》32·11）
從者居延市陽里張侯（《居延漢簡》62·54）
故候史觻得市陽里甯始成貰買執胡隧長☐（《居延漢簡》117·28）
甲渠卒尹放自言責市陽里董子襄（《居延漢簡》261·42）
市陽里張宮（《居延漢簡》438·3）
騎士市陽里王莫當　（《居延漢簡》560·3）
昭武騎士市陽里儲壽（《居延漢簡》560·27）
建昭四年十一月壬子市陽里呂敞付辭☐☐（《居延新簡》5：7）
三十井常寇墜長閒田市陽里上造齊當（《居延新簡》48：21）
江陵西鄉市陽里人（荊州鳳凰山168號漢墓）

從目前材料來看，"市"與方位語素的組合皆為里名，未見鄉名。

八　源自特殊涵義的語素

文化的創造與詞匯的創造緊密聯繫，人們在認識世界的過程中創造了文化，也產生了創造相應詞語的動力。研究詞匯時要關注詞匯反

❖ 第四章 漢魏六朝石刻鄉里村坊命名分析 ❖

映的文化現象，以及文化、思想對詞匯的滲透。如果說以上七種對鄉里村落的命名皆與實物相關，即具體存在、可依可循的人、物、事或方位等，那麼下面的命名原則是文化與思想在鄉、里、村落命名的體現。從詞匯學的角度來說，以這類詞語命名鄉、里詞語，真實意圖在於通過構成這些詞語的語素的附加義，將某些特定的思想內涵傳遞給人們。

1. 選取嘉名

自漢代以來，有一類鄉（里）是特殊語素的組合，特殊之處在於蘊含的意義，都具有表示美好願望的義位，鄉里名取自這些語素，從嘉言吉語出發，祈求生活安定及美好。常用的嘉義語素舉例如下：

與長壽義相關的代表語素：壽、年

與吉祥如意相關的代表語素：福、吉、康

與快樂義相關的代表語素：樂

與富貴昌盛義相關的代表語素：富、貴、昌、利

與安定平安義相關的代表語素：安、定、平、寧

與永久義相關的代表語素：宜、永

以上這些語素，既可單獨使用，如利里、壽里、吉里、富里、安里、安村、定里、安鄉（安鄉之印），又可與其他語素結合構成鄉、里名稱。分為兩種情況：

1）以一個嘉義語素為中心語素

第一，以安為中心語素。

漢印：安成祭尊、安國鄉印、安樂祭尊、安民里祭尊印、安平鄉印、安陽鄉印、始樂安民三老、新安平政單印、信安鄉印

漢簡：安辟里、安平里、南安里、安居里、安陽里、安定里、安都里、安便里、安衆里、安國里、安世里、安漢里、安志里

墓誌：南安里、安平里、安漢里、安衆里、顯安里、安持里、東安里、新安里、安斯鄉、永安鄉、安樂鄉

傳世文獻：永安里（《晉書》）

第二，以昌為中心語素。

漢印：步昌祭酒、昌鄉、大昌里、東昌祭尊、杜昌里印、西昌鄉印、隱昌祭尊

· 263 ·

漢簡：昌里、昌國里（3次）、武昌里、廣昌里、大昌里、造昌里、步昌里

墓誌：新昌里、宜昌里、吉昌里、昌利里

傳世文獻：永昌里（《宋書》）、大昌里（《列女傳》）

第三，以吉為中心語素。

漢簡：吉里

墓誌：吉里、永吉里、吉陽里

第四，以樂為中心語素。

漢簡：長樂里（2次）、平樂里、樂成里

墓誌：新樂里、長樂里、樂氏里

傳世文獻：樂平里（《水經注》）、康樂里（《水經注》）

2．兩個嘉義語素組合

如安樂鄉、昌樂里、吉昌里、昌利里、富昌里、壽昌里、壽貴里、安昌里等。"安、昌、吉、壽、富、貴"使用頻率較高，且組合能力較強，在正常的語義環境下很少組合，但是基於附加義的因素，這些帶有吉祥如意、美好願望的語素能夠自由組合，成為嘉名鄉里詞語。這反映了人們對社會繁榮昌盛的渴望，對生活環境安定的向往。"宜、永"這一類本沒有嘉義，作為修飾成份向人們傳遞着美好的信息，如宜年里、宜貴里、永年里、永貴里、永福里、永吉里。

除了使用嘉義語素，使用嘉名短語也非常普遍，如萬歲里、萬年里、千秋里、平安里等。周振鶴《新舊漢簡所見縣名和里名》說："里名以嘉名為多，這是中國地名的特點，因而如萬歲、萬年、長樂、千秋、安漢、富貴等里名便為許多縣所共有。"[①]

2．選取體現儒家教化思想的語素

仁、義、禮、智、信是儒家思想的精華所在，重視道德教育是中國鄉治的傳統，鄉、里以體現儒家思想的語素命名，意在引導和教育人們在日常生活中以儒家思想為准則教育和約束自身，從而體現親睦和樂的醇厚民風。

---

① 周振鶴：《新舊漢簡所見縣名和里名》，《歷史地理》第12輯，上海人民出版社1995年版。

❖ **第四章　漢魏六朝石刻鄉里村坊命名分析** ❖

1）以仁為中心語素

《論語·里仁第四》："子曰：里仁為美，擇不處仁，焉得知。"由此衍生出以"仁"為中心語素的崇仁里、修仁里、仁儀里、南仁里等里名。

以"崇仁"為鄉名：

《元恩誌》"崇仁鄉嘉平里"，《侯掌誌》"上谷郡居庸縣崇仁鄉脩義里人"，《常文貴誌》"滄州浮陽郡高城縣崇仁鄉脩義里人"，《趙明度誌》"秦州天水郡清水縣崇仁鄉禮賢里人"，《祖子碩妻元阿耶誌》"葬於范陽逎縣崇仁鄉貞侯里"，《楊機誌》"秦州天水郡冀縣崇仁鄉吉遷里人"等。

以"崇仁"為里名：

《晉書·石勒載記》："徙朝臣掾屬已上士族者三百戶於襄國崇仁里。"①《宗欽誌》"遷柩鄴都崇仁里宅"，《源剛誌》"卒於城安縣崇仁里"，《邢偉誌》"葬武垣縣永貴鄉崇仁里"，《侯義誌》"窆於石安縣孝義鄉崇仁里"。

2）以孝為中心語素

"孝"是最基本的道德要求，《孝經》："子曰：君子之事親孝，故忠可移於君；事兄悌，故順可移於長；居家理，故治可移於官。"②以"孝"為中心語素構成一系列里名：

【孝里】《寇猛墓誌》"燕州上谷郡沮陽縣都鄉孝里人"

【孝敬里】《洛陽伽藍記》記洛陽有孝敬里，司馬氏家族為溫縣都鄉孝敬里人。

【孝親里】《寇治墓誌》："蒙著里名為孝親里。"

【孝悌（弟）里】《元遙墓誌》"河南洛陽孝弟里人"，《元秀墓誌》"河南洛陽都鄉孝悌里人"。

大多數是兩個語素組合，構成鄉名、里名：

【孝義里】"孝"與"義"組合構成孝義里，是使用頻率最高的一個里名。北朝墓誌中遍見，《高雅墓誌》"卒於孝義里"，《劉懿墓

---

① 《晉書》卷一〇五《石勒載記》，第 2737 頁。
② （清）阮元校刻：《孝經注疏》卷七，《十三經注疏》（下），中華書局 1996 年版，第 2558 頁。

誌》"葬於肆盧鄉孝義里",《侯義墓誌》"葬於石安縣孝義鄉崇仁里",《□弘墓誌》"崇仁鄉孝義里人",《張僧顯銘聞》"崇人鄉孝義里",《刁遵墓誌》"窆於饒安城之西南孝義里",《元弼墓誌》"卒於孝義里宅"。鄴城、洛陽亦有孝義里。

【仁義里】《溫式之墓誌》記"并州大原祁縣都鄉仁義里",《梁才墓誌》記"宜君仁義里"。

【忠孝鄉（里）】保定四年（564）《周故梁府君墓誌》："以保定三年八月薨於長安縣之永貴里，時年七十三，粵四年十月廿四日窆於石安忠孝之原。"① 此誌咸陽市渭城區北原出土。"石安忠孝之原"，此原當是咸陽原，或稱石安原，而不是忠孝原。忠孝或為鄉名，或為里名。

基於以上材料，在此筆者對地名群有了另外一個想法。金祖孟先生提出地名群有二個基礎：共同的文字、共同的地理事物依據。目前所見鄉里的材料，有些以中心語素為基礎，衍生出其他類似地名，如以"孝"為中心語素，有孝義里、孝親里、孝悌里等，以"修"為中心語素，構成修仁里、修政里、修義里。在一定意義上這也是一個地名群。與金祖孟先生所說的共同基礎不同的是，這種以某個語素為中心語素而構建的鄉里名稱是在行政干預的社會背景下形成的，其基礎也有二個：共同的文字、共同的意義表達。以這種方式形成的地名群在都城里坊名稱中體現最為明顯。如北魏洛陽有永平、永和、永安、永樂、永年里，有安豐、安武、安明、安貴里，有修仁、修民、修睦里，有延年、延壽、延賢、延酤里，分別以"永、安、修、延"等為中心語素構成。

命名時並非單獨以某一理據命名，亦可多種因素的組合命名。以上所述命名源由是漢代至南北朝時期的地名詞匯理據來源普遍現象，囿於材料有限，命名原則未能更好挖掘。漢簡中有些里名，如"封里、資里、州里、句里"等難以知其命名理據，或許對官方的行政機構而言，里名大多具有符號性，即當時里的作用更多在於著籍和賦稅，而非在乎具體位置，因而有其名，能呼之即可。

---

① 羅紅俠：《〈周故梁府君墓誌之銘〉攷略》，《文博》2011 年第 1 期。

❖ 第四章　漢魏六朝石刻鄉里村坊命名分析　❖

第二節　命名特征

一　鄉里名稱的特征

地名有色彩意義，指地名蘊含的某種獨特的格調、韻味、傾向、氣息等。地名色彩意義與地名詞匯意義的關係密切，色彩是意義的外露和發展，意義是色彩的內容和基礎，色彩與地名詞匯內容相隨。地名色彩有附着性，滲透或依附於地名詞匯意義。

1. 時代特征

鄉里地名的時代色彩是地名的色彩意義之一。時代色彩較之其他色彩意義，獨特處在於從某個地名的命名能感受到一個特殊的時代氛圍和時代氣息，這是社會歷史的變化發展在地名中的投影和烙印。鄉、里名稱亦有時代特征，漢代簡牘與北朝時期石刻的里名都表現出時代性。

漢簡反映出漢代的里名多取嘉名，通過里名反映人們祈求社會安定，國家富强，百姓生活穩定，這與其當時的社會生活相關。漢簡以武帝中葉以後至新莽時期為最多，西漢早期和東漢初期較少，西漢武帝時期，正是國富民强、社會穩定時期，里名多以嘉名為主，反映了當時人們的生活狀況。三國吳簡出現了近 50 個里名，其情況與漢代相近。西晉里坊名沿襲漢代的用詞面貌，亦以嘉名為主，如長貴里、吉陽里等。

北朝鄉里名稱的面貌略異於前代。這種"異"表現在鄉里地名詞匯是由表示儒家思想的語素的"疊加"。尤其是北魏洛陽里坊，"選取以反映儒家文化所倡導的道德准則的字詞或含有褒義的有關字詞作為洛陽里坊名稱，是一條最基本的命名原則"。[1] 這是孝文帝漢化改革的產物，也是北魏施行以儒家思想治國的方針的具體體現。直接表現了統治者對古代哲學思想的宣揚，對鄉里的道德教育，體現教化思想。鄉里道德教育不僅通過設立鄉官里吏，而且設立鄉里教育，彰表楷模，以立民風。這就使得道德教育不可避免地政治化，以教化來維

---

[1] 張金龍：《北魏洛陽里坊制度探微》，《歷史研究》1999 年第 6 期。

護封建統治，鄉里名的選擇也顯示出明確的教化色彩，表現為以孝義忠節、仁義禮信義的儒家思想命名鄉里地名。在晉代以儒家思想為命名原則的地名詞匯就存在，只是不如北魏出現那麼集中。如溫氏故里"并州大原祁縣都鄉仁義里"，顏氏故里"琅邪臨沂孝悌里"，琅邪王氏"臨沂都鄉南仁里"，吐魯番文書"高縣都鄉孝敬里""真興七年六月廿四日，高……鄉延壽里民宋泮故妻隗儀容"，《王佛女買地券》"都鄉仁儀里"等。

2. 地域特征

即使是同一個時代的地名，不同的地域表現亦不相同。如漢簡長沙國的96個里除6—7個外，全是單音節，且命名亦異於其他郡縣，例如合里、甗里、如里、延里、條里、上蛇、胡里、智里、溜里、資里、兼里、邊里、殺里、敢里、漸里、各里、奚里、卑里等。這些里從名稱上看，既與地理特點無關，又無嘉義，尤其是殺里的"殺"、卑里的"卑"，義皆不祥，這與漢代里名多嘉名的導向相悖。

受方言的影響，鄉里地名表現出地域方言特征。如坨城里，兗州人呼實中城為坨，故名坨城里；長干里，江東人呼山隴之間曰干，故名長干里。

二 鄉里名稱的更改

鄉里名稱往往可以更改，石刻文獻受內容的制約，更名記載較少，更多見於歷代史書，涉及原因較多。

1. 因孝行而更里名

里與人們的生活密切相關，里名的更改往往是作為正面宣傳教育的材料出現在史書中，主角是普通老百姓。自後漢以來有"表其門閭"的傳統，對有孝行義跡的人，往往因鄉里稱美，由州縣奏請朝廷旌表其義行美跡。表揚方式，或豎立旌表文字的標記，如《後漢書·列女傳》載沛劉長卿妻有貞順節行，"沛相王吉上奏高行，顯其門閭，號曰'行義桓嫠'，縣邑有祀必膰焉"。[①] 或更改里名以資頌揚。更改的里名大多以"孝"為基本語素構成。

---

① 《後漢書》卷八四《列女傳》，第2797頁。

❖ 第四章 漢魏六朝石刻鄉里村坊命名分析 ❖

　　如孝親里。在《寇治墓誌》中記載寇治因孝行而受到更名的嘉獎。孝昌二年（526）《寇治墓誌》："公懷惠夙沾，民歌再穆。乃相舉樹碑，著顯德頌於泚陽城內。遭繼母憂解任，居喪踰禮，蒙著里名為孝親里。"寇氏孝敬繼母，縣府對其孝母之事進行表彰，並倡導居民效仿，改其居里名為孝親里。寇治父寇臻曾任泚陽鎮將，"泚陽"，《魏書·寇讚附寇臻傳》作"北陽"①，是"比陽"誤。比陽以比水得名，故加"氵"作"泚"，"泚"是"比"的加形異體字。《水經注》作"泚水"，戴震改為"比"。比陽鎮，北魏太和十年（486）改樂陵鎮為比陽鎮，治所在比陽城（今河南泌陽縣）。② 孝親里是比陽城內之里。

　　孝義里的出現頻率最高，因里民有孝行改里名為孝義里，使得孝義里在傳世文獻記載尤為突出。晉陵郡晉陵縣孝義里，《宋書·孝義傳》："余齊民，晉陵晉陵人也。……改其里為孝義里。"③ 會稽諸暨孝義里，《宋書·孝義傳》："賈恩，會稽諸暨人也。……有司奏改其里為孝義里，蠲租布三世。"廣陵縣孝義里，《太平寰宇記》卷一二三揚州江都縣引《南兗州記》："元嘉二年，魏大武兵至廣陵，宗母為軍所害。遂蔬食不嘗，五味以終世，其所住村因改為孝義里。"④

　　純孝里。《宋書·孝義傳》記潘綜有孝行："元嘉四年，有司奏改其里為純孝里，蠲租布三世。"⑤

　　孝家里，則是因僑民之孝行而更改，如會稽郡剡縣孝家里，《南史·孝義傳》："宣帝時，有太原王知玄者，僑居會稽剡縣，居家以孝聞。及丁父憂，哀毀而卒。帝嘉之，詔改所居青苦里為孝家里。"⑥

　　孝行里。《南齊書·孝義傳》記王文殊"以父沒虜，文殊思慕泣血，蔬食山谷三十餘年"，有孝行，"鬱林詔榜門，改所居為'孝行

---

① 《魏書》卷四二《寇讚附寇臻傳》，第948頁。
② 史為樂：《中國歷史地名大辭典》，中國社會科學出版社2005年版，第378頁。
③ 《宋書》卷九一《孝義傳》，第2255頁。
④ （宋）樂史撰，王文楚點校：《太平寰宇記》卷一二三淮南道一，中華書局2007年版，第2446頁。
⑤ 《宋書》卷九一《孝義傳》，第2248—2249頁。
⑥ 《南史》卷九四《孝義傳》，第1851頁。

里'"。①《宋書·孝義傳》郭世道："散騎常侍袁愉表其淳行，太祖嘉之，敕郡榜表門閭，蠲其稅調，改所居獨楓里為孝行焉。"②

孝終里。《北齊書·陸卬傳》："卬兄弟相率廬於墓側，負土成墳。朝廷深所嗟尚，發詔褒揚，改其所居里為孝終里。"

孝順里。《晉書·孝友傳》："元康中，郡察孝廉，不起，巾褐終身。年八十餘，卒於家。邑人號其居為孝順里。"③

通靈里。《宋書·孝義傳》："王彭，盱眙直瀆人也。……元嘉九年，太守劉伯龍依事表言，改其里為通靈里，蠲租布三世。"

2. 因徵兆更里名

或因吉兆更名，南朝宋秣陵縣永昌里改為鳳凰里。《宋書·符瑞志》："文帝元嘉十四年三月丙申，大鳥二集秣陵民王顗園中李樹上，大如孔雀，頭足小高，毛羽鮮明，文采五色，聲音諧從，眾鳥如山雞者隨之，如行三十步頃，東南飛去。揚州刺史彭城王義康以聞。改鳥所集永昌里曰鳳凰里。"④

或因不吉更名。最初洛陽有阜財里，居住在此里的京兆人韋世英卒，後變為桃人恐嚇其妻，其妻捨宅為寺。此後同里人侯慶之子無故而亡，頻有怪異之事發生，因此"尚書左僕射元順聞里內頻有怪異，遂改阜財里為齊諧里也"。⑤

3. 因其他事件更里名

北魏洛陽有上商里，此里居民多為殷時頑民，故名上商里。然而北魏南遷的官僚貴族們不願意與其同居一里，故孝文帝更里名為聞義里。"洛陽城東北有上商里，殷之頑民所居處也。高祖名聞義里。遷京之始，朝士住其中，迭相譏刺，竟皆去之。唯有造瓦者止其內，京師瓦器出焉。世人歌曰：'洛城東北上商里，殷之頑民昔所止，今日百姓造甕子，人皆棄去住者恥。'"⑥

---

① 《南齊書》卷五五《孝義傳》，第962頁。
② 《宋書》卷九一《孝義傳》，第2244頁。
③ 《晉書》卷八八《孝友傳》，第2280頁。
④ 《宋書》卷二八《符瑞志》，第795頁。
⑤ （北魏）楊衒之撰，周祖謨校釋：《洛陽伽藍記校釋》卷四，中華書局1963年版，第162頁。
⑥ 同上書，第182頁。

❖ 第四章　漢魏六朝石刻鄉里村坊命名分析 ❖

三　鄉里名稱的延用

漢魏六朝時期的一些里或村，因縣名的更改、區域的劃分發生變化，但記錄里名或村名的詞語保留下來，繼續使用，用來稱謂現代村落。在石刻材料主要有以下幾種情況：

1. 行政單位變化，名稱不變

三國建業梅府里，今為江寧區梅府村；南朝宋彭城縣坨城里，今銅山縣坨城村；北魏益都縣益城里，今壽光縣益城村；北魏輒縣濟澗里，今濟源市濟澗村；北魏苑縣都鄉白水里，今南陽市宛城區白水村；東魏北齊鄴城仁壽里，今臨漳縣仁壽村；隋代蒲吾縣郭蘇川，今平山縣郭蘇鎮；北魏山北縣高望鄉，唐代為高望里，今為西安市高望村。

2. 名稱從古至今未有變化

南朝宋南沙縣河陽邨，今為張家港市河陽村；北魏陽曲縣洛音村，今為陽曲縣西、東、北洛音村；北魏洛陽馬村，今為洛陽馬村；北魏青州高柳村，今為青州市高柳村；北魏三都村、千畝坪村，今為陽泉市三都村、千畝坪村；北周柏仁史村，今為內邱縣史村；北魏棗強縣千秋鄉故縣村，今為棗強縣王均鄉東、西故縣村。

3. 名稱發生變化，命名理據不變

東魏朝陽鄉太公里，今為太公泉鄉呂村，命名理據皆源於呂姜。

4. 名稱不變，但受語音變化或其他因素影響而采用不同的字形記錄

如北齊高城縣賈墥村，今為蒿城縣賈同村；北魏梁父縣盧鄉瀝里，今為新泰市力里村；北魏行唐縣宕城川，今為曲陽黨城鄉；北魏綺亭城，唐代時為義亭鄉。

類似以上名稱的延續只涉及少數鄉、里、村落。這些名稱能一直延續至今，與命名時以地理特征命名、以姓氏命名有密切關係。

第三節　同名異地

同名異地即用同一個名稱表示一個或兩個以上的地理位置。漢簡

各縣里名相同者：高里出現五次，分別隸屬西邟、己氏、長平、陰安、安邑、安陵縣；定里出現四次，分別隸屬絳邑、臨穎、屋蘭、昌安縣；當利里出現二次，分別隸屬長安、江陵縣；安定里出現三次，分別隸屬鮩得、内黄、定陶縣。這對於漢代衆多的里名來說只是冰山一角。一般同一縣内不會出現鄉、里重名，鄉是行政組織，里主要作用是編户，一旦有兩個相同的鄉名或里名，會導致户籍混淆，管理混亂。

同名異地產生的原因主要是命名理據相同，取名時有"共同的來源"，或是共同的地理事物根據，或是共同的心理狀態、想法等。不同地域、不同時代的人們對身邊環境與相關事物，及思維、想法有相同或相似的認識，以此出發命名居住場所，使得同一名稱能跨地域、跨時代使用，從而構成同名異地。涉及衆多，舉例證較多者闡述。

一 吉遷里：共同的心理描繪

吉遷，是出於對神靈的心理依賴及崇拜，借助龜筮，依據所卜的吉兆或遷住宅，或遷官職，反映人們對美好生活的祝願，《魏書·孝靜帝紀》："考龜襲吉，遷宅漳滏。"① 《通典》："又於澶水東，卜亦吉，遷殷頑人居之。"② "吉遷里"以里名記錄遷徙之事，"安土重遷，民之本性"，因各種原因舉家遷徙的人們在某處形成一個新的居民點，為了記住這次盛大的活動，或者說為了知曉自身的出處，遂以里名來標記此里的來歷及成員的性質。這個里的形成所涉及的不僅僅是單個家庭，往往是衆多人口、一個家族甚至幾個家族。作為鄉、里一級單位，其形成有特殊性，含有一定成份的政府行為，也有相當的家族勢力。里的形成、名稱、位置都受到政府的限制，並不是普通家庭遷徙就能合乎一個"里"的編制，得到遷入地政府及官員、百姓認同。每個吉遷里的居住者原居里不是"吉遷里"，而是一個異於吉遷里的里名。因此是否可這樣認為：言吉遷里者，其居者必經歷遷徙，而非其原住地。

---

① 《魏書》卷一二《孝靜帝紀》，第297頁。
② （唐）杜佑撰：《通典》卷一七七州郡七，中華書局1984年版，第939頁。

❖ 第四章　漢魏六朝石刻鄉里村坊命名分析 ❖

吉遷里這一名稱多出現在墓誌，從東晉至隋初皆有，摘錄十八方如下：

永和四年（348）《王興之及妻宋和之墓誌》：命婦西河界休都鄉吉遷里宋氏……

泰元四年（379）《紀德墓誌》：泰元四年五月十一日高陽郡博縣都鄉吉遷里紀德家暮（墓）地一所故□。

泰元二十一年（396）《□（謝）琰墓誌》：晉故豫州陳郡陽夏縣都鄉吉遷里附馬都尉朝……

大明八年（464）《劉懷民墓誌》：君諱懷民，青州平源郡平源縣都鄉吉遷里。

景明三年（502）《李伯欽墓誌》：遷窆於鄴城西南豹寺東原吉遷里。

景明四年（503）《張整墓誌》：并州上黨郡刈陵縣東路鄉吉遷里人。

熙平元年（516）《王昌墓誌》：君諱昌，字天興，太原祁縣高貴鄉吉千里人也。

正始五年（508）《李瞻墓誌》：君諱瞻，字恭遠，趙郡柏仁永寧鄉吉遷里人也。

正光元年（520）《李璧墓誌》：君諱璧，字元和，勃海條縣廣樂鄉吉遷里人也。

孝昌三年（527）《李達妻張氏墓誌》：相州魏郡魏縣崇義鄉吉遷里人。①

永熙二年（533）《韋君墓誌》：窆於京兆郡山北縣高望鄉吉遷里之北原。

天平二年（535）《楊機墓誌》：秦州天水郡冀縣崇仁鄉吉遷里人也。

興和二年（540）《敬顯儁碑》：……晉州平陽郡晉秋鄉吉遷里人敬鴻顯。

河清二年（563）《李府君妻祖夫人墓誌》：以河清二季七月八

---

① 趙君平、趙文成：《邙洛碑誌三百種》，中華書局 2004 年版，第 19 頁。

日，卒於吉遷里。

武平五年（574）《□昌墓誌》：字貳□□□標上谷□□庸□□□□吉遷里人也。

建德四年（575）《崔說神道碑》：即以某年二月二十四日葬於京兆平原鄉之吉遷里北陵。

開皇二年（582）《李君妻崔芷繁墓誌》：以開皇二年九月十五日薨於都仁鄉吉遷里，春秋七十。

大業六年（610）《劉士安墓誌》：大業六年歲次庚午正月癸亥朔廿二日甲申，葬於周城鄉吉遷里祖墳東二百步。①

東晉至隋初都有吉遷里的記錄，以北魏居多，可能與北魏材料出土較多有關。此後在《唐代墓誌彙編》《隋唐五代墓誌匯編》等大型唐代墓誌集成書籍中均少見吉遷里記載。就目前材料看，與同時代其他墓誌材料相比，吉遷里前的州、郡、縣、鄉的表達普遍明確、完備。這種情況或可解釋為：本着不忘祖宗、根本的原則，以及重視籍貫的心理的作用下，表明自己的出處和來歷。展現出不同時代、不同地域、不同人群遷徙時的相同心理，即對未來的生活的美好願望。"吉遷里"在很大程度上折射中國古代移民的一些情況，將吉遷里現象系統的歸納總結，為研究中國移民增添一份詳實而可靠的材料。《中國移民史》認為四個因素影響人口遷移：政權間的掠奪性遷移，政權內部的強制性遷移，民族因素對移民的影響，宗族和部曲對移民的影響。② 以上材料記錄的吉遷里的形成原因主要有以下兩種：

1. 家族遷徙

《李伯欽墓誌》言李伯欽"遷窆於鄴城西南豹寺東原吉遷里"，李伯欽是李佐的長子，太和六年早卒，葬平城，景明三年改葬鄴城西南吉遷里。改葬的原因是歸祔亡父李佐墳塋。葬在鄴城吉遷里一帶的是李寶第四子李佐的後人。李寶北魏太平真君五年歸魏，李挺墓誌言："祖侍中、使持節、征西大將軍、開府儀同三司、沙州牧、并州

---

① 孟繁峰、劉超英主編：《隋唐五代墓誌匯編》河北卷第一冊，天津古籍出版社2009年版，第17頁。
② 葛劍雄：《中國移民史》第二卷，福建人民出版社1997年版。

❖ 第四章 漢魏六朝石刻鄉里村坊命名分析 ❖

刺史、燉煌宣公，拔茅以匯，委質來庭。"燉煌宣公即李寶，"委質來庭"指歸順北魏。李寶少子李沖及後人以覆舟山為墳塋，四子李佐支在鄴城豹祠附近築塋。從李佐景明二年即葬鄴城、李遵誌言"遂編戶魏郡之湯陰縣"知李佐已居鄴城西南豹祠附近，所居里名為"吉遷里"。因此"吉遷里"記錄了李氏家族李佐一支的遷徙過程，依鄴城西豹祠的位置，吉遷里為鄴城郊外里。

《北圖拓本匯編》記李挺、李遵墓出河南洛陽城郊①，誤。李挺、李遵為李伯欽弟，李遵誌言"窆於豹祠之南，先公神道之左"，李挺誌言"葬於鄴城之西南七里，豹祠之東南二里半"，李挺妻劉幼妃誌謂"權窆於鄴西豹祠東南二里半"。李挺妻元季聰墓誌記載更加清楚，元季聰卒後，先於永安三年"殯於覆舟山之南麓"，後於興和三年"遷祔皇璧司徒李公神塋，於鄴西豹祠東南二里半"，遷祔原因是"今因夫氏卜厝，泉門重啓。昔逕合窆，將從同穴。"由此知墓誌應在河南安陽或河北臨漳縣一帶出土。

《李府君妻祖夫人墓誌》謂祖氏"以河清二季七月八日，卒於吉遷里""窆於柏仁城西南廿里史村之西"。其夫是趙郡柏仁李氏。從誌文"等好合於琴瑟，類相敬於如賓。榮朝貴室，昭映倫伍。而蘂蘭忽敗，梁木云摧。惟殯奄及，崩城致感"知其夫不幸早亡，後其子"往居苻守，来轄朝機"，苻守即符守，指受符於郡守。朝機猶朝政，蓋任職於京。祖氏卒地吉遷里疑是鄴城吉遷里，則趙郡柏仁李氏與隴西狄道李氏共居一里，主要居住人口為李姓。

《魏書·楊機傳》："楊機，字顯略，天水冀人。"楊機誌言籍貫"秦州天水郡冀縣崇仁鄉吉遷里"，與傳"天水冀人"相符，然而《魏書·地形志》秦州天水郡无冀縣，西晉時冀縣是秦州治所，因此"秦州天水郡冀縣"實為漢晉舊貫，是楊機祖籍。《楊機傳》言："祖伏恩，郡功曹，赫連屈丐時將家奔洛陽，因以家焉。"② 墓誌亦言"祖秦州……父洛州……"，說明楊機祖父在北魏初自天水遷家至洛陽，後世居洛陽。

---

① 《北圖拓本匯編》第六冊，第86頁；第四冊，第184頁。
② 《魏書》卷七七《楊機傳》，第1706頁。

2. 隨官到任而遷徙

《張整墓誌》誌主張整，趙萬里先生指出即《魏書·閹官傳》中的白整。①《魏書·閹官傳》載白整因事受腐刑，少掌宫掖碎事，後賜爵雲陽男，卒贈平北將軍，并州刺史。《吊比干文》碑陰題名有"中給事錄大官令上党郡白整"，白整即張整。誌作張整，當是因事改"白"爲"張"。"并州上黨郡刈陵縣東路鄉吉遷里"，《魏書·地形志》刈陵縣條下注"二漢、晉曰潞，屬上黨，真君十一年改"，該縣改叫"刈陵"是太平真君十一年以後的事，張整墓誌云"刈陵"而不稱"潞"，表明墓主籍貫是北魏時制。據姚薇元先生推斷白整源出稽胡②，那麼"五世祖張充"顯然是杜撰的。不可否認的是張氏家族大概是在晉末遷至上黨郡，居刈陵縣東路鄉，墓誌對白整爲何居上黨作出說明，"源出荆州南陽郡白水縣。五世祖充，晉末爲路川戍主，曰宦，遂居上黨焉。""曰"同"因"，"因宦"即在上黨郡任官而遷徙。

《□昌墓誌》誌主失其姓，誌文蝕泐，據"上谷□□庸□□□□吉遷里人也"推斷□昌爲上谷郡居庸縣□□鄉吉遷里人。正如誌文述"隨官□任，遂止此土"，□昌亦是隨官到任，遷居居庸縣。

同樣劉士安也是如此。劉士安墓誌河北省河間縣出土，劉氏卒於開皇七年（587），終年58歲，生年爲北魏永安三年（530）。劉士安之父在北齊爲官，"父惠明，平東將軍、成皋縣令、潁川汝南弘農三郡守。齊之天保統歷，除南營州長史，尋行南營州刺史事"。《劉士安墓誌》自述家史，說"昔波振四海，雄圖起於巴漢；飆回九縣，盛業啟於□陽"。巴漢，即古巴郡、漢中地區，在今川東、陝南、鄂西北一帶，《史記·刺客傳》："南有涇、渭之沃，擅巴、漢之饒。"③□陽，《隋代墓誌銘彙考》識讀爲"昆"，昆陽，《魏書·地形志》漢廣郡有昆陽縣，《隋書·地理志》未載。"盛業啟於昆陽"，指其父爲官潁川。巴漢、昆陽等表明劉氏祖上並非河間縣人，但遷徙時間已久，遂稱"河間河間人也"，卒後"葬於周城鄉吉遷里祖墳東二百

---

① 趙萬里：《漢魏南北朝墓誌集釋》，北京科學出版社1956年版。
② 姚薇元：《北朝胡姓考》，科學出版社1958年版，第294頁。
③ 《史記》卷八六《刺客傳》，第2528頁。

❖ 第四章 漢魏六朝石刻鄉里村坊命名分析 ❖

步"。居住與葬地蓋皆在河間縣周城鄉吉遷里，是郊外之鄉里。

需注意到，上述十餘方墓誌中記錄了"都鄉吉遷里"的，有四方墓誌，分別是宋和之墓誌、紀德墓誌、謝琰墓誌、劉懷民墓誌。宋和之是西河宋氏，謝琰來自陽夏謝氏家族，劉懷民來自平原劉氏家族，這意味着"都鄉吉遷里"背後是強大的家族背景，更說明吉遷里的形成與家族勢力有關。其餘的墓誌記載的吉遷里都不隸屬都鄉，其中平原鄉吉遷里、周城鄉吉遷里、高望鄉吉遷里還是葬地，這些非都鄉的吉遷里都是城外鄉之里。從都鄉與城外鄉的區別，可知遷徙之民如果不是有深厚的家族背景，他們的居里大多是設在城郊。

值得一提的是，不論是傳世文獻還是石刻均未記載吉遷鄉。這與以"崇仁"命名不同，以"崇仁"命名的既有崇仁鄉，又有崇仁里。

另有"吉陽里"，也是一個出現頻率較高的里名。與吉遷里多設在城外不同的是，吉陽里大多是都鄉之里。主要有：

三國吳簡：吉陽里。

升平五年《潘氏衣物券》：荊州長沙郡臨湘縣都鄉吉陽里。

兩晉吳應墓名刺：中郎豫章南昌都鄉吉陽里吳應，年七十三，字子遠。[1]

兩晉周涉名刺：豫章郡海昏縣都鄉吉陽里。

《上清真人許長史舊館壇碑》：真人姓許，諱穆世，名謐，字思玄，本汝南平輿人。後漢靈帝中平二年，六世祖光字少張避許相諛俠，乃過江，居丹陽句容都鄉之吉陽里。[2]

《魏都賦》：（鄴）吉陽里。

《晉宮閣名》：（洛陽）吉陽里。

為什麼在不同朝代、不同郡縣，以吉陽里命名的里皆是都鄉之里？這大概和"吉陽"有關。前面討論過，里名由具有特殊涵義的語素構成，"吉"含有的吉利、喜慶義與"陽"含有的正面、積極的意義進行組合，是人們對美好生活的向往在里名中的反映。

關於吳應和周涉的籍貫，有觀點認為，"歷史的巧合，吳應和周

---

[1] 江西省博物館：《江西南昌晉墓》，《攷古》1974年第6期。
[2] （清）楊世沅：《句容金石記》卷一，《石刻史料新編》第二輯第九冊，第6424頁。

涉原來不僅是同鄉，而且是同里，只是海昏縣變成了南昌縣"。① 對此筆者不認同。吳應墓在今南昌市永外正街出土。據研究者攷證，漢高祖六年灌嬰以豫章城為郡治，又設南昌縣。縣初名灌嬰城，在今湖坊鄉範圍，"自西漢初年創建豫章城之後，歷東漢、三國和西晉500餘年""五百年間，南昌城的規模基本仍是漢初灌嬰城的範圍"。② 南昌縣的新建在晉代，位置大概在今南昌市區，城周有東湖（又稱太湖）。《豫章記》說："州城東有大湖，北與城齊，隨城回曲至南塘。"③ "這新城在東湖以西，南塘以北，贛江以東。"④ 從墓出永外正街知，兩晉時南昌縣都鄉大概在今南昌市區。前述海昏縣治今吳城鎮蘆潭村，南朝宋年間沉於湖底。兩份材料時期皆為兩晉，都陽吉陽里分別屬南昌縣、海昏縣，只是用了相同的詞語來記錄鄉里名。

吉遷里、吉陽里，里名皆取嘉名，是人們對生活的美好願望在里名中的體現，共同的心理狀態成為這類同名異地的出發點。

二 治下里：共同的地理環境依托

"治下里"墓誌只記載一處，孝昌二年（526）《吳高黎墓誌》："君諱高黎，徐州瑯琊郡治下里人也。"⑤ 墓出河南省洛陽。"徐"，同"徐"。徐州瑯琊郡治下里，不言隸屬縣，對此《匋齋藏石記》認為："按魏書地形志，北徐州領郡二，琅邪郡領即丘、費二縣。治下里未詳何屬，琅邪郡北宋為沂州，太平寰宇記承治水出沂州，承縣西北六十里，方山之東，王莽改承縣為承治，故水有此名。或即治下里之名所由昉歟，濱治水曰治下，猶之濱洛水曰洛下矣。"⑥ 承縣有治水，因此端方認為治下里屬承縣。

治下里亦見於買地券中，如東晉《司馬馮慶買地券》、南朝梁

---

① 南昌八大山人梅湖景區墓竟是漢代道教徒墓 http://big5.china.com.cn/culture/txt/2007—10/12/content_9041701.htm。
② 彭適凡：《古代南昌城的變遷與發展》，《江西歷史文物》1980年第1期。
③ （宋）樂史撰，王文楚點校：《太平寰宇記》卷一〇六江南西道四引《豫章記》，中華書局2007年版，第2103頁。
④ 黃長椿：《南昌城始建於晉代攷》，《江西師院學報》1980年第4期。
⑤ 《北圖拓本匯編》第五冊，第15頁。
⑥ （清）端方撰：《匋齋藏石記》卷七，《石刻史料新編》第一輯第11冊，第8046頁。

❖ 第四章 漢魏六朝石刻鄉里村坊命名分析 ❖

《覃華買地券》《周當界買地券》、隋《陶智洪墓券文》。

1. 齊熙郡覃（潭）中縣都鄉治下里

天監十八年（519）《覃華買地券》：

> 太歲己亥十二月四日，齊熙郡單中縣都鄉治下里單華薄命終，沒歸蒿里。今買宅在本郡騎店里。縱廣五畝地，立塚一丘自葬。①

1979 年廣西融安縣出土。齊熙郡單中縣都鄉治下里，齊熙郡，《南齊書·州郡志》載，但郡下未列縣。單中縣，發掘簡報作"單"，應為"覃"，"覃"同"潭"，覃中縣即潭中縣，地處潭水（今融江、黔江、柳江）中遊得名。《元和郡縣志》柳州："本漢鬱林郡潭中縣之地，迄陳不改。隋開皇十一年改潭中為桂林縣。"融州下："本漢鬱林郡潭中縣地也，自漢迄宋不改，蕭齊於此置齊熙郡，梁大同中又於郡理置東寧州。"② 覃（潭）中縣原屬鬱林郡管轄，為何券文書"齊熙郡覃中縣"，推測"可能原潭中縣轄地範圍太廣，後把原屬潭中縣轄地的融安一帶劃歸新設的齊熙郡管轄，所以券文仍沿用'單中縣'的舊名。"③

覃華買地券於 1979 年在距融安縣城 10 公里的融江西岸，安寧大隊黃家寨（今大巷鄉安寧村）一處叫牛奶坡的稻田中發現，騎店里概在此附近，騎店里，《中國歷代契約會編攷釋》作"騎唐里"。④ 覃華為都鄉治下里人，葬地在本郡騎店里，騎店里應屬都鄉。既然大巷鄉一帶屬南朝梁潭中縣都鄉，那麼潭中縣治概亦在此一帶。人們一般認為古潭中縣治在今廣西柳州東南柳江東南岸，然據騎店里的位置，恐有誤，正如魯西奇談及買地券中的古地名研究時指出，"又據單華買地券，可證晉桂林郡治、齊梁齊熙郡潭中縣

---

① 覃義生、張憲文：《廣西壯族自治區融安縣南朝墓》，《攷古》1983 年第 9 期。
② （唐）李吉甫撰，賀次君、施和金點校：《元和郡縣志》卷三七嶺南道四，中華書局 1983 年版，第 926、928 頁。
③ 覃義生、張憲文：《廣西壯族自治區融安縣南朝墓》，《攷古》1983 年第 9 期。
④ 張傳璽：《中國歷代契約會編攷釋》，北京大學出版社 1995 年版，第 127 頁。

當在今廣西融安縣或其稍北處,而非如傳統說法所云在今柳州市或其稍南處。"①

融安縣地處廣西北部,融江自北向南穿城而過。安寧村處縣北狹長谷地,東臨融江,西靠西山。"都鄉治下里"應在融江岸邊,"治下里"與融江有關。

2. 象郡新安縣都鄉治下里

中大通五年(533)《周當界買地券》:

> 中大通五年太歲甲寅三月甲朔十四日丁酉,道民象郡新安縣都鄉治下里,沒故女民周當界醉酒命終,今歸蒿里,置宅在本郡縣鄉里來會罡上。②

1987年廣西鹿寨縣出土。周當界葬於"本郡縣鄉里來會罡",即象郡新安縣都鄉治下里來會罡,即都鄉治下里一帶叫來會崗的山坡上,依照出土地為廣西鹿寨縣江口鄉大村元嶺坡,葬地地形後世未發生變化。象郡新安縣都鄉治下里大概就在今江口鄉一帶,"治下里"與洛清江有關。洛清江由洛江和清江組成,發源於龍勝縣臨江村,流經臨桂、永福兩縣。據《鹿寨縣志》,江水在黃冕鄉里定村進入縣境,自北向南流經黃冕、城關、雒容、江口等鄉鎮,於江口圩匯入柳江。黃冕鄉舊街村河段以上稱洛江,於歸街匯入清江,在歸街河段下游稱洛清江。③《廣西通志》卷十六山川:"洛清江在縣南自永福流入,西南經江口鎮,亦名運江,又南經馬平三江口,合柳江下象州。"④今江口鄉正處於匯入口,"治下里"與洛清江有關。

3. 揚州晉陵郡京口縣治下里

太和元年(366)《司馬馮慶買地券》節錄文:

---

① 魯西奇:《六朝買地券叢攷》,《文史》2006年第二輯,第119—160頁。
② 易西兵:《南朝買地券綜論》,《東南文化》2009年第3期。券文"中大通五年太歲甲寅三月甲朔十四日丁酉"誤,應是"中大通五年太歲甲寅三月乙丑朔十四日壬寅"。
③ 鹿寨地方志編纂委員會:《鹿寨縣志》,廣西人民出版社1996年版,第29頁。
④ 《廣西通志》卷十六山川柳州府,影印文淵閣四庫全書本第566冊。

❖ 第四章　漢魏六朝石刻鄉里村坊命名分析 ❖

> 泰和元年十一月乙丑朔□□□□□□□治□里司馬馮慶，從天買地，從地買宅……①

泰和元年，即東晉廢帝太和元年（366），"泰"通"太"。司馬馮慶為墓主，名字前冠以籍貫，字多泐蝕，唯存"治□里"。其實拓片此處清淅，"治□里"補為治下里，清理簡報漏識，隸屬州郡、縣鄉泐蝕不可識。

1986年，鎮江博物館在鎮江市郊七田甸金家灣發掘的二座東晉古墓中發現此券。鎮江地處長江入口處，"治下里"概濱長江，所以以此命里名。司馬氏買地於東晉太和元年，此時晉王朝在京口（今鎮江市）僑置了若干郡縣。治下里應是京口縣之里名，排除僑置郡縣之虛，治下里最初應是隸屬揚州晉陵郡京口縣。

4．巴陵郡湘陰縣治下里

大業六年（610）《陶智洪墓券文》：

> 維大業六年，太歲在庚午，二月癸巳朔，二十一日癸丑斬草。沒故道民陶智洪，今居長沙郡臨湘縣都鄉吉陽里。今□巴陵郡湘陰縣治下里中東罡大陽山買地百畝……②

1972年在湖南省湘陰縣城關鎮東郊外一小山頭上發現，這與葬地描述"巴陵郡湘陰縣治下里中東罡（崗）大陽山"的地形地貌相符。湘陰縣地處湘水、資水兩水尾閭，城關鎮西抵湘江東支，治下里中的"治"蓋指湘江。湘江為湖南省四大江河之一，在境內分東、西二條支流。東支繞城西垸東面，經老閘口、三汊河、城關鎮、黃貓灘、老鼠夾至蘆林潭，西支繞城西垸西面，在臨資口與資水匯合後，流至蘆林潭與湘江東支合流注入洞庭湖。③券出城關鎮，因此治下里

---

① 林留根：《江蘇鎮江東晉紀年墓清理簡報》，《東南文化》1989年第2期。
② 熊傳新：《湖南湘陰縣隋大業六年墓》，《文物》1981年第4期。券文"二月癸巳朔，二十一日甲寅"誤，應是"二月甲午朔，二十一日甲寅"。
③ 湘陰縣志編纂委員會編：《湘陰縣志》，生活·讀書·新知三聯書店1995年版，第117頁。

只能是在湘江東支流域內，且里中有"東罡大陽山"，表明治下里在湘江東岸，大概在城關鎮郊區與湘江之間。

四個治下里屬不同時代、不同郡縣，分別與融江、洛清江、長江、湘江有關，依據相同或類似的地理環境獲得相同的里名，由此可以否定端方關於"治下里"得名於治水的推測。"治"，《說文·水部》："治，水。出東萊曲城陽丘山，南入海。从水，台聲。"此"治"音 chí，為古水名。"治下里"之"治"音當為 zhì，整治、修治義。《玉篇·水部》："治，修治也。"《孟子·告子下》："禹之治水，水之道也。""治下里"之"下"指河流下遊，"治下里"言此里處河流下遊，從上述四個不同時代、不同郡縣之治下里來看，確實處在河流下遊。

三　故縣村：共同的歷史記錄

故縣村在今村落名中使用頻率頗高，有河北滄州故縣村、山西長治故縣村、河南鶴壁故縣村、河南濮陽故縣村等。故縣村，顧名思義這個地方曾經是縣治，後來廢置，記錄了這個村落的一段歷史。

1. 冀州安武軍棗強縣千秋鄉故縣村

武定元年（543）《李次明造像記》：

> 大魏歲次癸亥，武定元年，七月己丑朔，四日甲辰，佛弟子李次明為亡兒李郍延造觀世音像一區，白玉。冀州安武軍棗強縣千秋鄉故縣村安式家內有白玉像三尊……①

棗，即"棗"的俗字。"冀州安武軍棗強縣千秋鄉故縣村"是安式的居所，表述依次為州、郡、縣、鄉、村。州郡縣的隸屬似有疑惑。安武軍，"軍"是"郡"之誤，即安武郡。然而《魏書·地形志》記冀州領郡四：長樂郡、渤海郡、武邑郡、安德郡，未見安武郡。縱觀各史書，唯《周書》記李穆"進爵安武郡公，增邑一千七

---

① 《北圖拓本匯編》第六冊，第94頁；《漢魏六朝碑刻校注》第七冊，第341頁。題記"四日甲辰"誤，應是"四日壬辰"。

❖ 第四章　漢魏六朝石刻鄉里村坊命名分析　❖

百戶"。概此安武郡或是安德郡之誤。棗強縣，北魏時隸屬長樂郡，未見屬安德郡的記載。

千秋鄉故縣村，千秋鄉已無從考證，故縣村卻可探究。故縣村，顧名思義這個地方曾是棗強縣治所在，後廢置，舊址形成村落，但村落名稱保存了此地曾作為縣治的一段歷史。關於棗強縣治，歷代多有廢置省併，縣治不一。《棗強縣誌》記載，西漢時棗強縣治在今棗強縣王均鄉東、西故縣村一帶①，直至北齊天保年間，"故治由今王均公社東故縣移於今景縣廣川公社駐地"②。又至金代時，因受洪水影響，遷址至縣西，《畿輔通志》棗強縣城："縣自秦漢迄宋，當黃河之沖，金天會四年河溢城圮，乃議遷於縣西三十里到馬村，即今治。"③"金朝天會十年，棗強縣治由此地遷出，故稱舊縣。"④ 因此，今棗強縣王均鄉的東、西故縣村，王常鄉的前、後故縣村，皆是歷史上棗強縣治遷徙的遺留痕跡。

《李次明造像記》刻於武定三年，即北齊年間，"千秋鄉故縣村"即今王均鄉東、西故縣村一帶，是西漢以來棗強縣的治所。從東魏時的故縣村至今之東、西故縣村，名稱沒有發生變化，只是隨着人口增加，原村落分為兩個村落。

2. 陽阿故縣村

北齊《陽阿故縣造像記》亦有"陽阿故縣村"，河清二年（563）刻：

> 大齊河清二年歲次癸未五月甲午朔十月戊寅，陽阿故縣村合邑長幼等敬造□□華像一軀。⑤

---

① 棗強縣地方志編纂委員會：《棗強縣志》，文化藝術出版社1994年版。
② 陳國范著，河北省棗強縣地名辦公室：《棗強縣地名資料匯編》1984年11月，第9頁。
③ 雍正十三年《畿輔通志》卷二五城池，影印文淵閣四庫全書本第504冊，第577頁。
④ 陳國范著，河北省棗強縣地名辦公室：《棗強縣地名資料匯編》1984年11月，第166頁。
⑤ （清）胡聘之撰：《山右石刻叢編》卷二，山西人民出版社1988年版。題記"五月甲午朔十月戊寅"誤，應是"五月甲子朔十日癸酉"。

陽阿縣治歷經廢置，"漢置縣，屬上黨郡。……晉罷，太元中慕容永復置，兼置建興郡。後魏太平真君九年省，和平五年復置。……永安中郡廢，北齊省入高都"。① 關於陽阿縣故城有不同的說法：一為晉城說，認為今晉城市西北的大陽鎮即陽阿縣故城，《辭源》："地名，在山西晉城縣西北。"② 另一為陽城說，《辭海》："古縣名。漢置。在今山西陽城西北。"③ 認為今陽城縣西北的陽陵村是陽阿縣故城。④

　　持陽城縣說法者，多依據《水經注·沁水》："山上有水，淵而不流。其水東逕陽陵城南，即陽阿縣之故城也。漢高帝七年，封芊訢為侯國。"⑤ 然《沁水》又言："沁水南逕陽阿縣故城西，魏土地記曰：建興郡治陽阿縣。""沁水又東南，陽阿水左入焉，水北出陽阿川，南流逕建興郡西，又東南流逕午壁亭東，而南入山。"⑥ 兩個陽阿縣故城，對此《水經注疏》表述清楚，認為"《經》言南過陽阿縣東，《注》言南逕陽阿縣故城西，《注》之陽阿，非《經》之陽阿也。《經》之陽阿，為後文萬訢之封國，方是故城。此陽阿為慕容永之復置。魏因之"。⑦ 錢大昕認為："陽阿，漢縣名，屬上黨郡，廢於魏晉間，而村猶有故縣之名，今為澤州鳳臺縣地。"⑧ 北魏酈道元著書時已經稱"陽阿故城"，由此知陽阿縣遷徙時間在酈道元成書之前，因此胡聘之所說的"陽阿見魏志，不見隋志，諸書皆不言何時廢，以此石故縣證之，則齊河清已廢"有偏頗，當是北魏和平五年復置時有移徙，故縣村於造像時得名已久。⑨

---

①　乾隆二十九年《大清一統志》卷一〇七澤州府，影印文淵閣四庫全書本第 476 冊，第 198—199 頁。
②　《辭源》第四冊，商務印書館 1983 年版，第 3288 頁。
③　《辭海》（上），上海辭書出版社 1980 年版，第 937 頁。
④　李安太：《"陽阿縣故城"辯》，太行日報晚報版，2009 年 12 月 29 日第 8 版。
⑤　（北魏）酈道元著，王先謙校：《水經注》卷九，巴蜀書社 1985 年版，第 194 頁。
⑥　同上。
⑦　（北魏）酈道元注，（民國）楊守敬、熊會貞疏：《水經注疏》卷九，江蘇古籍出版社 1989 年版，第 821 頁。
⑧　（清）錢大昕：《潛研堂金石文跋尾》卷三，《石刻史料新編》第一輯第 25 冊，第 18767 頁。
⑨　同上。

❖ 第四章 漢魏六朝石刻鄉里村坊命名分析 ❖

陽阿故城在今晉城市大陽鎮，《水經注疏》言陽阿故城"在今鳳臺縣西北四十里"，陽陵城南之故城"在今陽城西北"。①《山右石刻叢編》："此石刻陽阿故縣村，今在鳳臺之大陽鎮，則大陽鎮即陽阿故縣也。"又小字云："《鳳臺縣志》陽阿邑北五十里，今大陽鎮，漢為陽阿侯國。《澤州府志》鳳臺縣建興鄉有大陽里。皆可以相參。"②（按：清雍正年間改晉城為鳳臺縣）

陽阿故縣村即今晉城市大陽鎮。《鳳臺金石錄》輯錄。③

四　崇仁鄉孝義里：共同的思想主導

前面已討論衆多以"崇仁"命名的鄉，以"孝義"命名的里，石刻記錄了各個時期數個縣的"崇仁鄉孝義里"。

延昌三年（514）《高琨墓誌》："冀州勃海郡條縣崇仁鄉孝義里……"

神龜二年（519）《高道悅墓誌》："歹於崇仁鄉孝義里。"

天平元年（534）《程哲碑》："亨年不永，春秋八九，卒於崇仁鄉孝義里。"

天保四年（553）《囗弘墓誌》："出自武公囗囗囗後，崇仁鄉孝義里人也。"

河清四年（565）《張僧顯銘聞》："平昌縣人張僧顯名聞。君諱顯，字名遠，南陽人也。崇人鄉孝義里。……以河清二年四月一日，終於遠囗。河清四年二月七日，壟於城西北十里饒安縣內。"

以上"崇仁鄉孝義里"記載時間接近，大多數前面無郡縣。

1. 高琨、高道悅"崇仁鄉孝義里"

冀州勃海郡條縣崇仁鄉孝義里在今河北景縣境內，見後論述。

2. 程哲"崇仁鄉孝義里"

程哲碑在山西省長子縣袁家漏村。碑敘家世，言祖程豐於晉潛帝

---

① （北魏）酈道元注，（民國）楊守敬、熊會貞疏：《水經注疏》卷九，江蘇古籍出版社1989年版，第821—823頁。
② （清）胡聘之撰：《山右石刻叢編》卷二，山西人民出版社1988年版。
③ （清）姚學甲撰：《鳳臺縣志》卷一九《鳳臺金石錄》，《石刻史料新編》第三輯第31冊。

時除上黨太守,"遂曰守任,即居上黨"。因在上黨郡任官遂家於此,後人以遷入地為籍,故碑稱"上黨長子人也"。程氏以89歲高齡卒,應是在故里,"崇仁鄉孝義里"應是上党郡長子縣崇仁鄉孝義里。按照古人葬地在故里附近的習俗,崇仁鄉孝義里大概就在今長子縣袁家漏村一帶。

3. □弘"崇仁鄉孝義里"

□弘墓誌山東省出土,具體時間、地點不詳。□弘概為今山東省人。從官職看,誌主"除東濟、北武邑二郡太守",為官在今山東一帶。從葬地看,肇山,《山海经·海內經》:"流沙之東,黑水之間有山,名不死之山。華山青水之東,有山名曰肇山,有人名曰柏高。"①華山即華不注山,在今濟南市郊東北。此外誌主自言"出自武公□□□後"。由此大致知崇仁鄉孝義里概在今山東濟南一帶。

4. 張僧顯"崇人鄉孝義里"

銘文"君諱顯,字名遠,南陽人也。崇人鄉孝義里"。"崇人鄉","崇人"下先刻一"鄉"字,因石右下角殘,石面不夠,鏟去而未盡,尚見輪廓,於次行首重書"鄉"字。崇人即"崇仁",為崇仁鄉孝義里。崇仁鄉孝義里應是南陽郡之鄉里,疑刻工在刻寫籍貫時遺漏,後補上。這是張氏之舊籍。

《張僧顯銘聞》首題"平昌縣人張僧顯名聞",平昌縣,《魏書·地形志》安德郡平昌縣下言:"太和二十二年復,屬渤海。熙平中屬樂陵,後屬。治平昌城。"《銘聞》言張氏"墓於城西北十里饒安縣內",此城蓋是平昌城,西北十里就是饒安縣。張氏為平昌縣人,卒後葬地在饒安縣境內,大概居住地在饒安、平昌的邊界處。張氏終於遠□,"□"補為"里"。遠里應是平昌縣遠里,據《魏書·地形志》屬安德郡。北周滎陽郡開封縣也有遠里,《庾子山集·周太傅鄭國公夫人鄭氏墓誌銘》:"夫人諱某,滎陽開封縣遠里人也。"②

從以上分析知各方墓誌的"崇仁鄉孝義里"是同名異地。崇仁、孝義這類詞語構成崇仁鄉、崇仁里、孝義鄉、孝義里的鄉、里名稱,

---

① (清)郝懿行著:《山海經箋疏》卷一八,巴蜀書社1985年版。
② (北周)庾信著,(清)倪璠注釋:《庾子山集》卷一六,康熙刻本。

❖ 第四章 漢魏六朝石刻鄉里村坊命名分析 ❖

北魏墓誌記錄最多，前述闡述命名原則時已舉例證，不再復述。清代方志關於鄉里的記載中亦見到不少這樣的鄉里名稱。崇仁、孝義構成的鄉里名稱在不同的年代、不同的地域廣泛使用，這是社會主導的儒家思想在鄉、里名的反映。當儒家思想成為社會共識，廣泛傳播並在地名上反映出來，人們的思想價值取向通過鄉里這些實體地理名稱體現出來，這是思想意識主流在地理名稱的表現，也是社會歷史文化對地名的滲透。然而我們要清醒地看到，地理名稱取名的根本點在於區分性、標注性，按照同一思維模式導向下命名的地理名稱，會導致人們對鄉里名降低分辨率，從而失去地理名稱的作用。

五　都鄉：共同的行政政策

要說同名異地，莫過於"都鄉"。從眾多材料知基本上每個縣都有一個都鄉，且是縣治所在，這種同名異地是行政政策實施過程中強加於地理名稱的體現。出土文獻中都鄉的記錄是最多的，尤其是三國吳簡和墓誌，三國吳簡主要是長沙國的情況，墓誌涉及的都鄉遍及各個朝代、郡縣，傳世文獻都鄉記載並不多。

都鄉所指歷來說法不一。《日知錄·都鄉》說："都鄉之制，前史不載。按，都鄉蓋即今之坊廂也。"① 楊晨認為："都鄉言鄉，當是附城近地。"《漢書新證》說："西漢初中期，各縣最重都鄉、都亭制度，都鄉為各鄉之首，都亭為各亭之首。"② 裘錫圭持"古代稱縣治所在之鄉為都鄉"。侯旭東認為"按一般慣例，城鎮所在的鄉稱為'都鄉'"。③ 高詩敏認為都鄉所指不確，時代不同都鄉域不同。④

墓誌材料記載北魏洛陽里坊，有時前置鄉，有時不置鄉，有多種情況：

1. 或稱都鄉，或不稱都鄉

穀陽里：都鄉穀陽里（于景誌），穀陽里（于祚妻和醜仁誌），

---

① （清）顧炎武著，（清）黃汝成集釋：《日知錄集釋》卷二二都鄉，上海古籍出版社1985年版。
② 陳直：《漢書新證》，天津人民出版社1979年版，第138頁。
③ 侯旭東：《北朝村民的生活世界——朝廷、州縣與村里》，商務印書館2010年版，第142頁。
④ 高敏：《秦漢"都亭"攷略》，載《秦漢史探討》，中州古籍出版社1998年版。

洛陽穀陽里（于纂誌）

安武里：都鄉安武里（元伴誌），洛陽安武里（封昕誌），洛陽縣安武里（皮演誌）

洛陽里：都鄉洛陽里（元簡誌），洛陽里（元顥妃李元姜、李璧、元均及妻杜氏誌等）

2．不稱都鄉，確非都鄉

綏武里：綏武里（元融妃穆氏誌），澄海鄉綏武里（元湛妻薛慧命誌、元舉誌）

嘉平里：墓誌四見，元騰及妻程法珠誌言"司州河南嘉平里人"，王君妻元華誌言"河南洛陽嘉平里人"，元恩"終於崇仁鄉嘉平里第"，陸孟暉"終於善正鄉嘉平里第"。一里有四種表達方式，河南嘉平里以郡稱，洛陽嘉平里以縣稱，又有崇仁鄉嘉平里、善正鄉嘉平里，同屬洛陽縣，里名同而鄉名異，墓誌刊刻僅相隔一年鄉名就不同，或是鄉名更改，或是嘉平里的隸屬發生變化。

熙寧里：于纂誌稱河南郡河陰縣景泰鄉熙寧里，元延明誌稱洛陽熙寧里。

仁信里：崔鴻誌言洛陽仁信里，楊乾誌言"旦甫山中源鄉仁信里"。

崇讓里：元靈曜墓誌"河南洛陽安衆鄉崇讓里"，元鑒妃吐穀渾氏、元維、元斌誌皆言洛陽崇讓里。

3．一里兩屬

同一里，既屬都鄉又屬他鄉。如顯德里，李彰誌作"河南郡洛陽縣澄風鄉顯德里"，李挺妻元季聰誌作"洛陽都鄉顯德里"。李彰與李挺為親兄弟，顯然顯德里是同一里，既言澄風鄉，又言都鄉，可能是顯德里的隸屬發生變化。

熙寧里，一言河陰縣景泰鄉熙寧里，另一言洛陽熙寧里；中練里，一言洛陽中練里，另一言河陰中練里。這與行政區劃有關。河陰縣境在遷都時屬洛陽縣，在宣武帝正始二年（505）從洛陽縣分出河陰縣。但二縣仍並稱京師，因此熙寧里、中練里既可稱河陰縣，又可稱洛陽縣。由此也知熙寧里不是洛陽都鄉之里。

這就會產生一種混亂的狀態：分不清楚哪些是都鄉里坊，哪些不

❖ **第四章　漢魏六朝石刻鄉里村坊命名分析** ❖

是都鄉里坊。從以上的分析似可知，北魏洛陽都鄉既是確稱，又是泛稱，未必標明。是否如漢簡情況一樣，一個縣所轄里名一般不會相同，因此記錄時標注鄉名與否意義不大？這或許是文獻記載多見里名而少見鄉名的原因之一。同樣其他縣的記錄也有這種情況。如東魏益都縣益城里，益城里應是都鄉轄，卻不言"益都縣都鄉益城里"。司馬昇墓誌"河內溫縣孝敬里"，不言"河內溫縣都鄉孝敬里"。

和其他鄉一樣，都鄉有鄉域，但面積不確定。石刻中籍貫地多言都鄉，而葬地言都鄉者少。都鄉面積按照推算不同的縣的都鄉面積不一。

1. 臨沂都鄉南仁里

"琅耶臨沂都鄉南仁里"為東晉琅邪王氏故里，《琅琊王氏宗譜》記第25代王融"不知何時自皋虞城遷居臨沂縣南仁里，即今諸葛城南孝友村"。① 今為臨沂白沙埠鎮東北約3公里處孝友村。臨沂縣，東漢章帝時劃歸琅琊國管轄，治所在白沙埠鎮東北6公里的諸葛城村。《太平寰宇記》臨沂縣："王導故居在縣東北三十八里，臨沂故城南三里。……此蓋其本宅也。"② 依今方位孝友村正在諸葛城村的西南方向，故曰南。南仁里在故城南3里，在都鄉範圍內，故稱都鄉南仁里。

2. 溫縣都鄉孝義里

《司馬昞墓誌》言司馬氏"塋於本鄉溫城西十五都鄉孝義之里"，此言明示都鄉孝義里在溫城西十五里。溫城為縣治所在，"本鄉"即司馬氏故里都鄉，葬地在孝義里附近，離溫城15里。

3. 始安縣都鄉

《歐陽景熙買地券》言歐陽景熙葬於始安縣都鄉都唐里，秦僧葬地在"本郡縣鄉里福樂坑□□"，即始安郡始安縣都鄉都唐里，《黃道丘買地券》"本郡縣鄉里覃坍圃"即始安郡始安縣都鄉覃對里。三券都在今桂林境內出土。買地券的葬地就是今出土地點，將這些地點相連，從今桂林東郊堯山至漓江以西觀音閣，東南至大圩鎮，都是南

---

① 宣統三年辛亥春正月《瑯琊王氏宗譜》，江西省方志館藏。
② （宋）樂史撰，王文楚點校：《太平寰宇記》卷二三河南道二十三，中華書局2007年版，第477頁。

朝始安縣都鄉的範圍。從距離上看，始安縣都鄉的面積有百餘平方公里，面積較廣，但依據出土地確實如此，這大概與南朝宋時始安縣一帶人口稀少有關。

第四節　同地異名

同地異名即指以不同的名稱稱呼同一個地方，石刻中這種現象不多。就目前所見材料，鄉里出現同地異名的現象主要有二個原因：

一　因文字記錄不同而形成的同地異名

使用語音相同或相近而形體不同的文字，造成因文字現象而出現的同地異名。分兩種情況：

（一）同音字記錄

鄴城"修仁里、修人里、脩人里"是同一里，澂海里即澄海里，陰觀里與陰灌里，這是同時代的同音異字造成的同名異地，這種同與異更多的體現在書面記載上。再如以下几例。

1.【受安里、壽安里】

壽安里，正光二年（521）《郭君墓誌》："以正光二年歲次親丑二月廿一日，卒於洛陽壽安里。"① 誌出山西晉城市。受安里，正光五年（524）《郭顯墓誌》："君字季顯，并州太原郡晉陽縣人也。以魏正光四年歲在六月庚辰朔，廿三日壬寅寢疾，卒於河南洛陽都鄉受安里，春秋五十三。"② 壽安里、受安里為一里，音同，書寫形體不同。誌主同為太原晉陽郭氏，是親屬關係，在洛陽同居一里。

2.【暉文里、徽文里】

據誌，熙平元年羊祉薨於洛陽徽文里，孝昌元年其夫人崔神妃亦卒洛陽徽文里舍，即北魏辛氏居洛陽徽文里。《洛陽伽藍記·城東·

---

① 常書銘主編：《三晉石刻大全》晉城市高平市卷上，山西出版集團、三晉出版社2011年版，第5頁。誌文"親丑"誤，應是辛丑。
② 《北圖拓本匯編》第四冊，第177頁。誌文"歲在"之後，原刻當脫"癸卯"二字，正光四年爲癸卯年。

第四章　漢魏六朝石刻鄉里村坊命名分析

秦太上君寺》記洛陽"在東陽門外二里御道北"暉文里，分別有"太保崔光、太傅李延寔、冀州刺史李韶、祕書監鄭道昭等"四宅[①]，未言及羊氏宅。徽文里與暉文里顯然是指同一里。

今偃師市寺里碑村南，漢魏故城東垣外有北齊平等寺造像碑，武平三年八月太宰馮翊立，村因碑而名。村中有乾隆五十六年（1791）年間立碑，載："周故東都，東漢之輝文里也。元魏時建太上宮，一曰平等寺。高齊年間，豎碑者四。"此言東漢洛陽有輝文里，不知出處。《洛陽伽藍記》載北魏平等寺在青陽門外孝敬里。

有時受方音的影響，以音同或音近的字記錄鄉、里名稱。

3.【都鄉和風里、都鄉華風里】

景明三年（502）《李伯欽墓誌》"秦州隴西郡狄道縣都鄉和風里人。"

正光五年（524）《元颺妃李媛華墓誌》"隴西狄道縣都鄉和風里人。"

正光六年（525）《李超墓誌》"秦州隴西郡狄道縣都鄉華風里人也。"

太昌元年（532）《李彰墓誌》："司州河南郡洛陽縣澄風鄉顯德里，領秦州隴西郡狄道縣都鄉和風里李彰，年廿二，字子煥。"

正始二年（505）《李蕤墓誌》："隴西郡狄道縣都鄉和風里人"

永平三年（510）《李慶容墓誌》："秦州隴西郡狄道縣都鄉和風里人也。"

永熙二年（533）《李暉儀墓誌》："夫人諱暉儀，隴西狄道人……祖寶，儀同、燉煌宣公，履順含柔，禮窮八命。父承，雍州刺史、姑臧穆侯，懷靈挺秀，見貴一時。"

衆誌主都是隴西李氏。隴西李氏是李姓最顯要的一支，《姓氏譜》載"李氏凡十三望，以隴西為第一"，南宋鄭樵編《李氏源流》時"言李都稱隴西"。"秦州隴西郡狄道縣都鄉和風里、秦州隴西郡狄道縣都鄉華風里"為西晉舊制，依《魏書·地形志》時制應為涇州武

---

① （北魏）楊衒之撰，周祖謨校釋：《洛陽伽藍記校釋》卷二，中華書局 1963 年版，第 84—85 頁。

始郡狄道縣都鄉和風里、華風里。李超為都鄉華風里人，其餘皆言都鄉和風里人，誌言籍貫同鄉不同里，實是指同一里。

從親屬關係看，李超與眾多李氏同宗不同支。有觀點認為："李超為李虔（李韶之弟）之孫，唐初史學李延壽之祖。"① 此言可能有誤。李超與李韶的關係可以從墓誌中記載的人物得知。誌言"君諱超，字景昇，本字景宗，後承始族叔在江左者懸同，故避改云。"其中"始族叔在江左者"，此人疑是李韶從叔李思穆之父李抗。《魏書·李寶附李思穆傳》："李韶從叔思穆，字叔仁。父抗，自涼州渡江左，仕劉駿，歷晉壽、安東、東萊三郡太守。思穆有度量，善談論，工草隸，為當時所稱。太和十七年，攜家累自漢中歸國，除步兵校尉。"② 據以上推測，知李超是李寶之兄弟之後人。此外，從年齡來看，李超與李虔、李暉儀等皆為同齡人。李超"正光五年，八月十八日卒於洛陽縣之永年里宅，時季六十一"。則其生於461年。李承之子女分別為李韶、李彥、李蕤、李虔、李暉儀。據墓誌和《魏書》記載，李暉儀死於永熙二年，年71歲，則生於和平四年（463）；李蕤死於正始二年，年42歲，則生於和平五年（464）；李虔死於永安三年，年74歲，則生於太安三年（475）。李超與李虔年齡相差僅十來歲，何以為之孫？顯然有誤。

從人口數量看，據各史書地理志載，西漢隴西郡有11縣，53964戶，236824口；東漢隴西郡有11縣，5628戶，29637口；西晉時有4縣，3000戶；至南北朝劉宋秦州隴西郡有6縣，1561戶，人口僅7530口。西晉時平均縣700餘戶，南朝宋時平均人口才千餘。墓誌各李氏所述均為西晉舊貫，從西晉隴西一郡的人口來看，顯然李氏家族不太可能分居數里，且李氏家族是在李寶投北魏後於平城方人丁興旺。

從語音來看，"和""華"存在相同的可能。

蘭州大學張書城先生在《隴西李氏源流攷辨》從唐代西北方言、臨洮方言、河西走廊方言入手，分析"都鄉和（華）風里"就是

---

① 張金龍：《北魏遷都後官貴之家在洛陽的居住里坊攷》，《河洛史志》2000年第1期。
② 《魏書》卷三九《李寶附李思穆傳》，第897頁。

❖ 第四章　漢魏六朝石刻鄉里村坊命名分析　❖

"東鄉槐樹里",至今河西走廊(古西涼)的地方方言仍讀此音,結論為"都鄉和(華)風里"就是今天臨洮的"東鄉槐樹里"。認為李暠子孫把東鄉槐樹里說成是都鄉和(華)風里,於是墓誌也就書寫成都鄉和(華)風里。即和風里、華風里為一里,只是記載時語音有異,導致書寫形體相異。

此外,北魯川另作北虜川、北陸川、北鹵川,綺亭城後為義亭村,宕城川與今黨城鄉,雖受時代影響行政區域單位發生了變化,但名稱在確保語音大致不變的情況下采用了不同的文字形體,造成不同時期語音相近、文字異體的同地異名。究其原因,蓋不同時代的人們在記錄時不甚明了最初的命名理據。

綜上所述,以形體不同、語音相同或相近的文字記錄同一個里名,形成同地異名。

(二) 形近字記錄

1.【捧川】

保定四年(564)《賀屯植墓誌》:

　　周故開府儀同賀屯公之墓誌。公諱植,字永顯,建昌郡人也。其先侯姓,漢司徒霸之後。……春秋五十八,以保定三年,歲次癸未,正月廿三日寢疾,薨於坊。主上嗟悼,贈賻有加,以保定四年,歲次甲申,四月己丑朔,廿一日戊申,葬於豳州三水縣捧川之良平原。①

捧川,原刻為"捧",《漢魏南北朝墓誌彙編》作"棒"②,《北周地理志》亦言"周故開府儀同賀屯公之墓誌:以保定四年廿一日,葬於豳州三水縣棒川之浪平原"③,《八瓊室金石補正》作"榛",墓誌材料"扌""木"常有訛混,誤。良平原,《八瓊室金石補正》作

---

① 《北圖拓本匯編》第八冊,第111頁;《漢魏六朝碑刻校注》第十冊,第175頁。誌文"廿一日戊申"誤,應是"廿一日己酉"。
② 趙超:《漢魏南北朝墓誌彙編》,天津古籍出版社1992年版,第480頁。
③ 王仲犖:《北周地理志》(上冊),中華書局1990年版,第85頁。

東平原。①

捧川，僅見《新唐書·地理志》，記邠州有捧川府，後亦稱半川。《大清一統志·古蹟》半川府："在三水縣北，《唐書地理志》邠州有公劉捧川等府十，三水縣志有半川府，在縣北十五里，蓋即捧川之訛。"②《北周地理志》豳州三水縣下言："半川府，在三水縣北。《新唐書·地理志》邠州有捧川府。縣志，有半川府，在縣北十五里，蓋即捧川之訛。"③孫星衍認為："捧川府，唐地理志邠州有府十一，捧川舊誌半川府，在縣北十五里。""今偽為半，非也。"④綜合以上著錄，捧川、蜯川、半川為同地異名。這三字有聯繫，非訛誤一言可蔽之。

"捧""蜯""半"為同源關係。"捧"，《廣韻·腫韻》："芳奉切，兩手承也。"《釋名·釋姿容》："捧，逢也。兩手相逢以執之也。"《集韻·腫韻》："捧，掬也。""蜯"，同"蚌"，《玉篇·虫部》："蚌，同蜯。"《韓非子·五蠹》："民食果蓏蜯蛤，腥臊惡臭而傷害腹胃。"《文選·張衡〈南都賦〉》："巨蜯函珠，駮瑕委蛇。"李善注："蜯與蚌同。"⑤蚌，《說文·蟲部》："蚌，蜃屬。从虫，丰聲。"蚌為軟體動物，有兩個可以開閉呈橢圓形的介殼。蚌的外形與捧的"兩手相逢"在形式上相似，兩者皆為兩個半的形狀合成，故與"半"在此義上同，可作半川。《肇域志》解釋為："所謂'於胥斯原''復降在原'者，蓋豳地廣原，惟溥原為廣平之沃壤，當為敝里之半川耳。半川者，原隰之間與！"⑥《陝西通志》卷一七邠州半川府："在縣北十五里，地當九原九隰之中，故曰半川，以屯府兵。"⑦

---

① 陸增祥：《八瓊室金石補正》卷二三，文物出版社1985年版，第144頁。
② 乾隆二十九年《大清一統志》卷一九四邠州古蹟，影印文淵閣四庫全書本第478冊，第401頁。
③ 王仲犖：《北周地理志》（上冊），中華書局1990年版，第85頁。
④ （清）孫星衍撰：乾隆五十年《三水縣志》卷七，中國方志叢書華北地方第309號，成文出版社1970年版。
⑤ （梁）蕭統編，（唐）李善注：《文選》卷四，上海古籍出版社1986年版，第153頁。
⑥ （清）顧炎武：《肇域志》，上海古籍出版社2004年版，第1432頁。
⑦ 雍正十三年《陝西通志》卷一七三水縣，影印文淵閣四庫全書本第551冊，第898頁。

❖ 第四章 漢魏六朝石刻鄉里村坊命名分析 ❖

又蚌、捧都是合攏、相合狀，故蟀川亦稱隴川。隋大業年間移縣治於此，《肇域志》："半川府，在县縣北十五里，唐時府兵之一。草堡一所，約五六頃，蓋屯兵之處。四面壁立，溪澗環之，南有線路，一夫當關可以莫開。又即古之隴川堡，隋大業時於此立此。堡前臨河，傳為四仙驛。"① "舊志隴川堡在半川之後，四面壁立，溪澗環之。"② 捧、蟀（蚌）、半、隴同源，因此可互稱。

又作丰川，《關中勝蹟圖志》卷二七："［唐］丰川府在三水縣北，唐書地理志：邠州有公劉、蟀川等府。"張沛案："蟀川即丰川，古字蟀與丰同。縣志作半川者非。"③ "蟀與丰同"一言有誤，當是"蟀""蚌"同，"丰"是"蚌"的訛誤。

2.【練壁里、諫壁里】

《宋書·孝穆趙皇后傳》：

> 孝穆趙皇后諱安宗，下邳僮人也。……其日，后以産疾殂於丹徒官舍，時年二十一。葬晉陵丹徒縣東鄉練壁里雩山。④

晉陵丹徒縣東鄉練壁里，"璧"或作"壁"，為練壁里。練壁里在丹徒縣東，漢代為練壁聚，《史記·吳王濞傳》："東越即紿吳王，吳王出勞軍，即使人鏦殺吳王，盛其頭，馳傳以聞。"張守節《正義》引《括地志》云："漢吳王濞塚在潤州丹徒縣東練壁聚北，今入於江。"⑤ "聚"，《漢書》記載較多，是漢代傳世文獻出現最多的自然村落的名稱。從漢代的練壁聚至南朝宋的練璧里，此名歷時久遠。

"練""諫"兩字形體相混，語音相近，文獻記載常混淆。《史記》作"練"，《南史》作"諫"，《宋書》《景定建康志》皆作"練

---

① （清）顧炎武：《肇域志》，上海古籍出版社2004年版，第1332頁。
② （清）孫星衍撰：乾隆五十年《三水縣志》卷七，中國方志叢書華北地方第309號，成文出版社1970年版。
③ （清）畢沅撰，張沛校點：《關中勝跡圖志》卷二七邠州古蹟，三秦出版社2004年版，第831頁。
④ 《宋書》卷四一《后妃列傳》，第1280頁。
⑤ 《史記》卷一〇六《吳王濞傳》，第2834—2835頁。

壁"，光緒《丹徒縣志》："諫壁一作練壁，一作涧壁。"①清代後皆作諫壁，《大清一統志》有"諫壁鎮"，晚清小說《負曝閑談》第十一回《鄉秀才省閘觀光　老貢生寓樓談藝》："卻說江南鎮江府屬，有一個小地方，叫做諫壁，不過三四百户人家，大半是務農為生的。"

目前唯一有相關記載的石刻材料是南朝宋《宋故臨澧侯劉使君墓誌》，記劉襲父母、親人葬地，言"合葬丹徒諫壁雩山""葬諫壁雩山"②，書作"諫"。然而此誌不存拓片，唯有文字材料收錄在《古刻叢鈔》，不知後人傳抄過程中是否有篡改。因此，不能依據這方墓誌確定最初書寫形體是"練"還是"諫"。

練壁里在今鎮江市諫壁鎮一帶。縣志言諫壁鎮"因鎮南有雩山，似練湖之壁，故名"。③練湖，《太平寰宇記》卷八九潤州丹徒縣引《南徐州記》言"晉時陳敏所立"，又稱後湖。"練湖在（丹陽）縣北百二十步，周迴四十里，晉時陳敏為亂據。"④

二　因時代變化形成的同地異名

不同的時代地理名稱發生變化，這種變化記錄在文獻中，顯示出同一個地名在不同時代的石刻材料記錄上有差別，形成同地異名。

1.【洪瀆鄉永貴里】與【奉賢鄉靜民里】

大成元年（579）《尉遲運墓誌》言："反葬於咸陽郡涇陽洪瀆鄉永貴里。"其妻《尉遲運妻賀拔毗沙墓誌》刻於仁壽元年（601）："粵以仁壽元年歲次辛酉十月辛亥朔廿三日癸酉，合葬於雍州涇陽縣奉賢鄉靜民里。"⑤開皇廿年（600）《獨孤羅墓誌》亦言："粵廿年歲次庚申二月庚申朔十四日癸酉，厝於雍州涇陽縣洪瀆原奉賢鄉靜民

---

①（清）何紹章，馮壽鏡修，呂耀斗纂：光緒五年《丹徒縣志》卷二山，中國地方志集成，江蘇府縣志輯第62冊，江蘇古籍出版社1991年版。
②（元）陶宗儀：《石刻叢鈔》，《石刻史料新編》第一輯第10冊，第7617頁。
③（清）何紹章，馮壽鏡修，呂耀斗纂：光緒五年《丹徒縣志》卷二山，中國地方志集成江蘇府縣志輯第62冊，江蘇古籍出版社1991年版。
④（唐）李吉甫撰，賀次君點校：《元和郡縣志》卷二六江南道，中華書局1983年版。
⑤員安志：《中國北周珍貴文物——北周墓葬發掘報告》，陝西人民美術出版社1993年版，第107—108頁。

❖ 第四章 漢魏六朝石刻鄉里村坊命名分析 ❖

里。"① 三誌皆出土於陝西省咸陽市底張灣。且尉遲運夫婦墓同時出土,一者言葬地為洪瀆鄉永貴里,另一者言奉賢鄉靜民里,同地而異名,這說明北周至隋,隨着朝代變革,鄉、里名發生變化。

2.【都鄉孝敬里】與【中義鄉孝敬里】

因時代原因導致鄉名發生變化表現最明顯的是司馬氏故里。通過分析司馬氏家族墓誌,可以清晰地看到孝敬里在北魏及東魏間隸屬的變化。

太康四年(283)《司馬馗妻王氏墓誌》:"惟晉大康三年冬十一月,我王皇姒大妃王氏薨。春三月,協櫬於皇考大常戴侯陵。"②

太和八年(484)《司馬金龍墓表》:維大代太和八秊……代故河內郡溫縣肥鄉孝敬里。③

延興四年(474)《司馬金龍妻姬辰墓誌》:漢內溫縣倍鄉孝敬里人。④

永平四年(511)《司馬悅墓誌》:司州河內溫縣都鄉孝敬里人,越四年二月丁卯朔,十八日甲申,卜窆於溫縣西鄉嶺山之陽。⑤

永平四年(511)《司馬紹墓誌》:以永平四年……遷葬在溫城西北廿里。⑥

正光元年(520)《司馬昞(景和)墓誌》:正光元年堲於本鄉溫城西十五都鄉孝義之里。"⑦

延昌三年(514)《司馬景和妻孟敬訓墓誌》:歸葬於鄉墳河內溫縣溫城之西。

天平二年(535)《司馬昇墓誌》:君諱升,字進宗,河內溫縣孝敬里人也。以其年十一月七[日]葬於溫縣。⑧

興和三年(541)《司馬興龍墓誌》:公諱興龍,字興龍,河內溫

---

① 夏鼐:《咸陽底張灣隋墓出土的東羅馬金幣》,《考古學報》1959年第3期。
② 羅新、葉煒:《新出魏晉南北朝墓誌疏證》,中華書局2005年版,第1頁。
③ 《山西大同石家寨北魏司馬金龍墓》,《文物》1972年第3期。
④ 同上。
⑤ 尚振明:《河南省孟縣出土北魏司馬悅墓誌》,《考古》1983年第3期。
⑥ 趙萬里:《漢魏南北朝墓誌集釋》圖二〇九,北京科學出版社1956年版。
⑦ 趙超:《漢魏南北朝墓誌彙編》,天津古籍出版社1992年版,第117頁。
⑧ 同上書,第316頁。

人也。以太和十四年,以正月八日薨於朔州城內舍,春秋四十。粵以興和三年,十一月已巳朔,十七日乙酉,葬於鄴城西北十五里,釜陽城西南五里,平岡土山之陽。①

天保四年（553）《司馬遵業墓誌》:以齊天保三年,十二月廿五日,薨於鄴都中壇里第,時年六十四。以天保四年,二月甲午朔,廿七日庚申,窆於鄴城西北十五里山崗之左。②

太寧二年（562）《司馬氏太夫人比丘尼垣墓誌》記太寧二年二月"窆葬鄴紫陌西北七里"。③

武定二年（544）《司馬達墓誌》:君諱達,字仲建,武德溫人也。春秋三十五,以興和二年十月五日因難而卒,州里痛歎行路斯悲。武定二年二日辛巳朔四日,子葬於中義鄉孝敬里。④

仁壽元年（601）《司馬融墓誌》:遷葬於河陽縣北原廿里之上樂鄉。⑤

以上共13方墓誌,司馬金龍夫婦誌出於山西大同市,3方出土於河北磁縣,其餘8塊均出孟州市。北魏司馬氏墓在洛陽北邙,東魏北齊時司馬遵業墓在鄴城附近（見本頁表及下頁續表）。

誌主	年代	墓誌節錄文：葬地	出土地
司馬泰母王氏	西晉	協櫬於皇考大常戴侯陵	1979年河南省孟縣南莊鄉黃莊村
司馬金龍夫婦（夫一方、婦一方）	北魏	誌文無葬地信息	1965年山西大同市東南石家寨村
司馬悅	北魏	溫縣西鄉嶺山之陽	1979年孟州市鬥雞台村北
司馬元興（紹）	北魏	溫城西北廿里	乾隆年間孟州緱村鎮葛村青風嶺⑥

---

① 鄭紹宗：《北魏司馬興龍墓誌銘跋》，《文物》1979年第9期。
② 趙超：《漢魏南北朝墓誌彙編》，天津古籍出版社1992年版，第389頁。
③ 河北省文物管理委員會：《河北磁縣講武城古墓清理簡報》，《攷古》1959年第1期。
④ 孟州市政協文史資料研究委員會：《孟州文物》文史資料第十輯，2004年第168頁。
⑤ 羅火金、劉剛州：《隋代司馬融墓誌攷》，《中原文物》2009年第3期。
⑥ 一言出土於今大定辦事處水運村，http://mzrshy123.blog.sohu.com/141506075.html。四司馬墓誌的出土地，據《六朝墓誌檢要》乾隆二十年同出河南孟縣東北八里苟（葛）村，嘉慶中在段曲村張方處。

❖ 第四章　漢魏六朝石刻鄉里村坊命名分析　❖

续表

誌主	年代	墓誌節錄文：葬地	出土地
司馬昞（景和）	北魏	本鄉溫城西十五都鄉孝義之里	乾隆年間孟州緱村鎮葛村青風嶺
司馬景和妻	北魏	鄉墳河內溫縣溫城之西	乾隆年間孟州緱村鎮葛村青風嶺
司馬昇	北魏	溫縣	乾隆年間孟州緱村鎮葛村青風嶺
司馬興龍	東魏	鄴城西北十五里，釜陽城西南五里，平岡土山之陽	河北省磁縣滏陽村簸箕塚
司馬達	東魏	中義鄉孝敬里	1996 年孟州市南莊鎮黃莊村西南
司馬太夫人	北齊	鄴紫陌西北七里	河北磁縣講武城以北約 1 里處
司馬遵業	北齊	鄴城西北十五里山崗之左	河北省磁縣
司馬融	隋	河陽縣北原廿里之上樂鄉	孟州市西北石莊鄉雷河村

溫縣是司馬懿的故里，《晉書·宣帝紀》："宣皇帝諱懿，字仲達，河內溫縣孝敬里人，姓司馬氏。"司馬懿修築溫城，在今溫縣西南，一名招賢城。乾隆《懷慶府志·古跡》："古溫城，在縣西南三十里，有古城。漢溫縣即蘇仇生邑，亦曰蘇城。"①

司馬氏家族墓誌中對故里的表述不一，太和八年《司馬金龍墓表》言"河內郡溫縣**肥**鄉孝敬里"，延興四年《司馬金龍妻姬辰墓誌》言"漢內溫縣倍鄉孝敬里"，永元四年（513）《司馬悅墓誌》言"司州河內溫縣都鄉孝敬里"，孝敬里隸屬三個鄉：肥鄉、倍鄉、都鄉。有說法認為這是筆誤造成的，不太可靠，"肥""倍""都"三字不論是形體還是語音都相差較大。司馬金龍誌言肥鄉，與妻墓誌言倍鄉相距 10 年，與其子司馬悅誌言都鄉相距 20 餘年，按侯旭東先生的說法："同時似乎也表明了鄉里制正處於調整、定型的過程中。"②大概司馬氏居所隸屬鄉不太穩定，一直處在調整過程中。到司馬悅時"都鄉孝敬里"才穩定下來，確定是都鄉之里，正光元年《司馬昞（景和）墓誌》亦記載"都鄉孝敬里"。都鄉是溫城所在之鄉，這表

---

① （清）唐侍陛修，洪亮吉等纂：乾隆五十四年《懷慶府志》卷三興地古蹟，新修方志叢刊，臺灣學生書局 1968 年版。

② 侯旭東：《北朝鄉里制與村民的生活世界——以石刻為中心的考察》，《歷史研究》2001 年第 6 期。

明在永元四年以前司馬氏故里不是都鄉内，至司馬悅時確定為都鄉範圍内。司馬昇墓誌"溫縣孝敬里"，直言孝敬里，省略"都鄉"二字。孝敬里隸屬鄉經歷了從肥鄉、倍鄉到都鄉的轉變，這是行政區域、地名處於調整期的表現。

都鄉即溫城所在之鄉，溫城故址在今招賢村，則北魏都鄉在此。司馬昞"塟於本鄉溫城西十五都鄉孝義之里"，"十五"後漏"里"字，"本鄉"即都鄉，至溫城十五里，這個範圍是都鄉。說明溫城西十五里仍屬於都鄉範圍。孝義里與孝敬里同為都鄉之里。

然而，孝敬里劃入都鄉之里的時候並不長，在30餘年後的東魏，孝敬里再次被都鄉"拋棄"。《司馬融墓誌》言武定二年"子葬於中義鄉孝敬里"，1996年孟州市南莊鎮黃莊村西南塚窪地出土，與司馬泰母王氏誌同出一地。葬地"中義鄉孝敬里"與其他司馬氏墓誌"都鄉孝敬里"里名相同而鄉名不同。

溫縣縣治曾遷徙，《太平寰宇記》溫縣："古溫城在縣西南三十里……東魏靜帝天平中移縣於古城東北七十里，大業十三年又移縣於今理。"① 《水經注·濟水》："濟水於溫城西北與故瀆分，南逕溫縣故城西。"楊守敬疏："兩漢、魏、晉縣並屬河內郡。後魏天平初，屬武德郡，在酈氏後。《地形志》，溫有溫城。《寰宇記》，東魏天平中移縣於古城東北七十里。則酈氏時縣猶故治也。《懷慶府志》，在今溫縣西南三十里。"② 東魏以前治所在溫城，東魏後改屬武德郡，天平年間將縣治遷至溫縣北今武陟縣溫村。從今溫村名知此村曾是溫縣治所。此後北齊廢，隋復置，並徙治李城（今溫縣）。③ 司馬融墓誌刊於東魏武定二年，此時溫縣治所在古城東北七十里即今武陟縣溫村，由於縣治遷徙，於是今溫村一帶是東魏溫縣都鄉，而原溫縣都鄉更名為中義鄉。鄉名更改，里名没有發生變化，依舊為孝敬里，因此東魏時期司馬家族的籍貫為武德郡溫縣中義鄉孝敬里。

---

① （宋）樂史撰，王文楚點校：《太平寰宇記》卷五二河北道一，中華書局2007年版，第1078頁。

② （北魏）酈道元注，（民國）楊守敬、熊會貞疏：《水經注疏》卷一〇，江蘇古籍出版社1989年版，第636頁。

③ 史為樂：《中國歷史地名大辭典》，中國社會科學出版社2005年版，第2611頁。

❖ 第四章　漢魏六朝石刻鄉里村坊命名分析 ❖

郡縣的更改，縣治的遷徙，在石刻中體現得尤為明顯，以石驗史，相互輔證。這也說明了另外一個問題，即都鄉是縣治所在，縣治發生變化，則都鄉隨之發生變化。從北魏都鄉孝敬里到東魏中義鄉孝敬里，是由於縣治發生變化而導致鄉名發生變化。家族墓誌是一份對歷史地理研究非常有價值的真實的確切的材料，從司馬氏家族墓誌的零星記載中，我們可以清晰的看到司馬氏的居里孝敬里在行政制度的變化中"漂浮不定"，從肥鄉、倍鄉到都鄉，繼而東魏的中義鄉，變化的線索非常清晰。

第五章

石刻鄉里村坊與居民生活

第一節　從石刻鄉里看城市生活

一　城市生活：里坊與居民成員

"里"就其本身而言與社會因素無關，但是隨着里坊制度的完備，尤其是在城市，門閥制度的建立和等級制度的確立，使得里坊有了區分，人們居住在哪個里依據的是身份、地位、職業、民族性質等。北魏洛陽出土墓誌較多，可提供這方面的信息。

1. 一里多姓，一家多里

北魏洛陽的居住模式打破大家族聚居的狀態，多分散居住在城市各里坊。

漢族官僚之家，如燕國樂都王氏，王溫居照明里，王禎、王基居永康里；太原郭氏，郭祚居永和里，郭顯、郭翻居受（壽）安里；滎陽鄭氏，鄭道昭居永和里，鄭道忠居安豐里；東清河崔氏，崔鴻居仁信里，崔光、崔猷居暉文里；隴西李氏隨孝文帝遷洛後亦分散而居，李佐支居鄴城，李沖支居洛陽，李延寔居暉文里，李彰居顯德里，李蕤居城東里，李超居永年里。代姓貴族亦分里而居。長孫氏，長孫瑱可能是北魏初長孫嵩或長孫道生的後代，居永康里，長孫稚是長孫道生之曾孫，居永和里；穆氏，穆紹居文華里，穆纂居宜年里。由此知洛陽世家大族並未居住在同一里。當然也有居同里的情況，如弘農楊氏家族，皆居於依仁里，但這樣的大家族聚居現象極為少見。大多數情況是小家族聚居，"基本上

第五章　石刻鄉里村坊與居民生活

是一支居於同一里。"①

2. 各里居住成員來源複雜

北魏洛陽城的居民為里坊的編户，來源非常複雜。《魏書·孝文帝紀》："（太和十九年六月）丙辰，詔遷洛之民，死葬河南，不得還北。於是代人南遷者，悉為河南洛陽人。"②《隋書·經籍志》："後魏遷洛，有八氏十姓，咸出帝族。又有三十六族，則諸國之從魏者；九十二姓，世為部落大人者，並為河南洛陽人。"③ 因此居住也較混雜。

永康里。元氏妻趙光、王禎、王基墓誌皆記卒於此里。趙光，"年十有六，爰嫡昭成皇帝之胤，散騎常侍、内大羽真、太尉公、使持節、車騎大將軍、冀州刺史、毘陵王孫，冠軍將軍、徐州刺史永之長子為妻"。④ 毘陵王順為宗室元氏，昭成皇帝子地干之子。王禎、王基為兄弟，王氏是高句麗樂浪巨族，本姓拓王，原是高麗族之一小國，歸魏後，以國為氏，隨孝文帝南徙洛陽，改為王氏。《古今姓氏書辨證》卷十四"王氏"下："河南王氏，其先代人，姓拓王，隨魏南徙，居中國，始改為王氏。"元乂是道武皇帝之玄孫，太師京兆王之世子，亦居永康里，"里内復有領軍將軍元乂宅"。⑤ 由此知永康里居民至少有昭成王子孫、道武王子孫、高麗族，元氏宗室與代姓貴族居同一里。

中練里。奚智、奚真、侯剛、張孃共居一里。奚智、奚真是父子，奚氏即達奚氏，代北少數民族，是鮮卑族之一支，《魏書·官氏志》："達奚氏，後改為奚氏。"侯剛，《魏書》本傳記侯氏"河南洛陽人，其先代人也"。張孃身份較低賤，本南朝梁人，誌言"孃姓張，字豐姬，年卅三，南陽人也"。南陽與北魏的南荊州接壤，南北紛爭中南陽為兵家必爭之地，張孃在戰爭中被俘往北方，成為奴隸，後"舍為河陰右部民，適趙氏為妻"。⑥

---

① 張金龍：《北魏遷都後官貴之家在洛陽的居住里坊攷》，《河洛史志》2000 年第 1 期。
② 《魏書·孝文帝紀》，第 178 頁。
③ 《隋書·經籍志》，第 990 頁。
④ 《北圖拓本匯編》第四冊，第 91 頁。
⑤ （北魏）楊衒之撰，周祖謨校釋：《洛陽伽藍記校釋》卷一，中華書局 1963 年版，第 49 頁。
⑥ 《洛陽新獲墓誌專輯》，《書法叢刊》2005 年第 6 期。

承華里。穆循、寇猛、吕通、吕仁同居一處。穆氏爲丘穆氏，為勳臣八姓之首，是僅次於宗室元氏的鮮卑貴族，《元和姓纂（附四校記）》卷十"穆氏條"："代人，本姓邱穆陵氏，代為部落大人，為北人八族之首。後魏以穆、陸、奚、于比漢金、張、許、史。孝文遷洛陽，改為穆氏……"吕通、吕仁為父子，是東平郡壽張縣人。寇猛為柔然族，冒領寇姓（見前文）。

安武里。封昕、封□妻長孫氏、元伃、皮演、長孫盛共居一里。皮演為漢族，"下邳郡下邳縣都鄉永吉里人"。封昕與長孫氏夫封□同為封氏，概是同族，《魏書·官氏志》："是賁氏，後改爲封氏。"實為代北人。

永和里。《洛陽伽藍記·城內·修梵寺》記修梵寺北有永和里，世名為貴里，"里中［有］太傅錄尚書［事］長孫稚、尚書右僕射郭祚、吏部尚書邢巒、廷尉卿元洪超、衛尉卿許伯桃、涼州刺史尉成興等六宅"。①

北魏洛陽里坊的居民是不分民族、種族的，一里之內的居民來自多個姓氏、多民族，居住形式充分體現了孝文帝實施的打破民族隔閡、實現民族融合的政策。但官本位思想很強，永和里是達官貴人的居里，永康里是皇室貴族的居里，從社會地位、官位等級對居住人員進行劃分。

3. 里坊分區等級化

盡管居住混雜，但大致有一定的區劃。北魏洛陽里坊主要分布在郭城西、東、南三面。《洛陽伽藍記·城西·法雲寺》："自延酤以西，張方溝以東，南臨洛水，北達芒山，其間東西二里，南北十五里，並名為壽丘里，皇宗所居也。民間號為王子坊。"② 壽丘里實際包括30多個里坊，主要是皇室貴族、鮮卑大官僚的居住區。東郭是漢族官僚和士庶的居住區。洛河南岸的居民成份與洛北里坊的居民成份不同，洛北里坊為"代遷之士"，洛南里坊為

---

① （北魏）楊衒之撰，周祖謨校釋：《洛陽伽藍記校釋》卷一，中華書局1963年版，第63—64頁。
② （北魏）楊衒之撰，周祖謨校釋：《洛陽伽藍記校釋》卷四，中華書局1963年版，第163頁。

"四夷之人"的居所,有歸正里、四夷里、吳人坊等,這些里坊的居民社會地位低賤,素為鮮卑人不齒。從齊歸順的蕭寶寅、張景仁先居四夷里之一的歸正里,後以居此為恥,分別徙居洛北永安里、孝義里。① 由此知里坊的分區等級化非常明顯,且功能性較強。

正如張金龍先生在《北魏遷都後官貴之家在洛陽的居住里坊攷》所言:"北魏墓誌和《洛陽伽藍記》反映的北魏後期洛陽城的居住特點是官位相從和聚族而居,等級差別、四民異居是主要方面。"② 東魏北齊鄴城里坊的居住情況亦仿效北魏洛陽。

第二節　從石刻鄉里看鄉村生活

借助眾多墓誌對都城里坊中的居民成員性質進行分析,對其他郡縣的里坊,以及縣治以外諸鄉之里,由於材料較零散,居民成員的狀況沒有足夠的材料支撐,難以知曉。造像記在一定程度上填補了這個空白。維繫造像記的往往是同一地域的人們的佛事活動。有些造像記附有題名,即參與造像成員的名單,名單的姓氏顯示了成員的出處,有些來自同一家庭,或同一家族,或同一村落等。造像成員有血緣關係,也有無血緣關係者。沒有血緣關係的人能結成一個社群,依靠的是純粹的地緣而非血緣,因此可以視造像活動為一種社會關係的體現。

造像記題名分為四種:一是家屬造像;二是同邑同族同姓人的造像;三是同邑同族異姓人的造像;四是同邑異族異姓人的造像。對造像記的鄉里詞語及參與造像人的情況作一個簡要的分析,可以了解同一個鄉里村落中參與造像人員的情況,包括姓氏、民族等,由此可知此地居民成員情況。馬長壽先生著《碑銘所見前秦至隋初的關中部族》一書,為研究提供參考和借鑒的方法。

---

① (北魏)楊衒之撰,周祖謨校釋:《洛陽伽藍記校釋》卷二、卷三,中華書局1963年版。
② 張金龍:《北魏遷都後官貴之家在洛陽在居住里坊攷》,《河洛史志》2000年第1期。

一　漢族村落與居民

當陌村和安鹿交村的村民在數年間分別造像 3 – 4 次，造像題名顯示了村落的居民情況。

1. 【當陌村】

景明四年（503）《劉雄頭等四百人造像記》：

> 大魏國景明四年太歲在未三月癸丑朔十一日幽州范陽郡涿人劉雄頭高伏德高道龍合四百人為皇造釋伽牟尼像壹區。①

景明四年（503）《高伏德等造像記》：

> 景明四年，太歲在癸未四月癸未朔二日，幽州范陽郡涿縣當陌村高伏德像主合三百人為皇帝陛下［敬造］石像一區。②

正始元年（504）《高洛周七十人等造像記》：

> 大魏國正始元年太歲甲申三月戊申朔九日，涿縣當陌村維那高洛周七十人等，上為皇帝陛下，造釋迦石像一區。③

此三造像記被稱為"涿縣魏造像三絕"，記載了北魏涿縣當陌村在前後 2 年時間裏組織的三次大規模人數參與的造像活動，造像記皆記錄了參與人的姓名。

《劉雄頭等四百人造像記》謂四百人實為誇張。參與造像者有高姓 100 餘人，其次為劉姓 10 餘人，另有張、田、李姓。《高伏德等造像記》記參與者絕大多數為高姓，另有劉姓 13 人，張姓 2 人，李姓 5 人，史姓 1 人，董姓 1 人，趙姓 1 人，王姓 2 人，程姓 1 人。《高洛

---

① 宋大章等修：民國二十五年《涿縣志》第二編第二卷金石，中國方志叢書華北地方第 135 號，成文出版社 1968 年版。
② 《北圖拓本匯編》第三冊，第 62—63 頁。
③ 同上書，第 76 頁。

第五章　石刻鄉里村坊與居民生活

周七十人等造像記》參與者皆為高姓，人數少於以上兩次造像人數。由以上知當陌村是個以高姓為主的村落，另雜有劉、張、李等人口較少的姓氏。

《高洛周七十人等造像記》記高氏配偶姓名，"高妻孔羽女侍佛""清信女張門勝王念姬龐阿□""高妻王金姬息伏德□""石像主高文妻史寄生息高□""祖高□妻趙父高融妻王阿美□"，高姓者妻有孔、史、王、趙、張、龐等姓，其中"高妻王金姬息伏德"介紹了高洛周家庭成員，即高洛周妻王金姬，子高伏德。其中高文妻史寄生亦參加了景明四年的高伏德造像活動。雖然僅列數位配偶姓名，但可以看到題記未見高氏男娶同村高氏女的現象，所列配偶皆為外姓女子。這反映了村民的婚嫁情況。

西漢時幽州涿郡高氏人口眾多，分東、西二房，是當地豪強，"大姓西高氏、東高氏，自郡吏以下皆畏避之，莫敢與忤，咸曰：'寧負二千石，無負豪大家。'"① 歷經時代更替和戰亂後，北魏時幽州范陽郡涿縣高氏人口、勢力依舊如是。當陌村高氏，簡稱"當陌高"，正光二年（521）《王遺女墓誌》："［其］夫幽州當陌高，字雒陽，官為深澤令，与刺史競功亢衡，互相陵壓。"② "幽州當陌高"，指王遺女丈夫是幽州范陽郡涿縣當陌村高氏，"當陌高"這種以村名修飾姓氏的簡稱說明北魏時涿縣高氏的地位。

"當"，為對着、向着義。"陌"，為大路義。乾隆《涿縣志》記載部分以"當陌"命名的村莊，如南鄉唐里營，至城十里，有劉家當陌、陳家當陌、鄭家當陌、馬家當陌、畢家當陌等。③ 今涿州林家屯鄉有馬當陌、劉當陌、陳當陌、鄭當陌村，據《涿縣地名資料匯編》介紹馬當陌村的來歷，"據查，周秦時代，阡陌縱橫，大為阡，小為陌。相傳宋朝末年，有馬姓在小道上蓋房居住，遂以馬家擋陌名之，後簡稱為馬當陌"。④ 劉當陌、陳當陌、鄭當陌得名與此同。由此知"當陌"實是擋陌之義，當陌村在道路旁。

---

① 《漢書·嚴延年傳》，第3668頁。
② 《北圖拓本匯編》第四冊，第110頁。
③ （清）吳山鳳纂修：乾隆三十年《涿縣志》卷二，刻本，中國數字方志庫。
④ 河北涿縣地名辦公室：《涿縣地名資料匯編》，1984年，第232頁。

民國《涿縣志》載高伏德等造像記在涿縣西城門洞，劉雄頭造像民國初在縣南關出土。① 這正與今名"當陌"的村落在涿縣南位置一致。

2.【安鹿交村】

安鹿交村，又作阿鹿交村、安祿交村，從北魏後期至隋初此村先後在村旁石崖開鑿造像。造像記在今山西省平定縣岩會鄉亂流村西 0.5 公里的崖面上。

永平三年（510）《合村邑子等造像》：

> 永平三年正月十三日河東郡人□在安祿交居住，合村邑子等□造石像一倨。……②

武定五年（547）《王法現廿四人等造石室像記》：

> 大魏武定五年歲次丁卯七月丙申朔十八日癸丑并州樂平郡石艾縣安鹿交村邑儀王法現合廿四人等即發洪願造石室一堀……③

皇建二年（561）《陳神忻等七十二人造像記》：

> 唯大齊皇建二年歲次辛巳五月丙午朔廿五日庚午并州樂平郡［石］艾縣安鹿交村邑義陳神忻合率邑子七十二人等敬造石［室］一區今得成……④

河清二年（563）《阿鹿交村七十人造像記》：

---

① 宋大章等修，周存培等纂：民國二十五年《涿縣志》第七編第二卷金石，中國方志叢書華北地方第 135 號，成文出版社 1968 年版。
② 轉引自侯旭東《北朝并州樂平郡石艾縣安鹿交村的個案研究》，《史林》2005 年第 1 期。
③ 北京魯迅博物館、上海魯迅紀念館：《魯迅輯校石刻手稿》第二函第二冊，上海書畫出版社 1987 年版。
④ 同上。

❖ 第五章 石刻鄉里村坊與居民生活 ❖

> 唯大齊河清二年，歲次癸未，二月乙未朔，十七日辛巳，阿鹿交村□七十人等，敢以天菩薩厚惠，□共深其福，仰憑三寶可□，□□宮下□，願心大欲，就□辟□□身之資，福林□得來之□，□以率□□□□，敬造石室一區。①

第一次造像是在北魏永平三年，後三次在東魏北齊年間，造像人皆是并州樂平郡石艾縣安祿交村的村民。《魏書·地形志》石艾縣："前漢屬太原，後罷，晉屬。真君九年罷，孝昌六年復故名上艾，後改。"《太平寰宇記》卷五〇河東道平定縣："本漢上艾縣地，屬太原郡。後漢屬常山國，晉屬樂平郡，後魏改上艾縣為石艾縣，屬樂平郡。"②

安鹿交村概在今亂流村附近，《亂流村志》言安祿交村的沿用始末均無攷。③ 安鹿交村的命名蓋與該村的地理形勢相關。從今平定縣亂流村的形勢圖看，亂流村正處於橫穿太行山的要徑"井陘路"，是一條重要的交通要道，安鹿交村是過往此路的行旅必經之地。由此推測安鹿交村實應作"阿路交村"。分析文字涵義，"阿"，意為山下，此村正好在太行山下；"路"即井陘路；"交"為道路相交，阿路交村表明此村座落在太行山下道路相交處。

為何一個地名有多種寫法？村名用字的不同反映了人們用字時的心理，也表明人們更注重村落名稱音、義，而不是字形。言"阿鹿交村"，鹿與路音同字異；言"安祿交村"，阿寫作安、鹿寫作祿，同音字代替，通過變換文字的形式反映了人們祈求社會安定、生活美好的傳統文化心理；言"安鹿交村"則是前兩者的綜合。金代泰和八年（1208）有亂柳里之名，屬安平鄉，《山右石刻叢編》劉千幢云："遺立後代於古榆平定州安平鄉亂柳里，於今耳。"④ 後亦"亂流"

---

① 北京魯迅博物館、上海魯迅紀念館：《魯迅輯校石刻手稿》第二函第四冊，上海書畫出版社1987年版。題記"二月乙未朔，十七日辛巳"誤，"辛巳"應是"辛亥"。
② （宋）樂史撰，王文楚點校：《太平寰宇記》卷五〇河東道十一，中華書局2007年版，第1051頁。
③ 王康等編：《亂流村志》第二節"沿革"，內蒙古科學技術出版社1999年版，第20頁。
④ （清）胡聘之撰：《山右石刻叢編》卷二三，山西人民出版社1988年版。

"亂柳"混用，概"流""柳"音同。清乾隆五十五年版和光緒版《平定州志》均載亂流村。

除北魏永平三年（510）造像外的其他三次造像皆有諸多造像者題名，《北朝并州樂平郡石艾縣安鹿交村的個案研究》從造像記題名的姓氏、家庭關係入手，分析安鹿交村居民的來源與構成①，在此借用部分統計數據。據統計，安鹿交村在《王法現廿四人等造石室像記》《陳神忻等七十二人造像記》《阿鹿交村七十人造像記》3次造像中，參加者有衛姓69人（5人重復參加），張姓43人（5人重復參加），王姓29人（1人重復參加），郭姓14人，陳姓6人，李姓5人，藉姓4人，韓姓4人（1人重復參加），褚姓4人，趙姓2人，暢姓2人，劉姓2人，另有17個姓各有1人。"僧"姓者3人，此非姓，而是參與造像的僧人。據此該村至少有29個姓，衛姓人數最多，其次是張、王、郭姓。這告訴我們一個信息：此村是一個土著與移民混居的村落。從造像人數看，安鹿交村不過是個200餘人的村落，居住人口顯然不如當陌村，但一個村落中出現如此多的不同姓氏，移民是最主要的原因。當然這些移民不是大規模的移民，而是少數老百姓的遷徙，人們之所以遷至此，自然與安鹿交村地處交通要道有關。

東魏大吳村是一個吳姓村民較多的漢族村落，興和四年（542）《大吳村百人造像記》："大魏興和四年歲次壬戌十二月五日大吳村合邑一百人等敬造石像□堰。"② 造像記的標題，在《八瓊室金石補正》中題為《大吳村百人造像記》，在《長垣金石錄》中題為《大留寺造佛像記》。下附造像人題名，可識姓氏者有62人，其中僧人14人，吳姓有34人，其餘張姓2人，王、成、李、田、滑、殷、郭、楊、調、馮、孫、向姓各1人。題名中吳姓居多數，村名取自姓，正如《八瓊室金石補正》言"所在下截題名吳姓居其大半，村名大吳以此，蓋聚族於是者。"③《長垣金石錄》言"碑在城東南三十五里黃門里，作村大留寺。"④ 大留寺村，今為河南省長垣縣總管鄉大留寺村。

---

① 侯旭東：《北朝并州樂平郡石艾縣安鹿交村的個案研究》，《史林》2005年第1期。
② （清）陸增祥撰：《八瓊室金石補正》卷一九，文物出版社1985年版，第113頁。
③ 同上。
④ （清）楊元錫纂：《長垣金石錄》一卷，《石刻史料新編》第三輯第25冊，第3頁。

❖ 第五章　石刻鄉里村坊與居民生活 ❖

二　多民族融合的村落

在一些以少數民族人口為主的地區，政府通過設置鄉里，將居民居住地納入國家的基層行政單位，這對加速民族融合、穩定民族關係是最直接、最有效的舉措。漢代光和四年（181）《昭覺石表》有體現：

> 前換蘇示有秩馮佑，轉為安斯有秩。庚子詔書，聽轉示郡，為安斯鄉有秩如書，與五官掾司馬蔿議，請屬功曹定人應書。時簿下督郵李仁，邛都奉行。〇光和四年，正月甲午朔，十三日丙午，越嶲太守張勃，知丞事大張□，詔書聽郡，則上諸、安斯二鄉，復除□齊□鄉及安斯有秩，詔書即日□□□，勸農督郵書掾李仁，邛都奉行。〇高官□□，詔書即日始君遷里□□□□□□等十四里。〇將十四里丁衆受詔高米，立石表。①

1983年2月在四川省涼山彝族自治州昭覺縣四開區好谷鄉好谷村發現。石表主要內容是越嶲郡以詔書的形式頒發任命前蘇示有秩馮佑，更爲安斯鄉有秩，並免除十四里賦稅之事。

蘇示，縣名，舊地在今四川省西昌市北，《後漢書·郡國志》越嶲郡有蘇示縣。有秩，秦漢時一鄉之小吏，原本是相對於無秩而言，謂有秩祿，後爲官吏名。《漢書·百官公卿表》："大率十里一亭，亭有長；十亭一鄉，鄉有三老、有秩、嗇夫、游徼。"又，《張敞傳》："敞本以鄉有秩補太守卒史……"顏師古注："鄉有秩者，嗇夫之類也。"② 蘇示有秩，即蘇示縣某鄉之有秩。安斯有秩即邛都縣安斯鄉之有秩，即下文"安斯鄉有秩"。此處兩個有秩的表達方式不一樣，蓋此闕為邛都縣上諸、安斯鄉十四里民衆立，故不必強調是蘇示哪個鄉的有秩。安斯鄉，據報告稱："聯繫石表出土地點，可知今昭覺縣好谷鄉當是漢邛都縣安斯鄉所在地。"③

---

① 吉木布初、關榮華：《四川昭覺縣發現東漢石表和石闕殘石》，《攷古》1987年第5期。
② 《漢書·張敞傳》，第3216—3217頁。
③ 吉木布初、關榮華：《四川昭覺縣發現東漢石表和石闕殘石》，《攷古》1987年第5期。

安斯鄉的名稱源於居民成員的性質。"所謂安斯，此地當有斯叟居住。"① 斯叟是西南地區的一種少數民族，又稱斯臾、斯都、斯或叟，或寫作"傁"。《華陽國志·漢中志》："武都郡有麻田、氐傁，多羌戎之民。"《蜀志》："邛都縣又有四部斯（兒）叟。"② 1988年在石表發現地又發現東漢初平二年石表一通和石碑二件，其中石碑銘文記"有斯叟備路障"。③ 安斯鄉概是漢代政府為安置叟人專門設置的鄉，是叟人聚居之所，意在使叟人安居於此，故名。關於叟人的安置，我們可以在清代宣統年間的少數民族政策中找到有關描述。宣統《昭覺縣志·序》錄奏牘：

> 昭覺，古邛夷地也。當漢之時，西南諸夷恃其險阻，以抗王國。漢武始置越巂，沈黎以開西南之道。武侯南征，夷人不反。自漢以降，屢張撻伐，或叛或附，更迭不一。贊皇韋幕，夷之表表也。元明之世邊，邊治益開，州郡衛所，星其羅佈第，以狼子野心，順逆不常，陷地攘民，恃險為固。稱其大支曰鏒人，曰猓羅，曰西蕃，曰邛夷。今之昭覺其邛夷之奧匹歟？④

為促進民族融合，奏牘提出"編夷籍，各支夷善為撫綏婉用，招徠其有願歸漢官者，編入夷籍"。⑤ "編入夷籍"，即對少數民族編戶，這是清代的情況。漢代安斯鄉不論是名稱，還是設置，都與撫綏措施有關。可以明確上諸鄉、安斯鄉是由少數民族人口組成的基層行政機構。

在其他一些以少數民族為主的地方，不同民族之間的融合在造像

---

① 涼山彝族自治州博物館、昭覺縣文管所：《四川涼山州昭覺縣好谷鄉發現的東漢石表》，《四川文物》2007年第5期。
② （晉）常璩撰，任乃強注：《華陽國志》卷二、卷三，上海古籍出版社1983年版。
③ 涼山彝族自治州博物館、昭覺縣文管所：《四川涼山州昭覺縣好谷鄉發現的東漢石表》，《四川文物》2007年第5期。
④ （清）徐懷璋纂修：宣統三年《昭覺縣志》序，載黃秀文、吳平主編《華東師範大學圖書館藏稀見方志叢刊》，北京圖書館出版社2005年版。
⑤ （清）徐懷璋纂修：宣統三年《昭覺縣志》卷一奏牘，載黃秀文、吳平主編《華東師範大學圖書館藏稀見方志叢刊》，北京圖書館出版社2005年版。

❖ 第五章 石刻鄉里村坊與居民生活 ❖

記中體現十分明顯，以北周蒲城縣昨和氏、北魏土門縣雷氏造像記說明。

1. 蒲城縣堯山鄉壙川里的居民

天和元年（566）《昨和拔祖等一百廿八人造像記》：

> 天和元年歲次丙戌□□□子朔廿三日戊戌佛弟子一百廿八人等……信士都邑昨和拔祖合邑等共蕨積道……於堯山之鄉壙川之里，左挾同升，右臨白徑，採石脩願，遠召名匠，出巧思之奇，樹茲釋迦像一區。……都維那賀蘭萬吉，右相侍幢昨和伏子，南面化主昨和洪智，南面邑正武鄉□□先長和，南面光明主昨和了亮，右相侍幢昨和伯龍，南面邑員□馬歡，都邑正昨和景賓，南面維那雷歡引，都邑員昨和孫安，南面典錄昨和無暘，南面香火主荔韭子和，南面齋主㗉賁給事中大夫昨和富進（以上上截），邑子昨和元豐，邑（缺），邑子昨和陽奴，邑子昨和□，邑子罕井法榮，邑子王歸郎，邑子昨和歡智，邑子昨和先生，邑子唐山壽，邑子雷陽昌，邑子昨和法慎，邑子昨和子康，邑子呂雋德，邑子昨和景業，邑子昨和法安，吧子罕井曹生，邑子昨和㺯子，邑子罕井明祥，邑子昨和永樂，邑子昨和羊皮，邑子昨和山峇，邑子昨和醜奴，邑子昨和僧定，邑子昨和顯熾，邑子姚引奴，邑子昨和顯和，邑子昨和□□，邑子昨和顯慎，邑子昨和景賓，邑子昨和伏奴，邑子罕井阿祥，邑子昨和蘭奴，邑子屈男顯業，邑子荔非思祖，邑子昨和對建，邑子荔非思暢，邑子昨和榮安，邑子昨和師奴，邑子昨和仲傑，邑子昨和仲賓，邑子荔非慎智，邑子昨和儒傑，邑子昨和明引，邑子昨和仕傑，邑子昨和景洛，邑子昨和清席，當陽像主昨和魄奴，邑子昨和貴□，都化主□□將軍□右，邑子昨和長樂，員外□中侍都督罕井舉，南面邑主□督賀蘭延暢，邑子昨和䒭，邑子荔非佛奴，邑子呂右妃，邑子昨和暉亮，邑子（缺），邑子昨和大吉，邑子昨和釋吉，仏堂主昨和真慶，邑子昨和孝，邑子昨和早洛，邑子昨和洛容，邑子昨和惡平，邑子昨和惡達，邑子早洛母金男長資，邑子昨和輝䶮，邑子昨和長達，邑子昨和平貴，邑子平貴母罕井阿□，邑子昨和□

非，邑子（缺）①

"天和元年歲次丙戌□□□子朔廿三日戊戌"，空缺處補為"七月丙"，造像時間是天和元年七月廿三日。據題名，參與造像的成員羌姓有五，昨和氏58人，罕井氏6人，荔非氏5人，屈南氏、雷氏各2人，共73人。呂氏2人，似一氏姓。姚氏1人，賀蘭氏2人，為北族大姓。漢姓者有王歸郎、唐山壽、馬歡3人。從姓氏來源知參與造像人員複雜，是典型的同邑異族異姓造像。此里的居民成員絕大多數是羌姓，是一個以昨和氏家族為主的多民族、多姓氏的居里。其中羌族異姓之間聯姻，如昨和早洛的母親是屈南長資，昨和平貴的母親是罕井阿□，未見羌族與漢族聯姻者。

同邑，即造像記描述的"堯山之鄉，壙川之里，左挾同升，右臨白徑"。據馬長壽先生言此碑在蒲城縣北的堯山鄉。"同升"，拓片未存，僅推斷疑是同州之誤。《北周地理志》同州："後魏曰華州。"《隋書·地理志》馮翊郡："後魏置華州，西魏改曰同州。"白徑即白水河，"白水俗名南河，在縣北四十里，《魏書·地形志》南白水縣有白水，源出同官，合烏泥川流入縣西北境"。② 蒲城縣舊曰南白水縣，西魏改為蒲城縣。"堯山之鄉，壙川之里"與隋代《燕孝禮墓誌》中"城陽之鄉，澠川之里"的表述方式相同。"堯山之鄉"，馬長壽先生認為即蒲城縣堯山鄉。③ 堯山，光緒《蒲城縣新志》："堯山在縣正北三十里。"④《長安志》卷一八蒲城縣："堯山亦名浮山，在縣北二十里。舊圖經曰，昔堯時洪水為災，諸山盡沒，唯此山若浮，因以為名。"唐代有堯山驛，"堯山驛在縣北光陵下，去縣一十里"。⑤ 壙川里，"壙"，《說文·土部》："壙，塹穴也。一曰大也。从土，廣

---

① （清）陸增祥撰：《八瓊室金石補正》卷二三，1985年，第144頁。
② （清）李體仁修：光緒三十一年《蒲城縣新志》（一），中國方志叢書華北地方第249號，成文出版社1970年版。
③ 馬長壽：《碑銘所見前秦至隋初的關中部落》，中華書局1965年版，第73頁。
④ （清）李體仁修：光緒三十一年《蒲城縣新志》（一），中國方志叢書華北地方第249號，成文出版社1970年版。
⑤ （宋）宋敏求撰，（清）畢阮校注：《長安志》卷一八，中國方志叢書華北地方第290號，成文出版社民國二十年版。

第五章　石刻鄉里村坊與居民生活

聲。"壙取大義，壙川即大川，"壙"同"曠"，《釋名·釋喪制》："壙，曠也。"畢沅證："壙為野外空曠之處也。"言其里在川野之地。據以上分析，依照清光緒年間蒲城縣的地圖，符合這些條件的地方大概位置在堯山北麓，白水河以南，今罕井鎮一帶。這與馬長壽先生言造像記在蒲城縣西北的堯山鄉相符。

保定四年（564）《聖母寺四面造像碑》在蒲城縣東北20里雷村，為同邑異族異姓造像記。據馬長壽先生統計，《聖母寺四面造像碑》有雷姓28人，昨和氏19人，屈南氏9人，罕井氏8人，其餘姓氏較少。[1]《聖母寺四面造像碑》與《昨和拔祖等一百廿八人造像記》刊刻時間僅相隔二年，是昨和氏參與人數較多的兩次造像，也是目前所見記載昨和氏人數較多的兩份材料。由此知北周時期蒲城縣昨和氏主要分布在縣東北雷村、縣西北堯山鄉兩處，主要定居點在堯山鄉。

唐代亦有昨和氏參與造像的記錄。貞元五年（789）《奉先縣懷仁鄉敬母村經幢》，記載昨和氏題名，有"昨和尚高□、□成施主昨和方妻李氏、昨和進、楊宇絢妻和氏"。唐代奉先縣即北周蒲城縣，懷仁鄉敬母村按出土地即在蒲城縣東北。這與《聖母寺四面造像碑》出自雷村的位置相近。時隔200餘年，村中姓氏以雷氏為主，昨和氏人口居少數，羌漢互相通婚，昨和方與妻李氏、楊宇絢與妻和氏為漢羌聯姻。此時昨和氏已改為和氏，這只是改姓之初，因此在同一次造像活動中有言昨和者，亦有言和氏者。這大概是北周時期此地昨和氏的後裔，人數明顯減少。

天和元年昨和拔祖及其族人所居鄉里的居民成員在後世發生了變化。今堯山之北、白水以南的區域為罕井鎮，以罕井氏命名，表明罕井姓人口占大多數。罕井氏為羌族，《北朝胡姓考》："天水罕井氏，本西羌罕種、井種之歸漢者，以種名為氏。"[2] 從今罕井鎮的居民情況看，罕井鎮的村莊有屈家、彌家、罕井村、樊家村等以少數民族姓氏命名的村莊，未見和姓村莊。乾隆《蒲城縣志》、光緒《蒲城縣新志》對蒲城縣羌村進行統計，亦未見和姓村莊。在同一區域內，從曾

---

[1]　馬長壽：《碑銘所見前秦至隋初的關中部落》，中華書局1965年版，第71頁。
[2]　姚薇元：《北朝胡姓考》，中華書局1962年版，第334頁。

經以昨和氏為主至後世消失，說明居住成員性質發生了變化。昨和氏的家族人員或遷徙，蒲城鄰縣有和氏聚居地，民國《澄城縣志》記澄城縣城東南40里有和家樓，萬曆《郃陽縣志》記郃陽縣城西南有和家莊，民國《同官縣志·氏族表》有和姓188人，分布在同官縣陳爐安愈村、南窪里、羅寨等村。

2. 魯陽郡龍陽縣淳于村的居民

永平四年（511）《雷天生造像記》：

> 大魏□□□造永平四年四月八日□□北地郡土門縣人雷天生在魯陽郡龍陽縣小留山北淳亐村北造□浮圖一區石浮圖一區為七世□都壽□□□□郡□□願□永記不朽□弟子□淳亐□□吴□胡□亐□郡□軍淳亐□①

"魯陽郡龍陽縣"，魯陽郡，《魏書·地形志》魯陽郡注："太和十一年置鎮，十八年改為荊州，二十二年罷，置。"領山北、河山兩縣，不領龍陽縣。龍陽縣，《魏書·地形志》記順陽郡領龍陽和龍山二縣，太和十七年置。造像記刊於永平四年（511），魯陽郡太和二十二年（499）罷置，為何造像記言魯陽郡龍陽縣呢？對此疑惑，《寶豐縣志》案曰："魏書地形志順陽郡龍陽，太和十七年置。至此題龍陽，蓋又改隸魯陽，為永平四年，志又不備載，難以悉徵矣。"②

"小留山北"，小留山亦作小劉山，"小留山不作小劉，徐諧云說文無劉字，故碑以留作劉，文猶近古"。③ 小劉山北為大劉山，大劉山又諧音作大留山、大騮山④，《隋書·地理志》郟城縣注："舊曰龍山。……有關官。有大留山。"《大清一統志》卷一七四："大劉山在郟縣西北三十里。……其南又有小劉山，云光武嘗駐此。山峽有高門

---

① 《寶豐縣志》卷一四，《石刻史料新編》第三輯第30冊，第131頁。
② 同上。
③ （清）武億撰：《寶豐金石志》，《石刻史料新編》第三輯第30冊，第131頁。
④ 《河南省》編纂委員會編尚世英主編：《中華人民共和國地名詞典河南省》，商務印書館1993年版，第609頁。

❖ 第五章 石刻鄉里村坊與居民生活 ❖

洞，按隋志，郟城有大留山，疑大劉之名傳譌也。"① 乾隆《郟縣志·山川》："大劉山在縣西北三十里，小劉山在大劉山之陽，距縣十餘里。"② 大劉可作大留，自然小劉山亦可作小留山。今大、小劉山在郟縣北黃道鄉、安良鎮，造像記言造像地點在小留山北，知地點為今郟縣北安良鎮一帶。郟縣，秦始置，北魏時名龍山縣，屬順陽郡。據此造像地點應為順陽郡龍山郡，而題記言"魯陽郡龍陽縣"，概郡縣的隸屬在此時期發生了變化。

"淳亐村"，"亐"即"于"，題記後段泐蝕嚴重，僅可識讀淳于氏3人，結合村名知此村居民多姓淳于，《郡望百家姓》稱淳于氏望出河內郡③，因此推斷淳于村是一個以淳于氏為主要成員的漢族村落。

從《雷天生造像記》看這個村落並非純粹的漢族村落，有羌族居民。

雷氏，《晉書·苻生載記》："未幾，又誅侍中、丞相雷弱兒及其九子，二十七孫。諸羌悉叛。弱兒，南安羌酋也……"④《北朝胡姓考》："南安雷氏，本西羌累姐種，以種名為氏。""雷氏乃羌中豪族"，"北周時雷氏猶為羌中大姓"。⑤ 在北朝少數民族造像活動中，雷氏表現最活躍。從前秦建元三年《鄧太尉祠碑》有雷姓7人，至北周天和六年《雷明香為亡夫同蹄乾熾造像記》有雷姓13人，大約有造像記16餘通，其中以《雷標等五十人造像銘》中雷姓46人最多。造像多分布在陝西蒲城縣、耀州、澄城縣一帶，這和今蒲城縣、澄城縣、大荔縣多見村落以雷姓命名相符。雷天生為北地郡土門縣羌人，居住在今河南一帶，造像記題名顯示參與造像者另有淳于氏、胡氏。從參與人與村落名稱來看，顯然這個村落是一個以淳于氏為主的融合漢、羌族的雜姓村落。《雷天生造像記》是漢人與羌人共同造像並題記，這說明羌人不僅和漢族共同生活，

---

① 乾隆二十九年《大清一統志》卷一七四，影印文淵閣四庫全書本第477冊，第490頁。
② （清）金世純修，仝軌纂：乾隆七年刻本《郟縣志》，康熙三十年刻本重印，中國數字方志庫。
③ 轉引自陳明遠、汪宗虎主編《中國姓氏詞典》，北京出版社1995年版，第61頁。
④ 《晉書·苻生載記》，第2783頁。
⑤ 姚薇：《北朝胡姓考》，中華書局1962年版，第322頁。

而且有共同信仰，這是民族融合的具體體現，且融合速度較快。雷天生及家人遷入淳于村的時間並不長，從籍貫"北地郡土門縣"即可知。土門縣，《魏書·地形志》屬雍州，景明元年（500）置，在今陝西富平縣薛鎮。造像記時間是511年，只不過數年時間，雷姓便在漢族村落中穩定下來。

有信息表明，雷天生與雷檽可能來自同一個家族。首先，《雷檽等五十人造像銘》在耀州，據馬長壽先生錄文，像主為"前將軍左銀光祿淮州苻壘縣令汝南郡丞假懷州刺史都督雷檽"，參與人有邑子雷申生、邑主雷但生、平望雷周生、邑子雷萬生、邑子雷道生等。① 這幾個人的姓名與雷天生的取名有異取同工處。其次，雷檽造像銘題名有"邑子魯陽郡守雷□周"，身為魯陽郡守的雷□周參與了家鄉的造像活動。而雷天生自言在魯陽郡境，這表明雷天生極可能與雷檽造像銘文的人物有關。再次，雷檽為淮州苻壘縣令。苻壘縣，《魏書·地形志》注云："太和中置，有沙水。"沙水即今魯山縣南五里沙河，苻壘縣在今魯山縣境內。"在此以前，曾置荊州；以後又改置魯陽郡；至永安二年（529）復置廣州。"② 今魯山縣與郟縣境毗鄰。由以上推論可知，北地郡土門縣雷氏的某一支原居耀州一帶，至北魏時遷居魯陽郡一帶，居於漢族村落，與村民和平共處，共同侍佛。今郟縣北安良鄉有雷莊，概為北地郡土門縣雷氏後人。

不論是居於"堯山之鄉、壞川之里"的昨和氏，還是徙居"魯陽郡龍陽縣小留山北淳于村北"的雷氏，不同民族的人們共同參與造像，說明各民族之間的相互融合與融洽和睦不僅體現在對國家行政制度的認可，而且體現在文化與思想的趨同。從佛教傳播角度來說，反映了佛教思想對偏遠地區居民思想和意識的滲透。進而讓人思考，造像記作為一種民間的自發行為，其地緣性的特點往往占據主導因素，對於老百姓而言，血緣關係固然重要，但在時局不穩定、社會生產能力不足的時代，由地緣性組成的"地域集團"是可依靠的抱成團的

---

① 馬長壽：《碑銘所見前秦至隋初的關中部族》，中華書局1965年版，第90頁。
② 同上書，第48頁。

❖ 第五章 石刻鄉里村坊與居民生活 ❖

力量。

第三節 從僑民墓志看僑民生活

僑民源於僑置。僑置，是指在六朝時，南北分裂，戰亂頻仍，諸朝遇有州郡淪陷敵手，則往往暫借別地重置，仍用其舊名。僑置州郡縣並非東晉南朝所獨有現象。"溯源追本，至遲在東漢安帝永初以前，就有僑郡僑縣的設置；而流風餘韻，則如唐有僑都督府、州、縣，遼有僑縣，蒙古侵宋過程中也有僑州。"① 僑置郡縣正式創建於晉成帝咸和四年，《宋書·州郡志》南徐州刺史："晉永嘉大亂，幽、冀、青、并、兗州及徐州之淮北流民，相率過淮，亦有過江在晉陵郡界者。晉成帝咸和四年……並立僑郡縣以司牧之。"原州郡縣地淪陷後，老百姓遷徙寄寓他處，"遺民南渡，並僑置牧司，非舊土也"。② 僑置後，"晉自中原喪亂，元帝寓居江左，百姓之自拔南奔者，並謂之僑人。皆取舊壤之名，僑立郡縣，往往散居，無有土著"。③ 僑置郡縣並取舊壤之名，不僅是對故土的懷念，而且表明了收復失地的決心，"自扶莫而裹足奉首，免身於荊、越者，百郡千城，流寓比室。人佇鴻雁之歌，上蓄懷本之念。墓不各樹邦邑，思復舊井"。④

僑流人口的遷徙與定居基本保持着鄉族集團的形式，從墓誌記載情況看，僑民生活與鄉里的關係主要表現在葬地、居所、籍貫三個方面。

一 墓誌記載的葬地

僑民的墓地分布在兩處，或在僑民流入的當地郡縣，或在僑置郡縣的實土內。東晉南朝墓誌對墓主葬地的描述大致分為兩種情況，一

---

① 胡阿祥：《東晉南朝僑州郡縣與僑流人口研究》，江蘇教育出版社2008年版，第41頁.
② 《宋書·州郡志》，第1028頁。
③ 《隋書·食貨志》，第673頁。
④ 《宋書·律志》，第205頁。

種是所記葬地為僑民寓居的當地郡縣的實際地名，另一種是所記葬地是獲得實土的僑置郡縣的鄉、里等地名。

1．葬地與當地郡縣的實際地名

所涉皆為僑民，葬地皆為僑民流入地的郡縣的實際地名。

或以實際郡縣、鄉里及地形等：

《謝球墓誌》："安厝丹揚郡秣陵縣賴鄉石泉里牛頭山。"

《謝琉墓誌》："安厝丹楊郡江寧縣賴鄉石泉里中。"

《謝濤墓誌》："窀穸於揚州丹陽郡建康縣東鄉土山里。"

《劉岱墓誌》："始創墳塋於楊州丹揚郡勾容縣南鄉糜里龍窟山北。"

《宋乞墓誌》："八月十三日於江寧石泉里建。"

《南史》劉裕母葬"晉陵丹徒縣東鄉練壁里雩山"。

或描述實地的地理特點，多言山、崗等：

《謝鯤墓誌》："假葬建康縣石子罡，在陽大家墓東北〔四〕丈。"

《謝溫墓誌》："□十一月廿八日□丹楊郡江甯縣牛頭山。"

《王興之及妻宋和之墓誌》："以七年七月廿六日葬於丹楊建康之白石。"

《王仚之墓誌》："三年初月廿八日堊於丹楊建康之白石。"

《劉懷民墓誌》："粵八年正月甲申葬於華山之陽朝。"

2．葬地與僑置郡縣

葬地為僑郡縣，即誌主卒後葬在有實土的僑郡縣境內。

1）葬地在僑置臨沂縣

僑臨沂縣前身為懷德縣，《建康實錄》卷五大興三年秋七月條案："中宗初，琅邪國人置懷德縣，在宫城南七里，今建初寺前路東，後移於宫城西北三里耆闍寺西。帝又創巳北為琅邪郡，而懷德屬之，後改名費縣。"① 後僑置臨沂縣，《景定建康志》："幕府山在臨沂縣東八里，臨沂山在城東北四十里，周回三十里，高四十丈。東北接落星

---

① （唐）許嵩撰，張忱石點校：《建康實錄》卷5中宗元皇帝，中華書局1986年版，第134頁。

❖ 第五章　石刻鄉里村坊與居民生活　❖

山，西臨大江。西南有臨沂縣城。"① 據日本學者中村圭爾等人研究，臨沂縣的具體疆域"其向建康城的東、北郊擴展，北至長江，東以棲霞山附近為界"②，或曰大致範圍為北至長江，南到今富貴山至雞鳴寺北一線，東到甘家巷一帶，西至下關江岸。③ 僑置郡縣有相關的州、郡、縣、鄉、里的設置。清末今句容縣北 60 里猶有琅琊鄉，可能是東晉僑琅琊郡的治所。④ 弘治《句容縣志》："琊琊城在縣治東北六十五里，本縣琊琊鄉即其地也。""晉元帝以琊琊王過江，國人隨而居之，因城焉，今廢。"⑤《景定建康志》卷一五："臨沂縣……晉咸康七年，分江乘西界僑置，屬南琅琊郡。陳屬建興郡。晉蔡靚、諸葛恢、梁孟智、陳明仲璋皆嘗為令。"⑥ 同樣也有里的設置，這從葬地涉及僑縣之里便知。

【弋辟里】

天監十三年（514）《蕭融妃王慕韶墓誌》："太妃姓王，諱慕韶，南徐州琅琊郡臨沂縣都鄉南仁里人也。……粵其年十一月丙午朔，十日乙卯祔窆弋辟里弋辟山。"⑦

與其夫蕭融墓誌 1980 年同出南京市太平門外。弋當是"弋"的俗字。弋辟山，《蕭融墓誌》言"窆於弋辟山"，可對勘。《漢魏南北朝墓誌彙編》作"弌"，失原貌，又脫"弋辟里"三字。又元徽二年（474）《明曇憘墓誌》言明氏"窆於臨沂縣弋壁山"，1972 年南京市太平門外堯晨果木場出土。

將三方墓誌結合即葬地為臨沂縣弋壁里弋壁山，為僑臨沂縣之

---

① （宋）周應合撰：嘉慶六年《景定建康志》卷十七，中國方志叢書華中地方第416號，成文出版社1983年版。
② ［日］中村圭爾：《關於南朝貴族地緣性的考察——以對僑郡縣的探討為中心》原載《東洋學報》第六十四卷第1、2期，1983年；劉馳譯文載《南京曉莊學院學報》2005年第4期。
③ 王去非、趙超：《南京出土六朝墓誌綜攷》，《攷古》1990年第10期。
④ 郭黎安：《江蘇境內東晉南北朝時期僑州郡縣攷略》，《蘇州大學學報》（哲學社會科學版）1986年第4期。
⑤ （明）杜槩修，程文纂：弘治《句容縣志》卷一城池，《天一閣藏明代方志選刊》第4冊，臺灣新文豐出版公司1985年版，第349頁。
⑥ （宋）周應合撰：嘉慶六年《景定建康志》卷十五，中國方志叢書華中地方第416號，成文出版社1983年版。
⑦ 阮國林：《南京梁桂陽王肖融夫婦合葬墓》，《文物》1981年第12期。

里,在今南京太平門外甘家巷北一帶。葬地弋壁里在弋壁山下,因山而名里。

【琅邪臨沂莫府山】

南朝宋《臨澧侯劉使君墓誌》:"曾祖,宋孝皇帝。祖諱道鄰,字道鄰,侍中、太傅、長沙景王;妃高平平陽檀氏,字憲子,諡曰景定;妃父暢,道淵,永寧令;祖貔,稚羆,琅邪太守。合葬琅邪臨沂莫府山。"① 琅邪臨沂莫府山在僑臨沂縣,莫府山即幕府山。

【長干里】

普通元年(520)《永陽王敬太妃王氏墓誌銘》:"永陽王太妃王氏,瑯耶臨沂人也。……粵其月廿八日戊戌,祔塋於瑯耶臨沂縣長干里黃鵠山。""干",《金石萃編補正》作"千",誤。《王寶玉墓誌銘》記蕭崇之側室夫人王寶玉"窆於臨沂縣之黃鵠山"。

《六朝事跡編類》卷下記:"梁永陽昭王墓誌銘徐勉造在清風鄉居民井側,今在上元縣。梁永陽敬太妃墓誌銘徐勉造,在清風鄉路。"並記"南史梁始興王蕭憺諡曰忠武墓在清風鄉黃城村"。② 王寶玉墓誌出土於南京棲霞區甘家巷南京煉油廠,則黃鵠山大致在甘家巷一帶,長干里應與此相距不遠,為僑臨沂縣之里。

長干里本是建康的里名,李白《长干行》:"同居長干里,兩小無嫌猜。"《景定建康志》卷十六:"長干里在秦淮南。"③《建康實錄》:"其長干是里巷名,江東謂山隴之間曰干。建康南五里有山岡,其間平地,民庶雜居,有大長干、小長干、東長干,並是地里名。"④ 南朝時秣陵縣有長干里,南朝《西善橋輔國將軍墓誌》:"卒於丹陽秣陵長干里,□子歲四月廿九日亡今塋江寧縣境。"⑤ 遺址在今秦淮河以南至雨花臺以北。顯然"丹陽秣陵長干里"在建康縣南,與永陽王敬太妃王氏墓誌"瑯耶臨沂縣長干里"並非一里,為同名異地。

---

① (元)陶宗儀:《石刻叢鈔》,《石刻史料新編》第一輯第10冊,第7617頁。
② (宋)張敦頤:《六朝事跡編類》卷下,上海古籍出版社1995年版。
③ (宋)周應合撰:嘉慶六年《景定建康志》卷十六坊里,中國方志叢書華中地方第416號,成文出版社1983年版。
④ (唐)許嵩撰,張忱石點校:《建康實錄》卷二太祖下,中華書局1986年版,第44頁。
⑤ 朱國平、王奇志:《南京西善橋輔國將軍墓誌攷》,《東南文化》1996年第2期。

❖ 第五章　石刻鄉里村坊與居民生活 ❖

為何僑置縣境內存在與建康相同的里名？

三個葬地皆屬僑臨沂縣境，弋壁山、莫（幕）府山、黃鵠山本為建康舊土，僑置臨沂縣後此三山劃屬臨沂縣，弋辟里、長干里亦為僑臨沂縣之里。

2）葬地在僑置華縣

王氏家族墓誌謂葬建康之白石，另永安四年（261）《大女莫府山前買地券》出南京市北郊郭家山東吳紀年墓群，券言："［永］安四年，太歲在辛巳，乙卯上朔，十一月十二日乙卯，大女□□□□今□□蒹東北白石莫府山前茆立塚宅。"①

太和六年（371）《溫式之墓誌》："泰和六年四月九日，晉故散騎常侍、新建開國侯太原郡祁縣［都］鄉仁義里溫式之，葬琅邪郡華縣白石崗□□□，閥如左……父御史中丞、參軍［使持節侍］中大將軍、始安郡［忠］武［公］，諱嶠，字太真。夫人高平李氏。"泰和六年即太和六年（371）。溫式之為溫嶠之子。據發掘簡報，同時發現的四座墓為東晉溫氏家族墓葬，於南京市北郊下關區郭家山西端南坡出土。②

按照出土地點，疑王氏墓誌"建康之白石"、大女地券"白石"、溫式之誌"白石崗"為同一地。同是太和六年（371年）葬，王建之妻劉媚子誌言葬於"丹陽建康之白石"，溫氏誌言葬於"琅邪郡華縣白石崗"，從圖上看兩地接近。琅邪郡華縣，《漢書·地理志》泰山郡有華縣，《晉書·地理志》徐州琅邪國，領開陽、臨沂、陽都、繒、即丘、華、費、東安、蒙陰九縣。《宋書·州郡志》"南琅邪太守"中未提華縣僑置。由溫氏墓誌知東晉時華縣僑置，"這裡的白石前以'琅耶郡華縣'作定語，也明確了東晉政權曾在今南京郭家山一帶置'琅耶郡華縣'，為研究東晉時期的僑州郡縣增添了一條新史料"。③ 位置在今南京郭家山西端附近，至少白石崗在其域內。"建康之白石"與"琅邪郡華縣白石崗"，前者為當地真實地名，後者為僑

---

① 阮國林：《江蘇南京市北郊郭家山東吳紀年墓》，《攷古》1998年第8期。"乙卯上朔"，此處不知何意。
② 南京市博物館：《南京市郭家山東晉溫氏家族墓》2008年第6期。
③ 同上。

墓葬位置示意图

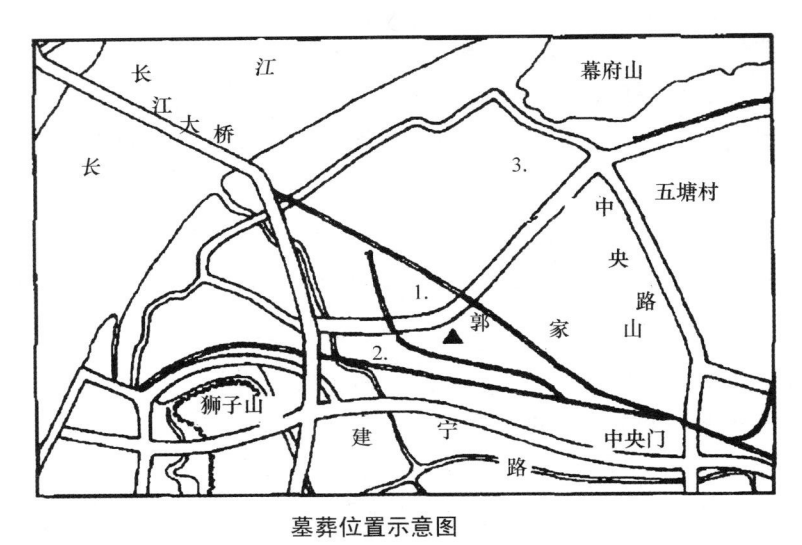

1.王氏墓群　　2.温氏墓群　　3.大女墓

郡僑縣與當地實際地名的組合（見本頁圖）。

再如，南朝宋永明三年（485）《劉顗買地券》言"中府君今更新其丘宅，兆在此江夏郡汝南縣孟城山崗"，券出武昌市何家大灣。《宋書·州郡志》郢州刺史江夏太守汝南侯相條："本沙羨土，晉末汝南郡民流寓夏口，因立為汝南縣。沙羨令，漢舊縣，吳省。晉武太康元年復立，治夏口。孝武太元三年，省併沙陽，後以其地為汝南實土。"《水經注·江水》："右則塗水注之，水出江州武昌郡武昌縣金山，西北流逕汝南僑郡故城南，咸和中，寇難南逼，戶口南渡，因置斯郡，治於塗口。"[①] 東晉咸和年間，百姓南渡，僑置汝南郡，治於塗口。塗口即今江夏區金口鎮，北靠槐山，南臨後石湖。因處塗水（今金水）入江口而得名。東晉咸和年間至南北朝為汝南郡、縣治所，在今武昌一帶。"江夏郡汝南縣孟城山崗"為僑郡僑縣與實地名的組合。

再如，《梁書·高祖郗皇后傳》："高祖德皇后郗氏諱徽，高平金鄉人也。……永元元年八月殂於襄陽官舍，時年三十二。其年歸葬南

---

① （北魏）酈道元著，王先謙校：《水經注》卷三五，巴蜀書社1985年版，第541頁。

◆ 第五章 石刻鄉里村坊與居民生活 ◆

徐州南東海武進縣東城里山。"① "南徐州南東海武進縣東城里",武進縣東城里是丹陽郡的實地名,此為僑州郡與實際地名的組合。

以上諸表述皆為僑民之葬地,有兩種方式,或是實際郡縣與實際鄉里地名,或僑置實土的郡縣與實際鄉里地名,不管是實郡縣還是僑郡縣,涉及葬地是實實在在存在的當地的實際地名,僑民們依舊是按照實際稱呼來葬地。僑郡縣與實地鄉、里表述葬地與僑郡縣有實土密不可分。

二 僑民的居住地

南渡後北方人的居住地不統一,較分散,多數人渡江後居住在建康城南秦淮河以南舊有的居民區。

雖然臨沂縣是獲得實土的僑置縣,但著僑籍的琅邪臨沂兩大家族王氏、顏氏並未居住在僑臨沂縣。《景定建康志》卷一六引《舊志》:"烏衣巷,在秦淮南。晉南渡,王謝諸名族居此,時謂子弟為烏衣諸郎。今城南長干寺北有小巷,曰烏衣,去朱雀橋不遠。"②《北齊書·顏之推傳》引其作《觀我生賦》,其中"……我祖於是南翔。去琅耶之遷越,宅金陵之舊章。……經長干以掩抑,展白下以流連"。自注云:"長干,舊顏家巷。"③ 東晉謝氏家族亦如此。豫州陳郡陽夏縣都鄉吉遷里是謝氏故里,東晉時陳郡僑於江北,陽夏縣僑於合肥,而謝氏家族卻居於秦淮河一帶。《景定建康志》卷四二引《舊志》:"謝安宅在烏衣巷驃騎航之側,乃秦淮河南岸,謝萬居之北。"④ 由此可見高門望族的居住地與僑置地並非一處。此外從發掘情況來看,當時的甘家巷是墓葬區,身為顯貴的世家怎麼可能居住在那?據此知世家大族"居住與其僑籍所在地是分離的,多數世家大族並没有居住在其所

---

① 《梁書·高祖郗皇后傳》,第157頁。
② (宋)周應合撰:嘉慶六年《景定建康志》卷一六疆域志二,中國方志叢書華中地方第416號,成文出版社1983年版。
③ 《北齊書·顏之推傳》,第620—621頁。
④ (宋)周應合撰:嘉慶六年《景定建康志》卷四二風土志,中國方志叢書華中地方第416號,成文出版社1983年版。

屬的僑州郡縣之中"。①

中下層人士僑民並不一定生活在其僑置縣境内，往往與當地百姓雜居。宋乞過江後居建康中黄里，"楊州丹建康都鄉中黄里，領豫州陳郡陽夏縣都鄉扶樂里宋乞"。劉裕家族，原為彭城縣綏興里人，自其曾祖過江後居"晉陵丹徒縣之京口里"，遂言"家在京口"或"或居京口"，祖塋也葬於京口，以京口地區為世代居所。《宋書》等史書也記載一些僑民的生活情況。《陳書·孝行傳》："高宗世有太原王知元者，僑居於會稽剡縣，居家以孝聞。及丁父憂，哀毁而卒，高宗嘉之，詔改其所居清苦里為孝家里。"②《陳書·徐陵傳》："徐陵字孝穆，東海郯人也。"③《藝文類聚》又載此人，《陳徐陵孝義寺碑》記："天嘉三年正月二十一日詔旨，仰惟聖德，方被兆民，乃敕有司，改東成里為孝義里。"④

三 墓誌記載的籍貫

渡江後的人們已遠離故土，墓誌記載的籍貫是其原籍還是渡江後獲得的新籍貫呢？《蕭融太妃王慕韶墓誌》"南徐州琅琊郡臨沂縣都鄉南仁里人"，南徐州琅琊郡臨沂縣是僑置的州郡縣，那麼都鄉南仁里是否一併僑置呢？對此胡阿祥先生亦提出疑問"如此，則僑置郡縣時，併鄉、里一體僑置乎？果如此，則有僑鄉、僑里的存在"。⑤ 對僑鄉、僑里情況，史書未見相關資料介紹。墓誌中世家大族未見改籍，對於臨沂縣的王氏、顏氏來說，僑臨沂縣雖不是他們南徙後的居住地，卻是家族墓葬所在地，有實土的僑郡縣是户籍所在，與原籍同名，因此，"如僑置的琅邪郡臨沂縣以及蘭陵蘭陵縣對於琅邪大姓王氏、顏氏以及蘭陵蕭氏來說，是名實相符的完全的籍貫"。至於僑臨

---

① 秦冬梅：《論東晉北方士族與南方社會的融合》，《北京師範大學學報（社會科學版）》2003年，第138頁。
② 《陳書·孝行傳》，第430頁。
③ 《陳書·徐陵傳》，第325頁。
④ （唐）歐陽詢撰，汪紹楹校：《藝文類聚》卷七七，上海古籍出版社1982年版，第1315頁。
⑤ 胡阿祥：《東晉南朝僑州郡縣與僑流人口研究》，江蘇教育出版社2008年版，第46頁。

第五章 石刻鄉里村坊與居民生活

沂縣是否設南仁里，不可確知。

而對於中下層士族來說，墓誌有改籍的記載。東晉廣平李氏家族在南京呂家山出土三方墓誌，分別記錄了"晉故平南參軍湘南鄉侯廣平郡廣平縣李府君諱緝""晉撫軍參軍廣平郡廣平縣李纂故妻""晉故宜都太守魏郡肥鄉李纂""晉故中軍參軍廣平郡廣平縣李纂"，李纂既言廣平郡廣平縣人，又言魏郡肥鄉人，東晉咸康四年僑置魏郡、肥鄉，"寄治京邑"，"李纂改籍，顯因土斷，就地劃歸僑寄郡縣"。①由此可知中下層士族的郡望在僑置郡縣土斷省併的過程中會發生改變，他們的籍貫也會隨之而改變。如此，對中下層士族而言，居無定所，原籍在多次改籍中已失去，更無僑置鄉籍之說。"其他士族與原籍僑郡縣之間沒有這樣名實相符的關係，不具有實際疆域的僑郡縣對於他們來說，充其量不過是登注戶籍的地方。"②劉剋、周闡、劉懷民等人墓誌的"東海郡郯縣都鄉容丘里""陳留郡雍丘〔縣都〕鄉周墟里""高陽郡博陸縣都鄉吉遷里"，他們的原籍都是沒有實土的僑郡縣，因此這些郡縣鄉里應是各墓主渡江前的原籍，是傳統籍貫的鄉里名，因無實土，只是作為一個符號的記載而已。劉岱籍貫"南徐州東莞郡莒縣都鄉長貴里"，《發掘簡報》認為都鄉長貴里是武進縣的實有地名，日本學者中村圭爾認為應看作是傳統籍貫的鄉里名。而孫觀的情況與此不同，孫觀的傳統籍貫就是晉陵郡曲阿縣高陵鄉邑下里，只是將籍貫附於僑置的州，其原鄉里並未僑置。

墓誌記載的"遙領"也反映出以居住地為新籍貫。元嘉十八年（441）《宋故散騎常侍謝公（謝濤）墓誌》："宋故散騎侍揚州丹陽郡秣陵縣西鄉顯安里，領豫州陳〔郡〕陽夏縣都鄉吉遷里謝濤，字明遠，春秋有卅九，元嘉十八年歲次，屠維月依林鐘十七日卒，其年九月卅日窆穸於揚州丹陽郡建康縣東鄉土山里。"③謝濤墓誌述及原籍、新居所、葬地，由秣陵縣西鄉顯安里知謝氏居所不在僑置郡縣，"此碑見之古人入籍，則書如秣陵西鄉，為濤所居之里，而陽夏縣都

---

① 南京市博物館：《南京呂家山東晉李氏家族墓》，《文物》2000年第7期。
② 〔日〕中村圭爾：《關於南朝貴族地緣性的考察——以對僑郡縣的探討為中心》，劉馳譯，《南京曉莊學院學報》2005年第4期。
③ （清）葉奕苞：《金石錄補》卷七，《石刻史料新編》第一輯第12冊，第9025頁。

鄉則祖父之原籍也"。①《宋乞墓誌》言："楊州丹建康都鄉中黃里，領豫州陳郡陽夏縣都鄉扶樂里宋乞。"再如北魏《李彰墓誌》所記"司州河南郡洛陽縣澄風鄉顯德里，領秦州隴西郡狄道縣都鄉和風里李彰"，此雖非僑置，但也是遷徙，以遷徙後的居住地為新籍貫。這些表明僑民在南方似有以居住地作為新籍貫之意，而北方原籍放在次要的地位。

綜上所述，就世家大族而言，在籍貫上仍固執地標榜郡望鄉里，這是他們離開故土後的一種精神支撐。世家大族的居住地與葬地相距較遠，臨沂縣大姓王氏、顏氏流寓期間居住在建康城南秦淮河邊，而墓地在建康城北郊靠近幕府山帶，兩地相距很遠。為什麼會出現這種情況？這是因為王氏、顏氏將僑臨沂縣作為籍貫地所在，是在流寓後的能在真正意義上代替原故土的新故土，"僑置臨沂縣，對臨沂縣的大姓王氏、顏氏來說，雖不是流寓居住地，但終究是户籍所在並與原籍同名的縣，也是家族墓的所在地。"② 對他們來說，這就是原籍地，是故鄉所在，在一定意義上也是歸鄉入葬吧。

第四節　從石刻鄉里看宗教信仰

石刻的產生、銘文內容與宗教相關，體現宗教色彩。涉及宗教活動的石刻主要是造像記、刻經題記和買地券等類型，其中造像記和買地券是記錄鄉、里、村落情況最多的兩種宗教石刻，主要是佛教和道教。與佛教有關的是造像記，與道教有關的是買地券和鎮墓文，分析這兩種宗教石刻中所載地理信息，會發現其有着特殊的意味，這裡所說的買地券主要是陰券，而不是現實生活中人們交易土地的憑據。

石刻材料顯示，南北朝時期造像記和買地券中記載信徒居住地較多，內容豐富。那麼，在這同一時期內，不同的宗教活動所記載的居住地狀況是否存在差異，或者某種傾向。鑒於此，本節主要使用南北朝時期的石刻材料展開分析。

---

① （清）葉奕苞：《金石錄補》卷七，《石刻史料新編》第一輯第 12 冊，第 9025 頁。
② ［日］中村圭爾：《關於南朝貴族地緣性的考察——以對僑郡縣的探討為中心》，劉馳譯，《南京曉莊學院學報》2005 年第 4 期。

❖ 第五章　石刻鄉里村坊與居民生活　❖

一　造像记与居民聚居地

1. 關於"邑"

造像記常出現"邑",《說文·邑部》:"邑,國也,从囗。"《釋名·釋州國》:"邑,猶俋也,邑人聚會之稱也。"《周禮·地官·里宰》:"里宰掌比其邑之衆寡。"鄭玄注:"邑,猶里也。"賈公彥疏:"邑是人之所居之處。里又訓為居,故云邑猶里也。"① 至東晉南北朝時期,邑已不是行政基層單位,而是用在佛教活動中,是一種佛教僧、俗信徒共同組成的信仰團體,即佛教結社,對佛教神祇的崇奉禮敬及相關佛事,如共同造像、造經、建造寺院等。一般稱為邑或義邑。大多數造像記以"同邑、合邑"等稱呼,參與造像的信徒多以邑子相稱,統稱為"邑內大小",《洛音村造像記》:"願邑內大小、香火因緣、七世所生父母師僧、朋友知識……"

少數邑有具體名稱,稱"某某邑",如雲岡邑、宗那邑、承林邑、大邑、大雲邑等。作為宗教活動中的邑,既不是行政單位,也沒有實際地域,它是以宗教信仰為中心的新的人群集合模式,是人群結社自願結合的一種社群組織。雖不是地域概念,但佛社的結合是以地域和血緣為基礎。通過這種關係,人們一起表達自己的淨土觀念和祈求和諧的願望。基於此,在造像記中出現的諸多邑雖部分有具體域名,但不是居民聚居地的名稱,不在此展開探討。

2. 以鄉、里記居所

武泰元年(528)《陳天寶造像記》記載陳天寶籍貫及居所,如述:"揚州丹陽郡溧陽縣右鄉西里佛弟子陳天寶因茅齊都,輸官魏闕……乃於中練里私宅造塔三級,並建石像一區。"② 永安三年(530)《李黑城等十人造像》記載李黑城籍貫"北華州敷城郡敷縣土石□□鄉北原里"③,《翟普林造像記》載翟氏籍貫為汴洲衛輝郡楚邱縣右鄉里,《釋僧顯造像記》載比丘釋僧顯所在的齊建寺在繁東鄉。

---

① (清)阮元校刻:《周禮注疏》卷十五,《十三經注疏》(上),中華書局1996年版,第743頁。
② 《北圖拓本匯編》第五冊,第81頁。
③ 靳之林:《延安地區出土一批佛教造像碑》,《攷古與文物》1984年第5期。

3. 以村記居所

輯錄南北朝時期的造像記，造像記中的村落情況摘錄如下：

任丘村（苑申造像）；南鄉村（賈法生造像）；瀛州高陽蠢吾圻上村（王虎兄弟造像）；幽州範陽涿縣當陌村（高伏德等造像、高洛周等造像）；高平村（韓願造像）；大尚村（尚齊等八十人造像）；淳於村《雷天生造像》；小辟村（張蓮□造像）；小辟村（閭常造像）；山陽村（諸道俗三十八人造像）；北林在村（宣景建夫婦造像）；高柳村（比丘惠輔等造像）；東比村（張僧珍造像）；朝陽村（朝陽村邑義造像）；安村（安村造像）；桓尹村（桓尹村造像）；水冶村（惠慶等造像）；京上村（樂零秀造像）；高陵村（張相女造像）；大吳村（大吳村合邑造像）；莨涅村（郅洛住造像）；菀中村（王思和造像）；樹要村（王早樹造像）；諸田村（□人等造像）；新王村（法義二百人造像）；漳西元村（李玉鈞造像）；上梅村（樂天佑造像）；高門村（張同柱造像）；八澗村（志朗造像）；日□村（寇遵義造像）；洛音村（僧哲等四十人造像、僧通等八十人造像）；馬□村（雍州13人造像）；公孫村（公孫村母人31人造像）；趙村（趙慶祖造像）；故縣村（合邑長幼造像）；梁羅村（梁羅村繒□等造像記）；賈墥村（邑人造像）；黿水村（曇禪師等五十人造像）；般石村（合村邑義造像）；□□村（張天智造像）；大交村（大交村邑義母人七十五人等造像）；元每村（田市仁等作像龕記）；安鹿交村（王法現廿四人等造石室像記、陳神忻等七十二人造像記）；阿鹿交村（阿鹿交村七十人造像記）；遵義鄉揭嶺村（遵義鄉揭嶺村法儀等眾造像）；張村（張村合邑八十人造像記）；千秋鄉故縣村（李次明造像記）。

4. 以川記居所

《魏文朗造像碑》載造像人為"北地郡三原縣民陽源川□佛弟子魏文朗"、《樊奴子造像記》載造像人居於"北雍州北地郡高望鄉東向北魯川"。

5. 以莊記居所

《賈致和等十六人造像》記載造像者為"賈家莊邑義"。

統計以上材料，可大概瞭解南北朝時期信徒們在造像佛事活動中對居所記載的情況。造像記對居所的描述形式多樣，從分佈來看，以里稱居所有4例，以村稱居所有46例，以川稱居所有2例，以莊稱居所唯有1例。據此得出初步結論：南北朝時期，人們對造像記所載居民聚居形式的表述多以村落為主。

二　村落位置與造像地點

目前所見魏晉南北朝的村落，尤其是南北朝的村落大多載於造像記，村落具有實實在在的地理位置。將造像記內容與出土情況結合，可以大致知道村落情況。石像主要放置在三處：一是放在寺院，供僧侶信徒供養；二是立於大道口，或山林顯望處，讓過往路人瞻仰祈福；三是供於家中，時時侍佛。就目前掌握材料，石像主要放置在前兩處，上述材料唯有《李次明造像記》《陳天寶造像記》言及石像立於家宅。

造像放置在寺院中，有些是本地人在寺院造像，有些則是外地人造像。這從造像的出土地點可以大致推測。

張僧珍、張天智造像記的出土地最初應是寺院。永熙三年（534）《張僧珍造像》"永熙三年四月八日東比村張僧珍為姊夫韓朗造像一區"，武平五年（574）《張天智造像》"武平五年□□村張天智敬造像一區為夫□平安□女具足"，以上兩區造像係1975年自靈壽縣廢品收購站揀選。經調查，造像在靈壽縣三聖院村出土，一農民在門前挖土至一米深處發現。[1] 據《靈壽縣地名資料匯編》介紹，三聖院村位於靈壽縣東南部，相傳三個人到此打鐵，技藝高強，稱為"三聖人"，後發展為村莊，取名三聖院。[2] 這個說法頗牽強。像主皆為張姓，蓋是同村人，造像時間一則北魏末年，另一則北齊年間，時間相距40餘年卻在一地出土，據此推測三聖院村在早期可能與佛寺有關。三聖院常用作寺院名，《茅亭客話》記李聾僧為廣都縣三聖院僧人，《五燈會元》記慧然禪師為鎮州三聖院僧人。由此看來三聖院村名可能與寺院有關，大概是因為此處原有一座寺院，兩區造像都放在寺中供養，因此同時出土。造像主都姓張，概來自同一村落。東比村依北

---

[1] 樊子林、劉友恒：《河北正定收藏的一批早期銅造像》，《文物》1993年第12期。
[2] 河北省靈壽縣地名辦公室：《靈壽縣地名資料匯編》，1983年。

魏時制可能屬常山郡靈壽縣。

再如正光六年（515）宣景建夫婦造像記。1970年臨沭縣南古鎮後寨村村前小學附近挖出，上有造像記，言："正光六年六月十日，北林在村□宣景建夫妻敬造彌勒佛像一區，□為國家四方，安靜一切，洽生之類，普用其願。"① 因記"北林在村"，故錄於此。北林在村，疑是北林寨村，"在""寨"音同，大概就是出土地今後寨村。北魏時臨沭縣地屬徐州，為東海郡郯縣和琅琊郡即丘縣分治②，南古鎮後寨村位於臨沭縣西南部，蓋屬郯縣治。據《孟氏家譜》記載，"始祖係亞聖五十三代孫於前明年間自鄒縣遷居沂州府東王家房頭，六十九世復遷郯邑後寨村"，即今南古鎮後寨村。③ 出土地原係一廟址，附近還有造像碑一幢。

有很多時候，是外地人趕赴寺院造像。如京兆人蘇老虎在造像記中明確指出自己和朋友在曲陽縣造像："天保二年七月廿九日馬□村西來客雍州京兆郡□□縣蘇老虎、咸陽郡甯夷縣駱總明、張慶珍、韓甕生十三人等造白玉觀世音像一區。"④ 馬□村在今曲陽縣，像造好後未運走。再如天平四年（537）《殘造像之千佛塔題記》："大魏天平四年……歲次丁巳七月甲午朔二十六日……□郡昌國縣桓尹村……。"此像出土於興國寺故址，在青州市城東12.5公里黃樓鎮遲家莊村北。⑤《魏書·地形志》有二個昌國縣，一個是廓州昌國縣，武定元年置，另一個是青州齊郡昌國縣，顯然題記的昌國縣是後者。昌國縣在今臨淄張店區一帶，此造像是齊郡昌國縣桓尹村人在外地寺院造像。

有些石像置於大道口、山林顯望處，或崖面上，主要目的是讓過往的路人瞻仰。耀縣出土不少造像，大部分是因漆水沖刷顯"真身"，基本都是因為立於大道口，年長日久，河水上漲，沉入河中。

---

① 王亮：《山東臨沭縣發現青銅器》，《攷古》1990年第2期。
② 臨沭縣地名辦公室：《臨沭縣地名資料匯編》"臨沭縣地名及建置攷略"，1983年，第16頁。
③ 轉引自臨沭縣地名辦公室《臨沭縣地名資料匯編》"南古鎮及所屬自然村"，1983年，第106頁。
④ 李靜傑、白軍：《定州系白石佛像研究》，《故宮博物院院刊》1999年第3期。
⑤ 夏名采、莊明軍：《山東青州興國寺故址出土石造像》，《文物》1996年第5期。

❖ 第五章　石刻鄉里村坊與居民生活 ❖

安鹿交村四次造像都是在崖面上。上梅村造像則是在山林顯望處。武定四年（546）《樂天祐等造塔記》：

> 大魏武定四年歲次丙□□月庚午朔八日丁醜，兗□泰山郡牟縣上梅村人維那主樂天祐、維那主張□□、維那主劉貳健、維那主謝貴、維那主孫貳胡廿人等，石門口西竇在山川臨淥顯望，敬造塔一軀，上為皇帝陛下州郡令長後，□七世父母居家眷屬……①

上梅村屬兗州泰山郡牟縣，塔置於"石門口西竇在山川臨淥顯望"。石門口，《太平寰宇記》卷二一河南道萊蕪縣引《郡國志》言："萊蕪縣南夾道有石，長二丈，雙石，即漢昭帝時自立也。"②《魏書·地形志》兗州泰山郡牟縣注："有萊蕪城、平州城、牟城、望石山。"對此，端方認為"萊蕪監在兗州萊蕪縣界，古治鐵之務，管一十八治。石門冶在監北三十五里，與此造塔記石門口云云政合。魏志注所云望石山，或亦因此而得名歟。"③

三　買地券與居民聚居地

較之造像記，買地券、鎮券文這一類石刻出現較早，買地券盛行的時間是東漢至明代。漢代買地券體制已成熟。早期買地券的券文內容基本上摹仿真實的土地買賣文書，晚期買地券則千篇一律，帶有濃重的迷信和封建色彩。

買地券主要記載居所和葬地，主要有鄉、里、村等形式。南北朝買地券中記載情況如下：

1. 以鄉、里表示居所

北鄉白石里（徐副買地券）；都鄉都唐里（歐陽景熙買地券）；

---

① 北京魯迅博物館、上海魯迅紀念館：《魯迅輯校石刻手稿》第一函碑銘第五冊，上海書畫出版社1987年版，第915頁。題記造像時間空缺處補為"寅十"。
② （宋）樂史撰，王文楚點校：《太平寰宇記》卷二一河南道二十一，中華書局2007年版，第442頁。
③ （清）端方撰：《匋齋藏石記》卷九，《石刻史料新編》第一輯第11冊，第8067頁。

都鄉都唐里（秦僧猛買地券）；都鄉牛馬里（新村買地券）；都鄉牛馬覃對里（黃道丘買地券）；都鄉牛馬楊田里（熊悅買地券）；都鄉牛馬玉歷里（熊薇買地券）；都鄉上支里（劉顗買地券）；都鄉宜陽里（何靖買地券）；都鄉仁儀里（王佛女買地券）；□鄉梅府里（繆承買地券）；東鄉新城里（妳女買地券）；東鄉新平里（郭家細灣）；都鄉治下里（覃華買地券）；都鄉治下里（周當界買地券）；都鄉宜貴里（龔韜買地券）。

2. 以鄉、里表示葬地

照心里（劉顗買地券）；都鄉覃罡寸里（熊悅買地券）；都鄉牛馬九罡里（熊薇買地券）；北鄉垞城里村南（王佛女買地券）；東鄉新年里（郭家細灣）；騎店里（覃華買地券）。

3. 以村表示葬地

以村表示葬地，見《妳女買地券》："［始興］郡始興縣東鄉新城里夕口村。"

綜合以上材料，以鄉、里表述居所和葬地的數量為22例，以村表示葬地唯有1例。由此可得出一個初步結論：南北朝時期，人們在買地券記載居所或葬地時採用的表述形式具有一定的傾向性，多以鄉、里的形式，而鮮用村落。

四 造像記、買地券記載情況的差異及原因分析

通過已有材料，綜合造像記和買地券記載鄉、里、村等居民聚居形式的情況，可知造像記和買地券這兩種不同形式的石刻文獻在記載地名時的表現的差異性，體現在造像記以村為主，略見鄉、里；買地券以鄉、里為主，少見村落。兩者偶有交叉。因此得出一個結論：南北朝時期的造像記、買地券承載鄉、里、村等信息時呈現出不均衡。

是什麼原因導致這種不均衡現象？細推究起來，大概與這兩類石刻產生的背景密切相關。

1. 買地券的原因

1）襲用早期買地券形式

買地券記載居民聚居以鄉、里為主，概與買地券的初期情況相關。買地券的產生是為了記載現實生活中的土地買賣的交易行為，是

❖ 第五章 石刻鄉里村坊與居民生活 ❖

作為交易憑據的一種書面形式，由於涉及土地的買賣事宜，自然對土地的情況詳細記錄，包括具體位置、面積等，需符合當時行政制度的郡、縣、鄉、里情況。成為明器的買地券，並不是全部都記券主籍貫或所買地情況，只是其中一部分記券主籍貫，或是所買地的鄉里位置，或兩者皆有。因此可以清晰地看到，買地券涉及鄉、里的信息，是早期交易方式保留在明器買地券中的體現。

2）對土地的重視與擁有

"封建土地私有制以及土地私有觀念的高度發展，必然或遲或早地反映到存在於人們頭腦裡的茫茫冥世中來，人們不僅渴望在現實生活中獲得土地，而且期待死後繼續占有土地……"① 這種反映土地私有觀念的買地券的原始形態可以追溯到西漢初期墓中的"簿土"，如湖北江陵鳳凰出土的漢墓發現的"簿土一""簿土一枚"等。人們不僅渴望在現實生活中獲得土地，而且期望在死後能夠繼續佔有土地。在安葬死去的親人時，人們從自身習慣性思維出發，"合理"地以陽間的現世的行政區域劃分制度"引入"地下世界，以現實中的真實地域為一塊契磚，對陰間土地進行劃分，將陽、陰間土地劃分等同，表達對地下神仙"張堅固"的敬畏和尊重，希望親人卒後能享有與其生前同等的土地支配權，在地下世界能夠得到安寧，並永久地享有這塊土地，於是便仿照現實生活中涉及土地交易時恪守國家行政與土地的慣例，詳細記載和說明所買土地。"……死者後人將買地券置入先人墓穴中，主觀願望是為了使死者在陰曹地府具有此處土地的合法權力，是標誌這種合法權力的產物，其中最主要的是表明土地的主人……"② 這一方面反映了古人"生於斯長於斯"的土地情感，另一方面反映了古人對土地的佔有、支配欲望。

2. 造像記的原因

造像記記載居民聚居地多以村落為主，概與造像的參與人員及佛教的傳播方式有關。

---

① 吳天穎：《漢代買地券攷》，《攷古學報》1982年第1期。
② 劉昭瑞：《石刻文字的著錄與分類》，《文博》1985年第5期。

1）造像的參與人員

據造像題名，參預者多是下層人民，且來自同一個村落。

如北齊年間賈壃村是個以賈姓人口為主的村落，這從集中出土的造像記"武平元年正月十五日賈壃村邑人等造菩薩像""武平元年閏二月廿日賈蘭業兄弟造雙思惟菩薩像""天保元年二月一日賈幹德造觀音像""武定七年十二月十五日賈蘭朝等六人造觀音像"可知。題記中造像人多以賈姓為主。

北魏《劉雄頭等四百人造像記》《高伏德造像記》《高洛周七十人等造像記》中皆記錄了涿縣當陌村這一村落。從題記看，參與造像的村民絕大多數為高姓。

村是聚落，是散居在里外的人們自然形成的聚居地，大多實行家族制的模式，因此以姓氏作為村名是常見現象。處在國家基層制度以外的村民們，更多強調對自身空間的認同，這是對世代生活的村落的歸屬感的體現。這也導致村民對當時基層制度並不是十分重視。體現在記錄當中多以村落名稱呼，"他們在造像題記中用何種方式書寫自己的居址，並非小事一椿，這上面的取捨既記錄了他們的生活實際，也反映了他們的態度與好惡"。[①]

2）僧人的傳教

亦與僧人的傳教活動密切相關。里作為國家行政基層單位，為便於管理和統治，一般來說，里有里牆、里門等設施，有里正等相關制度，每里都有里正、吏、門士等最基本的管理人員。較之里的嚴格管理，鄉間村落散落於鄉、里之外，似乎游離於國家的郡縣鄉里制度之外，不論在形式還是管理上都較自由，約束較少。雲遊四方的僧人更容易進入村落，與村民開展聯繫。南朝梁慧皎《高僧傳》中描述僧人遊歷於鄉間村落，深入到零散的村落傳教，為村民傳講佛經教義。這種傳教方式在當時非常普遍，對佛教的傳播起着重要作用，其影響力引起了當政者的關注。發展至北魏時，政府不得不採取措施加以抑制。《魏書》記載了針對僧人傳教活動而制定的相關政策，孝文帝延

[①] 侯旭東：《北朝村民的生活世界——朝廷、州縣與村里》，商務印書館2010年版，第159頁。

❖ 第五章　石刻鄉里村坊與居民生活 ❖

興二年（472）夏四月詔曰："比丘不在寺舍，遊涉村落，交通奸猾，經歷年歲。令民間五五相保，不得容止。無籍之僧，精加隱括，有者送會州鎮，其在畿郡，送付本曹。"①

由以上分析可以看到，兩種不同類型的石刻從表面上看只是記載傾向的不同，卻反映了人們對生活的情感和態度。進行各類佛教活動時，人們強調的是對世代生活的村落的歸屬感；面對生離死別時，則趨於理性，涉及真實的地域概念時往往還是按照國家行政制度記載，正如《妳女買地券》所說"普天下死人皆得聽隨生人所在郡縣葬埋"。

造像記和買地券雖然是不同宗教派別產生的石刻類型，但其記載的内容與宗教的教義無甚關聯，更多的是已有環境或觀念在人們的思想形態中的潛意識的影響。正因如此，在人們的思想形態的影響下，造像記和買地券兩種不同宗教文化的產物在鄉里地名的記載方面才表現出不同的模式。

五　兩個特殊的鄉里名

1. 廣大鄉空寬里

《僧安道壹題記》（見下頁圖）：

> 僧安道壹大沙門僧安，義（又）名道一，廣大鄉空寬（？）里人也。[寂]□三世，若積石之千峰，□體□碩，並崆峒之萬嶺。嶕嶢道德，器度風流，乃為詞曰：重疊王□，□曰磨義。石石鎸銘，山山□□。□林[後]一千□□□□。②

關於僧安道壹的鄉貫，各家釋讀不一。張偉然於1999年在《關於山東北朝摩崖刻經書丹人"僧安道壹"的兩個問題》作"大沙門

---

① 《魏書·釋老志》，第3038頁。
② 山東省石刻藝術博物館等：《山東東平洪頂山摩崖刻經考察》，《文物》2006年第12期。

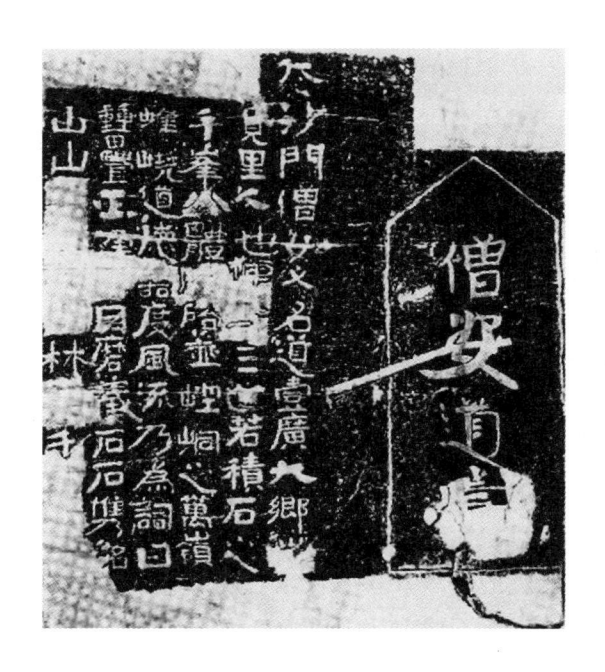

僧安名名道壹廣大鄉佛□□里大世□□□□……"①，2006年《關於"僧安道壹"的再思考——尤其自署與"東嶺"地望》作"廣大鄉□□里人也"②，賴非、許洪國亦作此③。《山東境內北朝摩崖刻經中"僧安道壹"初攷》作"廣大鄉□里人"④，《山東境內北朝摩崖刻經所見書寫者的署名方式——兼為"僧安道壹"的籍貫補一證據》作"廣大鄉嶺？□里人"⑤，《山東東平洪頂山摩崖刻經考察》錄文作"廣大鄉空寬（？）里人"。據張偉然先生講，"看過現場後，發現'里'的前一字似尚留有'穴'頭，甚似'空'字。"⑥，《山東東

---

① 張偉然：《關於山東北朝摩崖刻經書丹人"僧安道壹"的兩個問題》，《文物》1999年第9期。
② 張偉然：《關於"僧安道壹"的再思考——尤其自署與"東嶺"地望》，摘自ht-tp：//www.foyuan.net。
③ 賴非：《齊魯碑刻墓誌研究》，齊魯書社2004年版，第140頁；許洪國：《"僧安道壹"攷》，載《山東省書法理論研討會論文選集》，黃河出版社2000年版。
④ 楊浩：《山東境內北朝摩崖刻經中"僧安道壹"初攷》，《泰安師專學報》2002年第4期。
⑤ 劉濤：《山東境內北朝摩崖刻經所見書寫者的署名方式——兼為"僧安道壹"的籍貫補一證據》，《收藏家》2003年第4期。
⑥ 張偉然：《關於"僧安道壹"的再思考——尤其自署與"東嶺"地望》，摘自ht-tp：//www.foyuan.net。

❖ 第五章 石刻鄉里村坊與居民生活 ❖

平洪頂山摩崖刻經考察》識為"寬",從字形結構確為此字。依此《山東東平洪頂山摩崖刻經考察》言"廣大鄉空寬里",在諸家說法中最為合適。

"廣大鄉空寬里",依石刻為僧安道壹故里。賴非認為"廣大鄉"為非指。① 筆者認為,廣大鄉空寬里的確不是實際生活中的鄉里地名,而是僧人自撰的佛世界的鄉里。廣大鄉空寬里喻佛界無涯,佛域寬廣。僧徒試圖將佛世界與現實世界擬相等,將現實世界中的行政區域引入至佛教世界,達到人、神不論是精神還是日常生活的高度統一,同時旨在宣揚佛法。

至於僧安在現實生活中的居所,未可知。刻經涉及僧安道壹的地名還有二處。嶧山五華峰刻《文殊般若經》東側有一片題記,載有"東平僧安",然賴非識讀為"東平吾九斐"。另鄒城北郊鐵山公園摩崖刻經題記第六行有"東嶺僧安道壹署經","東嶺",張偉然認為"很可能就是位於鐵山東南20里的嶧山",這是僧安的居住地而非籍貫地。張偉然推斷:"僧安的鄉里可能就在洪頂山附近。因為,在留有僧安刻經的那麼廣的地域中,只有此處提及其本人的鄉、里概念,頗有'此地無銀三百兩'之嫌。設非如此,那麼'一切皆空',又何必管他鄉里何處?——很可能此處正與其鄉里相去不遠,故僧安以'廣大'云云神乎其說,既宣揚佛法,又自我宣揚。此可謂無證之證。"② 並言"僧安的鄉里就與洪頂山同屬一縣。以北朝政區言之,當為須昌縣,屬東平郡。"③ 此僅為推斷。

元象元年(538)《南宗和尚塔銘》言南宗和尚"師世家砂候社水峪村人氏",世家即俗家。《北圖拓本匯編》言此塔銘是偽作,因此"砂候社水峪村"不可信。④

2. 白雲鄉青煙里

雲峰刻石《大基山題刻》:"此仙壇北山門也。其居所號曰白雲

---

① 賴非:《齊魯碑刻墓誌研究》,齊魯書社2004年版,第123頁。
② 張偉然:《關於"僧安道一"問題的再思考》,http://www.docin.com/p—455621731.html。
③ 張偉然:《关於"僧安道壹"的再思考——尤其自署与"东岭"地望問題》,2006年。
④ 《北圖拓本匯編》第六冊,第49頁。

鄉青煙里也。"① 北魏鄭道昭刻。鄭道昭在任職光州、青州刺史的五六年的時間里，在雲峰、大基、天柱、玲瓏山四山刻了眾多摩崖刻石。與地名相關者還有："中嶽先生熒陽鄭道昭朱陽之臺也""中嶽先生熒陽鄭道昭青煙之寺也""中嶽先生熒陽鄭道昭白雲之堂也"等。亦有《仙壇詩》："東峰青煙寺，西嶺白雲堂，朱陽臺望遠，玄靈崖色光，四壇周四嶺，中明起前崗。"②

大基山古稱東萊山，位於今萊州市城區東，山中有道士谷，是道教文化的發祥地之一。鄭道昭慕仙樂道，在大基山結廬棲息，並修建白雲堂、青煙寺。白雲鄉青煙里，是鄭道昭自號，此鄉此里並非真實存在。白雲鄉通常比喻仙鄉，是神仙的居所，是道人追慕的飛升場所。《莊子·天地》："乘彼白雲，遊於帝鄉。""雲門煙石，登之長生"，白雲鄉青煙里反映了鄭道昭對道教的崇尚，將大基山一帶寓為道徒們尋找的仙界。鄭氏出身中原望族熒陽鄭氏，因從兄謀反伏誅一事受到牽連，出任光州刺史，心情壓抑與痛苦，晚年深受道家愛仙樂道思想影響，從白雲鄉青煙里的自號亦可知鄭道昭在道教的世界里怡然自得。

---

① （清）汪鋆著：《十二硯齋金石過眼錄》卷六，《石刻史料新編》第一輯第 10 冊，第 7838 頁。
② （清）陸增祥撰：《八瓊室金石補正》卷一四，文物出版社 1985 年版，第 82 頁。

第六章

石刻鄉里村坊與北朝家族墓誌

中國有五緣之說。血緣是直系和旁系血緣構成的宗族關係,是五緣關係的核心。地緣是以共同或相近的地理空間、環境等引發的特殊親近關係。血緣和地緣本是從不同的角度分析人與人之間的關係。"血緣是穩定的力量,在穩定的社會裏地緣不過是血緣的投影,是不分離的。'生於斯、長於斯'把人和地的因緣固定了。生,也就是血,決定了他的地。"[①] 在中國古代社會,地緣基於血緣,古人聚族而居是因為血緣的關係,原始村落即是血緣關係的體現。"為了保證族姓的純潔,其時之居民都保持着聚族而居的傳統,其里、邑固然是地緣組織,同時又是一個血緣團體,是地緣和血緣的合一。"[②] 當因血緣而形成一個龐大的家族並有了顯著的名望時,家族也就有了地域的涵義,以此地域標注自己的身份,就恰如用地位形容某個人,"當我們用地位兩字來描寫一個人在社會中所占的據點時,這個原是指空間的名詞卻有了社會價值的意義"。[③] 於是這個空間名詞便有了意義價值、社會價值,形成郡望或地望。這其中包含兩層意思:一是指郡中的望族,二是指望族的根源地或發跡地,即郡望是將望族與望族的祖居地視為一體。望族較之一般的士族,在生活模式上最大的特點是聚族而居、聚族而葬,居、葬文化為研究家族墓誌提供了豐富的信息。

北朝家族墓誌眾多,涉及到具體鄉里的也不少。與前面的郡縣鄉里探討不同的是,此章擬通過群體模式對北朝家族墓誌的鄉里進行探

---

① 費孝通:《鄉土中國》,北京出版社 2005 年版。
② 臧知非:《先秦什伍鄉里制度試探》,《人文雜志》1994 年第 1 期。
③ 費孝通:《鄉土中國》,北京出版社 2005 年版。

析。世家大族雖有聚族而葬的傳統，但家族的不同房支可以自由選擇葬地，誌文記載的是同一個地點，或曰葬於舊塋，但在出土地上卻表現出不同的情況：或在一個地點出土；或不在一處，卻在鄉里區域附近。據此以群體模式出現的家族墓誌便有了不同於單個墓誌的研究意義，可將所載鄉、里的地點對應墓誌出土地點，從而了解鄉、里範圍。利用多方有緊密聯繫的墓誌，可以獲取更多的相關信息。

第一節　北朝渤海望族墓誌

渤海條縣有兩大望族名門，渤海封氏及渤海高氏。《景縣志·封爵表》記隋代以前的仕爵人物唯來自三個家族：高氏、封氏、李氏。① 有較多北朝高氏、封氏墓誌出土，上面均載籍貫"渤海條縣"。

一　渤海高氏墓誌

渤海條縣高氏族員衆多，譜系複雜，北朝墓誌主要記錄三支高氏，皆稱渤海高氏，實則來源不一。

1. 渤海高氏墓誌

天平四年（537）《高雅墓誌》：

> 君諱雅，字興賢，勃海條人。……祖兗州使君，大器高名，鬱為時傑。考樂陵府君，朴玉渾金，季不侍位。……以熙平四年遘疾，卒於孝義里，季卅四。……以天平四年，十月壬辰朔，六日丁酉即安於孝義里。②

開皇二年（582）《高潭墓誌》：

> 君諱潭，字子澈，渤海條人，周太師之苗裔也。祖翼，魏使

---

① 耿兆棟等修：民國二十一年《景縣志》卷一一封爵表，中國方志叢書華北地方第500號，成文出版社1976年版。
② 河北省文管處：《河北景縣北魏高氏墓發掘簡報》，《文物》1979年第3期；《漢魏六朝碑刻校注》第七冊，第188頁。

❖ 第六章 石刻鄉里村坊與北朝家族墓誌 ❖

持節、太保、太尉、錄尚書事、都督冀定瀛相滄殷幽七州諸軍事、冀州刺史。樂城文宣公；父季式……以周大象二年九月十三日終於官寺，春秋卌有四。……以開皇二年歲在析木之津二月廿二日丙申窆於冀州渤海郡條縣南之西卅里。①

渤海高氏墓群在景縣城南 15 公里的野林鄉和北屯一帶，相傳有近百座墳，目前仍存大封土墓有 10 餘座。高雅、高潭墓誌 1973 年野林莊鄉大高義村出土。高雅是高祐之孫，《魏書·高祐傳》《北史·高允傳》附載其行事。高潭祖高翼為高祐之從父弟。此地又相繼出土高長命、高六奇父子墓。高允墓亦在此，嘉靖《河間府志·古蹟》記景州有"高允墓，在州南三十里高義村"。②

高雅、高潭墓誌皆出大高義村，高雅誌言"安於孝義里"，高潭誌言"窆於冀州渤海郡條縣南之西卅里"，知孝義里在"條縣南之西卅里"，准確地說是西南卅里。條縣孝義里在脩縣西南 30 里，是渤海高氏的世居地，即今景縣野林莊鄉大高義村。

2. 遼東高道悅墓誌

神龜二年（519）《高道悅墓誌》：

君諱道悅，字文欣，遼東新昌安鄉北里人也。世襲冠冕，著姓海右。乃祖東夷校尉、徐無侯，聲高海曲，風光前魏。曾祖尚書僕射，才輝龍部，翼範後燕。祖齊郡，清猷孤遠，名播二國。考平州，珪璋鳳樹，騰聲早年。……以魏太和廿年秋八月十二日，春秋卅五，暴喪於金墉宮。……以其年秋九月，遷窆冀州勃海郡條縣之西南，以為定宅。但舊塋下濕，無可重厝，曰此凶際，遷窆於王莽河東岸之平崗。神龜二年，歲次己亥，春二月辛亥朔，廿日庚午窆於崇仁鄉孝義里。昔太和之世，壙內有記無

---

① 河北省文管處：《河北景縣北魏高氏墓發掘簡報》，《文物》1979 年第 3 期。
② （明）樊深纂：嘉靖《河間府志》卷三古蹟，《天一閣藏明代方志選刊》第一冊，臺灣新文豐出版公司 1985 年版，第 51 頁。

銘。今恐川壟飜移，美聲湮滅，是以追述徽猷，託晰壤陰。①

《魏書·高道悅傳》："高道悅，字文欣，遼東新昌人也。曾祖策，馮跋散騎常侍、新昌侯。祖育，馮文通建德令。值世祖東討，率其所部五百餘家歸命軍門，世祖授以建忠將軍、齊郡、建德二郡太守，賜爵肥如子。父玄起，武邑太守，遂居渤海蓨縣。"② 由此知高道悅曾祖始居新昌，以居里"遼東新昌安鄉北里"為籍，至高道悅父遷居渤海蓨縣，卒後葬蓨縣。從籍貫看高道悅並非渤海蓨縣人。對此有學者認為，"高道悅一支很有可能本身出自於渤海高氏，因躲避戰亂而移居遼東，遂著籍遼東，改為遼東高氏。"③ 此觀點甚是。高道悅父祖仕於後燕時，渤海高氏的郡望尚未形成，其父祖因官居遼東遂以遼東居里為籍。歸北魏後，高道悅父遷回渤海，或正因如此，高道悅父子歸葬渤海時未受到渤海高氏的抵制和排斥。《魏書》《北史》皆載高道悅卒後"葬於舊塋"，及高道悅誌中"舊葬"，即指父高玄起墓，依高道悅墓誌記載高玄起墓在"冀州勃海郡蓨縣之西南"。此位置與高潭墓誌所言"南之西卅里"方向同，推測高玄起可能葬在景縣野林莊鄉一帶。

高道悅墓出德州北二屯鎮胡官營村，去第三店村西南15里，運河東岸胡官營四小隊村北。這裏原有一高大封土，當地人呼為"後山"，1969年發掘。"當地群衆說，此墓是從'王莽河'遷來……據道悅夫婦墓誌和骨架堆放情況，知此墓為二次遷葬，群衆關於'遷來的'傳說，確有歷史的影子。"④ 高道悅父墓在蓨縣西南，高道悅初葬時因潮濕難以下葬，故葬"王莽河東岸之平崗"。王莽河為乾枯河，係黃河改道後遺留，因改道發生在王莽時期，遂稱王莽河。至神龜年間道悅妻卒後，夫妻合葬，遂將墓"遷葬於蓨縣之崇仁鄉孝義

---

① 秦公：《釋北魏高道悅墓誌》，《文物》1979年第9期；《漢魏六朝碑刻校注》第五冊，第4頁。
② 《魏書·高道悅傳》，第1395頁。
③ 仇鹿鳴：《"攀附先世"與"偽冒士籍"——以渤海高氏為中心的研究》，《歷史研究》2008年第2期。
④ 賴非：《齊魯碑刻墓誌研究》，齊魯書社2004年版，第249頁。

里"①，即出土地胡官營村。高道悅、高雅墓誌皆記葬地"孝義里"，今兩地相距12公里，這表明今胡官營村至大高義村之間屬於北魏崇仁鄉孝義里的範圍。

由喪葬情況未受土著渤海高氏抵制知高道悅確出自渤海高氏，但是高麗高氏的"歸葬"卻是另一番境遇。

3. 高麗高氏墓誌

延昌三年（514）《高琨墓誌》：

> 延昌三年，歲次甲午，冬十月丙子朔，廿二日丁酉，冀州勃海郡條縣崇仁鄉孝義里，使持節、都督冀瀛相幽平五州諸軍事、鎮東大將軍、冀州刺史、勃海郡開國公高琨，字伯玉。夫人鉅鏕耿氏。父颺，左光祿大夫、勃海郡開國。母汝南袁氏。②

元象二年（539）《高湛墓誌》：

> 君諱湛，字子澄，勃海滌人也。……祖冀州刺史勃海公。文照武烈，望標中夏。惠沾朝野，愛結周行。考侍中、尚書令、司徒公。……粵元象二年，十月十七日，遷塋於故鄉司徒公之塋。③

高琨是北魏宣武帝生母孝文帝文昭皇后高氏的長兄，即高肇的長兄。高肇這一支，自稱勃海高氏，原久在高麗，北魏孝文帝時遷回，高肇貴後，始謀郡望，稱勃海條人，《北史·外戚·高肇傳》"自云本渤海蓨人"透露出其中消息。士族譜系的構建過程包括兩個方面：一是追溯先世至漢魏高門，另一是偽冒士籍。為了達到偽冒渤海郡望的目的，"最有效的方式便是歸葬渤海，從而取得魚目混珠的目的。"④通過創建墳塋的方式使得偽冒的高氏能夠寄籍在渤海望族的

---

① 山東省石刻藝術博物館：《高道悅夫人墓誌字帖》，山東美術出版社2008年版。
② 《漢魏六朝碑刻校注》第四冊，第261頁。
③ 《北圖拓本滙編》第六冊，第56頁；《漢魏六朝碑刻校注》第七冊，第233頁。
④ 仇鹿鳴：《"攀附先世"與"偽冒士籍"——以渤海高氏為中心的研究》，《歷史研究》2008年第2期。

根源地渤海郡條縣，這是渤海望族高氏形成的家族血緣性地區，以寄籍獲得一席之地，侵占地緣網，從而實現姓氏與地緣的統一。為此高氏作出了一番努力。

高琨及父母高颺、袁氏，皆卒於遷洛以前，故葬平城。高肇始謀遷父母、兄長墳於渤海，以實其籍。《魏書·高肇傳》："父兄封贈雖久，竟不改瘞。三年，乃詔令遷葬，肇不自臨赴，唯遣其兄子猛改服詣代，遷葬於鄉。時人以肇無識，哂而不責也。"① 故高琨墓誌刻籍貫為"冀州勃海郡條縣崇仁鄉孝義里"，為北魏時制，然而從墓出大同市東郊小南頭村知未成功遷葬。究其原因，有多種說法。推測高肇等欲將高琨等墓遷葬渤海條縣，受到渤海高氏的強烈抵制，故雖高琨墓誌已刻，卻最終未成功。② 這是延昌三年。但在五年後，神龜二年（519）高偃葬條縣，並以渤海條縣著籍，高麗高氏已成功偽冒渤海高氏郡望並葬於渤海條縣，由高偃墓誌早年在德州出土就可知曉。此後陸續有高麗高氏歸葬渤海。正光元年（520）高植葬條縣，墓誌清康熙年間於景州城東十八里六屯村出土。高貞碑清乾隆末在德州衛河出土。高慶卒於正始五年，其碑已刊"渤海條人"，疑改葬，光緒年間德州出土。高湛誌"遷塋於故鄉司徒公之塋"，清乾隆十四年第三屯運河決東岸崩得此石。由此知在運河東岸德州第三屯（今第三店村）為高氏墓地。高琨誌言故鄉為崇仁鄉孝義里，高湛誌葬"故鄉"之塋，則此地應屬崇仁鄉孝義里。從最初受到渤海高氏抵制，到後來陸續以"渤海條縣"為祖塋，高麗高氏順利進入了渤海高氏的地緣框架，這中間經歷了一個什麼樣的交涉，已無從知曉。遼東高道悅與高麗高氏分別歸葬渤海條縣，著籍渤海高氏，兩者遭遇不同，通過比較更讓人相信遼東高道悅就是渤海高氏的一支。

三支來源不同的渤海高氏結合，不論是渤海高氏還是高麗高氏，偽冒高氏族與土著望族之間的關係，逐漸演變為基於地緣的鬆散的同姓聚合體，最終使得渤海條縣高氏的郡望達到頂峰，"在中古士族郡

---

① 《魏書·高肇傳》，第 1830 頁。
② 仇鹿鳴：《"攀附先世"與"偽冒士籍"——以渤海高氏為中心的研究》，《歷史研究》2008 年第 2 期。

❖ 第六章 石刻鄉里村坊與北朝家族墓誌 ❖

望名稱保持不變的背後，內部的社會流動與代際更替，新房支的崛起，無論其真偽如何，都印證了這種社會流動的存在"。① "冀州勃海郡蓚縣崇仁鄉孝義里"是共同的地域指稱、地緣基礎，據侯旭東推測，孝義里東西直徑為12公里，南北計1公里，則孝義里的面積至少有12平方公里。② 將高雅、高諲、高琨、高道悅等墓誌提及葬地相連接，崇仁鄉孝義里在蓚縣西南30里，西至大高義村，東北不超過第三店村，南至胡官營村。而第三店村在胡官營村西北18里，則南北距離並不象侯旭東所言1公里。

這裏有一點疑惑的是，高肇一支的墓地在第三店村，處廣樂鄉和崇仁鄉之間，第三店村在高道悅墓地胡官營西北約9公里，以直徑12公里來計算，孝義里的面積不可能這麽大。據此推測：從欲將高琨墓遷蓚縣，至高偃葬於蓚縣的5年時間裏，雖經過多方努力，高肇支墓雖葬於渤海蓚縣，但最終未能成功葬在渤海高氏之孝義里的區域內，只是在廣樂鄉的範圍。從這裏也可以知曉在士族時代，士族的地位更多的是來自社會的認同以及世代的積累，尽管高肇一支位貴權重，但要想偽冒郡望進入望族聚居地，還是要經過數代人的努力。

二　渤海封氏墓誌

北朝封氏族望有二：一是渤海郡蓚縣著姓，爲漢族，《元和姓纂（附四校記）》卷一"封姓條"："姜姓，炎帝之後，封鉅爲黃帝師，胙土命氏。"一是鮮卑封氏，為少數民族。

1. 北朝鮮卑封氏墓誌

正始元年（504）《封和突墓誌》："公姓封，字和突，恒州代郡平城人也。以景明二年春正月薨於官。以正始元年夏四月卜兆於武周界。"③ 山西大同市小站村花圪塔臺出土。

---

①　仇鹿鳴：《"攀附先世"與"偽冒士籍"——以渤海高氏為中心的研究》，《歷史研究》2008年第2期。
②　侯旭東：《北朝村民的生活世界——朝廷與州縣、村里》，商務印書館2010年版，第148—149頁。
③　《大同市小站村花圪塔臺北魏墓清理簡報》，《文物》1983年第8期；《漢魏南北朝墓誌彙編》，第44頁。

永平五年（512）《封昕墓誌》："君諱昕，字仲顯，河南洛陽安武里人。卒於安武里。越四月十三日，殯於北芒之陽。"① 洛陽城東20里古耀店出土。

孝昌元年（525）《封□妻長孫氏墓誌》："以大魏孝昌元年七月廿五日，寢疾，終於安武里，越十一月十九日，葬於墓地。"② 洛陽出土。

鮮卑封氏本為"是賁氏"，或作"拾賁""什賁"，代北人，後改封姓。《魏書·官氏志》："是賁氏，後改爲封氏。"《北史·封敕文傳》："封敕文，代人也，本姓是賁。"③ 上述三方墓誌皆為鮮卑封氏。封和突誌言代郡平城人即可知。封氏隨孝文帝由平城遷洛陽，居洛陽安武里，著籍"河南洛陽安武里"。封昕既著籍河南洛陽，應當是代人，趙萬里疑封昕即封敕文之族。④ 長孫氏的夫家封氏，誌亦云："寢疾，終於安武里。"可見其夫家與封昕在洛陽同里居住，可能是同族甚至同支。由鮮卑封氏的葬地情況看，雖是封氏卻未葬在渤海封氏家族墓地，同是冒領渤海著姓，鮮卑封氏與高麗高氏的做法不同。

2. 渤海封氏

北朝渤海封氏墓集中在兩地：一是河北景縣封氏墓群，又名封家墳，俗稱"十八亂塚"，十八亂塚又名封家塚，位於景縣安陵前村鄉後屯村北一帶；⑤ 另一是吳橋縣北朝墓群，西北距景縣封氏墓群約15公里，分布在羅屯、李思孟、陶莊、小馬廠、新鎮店等村周圍方圓3公里的範圍內。

正光二年（521）《封魔奴墓誌》："君諱魔奴，勃海脩人也。以太和七季冬，十一月九日，薨於代京，八季春二月，窆穸於代郡平城縣之棻干水南。維正光二季冬，十月乙丑朔，廿日甲申，改葬於本邑。夫人郎氏，亦同徙窆。"⑥

---

① 《漢魏六朝碑刻校注》第四冊，第206頁。
② 羅新、葉煒著：《新出魏晉南北朝墓誌疏證》，中華書局2005年版，第112頁。
③ 《北史·封敕文傳》，第1353頁。
④ 趙超：《汉魏南北朝墓誌集釋》圖二一一，北京科學出版社1956年版。
⑤ 張季：《河北景縣封氏墓群調查記》，《攷古通訊》1957年第3期。
⑥ 同上。

第六章　石刻鄉里村坊與北朝家族墓誌

正光六年（525）《封龍墓誌》："君諱龍，字季驎，勃海條縣人。卒於邑里。"

興和三年（541）《封柔妻畢脩密墓誌》："以興和三年七月十一日，卒於辛安里。"①

興和三年（541）《封延之墓誌》："公諱延之，字祖業，勃海條人也，司空孝宣公之季子焉。粵以興和三秊十月廿三日，歸窆於廣樂鄉新安里。"②

武定四年（546）《封柔墓誌》："君諱柔，字思溫，蕘州勃海條縣人也。以大魏武定二年，三月十九日遘疾，卒於廣樂鄉新安里。越以武定四年，歲次丙寅，二月甲戌朔，十一日甲申，窆穸於本甸。"③

河清四年（565）《封子繪墓誌》："公諱子繪，字仲藻，勃海條人也。以大齊河清四年，歲次乙酉，二月甲寅朔，七日庚申，歸窆於先公之舊域。"④

大象元年（579）《封孝琬墓誌》："公諱孝琬，渤海蓨人也。以齊武平三年，十月卅日，終於鄴城。粵以大象元年，歲次己亥，十月己未朔，廿七日乙酉，即安於舊塋。"⑤

開皇三年（583）《封子繪妻王楚英誌》："以隋開皇元年十二月丙子朔廿八日癸卯終於渤海條縣新安里第。"⑥

開皇七年（587）《封延之妻崔長暉墓誌》："以大隋開皇七年十一月廿九日薨於里舍，春秋八十有三。粵以九年二月廿六日葬於舊塋。"⑦

開皇十九年（599）《封孝琬妻崔婁訶墓誌》："以開皇十九年六月廿八日遘疾，薨於冠蓋里舍，春秋七十二。以其年十一月十二日祔葬於舊塋。"⑧

---

① 《河北吳橋縣發現東魏墓》，《攷古通訊》1956 年第 6 期。
② 張季：《河北景縣封氏墓群調查記》，《攷古通訊》1957 年第 3 期。
③ 《河北吳橋縣發現東魏墓》，《攷古通訊》1956 年第 6 期。
④ 《北圖拓本匯編》第七冊，第 145 頁；《漢魏六朝碑刻校注》第九冊，第 174 頁。
⑤ 羅新、葉煒著：《新出魏晉南北朝墓誌疏證》，中華書局 2005 年版，第 310 頁。
⑥ 同上書，第 335 頁。
⑦ 同上書，第 396 頁。
⑧ 羅新、葉煒著：《新出魏晉南北朝墓誌疏證》，中華書局 2005 年版，第 471 頁。

從以上墓誌刊刻時間，知封魔奴卒後幾十年才從大同遷葬景縣安陵前村鄉，是第一個葬入此塋域的人。結合相關墓誌及史書記載，知十八塚起碼葬有五代人。第一代是封魔奴，第二代是封回，第三代是封隆之、封興之、封延之，第四代是封隆之長子、封子繪、封子肅、封孝琰、封孝璋等，第五代封玄、封充等。①

封龍、封柔夫婦墓出吳橋縣。據封龍墓誌介紹，"燕太尉武平公，即是君之高祖也"，《河北吳橋北魏封龍墓及其相關問題》認為封龍的高祖即前燕太尉、武平公封奕。"封龍與景縣封氏應為同宗同族的不同分支，只是所葬塋域不同而已。"② 據封柔墓誌："八世祖仁，魏侍中。博學洽聞，奉玉壺以挺譽。六世祖釋，晉平州刺史、領護東夷校尉。秉文經武，駕朱騧以流聲。祖景，冀州別駕從事史。分乘万里，標海沂之詠。父仲靈，東莞、東安二郡太守。"知封柔是封釋之後，與封魔奴同輩。③ 封柔亦與其他渤海封氏是同宗同族的不同分支。據此知吳橋縣封氏墓與景縣封氏墓為同宗同族的不同分支的封氏家族的兩個墓葬群。吳橋縣封氏墓葬應是封氏小房支後裔的墓地。

結合諸墓誌，封柔、封柔妻、封子繪妻王楚英三誌皆言卒於新安里，封延之誌言葬於廣樂鄉新安里，由此知封氏居里為渤海條縣廣樂鄉新安里。新安里亦有李氏居住。神龜元年（518）《鄧羨妻李榘蘭墓誌》言李氏"冀州勃海郡條縣廣樂鄉新安里人""太和廿一年十一月廿日薨於新安里弟。神龜元年歲次降婁，十二月壬子未朔，九日庚申，遷配於洛陽北芒山之陽，樂氏之里。"④ 太和廿一年（497）前即有廣樂鄉新安里。"新安里"，意為新建之里，取平安之義，諧音辛安里，取同音字替代。以"新安"為名在今山東村落常見。如煙台市海陽縣有辛安村，明宣德年間于姓遷此建村，取名

---

① 周錚：《河北景縣封氏墓群叢考》，《中國歷史文物》2007年第2期。
② 盧瑞芳、劉漢芹：《河北吳橋北魏封龍墓及相關問題》，《文物春秋》2005年第3期。
③ 趙超：《中國國家博物館藏北朝封氏諸墓誌匯考》，《中國歷史文物》2007年第2期。
④ 《北圖拓本匯編》第四冊，第58頁；《漢魏六朝碑刻校注》第四冊，第385頁。

第六章　石刻鄉里村坊與北朝家族墓誌

新安，諧音辛安。① 萊蕪市有辛莊鎮，明初陳姓遷此建村，原名新莊，諧音為辛莊。② 北朝條縣廣樂鄉新安里即今河北景縣安陵鎮前村鄉。③ 新安里大概是北魏太和中葉後設置，封氏及李氏是此里的土著居民。

廣樂鄉亦有吉遷里。正光元年（520）《李璧墓誌》："君諱璧，字元和，勃海條縣廣樂鄉吉遷里人也。……以魏神龜二年，歲己亥，春二月辛亥朔，廿一日辛未，卒於洛陽里之宅。正光元年冬十二月廿一日，遷塋冀州勃海郡條縣南古城之東堈。"④ 據民國《景縣志》，李璧墓誌清宣統元年發現於城南十里胡莊村北，經土人盜賣歷縣，現存濟南圖書館。城南十里胡莊村北即誌中"遷塋冀州勃海郡條縣南古城之東堈"，南古城，或謂故條城，或謂南條城（南修城），或謂脩縣故城，《史記·絳侯周勃世家》："絕一歲，文帝乃擇絳侯勃子賢者河內守亞夫，封為條侯，續絳侯後。"張守節正義引《括地志》云："故蓨城俗名南條城，在德州蓨縣南十二里，漢縣。"⑤ 民國《景縣志》："修縣故治一名南修城。在今縣城南迤西十餘里地方。《括地志》：修縣故城，俗名南修城。"⑥ 嘉靖《河間府志》稱其為廢蓨縣。⑦ 吉遷里概就在今胡莊村一帶。

從封延之墓誌言葬地為廣樂鄉新安里，知景縣十八塚一帶在新安里域內。又封柔墓誌言"窆穸於本閈"，亦在新安里域內。新安里以兩處封氏墓群為直徑，兩地相距 15 公里，西界在胡莊村與後屯村之間。

進而將墓地標明"渤海條縣"的封氏、高氏、李璧墓誌出土地串連起來，可知北朝條縣廣樂鄉、崇仁鄉的大致情況：

---

① 《山東省》編纂委員會，陳龍飛主編：《中華人民共和國地名詞典山東省》，商務印書館 1994 年版，第 165 頁。
② 同上書，第 280 頁。
③ 羅新、葉煒：《新出魏晉南北朝墓誌疏證》，中華書局 2007 年版，第 235 頁。
④ 趙超：《漢魏南北朝墓誌集釋》圖二三，北京科學出版社 1956 年版。
⑤ 《史記·絳侯周勃世家》，第 2073 頁。
⑥ 耿兆棟等修：民國二十一年《景縣志》，中國方志叢書華北地方第 500 號，成文出版社 1976 年版。
⑦ （明）樊深纂修：嘉靖《河間府志》卷三古蹟，《天一閣藏明代方志選刊》第一冊，臺灣新文豐出版公司 1985 年版，第 40 頁。

第一，廣樂鄉在條縣東南，崇仁鄉在條縣西南，兩鄉接壤，東邊的分界線在今第三店村和小馬廠村之間，北邊的分界在胡莊村至第三店村一帶。兩鄉之間應該還有其他的里，或是崇仁鄉的里，或是廣樂鄉的里。

第二，崇仁鄉孝義里東西直徑為 12 公里，主要居住人口為高氏。

第三，廣樂鄉新安里的主要居民為封氏和李氏。新安里與吉遷里毗鄰。

新安里、孝義里的名稱明清時期仍在使用。光緒《吳橋縣志·里甲》有孝義里、新安里等，"按明洪治初年編仁和、孝義、豐樂、安陵、定原五里……景泰三年增新安里"，又舊志在城總甲地方九名四路分二十鄉，南路有崇仁鄉、孝義鄉等。① 嘉靖《河間府志·財賦志》記景州有孝義鄉，吳橋縣有孝義鄉、安陵鄉、新安鄉等。②

三　渤海刁氏墓誌

渤海饒安刁氏是晉、北朝時期的大姓，"刁氏世有榮祿"，有刁遵、刁翔 2 方墓誌出土。

熙平二年（517）《刁遵墓誌》：

> 公諱遵，字奉國，勃海饒安人也。……奉靈輀而號慟，遷神柩於故鄉。以二年歲次丁酉，冬十月己丑朔，九日丁酉窆於饒安城之西南孝義里，皇考儀同藺公神塋之左。③

天統元年（565）《刁翔墓誌》：

> 君諱翔，字道翻，勃海饒安西鄉東安里人也。……逮天統元

---

① （清）倪昌燮修：光緒元年《吳橋縣志》卷一輿地志，中國方志叢書華北地方第 224 號，成文出版社 1969 年版。
② （明）樊深纂修：嘉靖《河間府志》卷八財賦志，《天一閣藏明代方志選刊》第一冊，臺灣新文豐出版公司 1985 年版，第 111 頁。
③ 《北圖拓本匯編》第四冊，第 48 頁；《漢魏六朝碑刻校注》第四冊，第 357 頁。

第六章 石刻鄉里村坊與北朝家族墓誌

年，歲次乙酉，十月庚戌朔，十日二辛酉始構玄宮，祔合墳壟。①

《魏書·地形志》言熙平二年分瀛、冀二州置滄州，治饒安城，領3郡12縣，浮陽郡饒安縣注："二漢、晉屬渤海。前漢曰千童，靈帝改。有無棣溝、西鄉、茅焦塚。"《明一統志》卷二饒安城："本漢千童縣，屬渤海郡。東漢改饒安縣。隋屬瀛州，唐屬滄州，貞觀初省，入樂陵。"② 嘉靖《河間府志·古蹟》饒安廢縣："本漢千童縣，屬渤海郡，東漢改饒安縣。"③ 故刁遵、刁翔誌稱"渤海饒安人"，是漢晉舊貫，實為滄州浮陽郡饒安縣，天平三年刊刻的《王僧墓誌銘》記王氏"滄州浮陽饒安人"符合北魏時制。④

饒安縣治，據同治《鹽山縣志·古蹟》載饒安故縣："故縣有二，一舊縣鎮，距今治五十里，即千童故城。……一新縣鎮，距今治三十里……貞觀十二年移饒安縣治於此。"⑤《續山東攷古錄》："漢志千童，靈帝改曰饒安……魏刁遵墓誌稱，葬於饒安城西南孝義里，其墓在舊縣西南八里高家莊南，舊縣大寺佛座多魏齊時饒安人題名，舊縣為舊饒安縣無疑。"⑥ 則北魏饒安城在今鹽山縣舊縣鎮。一稱南皮縣，另一稱鹽山縣，實為行政區域劃分的更改。新縣古城址位於新縣鎮村東北50米處，為隋唐時代的舊縣城遺址，北魏時饒安城應在舊縣鎮。

關於刁遵墓誌出土情況，有多種說法。有言為清雍正年間出於河北南皮縣一廢寺舊址，又光緒《南皮縣志》記刁遵墓誌"清雍正間，南皮縣刁公樓村耕者得之於刁氏墓地，後淪棄於南皮夜珠高家村土地

---

① 《山東樂陵出土北齊墓誌》，《攷古》1987年第10期；《漢魏六朝碑刻校注》第九冊，第226頁。
② 《明一統志》卷二建置沿革，影印文淵閣四庫全書本第472冊，第63頁。
③ （明）樊深纂修：嘉靖《河間府志》卷三古蹟，《天一閣藏明代方志選刊》第1冊，臺灣新文豐出版公司1985年版，第56頁。
④ 《北圖拓本滙編》第六冊，第35頁。
⑤ （清）王福謙、江毓秀修，潘震乙纂，同治七年《鹽山縣志》卷一古蹟，中國方志數字庫。
⑥ （清）葉圭綬：《續山東攷古錄》卷九，續修四庫全書第126頁。

祠神座下"①。

刁遵是刁雍之子，卒後葬在其父塋旁。《魏書·刁雍傳》："刁雍，字淑和，渤海饒安人也。高祖攸，晉御史中丞。曾祖協……"②《刁遵墓誌》自述家史："高祖協，玄亮，晉侍中、尚書左僕（下殘）夫人彭城曹氏，父義，晉梁國（下殘）曾祖彝，太倫，晉侍中、徐州牧、司空、義陽（下殘）祖暢，仲遠，晉中書令、金紫左光祿大夫、建平（下殘）父雍，淑和，皇魏使持節、侍中、都督揚豫兗徐四州（下殘）徐豫冀三州刺史、東安簡公。"刁公樓，晉尚書刁協即刁遵高祖世居，"刁協世居在東南七十里，今名刁公樓市鎮"。③ 即今南皮縣刁公樓村，晉刁協世墓在刁公樓東。④ 刁氏家族墓地在刁公樓附近，因此刁氏墓應在此附近，以《南皮縣志》為准。葬地"滄州浮陽郡饒安縣孝義里"遂在刁公樓村一帶。

"勃海饒安"為漢晉舊貫，而"西鄉東安里"卻是北魏時制，西鄉與《魏書·地形志》記饒安縣有西鄉正合，依時制，刁翔故里是滄州浮陽郡饒安縣西鄉東安里。西鄉，嘉靖《河間府志》記南皮縣有思鄉城、西鄉城。又有高樂城，"在縣東南三十里，本漢縣名，東漢省，屬渤海郡。故城今在河間府南皮縣東南，俗名思鄉城"。⑤ 思鄉城、西鄉城、高樂城皆為一城，《太平寰宇記》南皮縣："高樂故城，漢縣，後漢省，故城在今縣東南三十里，今謂之思鄉城，亦謂西鄉城。"⑥ 光緒《南皮縣志·古蹟》："高樂廢縣在東南四十里，今董村鎮，是又名思鄉城、西鄉城。"⑦ 北魏時這一帶是饒安縣地，光緒

---

① （清）殷樹森修，汪寶樹等纂：光緒十四年《南皮縣志》卷一二故實志上金石，中國數字方志庫。
② 《魏書·刁雍傳》，第865頁。
③ （清）馬士琮修，吳維哲等纂：康熙十九年《南皮縣志》卷一古蹟，中國數字方志庫。
④ （清）殷樹森修，汪寶樹等纂：光緒十四年《南皮縣志》卷一邱墓，中國數字方志庫。
⑤ （明）樊深纂修：嘉靖《河間府志》卷三，《天一閣藏明代方志選刊》第1冊，臺灣新文豐出版公司1985年版，第55頁。
⑥ （宋）樂史撰，王文楚等點校：《太平寰宇記》卷六五河北道十四，中華書局2007年版，第1330頁。
⑦ （清）殷樹森修，汪寶樹等纂：光緒十四年《南皮縣志》卷一古蹟，中國數字方志庫。

❖ 第六章　石刻鄉里村坊與北朝家族墓誌 ❖

《南皮縣志·古蹟》："饒安廢縣在東南八十里，邑僅分其西鄙。"① 西鄉位於饒安縣西境，在饒安縣廢後，南皮縣割其西鄉。今為董村，是南皮縣最古老的村落之一，西漢武帝為齊孝王子劉越的封地，為高樂縣縣城，王莽時期更名思鄉城、西鄉城。元代初董氏家族遷入此地，取名董子鎮、董村鎮，後簡稱董村。②

刁翔誌言"始構玄宮，祔合墳壠"，"祔"意為合葬，《禮記·檀弓》："周公蓋祔。"鄭玄注："祔，謂合葬。"孔穎達正義："周公以來，蓋始附葬。附即合也，言將後喪合前喪。"③ 刁翔祖墳地在今樂陵縣楊安鄉史家村。

由此推測西鄉的範圍，概在今南皮縣董村，至樂陵市楊家鄉史家村的直徑範圍內。其中刁遵窆地孝義里應屬西鄉轄。

第二節　北朝華陰楊氏墓誌

《新唐書·宰相世系表》："楊氏出自姬姓，周室王子尚父封為楊侯。""叔向生伯石，字食我，以邑為氏，號曰楊石，黨於祁盈，盈得罪於晉，并滅羊石氏，叔向子孫逃於華山仙谷，遂居華陰。"④ "弘農華陰"是楊氏家族的地望之稱。北魏華陰楊氏家族受"河陰之難"迫害，遭殺戮的成員較多。近些年家族墓誌集中在今陝西省華陰縣五方鄉五方村出土。已公佈的北魏華陰楊氏家族成員，除楊熙仙"權窆於洛陽公路澗西，其先人漢故太尉秉公墓之東南"外，其餘皆歸葬故里，墓誌大多以"弘農華陰人"或"弘農華陰潼鄉習仙里人也"標明籍貫。據《魏書·地形志》，華陰縣不屬司州弘農郡，而屬華州華山郡，楊氏故里按時制為"華州華山郡華陰縣潼鄉習仙里"，弘農華陰是漢晉舊貫，但"潼鄉習仙里"應是北魏時制。楊氏墓誌中有多人標明了窆葬年份。

---

① （清）殷樹森修，汪寶樹等纂：光緒十四年《南皮縣志》卷一古蹟，中國數字方志庫。
② 南皮縣地名辦公室：《南皮縣地名志》董村公社概況，第49頁。
③ （清）阮元校刻：《禮記正義》卷七檀弓上，《十三經注疏》（上），中華書局1996年版，第1281頁。
④ 《新唐書·宰相世系表》，第2346頁。

永平四年（511）《楊穎墓誌》："弘農華陰潼鄉習仙里人也。……以永平四季，歲次辛卯，五月丙申朔，廿七日壬戌卒於京師依仁里第。粵以十一月癸巳朔，十七日己酉窆於潼鄉。"①

永平四年（511）《楊範墓誌》："魏故弘農華陰潼鄉習儒里人楊範。……以永平四季，十一月十七日，窆於里焉。"②

永平四年（511）《楊阿難墓誌》："弘農華陰潼鄉習仙里人也。……返厝於華陰潼鄉。"③

正光四年（523）《楊順妻呂氏墓誌》："權殯於本邑華陰之潼鄉習仙里家宅之西庚地。"④

普泰元年（531）《楊昱墓誌》："弘農華陰潼鄉習仙里人也。……以普泰元年六月廿九日薨於習仙里第。"

大統十七年（551）《楊泰妻元氏墓誌》："同窆於華陰潼鄉。"

潼鄉，又作同鄉，"潼"作"同"，取音相同，《楊泰墓誌》言"弘農郡華陰縣同鄉習仙里"。潼鄉之名兩晉已有，《後漢書·張衡傳》："號馮夷俾清津兮，櫂龍舟以濟予。"李賢注引《聖賢冢墓記》："馮夷者，弘農華陰潼鄉隄首里人，服八石，得水仙，為河伯。"⑤ 潼鄉得名潼谷水，在今陝西潼關縣西。亦稱潼關鄉，得名源自潼關。潼關東漢始設，周長約5千米，是我國古代著名的關隘。本名沖關，因黃河自龍門南流，沖擊華山，故以為名。⑥ 北魏墓誌皆作潼鄉，至隋代方作潼關鄉，《楊文思墓誌》記："（大業）九年遷窆於華陰縣潼關鄉習仙之里。"⑦

習仙里得名應與道教得道成仙有關。其名不知始於何時，隋代亦為習仙里，至唐時發生變化。《陝西通志》卷七一："唐朝議大夫楊

---

① 趙超：《漢魏南北朝墓誌彙編》，天津古籍出版社1992年版，第61—62頁。
② 同上。
③ 杜葆仁、夏振英：《華陰潼關出土的北魏楊氏墓誌考證》，《攷古與文物》1984年第5期。
④ 羅新、葉煒：《新出魏晉南北朝墓誌疏證》，中華書局2005年版，第100頁。
⑤ 《後漢書·張衡傳》，第1925頁。
⑥ 賈文毓、李引主編：《中國地名辭源》，華夏出版社2005年版，第390頁。
⑦ 王其禕、周曉薇：《隋代墓誌銘彙考》，線裝書局2007年版，第4冊，第332頁。

第六章 石刻鄉里村坊與北朝家族墓誌

越墓越，仙掌人……即以其年葬於西嶽習仙鄉登仙里西麓。"① 仙掌縣，唐時華陰縣更名仙掌縣，實為避諱。武則天小名華姑，故改華州為太州，改華陰縣為仙掌縣。仙掌縣習仙鄉登仙里，大概就是北魏潼鄉習仙里區域所在，習仙里成為"習仙鄉"，並下設里。北魏潼鄉習仙里的位置，依墓出土地在今華陰縣五方鄉五方村。楊順妻呂氏"權殯於本邑華陰之潼鄉習仙里家宅之西庚地"，"家宅之西庚地"說明楊氏墓塋在其住所西面不遠處，可確定華陰縣五方鄉五方村為北魏華陰縣潼鄉習仙里所在。

隋代亦有一批楊氏墓誌，有楊胐、楊文願、楊宏、楊異暨妻穆氏、楊素、楊素妻鄭祁耶、楊孝偡、楊謨、楊紀暨妻韋氏、楊弘、楊實、楊君、楊休志、楊矩暨妻鄭氏、楊文思、楊約等墓誌，這些墓誌都在華陰縣出土。按弘農華陰家族譜系看，大部分是楊鈞的後人。②

楊素墓誌1973年出土於潼關縣吳村鄉亢家寨（今城關鎮亢家寨）。③ 因楊素墓在此，此村初名塚圪墶，後明代闞姓居此，更名為闞家寨，方言"闞""亢"音同，進而演變為今名。④ 大業三年《楊素墓誌》云："窆於華陰東原通零里。"其妻鄭祁耶仁壽元年葬於"□陰東原之舊塋"，繼母、楊敷妻蕭妙瑜大業三年"祔葬華陰東原之塋"，三方墓誌均出一村。楊素父楊敷亦"葬於華陰舊塋"。表明今陝西潼關縣城關鎮亢家寨一帶，是隋代楊氏家族楊素支墓地所在。

結合五方村與亢家寨楊氏家族墓誌，今五方村墓葬大部分為北魏河陰之難的楊氏成員，屬楊懿一支，而亢家寨楊氏屬楊鈞一支，均卒於隋。由知可知河陰之難，受害者多為楊懿一支，未旁及楊鈞一支，楊鈞一支大部分至隋自然死亡。雖皆為楊氏成員，但同宗同族不同分

---

① 雍正十三年《陝西通志》卷七一陵墓二，影印文淵閣四庫全書本第555冊，第283頁。
② 趙海麗：《北朝墓誌文獻研究》，博士學位論文，山東大學，2007年。
③ 《楊素墓誌》拓片圖版和參考錄文見《新中國出土墓誌·陝西〔壹〕》（上冊）第25頁，（下冊）第21—23頁；又見《潼關碑石》第5、98—100頁，姚雙年《隋楊素墓誌初攷》，《攷古與文物》1991年第2期；另《隋唐五代墓誌匯編》陝西卷第3冊，第8頁有拓片。周錚：《〈楊素墓誌初攷〉補證》，《攷古與文物》1993年第2期，對墓誌內容有所攷證。
④ 《陝西省》編纂委員會主編陸耀富：《中華人民共和國地名詞典陝西省》，商務印書館1994年版，第187頁。

支，葬地自然不一樣。

隋代明確標明葬地鄉里的楊氏墓誌①：

《楊叉暨妻武氏誌》："開皇九年殯於華陰縣潼鄉通靈里。左帶靈河，右臨仙掌，張揩興務之鄉。"

《楊君妻吳女英誌》："開皇九年遷葬於華州華陰東原通靈鄉通靈里。"

《楊景暨妻梁氏誌》："華山郡華陰縣習仙里人。（開皇九年）合葬於華陰東原鄉通靈里。"

《楊欽誌》："（開皇）廿年窆於華州華陰縣潼關鄉通靈里之塋。"

《楊素誌》："粵以大業三年八月丁丑朔八日甲申□窆於華陰東原通靈里。"

同是隋開皇九年葬，同是通靈里，楊叉暨妻武氏誌、楊君妻吳女英誌、楊景誌卻分別記錄隸屬潼鄉、通靈鄉、東原鄉，一里為何隸屬數鄉？楊叉與楊欽為父子，皆記通靈里，分別屬潼鄉、潼關鄉，知潼鄉、潼關鄉可互稱，這與《楊文思墓誌》可以相互證明。

楊欽誌言"昔西漢定封赤泉，則傳侯五葉，東京論道太尉，則服袞四世"，雖自云是楊震之後，然而世系不明，"祖颺，散騎侍郎、朔州鎮將，蘭桂邊摧，故不臻遠大；父叉，大都督、金城魏興二郡太守，清水縣開國侯，食邑八百戶，贈浙州諸軍事、浙州刺史"，言祖楊颺起自邊朔，似有冒認嫌疑。② 墓誌銘辭亦謂"撤祖舊殯，稅駕新塋"，言楊氏父子葬地並非祖塋墓地。因此推測楊氏父子不是華陰楊氏家族成員，概是偽冒郡望，並葬於華陰縣境內。葬地也不在潼關鄉，卻仍書葬地為潼關鄉，亦是附會華陰楊氏之鄉籍。因此，和同時期的其他墓誌"通靈鄉通靈里"相比，楊欽父子誌中"潼關鄉通靈里""潼鄉通靈里"鄉里隸屬明顯不符。通靈里應屬通靈鄉，楊景誌言"東原鄉通靈里"概是由於鄉、里同名而簡省鄉名。

楊氏墓誌只有少數標明葬地，如楊穎誌標明為"潼鄉"，楊範

---

① 王其禕、周曉薇：《隋代墓誌銘彙考》，線裝書局 2007 年版：第 1 冊《楊叉暨妻武氏誌》第 278 頁，《楊君妻吳女英誌》第 282 頁，《楊景暨妻梁氏誌》第 322 頁；第 2 冊《楊欽誌》第 319 頁；第 3 冊《楊素誌》第 241 頁。

② 羅新、葉煒：《新出魏晉南北朝墓誌疏證》，中華書局 2007 年版，第 480 頁。

❖ 第六章 石刻鄉里村坊與北朝家族墓誌 ❖

"窆於里焉",楊阿難"返厝於華陰潼鄉",楊胤季女"葬崋山崋陰潼鄉南原",楊順妻呂氏"權殯於本邑華陰之潼鄉習仙里家宅之西庚地",楊泰妻元氏"同窆於華陰潼鄉",楊泰"遷窆於故鄉之弘農華嶽之東北十有五里",大部分以"舊塋""祔葬舊塋"說明。根據相關發掘報告,北魏楊氏成員墓誌大部分出五方村,楊舒誌出五方鄉王家寨村,楊泰及妻誌出華陰縣孟原迪家,楊胤季女誌發現於潼關縣管南。可知楊氏成員雖分開埋葬,但基本都在華陰潼鄉的範圍內,由此知潼鄉東至黃河邊,西至今五方村,相距約22公里,南北範圍難確定。①

另有熙平三年(518)《楊無醜墓誌》,出土情況、時間不明。誌曰:

> 女姓楊,諱無醜,字慧芬。此邑潼鄉習仙里人也。清河太守仲真之曾孫,洛州刺史懿第四子之女。以熙平三年,正月十八日,春秋廿有一,於白馬鄉寢疾而終。粵以二月丁亥朔,廿三日己酉,殯於定城里焉。②

從"此邑潼鄉習仙里"看,白馬鄉、定城里隸屬華陰縣。兩者是否是隸屬關係未知。

此外熙平元年(516)《楊群妻源顯明墓誌》:"夫人諱顯明,樂都人也。弘農郡華陰縣潼鄉習仙里魏故洛州使君弘農簡公懿之第五子婦,年四三,以熙平元年八月廿五日薨於州治,十一月廿一日甲申窆於仙鄉乾渠里。"③

第三節 北朝泰山羊氏墓誌

羊氏家族為羊舌氏之後,晉、南北朝羊氏主要分布在今山東新泰

---

① 侯旭東:《北朝村民的生活世界——朝廷、州縣與村里》,商務印書館2010年版,第145頁。
② 羅新、葉煒:《新出魏晉南北朝墓誌疏證》,中華書局2007年版,第87頁。
③ 趙君平、趙文成:《邙洛碑誌三百種》,中華書局2004年版,第12頁。

市。羊氏碑刻的記載較多。羊流店北有墓，乾隆《新泰縣志·藝文》："羊流店北里許，有羊太傅（祜）祖墓三塚，碑表圯，墓辨所葬誰何。詢諸上人，參稽志傳，咸稱其一為太傅祖南陽太守續，其一為太傅父上党太守道，其一為太傅侄暨之少子曼。"順治《新泰縣志》記羊續墓在縣西六址里羊流店北，又有泰始八年（272）《晉任城大守夫人孫氏之碑》，即羊規之夫人碑，原在山東省新泰縣新甫山下張孫莊。羊祜墓河南洛陽出土："太康元年，歲在庚子，二月八日葬於洛之西北也。"① 此後新泰縣陸續出土了數方羊氏墓誌。

熙平元年（516）《羊祉墓誌》："使君諱祉，字靈祐，泰山梁父人也。……熙平元年（516）正月二日己巳邁疾，暨二月十二日己酉，薨於雒陽徽文里舍。以其年十一月甲子朔廿日癸酉，葬太山郡梁父縣盧鄉□里之徂徠山左。"② 1964年山東新泰縣天寶鎮顏前村東羊祉夫婦合葬墓出土。

孝昌元年（525）《羊祉夫人崔神妃墓誌》："夫人諱神妃，清河東武城人也。薨於洛陽徽文里宅，春秋六十六。……祔葬於泰山郡梁父縣徂徠山陽鎮軍使君之神□。"③

武定二年（544）《羊深妻崔元容墓誌》："夫人姓崔，諱元容，清河東武城人也。武定二年，太歲甲子，正月辛卯朔，廿五日乙卯，薨於盧鄉灑里第。粵其年十一月廿九日，合窆舊塋。"④ 1973年新泰縣天寶鎮顏前村東出土。

開皇九年（589）《羊烈墓誌》："公諱烈，字儒卿，泰山梁父人也。開皇六年二月壬午朔十六日丁酉，薨於沙丘里舍，春秋七十有四。九年六月壬戌朔十一日壬申，遷厝於宮山之陽。"⑤ 1993年新泰

---

① 洛陽市文物工作隊：《洛陽出土歷代墓誌輯繩》，中國社會科學出版社1991年版，第1頁。
② 羅新、葉煒：《新出魏晉南北朝墓誌疏證》，中華書局2007年版，第78頁。誌文"十一月甲子朔廿日癸酉"，"癸酉"誤，應是"癸未"。
③ 羅新、葉煒：《新出魏晉南北朝墓誌疏證》，中華書局2007年版，第110頁。
④ 《東魏〈羊令君妻崔夫人墓誌〉》，《書法叢刊》2003年第2期；《漢魏六朝碑刻校注》第七冊，第392頁。誌文"正月辛卯朔，廿五日乙卯"誤，應是"正月丙戌朔，廿五日庚戌"。
⑤ 孫英林：《羊烈夫婦墓誌攻略》，《南方文物》2006年第3期。

第六章 石刻鄉里村坊與北朝家族墓誌

縣羊流鎮出土。

開皇十一年（591）《羊烈妻長孫氏墓誌》："以大隋開皇十一年歲在辛亥閏十二月戊寅朔廿二日己亥，薨於兗州太陽里。十二年十月癸酉朔卅日壬寅，葬於宮山之陽。"①

墓誌涉及人物均為羊規之一支，"這些人物均為留在北朝的羊規之一支中的成員，這似說明，到南北朝時，留在故里的羊氏族人只有降於北朝的羊規之一系"。② 墓誌與史書對籍貫記載相矛盾。羊祉，《魏書》《北史》謂"泰山鉅平人"，羊深《魏書》謂"泰山平陽人"，《梁書》記羊侃為"泰山梁父人"，羊烈為"太山鉅平人"，鉅平、梁父均為泰山郡屬縣，兩縣相鄰，對羊氏籍貫的記載頗為紛雜，據出土誌石可糾謬。

羊烈居沙丘里。羊烈是羊規之四子靈珍長子、羊祉之侄，"薨於沙丘里舍……遷厝於宮山之陽"，據攷證"羊氏的里第所在，乃今新泰天寶鎮之古城村"。③ 沙丘里得名源自古城村的村東、南兩邊，有沙堆突兀，至今依稀可見。古城村南是柴汶河，距離不過數里，沙丘估計是柴汶河水沖積遺留下來的。葬地"宮山之陽"，宮山，《大清一統志》："宮山在新泰縣西北四十里，接萊蕪縣界，即古新甫山。"④

羊祉住地在何處，誌文未提，只言"薨於雒陽徽文里舍。以其年十一月甲子朔廿日癸酉，葬太山郡梁父縣盧鄉□里之徂徠山左"。其夫人崔神妃墓誌同樣未提，"薨於洛陽徽文里宅……祔葬於泰山郡梁父縣徂徠山陽鎮軍使君之神□"。查洛陽城坊，無徽文里，有暉文里，"徽""暉"同音，徽文里與暉文里指同一里。"太山郡梁父縣盧鄉□里之徂徠山左"為羊祉夫婦葬地。與羊祉夫婦墓誌同地出土的《崔元容墓誌》提供了居住地線索。《崔元容墓誌》首題"侍中車騎大將軍中書令羊令君妻崔夫人墓誌銘"，羊令君即羊祉之子羊深，羊深天平二年（536）正月被斬，崔氏在丈夫死後回故里居住，六十歲"薨

---

① 孫英林：《羊烈夫婦墓誌攷略》，《南方文物》2006 年第 3 期。
② 周郢：《新發現的羊氏家族墓誌攷略》，載《周郢文史論文集》，山東文藝出版社 1997 年版，第 46—80 頁。
③ 同上。
④ 乾隆二十九年《大清一統志》卷一四二，影印文淵閣四庫全書本第 476 冊，第 801 頁。

於盧鄉瀝里第"。盧鄉瀝里，應該就是羊祉這一支在新泰的居住地。今有"力里村"，是新泰市樓德鎮轄地。力里村與今之古城村隔柴汶河相望，相距約 8 里。崔氏墓誌"瀝里"，應該就是今之力里村。關於"瀝"字，《說文·水部》："瀝，浚也。从水，歷聲。一曰水下滴瀝。"《篇海類編·地理類·水部》："瀝，滲也。"《水經注·文水》："泉發於兩寺之間，東流瀝石，沿注山下……"① 瀝里得名緣於村內有瀝溝泉。《明會典》："羊舍斜溝泉西南張家泉山陰水泊泉柴城東西二柳泉宮里濁河泉南村龍灣泉下村木頭灣泉力里力溝泉。"②《行水金鑒》濟水："力溝泉距州東南一百里，係沙泉，地名力里村，出土中，入小汶。羊舍泉距州東南一百里，地名羊舍村，出石縫中，西南流入汶。……已上諸泉俱由小汶轉入大汶。"③ 力溝泉即"瀝溝泉"，此泉是沙泉，從沙土地噴湧而出，泉水漸瀝，故名。至於為何"瀝里"變為"力里"，"瀝溝泉"變成"力溝泉"，大概是人們在用字的過程中筆劃簡省，取音相同而已。由北魏"瀝里"至今之"力里村"，羊祉一支的居住地名稱未發生變化。力里，《新泰市地名志》言："傳說古時二十五戶為一里。故以此命村名為里里。後因潦災村址遷徙，村民齊心排潦挖河，名力溝河，後更名力里。"④ 顯然，《地名志》關於力里村村名來源的說法較牽強。

"薨於盧鄉瀝里第"，與"太山郡梁父縣盧鄉□里之徂徠山左"中的"盧鄉"相同。兩墓誌提到的盧鄉是同一個地方。里是否相同呢？賴非《齊魯碑刻墓誌研究》將"□里"補為宮里，認為"羊祉葬於泰山郡梁父縣盧鄉宮里之徂徠山"，並言"誌之宮字磨甚，基本字形可辨為宮字，與現地名也合"。⑤ 此結論有待商榷。宮里"與現地名也合"，指今宮里鎮。宮里鎮為新泰市轄鎮，在柴汶河南，與天寶鎮隔河相望，在力里村西北方向。初名行宮里，因漢武帝曾在此建

---

① （北魏）酈道元著，王先謙校：《水經注》卷五，巴蜀書社 1985 年版，第 157 頁。
② 《明會典》卷一五八泰安州三十四泉，影印文淵閣四庫全書本第 618 冊，第 553 頁。
③ （清）傅澤洪編修：《行水金鑒》卷八十四濟水，影印文淵閣四庫全書本第 581 冊，第 339 頁。
④ 吳峰、牛光照、李善訓等著：《新泰市地名志》，新泰市地名委員會辦公室 1992 年 12 月，第 171 頁。
⑤ 賴非：《齊魯碑刻墓誌研究》，齊魯出版社 2004 年版，第 241 頁。

行宮，故名，後省作宮里。宮里放在這裏是說不通的。首先，從羊祉墓誌的拓片字形來看，所謂"宮"字，原拓雖然磨損，但明顯可見該字的字形特徵、構架與"宮"的字形不符。其字下部"心"依稀可見。與《崔元容墓誌》的"濾（瀝）"相比勘，我們認為此字應該識讀為"瀝"，原文補為"太山郡梁父縣盧鄉瀝里之徂徠山左"。其次，崔氏薨於盧鄉瀝里，與羊祉夫婦、羊深同葬"太山郡梁父縣盧鄉瀝里之徂徠山左"，徂徠山左即徂徠山陽，出土地顏前村確是在山之南面。

由此看來至少在羊祉這一代時，羊祉、羊靈珍兄弟已分戶而居、異地安葬。羊祉父子故居在泰山郡梁父縣盧鄉瀝里，即今之力里村。羊靈珍父子居沙丘里，即今之古城村。羊祉父子葬於顏前村，在徂徠山下，羊靈珍父子葬於羊流鎮北，在宮山下。

第四節　北朝柏仁李氏墓誌

趙郡李氏家族是南北朝時期著名的士族。《新唐書·宰相世系表》載李楷，字雄方，西晉時官至司家丞、治書侍御史，後因"避趙王伷之難"，遷至平棘。趙郡平棘（今河北趙縣）是趙郡李氏的祖居地，"泊晉治書侍御史楷有三子，曰晃，曰勁，曰叡，遂分為南、西、東三祖焉"。①

李吉甫《元和郡縣志》平棘縣條：

李左車墓，縣西南七里。

趙郡李氏舊宅，在縣西南二十里。即後漢、魏以來山東舊族也，亦謂之"三巷李家"，云東祖居巷之東，南祖居巷之南，西祖居巷之西。亦曰"三祖宅巷"也。三祖李氏，亦有地屬高邑縣。

---

① 周紹良、趙超編：《唐代墓誌彙編》，上海古籍出版社1992年版，第2157頁。

封斯村者，李氏舊塋多在封斯。①

有學者認為三祖大概是後人依據李氏居住巷東、西附會而來，說明三支居住的地理位置相近。② 在李楷定居平棘二世以後，趙氏家族開始擴散遷徙，至柏仁、元氏、高邑、贊皇等縣。③ 遷至柏仁縣的趙氏一支，在北朝墓誌中多有反映，根據誌文可以看到趙氏在柏仁縣的居住地及死後葬地。

1.【吉遷里】

正始五年（508）《李瞻墓誌》：

君諱瞻，字恭遠，趙郡柏仁永寧鄉吉遷里人也。曾祖均，趙郡太守，祖璨，東兗州刺史，父宣茂，太中大夫。大魏正始五年，歲次戊子，正月乙酉，朔一日乙酉，葬於此墓。④

2000年河北贊皇縣出土。

2.【孝德里】

武平五年（574）《李琮墓誌》：

君諱琮，字仲瑛，趙國平棘人也。……曾祖兗州史君，祖幽州史君，冠盖朝倫，儀作摸楷。父潁州史君，風度閑遠，欝為領袖。……武平二季，五月丁未朔，廿二日戊辰，卒於孝意裏舍，時季五十有五。武平五季，正月壬戌朔，十二日癸酉，祔於先君之墓次。⑤

---

① （唐）李吉甫撰，賀次君點校：《元和郡縣圖志》卷一七河北道二，中華書局1983年版，第490頁。
② 張葳：《趙郡李氏"三祖"小攷》，《魏晉南北朝隋唐史資料》第22輯2005年，第50—68頁。
③ 高詩敏：《北朝趙郡的遷徙分布及其與李唐先世的關係》，《河北學刊》1996年第1期。
④ 叢文俊、李構、華人德：《魏故儒德李生之墓銘》，《中國書法》2001年第10期。
⑤ 《北圖拓本匯編》第八冊，第55頁。

第六章　石刻鄉里村坊與北朝家族墓誌

墓出河北省元氏縣南張村。孝意里，"意"即"德"，"裹"通"里"，即孝德里，未知其縣。《常山貞石志》卷三《李琮墓誌》注："誌又云君卒於孝德里舍，平棘，今趙州也，孝德之名，州志失載。《元和郡縣圖志》趙州平棘縣趙郡李氏舊宅在縣西南二十里，亦謂之三巷，李家云東祖居巷之東，南祖居巷之南，西祖居巷之西，亦曰三祖宅巷也。孝德里者或即其巷名歟。"① 沈氏認為孝德里是趙州平棘縣李氏的居里。

《魏書·列女傳》記載北魏李叔胤之女有孝德，朝廷改其居里名為孝德里之事：

> 貞孝女宗者，趙郡柏仁人，趙郡太守李叔胤之女，范陽盧元禮之妻。性至孝……母崔，以神龜元年終於洛陽，凶問初到，舉聲慟絕，一宿乃蘇，水漿不入口者六日。其姑慮其不濟，親送奔喪。而氣力危殆，自范陽向洛，八旬方達，攀櫬號慟，遂卒。有司以狀聞。詔曰："……可追號'貞孝女宗'，易其里為孝德里，標李盧二門，以惇風俗。"②

此女在《崔賓媛墓誌蓋》（全稱《魏故南趙郡太守李府君夫人崔氏墓誌銘蓋》）也有記載。崔賓媛是李叔胤的妻子，神龜元年（518）卒，誌言："夫人長女，字令儀，適征南府法曹參軍范陽盧元禮。禮父洪，高陽王咨議。夫人棄背八十九日，儀不勝號慕，遂至毀滅，遠近悲嗟。"③ 從描述的事件、人物、誌主卒年等看，《列女傳》所記與墓誌中"李令儀"是同一人，即李叔胤、崔賓媛的女兒。

《李琮墓誌》"孝德里"與《魏書》"孝德里"是否有聯繫？筆者認為是同一里。

其一，從人物關係看，李琮與李令儀同祖、同籍貫。

同祖。李琮誌言其"曾祖兗州史君，祖幽州史君"，即曾祖為李璨，祖為李宣茂，《魏書·李宣茂傳》："元茂弟宣茂……正始初，除

---

① （清）沈濤輯：《常山貞石志》卷三，《石刻史料新編》第一輯第 18 冊，第 13204 頁。
② 《魏書·列女傳》，第 1984 頁。
③ 陶鈞：《北魏崔賓媛墓誌攷釋》，《收藏家》2012 年第 6 期。

太中大夫……遷平東將軍、幽州刺史。"① 參照李瞻墓誌內容，李琮祖李宣茂即李瞻父，是同一人，李瞻與李琮父為兄弟，由此知李瞻與李琮是叔侄關係。因李瞻"茂年始冠"早卒，故只記父官職為太中大夫。由此知李令儀父李叔胤為李均之孫，李瞻為李均曾孫，李琮為李均玄孫，三人共祖。故李令儀與李琮皆為李均之後人，李令儀年長李琮兩輩。

同籍貫。北魏趙郡李氏東房祖李靈支的人已遷至柏仁。因此李瞻言"趙郡柏仁永寧鄉吉遷里人"，李令儀言"趙郡柏仁人"，《隋書》記載李宣茂之子李徹，其孫李德饒籍貫書"趙郡柏人人也"。這說明李琮之祖李宣茂北魏遷家至柏仁，李瞻應是遷徙後卒、葬於趙郡柏仁的第一代。因此，李琮實為"趙郡柏仁人"也。為何李琮言"趙郡平棘人"呢？概源自北朝趙郡李氏籍貫表示不一。北朝趙郡李氏，即使是同祖籍貫，記載也不一，或云出自柏仁，或云出自平棘。北齊李祖牧誌言趙郡平棘人，其祖李憲誌言趙郡柏仁人，其叔李希禮誌言趙郡平棘人，其叔李騫誌言趙郡柏仁人。

其二，孝德里非洛陽里坊。

崔賓媛"薨於洛陽東安里，粵以神龜二年四月，合葬趙郡李府君墓。"② 東安里，《洛陽伽藍記·城東·莊嚴寺》："莊嚴寺，在東陽門外一里御道北，所謂東安里也。"③ 崔賓媛墓誌與《洛陽伽藍記》的記載正合，因此不可能是將洛陽東安里更名為孝德里。

其三，孝德里名源於李令儀孝母之事，意在"標李盧二門"，應不是其夫家范陽郡之里。

其四，李琮為官"郡將酈伯偉召為功曹"，此郡為南趙郡。其卒於武平二年，葬於武平五年，葬期歷三年之久，當為遷葬至元氏縣，這表明卒、葬地不在一縣。

綜合以上因素，可推測孝德里為柏仁縣之里。

據高詩敏《北朝趙郡李氏的遷徙分布及其與李唐先世之關係》推

---

① 《魏書·李靈附李宣茂傳》，第1102頁。
② 陶鈞：《北魏崔賓媛墓誌攷釋》，《收藏家》2012年第6期。
③ （北魏）楊衒之撰，周祖謨校釋：《洛陽伽藍記校釋》卷二，中華書局1963年版，第83頁。

◆ 第六章　石刻鄉里村坊與北朝家族墓誌　◆

測，李靈房支南遷柏仁的時間"不會晚於宣武帝景明三年（502）"。①《李瞻墓誌》記李瞻葬於正始五年（508），籍貫是趙郡柏仁縣永寧鄉吉遷里，正與高詩敏先生之結論相互映證。柏仁縣永寧鄉吉遷里，永寧鄉反映了人們祈願生活安寧，吉遷里是安於本土、重視遷徙思想的體現，這應該就是趙郡李氏遷柏仁後的最初之居所鄉里名。

由李令儀因孝行而更里名，是否就是吉遷里更名為孝德里？因無材料支撐，不敢妄斷。

關於李琮，高詩敏亦有論述，言其為西祖房支，在北魏末或東魏時遷居元氏縣，"元氏縣南張村，還有北齊刺史李道寧及其子李琮墓。據墓誌載，李道寧妻為魏氏，可能是著姓巨鹿魏氏"。② 依據筆者上面的論述，這句話有誤。《李琮墓誌》言："妻鉅鹿魏氏，父道寧，安東將軍、瀛州驃騎府長史、曲陽男。子四人：君達、德藏、趙客、趙奴。"按照墓誌表述慣例，"妻鉅鹿魏氏，父道寧"是介紹李氏妻及妻父的情況，"父道寧"指魏氏的父親，而不是李琮父親，況誌文前已言李琮父"父穎州史君，風度閑遠，欝爲領袖"。因此李琮不是徙居元氏縣，只是歸葬元氏縣，這與目前所見趙郡柏仁李氏多歸葬元氏、贊皇兩縣有關。

3.【陰灌里】

永寧鄉吉遷里、孝德里的相關記錄均是東房支李靈支後人遷柏仁後的居所。李順支遷柏仁始其孫李憲，遷柏仁的時間較晚，概在孝明帝初。③ 永寧鄉陰灌里，是文獻記載最多的柏仁縣鄉里，原因是李憲子希宗之女李祖娥，即李憲孫女，是北齊文宣皇帝皇后，"文宣皇后李氏，諱祖娥，趙郡李希宗女也"。④

天平五年（538）《李玄墓誌》："公諱玄，字無為，趙郡柏仁縣永寧鄉陰觀里人。越以五年正月一日，葬於高邑城之西北七里舊塋之

---

① 高詩敏：《北朝趙郡李氏的遷徙分布及其與李唐先世之關係》，《河北學刊》1996年第1期。
② 同上。
③ 同上。
④ 《北齊書・文宣李后傳》，第125頁。

次。"① "陰觀里"即陰灌里，"觀""灌"音同。民國《高邑縣志》錄此碑，題名《魏故定州刺史李使君司空公碑》，言碑在縣城東坊柵村（今坊冊鄉前、後坊冊村）。②

天保六年（555）李清《報德像碑》："今皇后，趙國柏仁縣永寧鄉〔陰〕灌里人也。"其中"陰"字已泐，"灌"字上半也泐。《求是齋碑跋》卷一《定州刺史尚書令李文靜憲墓誌銘》引闕"陰"字，"灌"作"淮"，非。③造碑者李清當是李皇后族人，為"以一湌之惠，扶輪之報"而造像。

武平元年（570）《潛悼王妃李尼墓誌》："尼俗諱難勝，法名等行，趙郡柏仁永寧鄉陰灌里人也。"李尼"祖司空文簡公希宗"，"尼則威宗后之侄焉"。

大象二年（580）《李雄墓誌》："君諱雄，趙國柏仁縣陰灌里人。"④

亦見於隋代墓誌：

隋《李欽暨妻張氏誌》："君諱欽，字文安，趙國柏仁人也。……以天平二年十月七日終於陰灌里第。"

仁壽四年（604）《李靜及妻曹氏誌》："君諱靜，字靜眼，趙國柏仁人。……以天保四年遘疾卒於家，時年七十。隋仁壽四年五月一日合葬於陰灌里舊村西南七百卅步砂溝之陽。"⑤ 於高邑縣里村出土。

北朝陰灌里皆為籍貫地，二方隋誌，一言卒於陰灌里，另一言葬於陰灌里舊村，說明隋代亦有陰灌里，則北朝所述為時制。"陰灌里舊村西南七百卅步砂溝之陽"是唯一給出了葬地鄉里的墓誌，出今高邑縣中韓鄉里村附近。這裡就有一個問題，墓誌記載的葬地就是出土地今里村嗎？答案是否定。北朝的趙郡柏仁永甯鄉陰灌里，應在今隆

---

① 《新中國出土墓誌·河北〔壹〕》（上冊）第9頁；《漢魏六朝碑刻校注》第七冊，第199頁。
② 王天傑等修：民國二十年《高邑縣志》卷九金石，中國方志叢書第169號，成文出版社1968年版，第354頁。
③ （清）丁紹基輯：《求是齋碑跋》卷一，《石刻史料新編》第二輯第19冊。
④ 《北圖拓本匯編》第八冊，第201頁；《漢魏六朝碑刻校注》第十冊，第358頁。
⑤ 孟繁峰、劉超英主編：《隋唐五代墓誌匯編》河北卷第一冊，天津古籍出版社2009年版，第13頁。

❖ 第六章 石刻鄉里村坊與北朝家族墓誌 ❖

堯縣一帶,為何隋時陰灌里相關墓誌卻在今高邑縣出土?合理的解釋是後人遷葬,而墓誌依舊使用,未再刊刻。

此外一提的是,在《高邑縣地名資料匯編》介紹里村時,言"據 1974 年出土的李稚廉墓碑記載,該村北齊時名'慈仁里'。明'燕王掃北'後,董氏奉詔由山西洪洞縣遷此占產立莊,後又陸續遷來梁姓及其他姓氏。村名由'慈仁里'演變為里村"。①《李稚廉墓誌》武平五年(574)刻,1949 年高邑縣中韓鄉里村附近出土。誌言"公諱稚廉,世居趙郡柏仁,今為高邑人也"。"十一月十六日壬申,窆於舊塋。"②公布材料未見"慈仁里"相關記載,《高邑縣地名資料匯編》的說法不知源何。

4.【吉昌里】

太昌元年(532)《李林墓誌》:"君諱林,字桃奴,趙郡柏仁縣永寧鄉吉昌里人也。……粵乙太昌元年十二月庚申朔,十四日癸酉,葬之於舊塋。"③ 1949 年河北高邑縣出土。

綜上所述北朝柏仁縣有永寧鄉,有 4 個里:吉遷里、孝德里、陰灌里、永昌里。由諸柏仁李氏墓誌皆載永寧鄉知遷居柏仁縣的李氏主要居住在永寧鄉,此鄉的具體位置,大概就是今李魚川一帶。

5.【史村】

大象三年(581)《李府君妻祖夫人墓誌》:"以河清二秊七月八日,薨於吉遷里。以大象三秊,歲次辛丑,正月壬午朔,四日乙酉,窆於栢仁城西南廿里史村之西。"④ 此為改葬墓,1958 年河北省隆堯縣史村出土。

《魏書·地形志》南趙郡領縣六,有栢人縣,注:"二漢、晉屬,

---

① 籍書成、趙雲林等:《高邑縣地名資料匯編》,高邑縣地名辦公室,1983 年第 65 頁。
② 《新中國出土墓誌·河北》[壹](上冊)第 28 頁;《漢魏六朝碑刻校注》第十冊,第 56 頁。
③ 《新中國出土墓誌·河北》[壹](上冊)第 6 頁;《漢魏六朝碑刻校注》第七冊,第 35 頁。
④ 《新中國出土墓誌·河北》[壹](上冊)第 36 頁;《漢魏六朝碑刻校注》第十冊,第 360 頁。

有柏人城、柏鄉城。"柏仁縣，"其地本名柏人"。① 唐代改為堯山縣，治所遷徙至今河北隆堯縣堯城鎮，金改為唐山，至民國時又改為堯山縣。柏仁縣有柏仁故城，《畿輔通志》卷五四柏人故城："在唐山縣，西漢置縣，屬趙國，東魏改曰栢仁，唐改堯山。《帝王世紀》：栢人城，堯所都也。《括地志》：故城在邢州栢人縣西北十二里。"②《太平寰宇記》描述"南蠻古城、栢仁故城在縣西十二里，皇甫謐《帝王世紀》云：'堯所都也'"。③ 光緒《唐山縣志·古蹟》："柏人城，在縣西十二里，即亦城也。"④ 即今河北省隆堯縣城西南雙碑鄉亦城村。

《李府君妻祖夫人墓誌》言"窆於柏仁城西南廿里史村之西"，出土地亦名史村，在亦城西南約20餘里處，從古至今村名、位置都未變化。出土地為當時隆堯縣史村，後史村劃入今內邱縣界，故今為內邱縣五郭店鄉史村。史村一名至少在北周前就存在，至今1600年歷史，雖屬縣更改，但其地、名未作變動。

关於趙郡李氏的葬地。李祖牧、宋靈媛、李君穎三人都卒於鄴城宣化里。《李祖牧墓誌》記"第二子君明，字仲爽，齊符璽郎中，卅九亡，同日祔塋於塋西北。第三子君穎，字叔叡，安德王開府長史，季卅四亡，同日祔塋於塋東北"。李祖牧及其兩子同日下葬。可見遷鄴後李祖牧一家居住在宣化里，死後未急於歸葬家鄉，相隔很多年後才一次性歸葬於柏仁縣。⑤ 李希遠子李祖牧夫婦、子皆葬今河北臨城縣城東外。其餘遷居柏仁的李氏大部分歸葬今高邑、元氏、贊皇一帶，《元和郡縣志》言在贊皇縣東10里的百陵岡下，有"趙郡李氏之別業"，岡上"亦有李氏塋塚甚多"。李憲父子有李憲及二子李希禮、四子李騫、五子李希宗4方墓誌，出土地並不在同一地點。

李順孫李憲誌言："越以元象元秊，十二月廿四日，合葬於舊

---

① （宋）樂史撰，王文楚等點校：《太平寰宇記》卷五九河北道八，中華書局2007年版，第1221頁。
② 雍正十三年《畿輔通志》卷五四古蹟，影印文淵閣四庫全書本第504冊，第245頁。
③ （宋）樂史撰，王文楚等點校：《太平寰宇記》卷五九河北道邢州，中華書局2007年版，第1221頁。
④ （清）蘇玉修修，杜雪、李飛鳴纂：光緒七年《唐山縣志》，刻本，中國數字方志庫。
⑤ 李建麗、李振奇：《臨城李氏墓誌攷》，《文物》1991年第8期。

第六章　石刻鄉里村坊與北朝家族墓誌

墓。"在今高邑縣段村。

李希禮誌言"歸窆於先塋",1975年河北贊皇縣南邢郭鄉南邢郭村東南五百米處出土。

李希宗誌言:"以武定二年十一月,窆黃石山東。"

李希宗夫人誌言:"歸祔於司空文公(李希宗)之塋。"贊皇縣南邢郭村出土。

李騫誌言"窆於黃石山東十里"①,位置未知,從墓誌描述看,應是和其兄弟葬在一地。

李叔胤墓於2010年河北贊皇西高村南約2000米處發現,妻崔賓媛墓在元氏縣出土。

李瞻墓在贊皇縣。

根據以上地理位置,可以看出李氏家族在遷徙後,對遷徙地沒有認同感,即使籍貫更改,但卒後依舊返葬祖地。古人雖言聚族而葬,但從葬地上看,並非聚集在一處,較為分散,特別是李憲與其子不葬於同一片墓地,崔賓媛、李叔胤夫婦未葬一處,卻皆言合於舊塋。

---

① 趙生泉:《李騫墓誌跋》,《東方藝術》2008年第4期。

附錄　漢魏六朝石刻鄉里村坊表

凡　例

1. 本表收錄漢魏六朝石刻中的鄉里，主要是郡縣的鄉里，洛陽、鄴城、建康、長安的鄉里均不在此表。材料來自墓誌、碑碣、造像記、買地券、鎮墓文等。
2. 材料按朝代先後排列，同一朝代以刻石年代先後為序，石刻本身如無標識具體時間則放到相應朝代後面。
3. 石刻標題用歷代通行標題，錄文采用節錄方式。
4. 家族墓誌的鄉里重復處，只列一次。
5. 鄉里所屬州郡縣按刊刻時朝代的正史地理志。

年號	石刻名稱	節錄文	鄉里隸屬州郡縣	今大致方位	材料出處
永元四年	田魴畫像石墓題記	圜陽富里公乘田魴萬歲神室	并州西河郡圜陽縣富里	陝西綏德縣四十鋪一帶	《攷古與文物》2002年第3期
永元十五年	郭稚文刻石	圜陽西鄉榆里郭稚文萬歲室宅	并州西河郡圜陽縣西鄉榆里	陝西省綏德縣境內	《榆林碑石》
延平元年	田文成墓刻石	西河太掾圜陽榆里田文成萬年室	并州西河郡圜陽縣西鄉榆里	陝西省綏德縣境內	《榆林碑石》
延平元年	陽三老石堂畫像題字	魯北鄉侯自思省居在鄉里	豫州魯國北鄉	曲阜城北	《北圖拓本匯編》一冊，第37頁
元初五年	太室石闕銘	崇高鄉三老嚴壽，崇高亭長蘇重	崇高鄉	河南登封市	《漢碑集釋》，第37頁

❖ 附錄 漢魏六朝石刻鄉里村坊表 ❖

续表

年號	石刻名稱	節錄文	鄉里隸屬州郡縣	今大致方位	材料出處
元初五年	太室石闕銘	陽翟平陵亭部陽陵格王孟	豫州潁川郡陽翟縣陽陵格	河南禹州市境	《漢碑集釋》，第37頁
永和四年	牛季平畫像石題記	河內山陽尉牛季平造作	并州西河郡平周縣壽貴里	未確定	《榆林碑石》
漢安三年	宋伯望買田記	平莒男子宋伯望	徐州琅邪國莒縣平莒里	山東沂水縣孟家村附近	《北圖拓本匯編》第一冊，第93頁
漢安三年	宋伯望買田記	東安塞宜爲節丘氏租	徐州琅邪國東安縣節丘里	山東沂水縣孟家村附近	《北圖拓本匯編》第一冊，第93頁
建康元年	文叔陽食堂畫像石題記	壽貴里文叔陽食堂	兗州山陽郡方輿縣壽貴里	山東省魚臺縣北	《漢碑全集》二冊圖五四八頁
和平元年	左元異畫像石題記	和平元年西河中陽光里左元異造作萬年廬舍	并州西河郡中陽縣光里	未確定	《榆林碑石》
永興二年	薌他君祠堂畫像題記	東郡厥縣東阿西鄉常吉里薌他君石祠堂	兗州東郡東阿縣西鄉常吉里	山東省東阿縣西南	《漢代畫像石綜合研究》，第23頁
延熹四年	鐘仲遊妻鎮墓券	今平陰偃人鄉萇富里鐘仲遊妻薄命蚤死	司州河南尹平陰縣偃人鄉萇富里	河南孟津縣境	《貞松堂集古遺文》，第356—357頁
延熹五年	倉頡廟碑	高陵左鄉有秩（下闕）	司州左馮翊高陵縣左鄉	未確定	《北圖拓本匯編》一冊，第115頁
延熹五年	倉頡廟碑	萬年左鄉有秩遊智千	司州左馮翊萬年縣左鄉	未確定	《北圖拓本匯編》一冊，第115頁
延熹五年	倉頡廟碑	萬年北鄉有秩畢奮千五百	司州左馮翊萬年縣北鄉	未確定	《北圖拓本匯編》一冊，第115頁
延熹五年	倉頡廟碑	蓮勺左鄉有秩杜衡千五百	司州左馮翊蓮勺縣左鄉	未確定	《北圖拓本匯編》一冊，第115頁
延熹五年	倉頡廟碑	池陽左鄉有秩何博千五百	司州左馮翊池陽縣左鄉	未確定	《北圖拓本匯編》一冊，第115頁

续表

年號	石刻名稱	節錄文	鄉里隸屬州郡縣	今大致方位	材料出處
建寧元年	諸暨買地券	徙山公買山一丘於五鳳里	五鳳里	諸暨市東白湖鎮琴弦崗村	《漢諸暨五鳳里馬氏買地券》
建寧四年	孫顯安畫像石題記	漢故華陰令西河土軍千秋里孫大人顯安萬歲之宅兆	并州西河郡土軍縣千秋里	山西石樓縣境	《榆林碑石》
熹平五年	梧臺石社碑	漢靈帝熹平五年立，其題云梧臺里。	齊郡臨淄縣都鄉梧臺里	山東臨淄市臨淄區	《隸釋》卷8
光和元年	曹仲成買地鉛券	平陰都鄉市南里曹仲成	司州河南尹平陰都鄉市南里	河南孟津縣境	《中國歷代契約會編考釋》
熹平七年	劉元臺買地券	廣□鄉樂成里劉元台，從同縣劉文平妻買得代夷里塚地一處	徐州廣陵郡廣陵縣廣武鄉樂成里	江蘇揚州甘泉山一帶	《文物》1980年第6期
熹平七年	劉元台買地券	廣□鄉樂成里劉元台，從同縣劉文平妻買得代夷里塚地一處	徐州廣陵郡廣陵縣廣武鄉代夷里	江蘇揚州甘泉山一帶	《文物》1980年第6期
光和四年	昭覺石表	詔書聽郡，則上諸、安斯二鄉，復除□齊□鄉及安斯有秩	安斯鄉	雲南昭覺縣四開區好谷鄉	《攷古》1987年第5期
光和四年	昭覺石表	詔書聽郡，則上諸、安斯二鄉，復除□齊□鄉及安斯有秩	上諸鄉	雲南昭覺縣四開區好谷鄉	《攷古》1987年第5期
光和五年	劉公則買地券	太原太守中山蒲陰助所博成里劉公	冀州中山國蒲陰縣博成里	河北望都縣所藥村一帶	《望都二號漢墓》，第13頁

附錄　漢魏六朝石刻鄉里村坊表

续表

年號	石刻名稱	節錄文	鄉里隸屬州郡縣	今大致方位	材料出處
光和六年	戴子起買地券	都鄉	都鄉	未知	《亳縣、阜陽出土漢代鉛券箋釋》,《文物研究》第三輯
赤烏八年	蕭鳖買地券	從無湖西鄉土主葉敦買地	丹陽郡蕪湖縣西鄉	安徽南陵縣麻橋	《攷古》1984年第11期
建衡元年	繆承買地券	今還丹楊業建□鄉梅府里，卜安塚宅	丹陽郡建業縣[西]鄉梅府里	南京市江寧區梅府村	《東南文化》2009年第3期
三國	劉靖碑	建成鄉景侯	建成鄉	薊縣境內	《水經注》卷13
孫吳後期	薛秋墓	折鋒校尉沛國竹邑東鄉安平里公乘薛秋年六十六字子春	沛國竹邑東鄉安平里	安徽宿州市符離鎮	《文物》2008年第3期
泰熙元年	杜謖墓門題記	於成都萇樂鄉宜陽里	益州蜀郡成都縣萇樂鄉宜陽里	成都市或雙流縣境內	《四川歷代石刻》,第81頁
元康元年	吳晉紀年墓葬	中夏里夏丹楊	中夏里	浙江寧波市鄞州區洞橋鎮宣裴村	《攷古》2008年第11期
元康八年	徐文□墓誌	晉故東萊盧鄉新樂里徐君	青州東萊國盧鄉縣新樂里	未確定	《北圖拓本匯編》二冊,第63頁
永寧二年	大中大夫買地券	丹陽郡江寧縣賴鄉潔湖里地方	揚州丹陽郡江寧縣賴鄉潔湖里	江蘇南京板橋鎮石閘湖西北	《文物》1965年第6期
永嘉元年	王浚妻華芳墓誌	故魏尚書、聞陽鄉敬侯	聞陽鄉	河南靈寶市內	《文物》1965年第12期

续表

年號	石刻名稱	節錄文	鄉里隸屬州郡縣	今大致方位	材料出處
永嘉二年	石定、石尠墓誌	城陽門侯樂陵厭次都鄉清明里石尠	冀州樂陵郡厭次縣都鄉清明里	山東惠民縣	《北圖拓本匯編》二冊,第73頁
永安五年	彭盧買地券	丹楊石城都[鄉]□□[校]尉彭盧	揚州丹揚郡石城縣都鄉(按照《晉書》,為揚州宣城郡石城縣)	江蘇丹陽市	《攷古》1965年第10期
咸和七年	喻檐墓	吳故尚書左丞豫章國海昏縣都鄉舉里喻瞻	揚州豫章國海昏縣都鄉舉里	江西永修縣吳城鎮	《文物》2008年第12期
永和四年	王興之及妻宋和之墓誌	命婦西河界休都鄉吉遷里宋氏	并州西河郡介休縣都鄉吉遷里	山西介休縣	《文物》1965年第6期
永和五年	晉永和磚	永和五□太歲在己酉晉夷道令上都里留府君	荊州宜都郡夷道縣都鄉上都里	宜都市東	《荊南萃古編》
升平元年	劉剋墓誌	東海郡郯縣都鄉容丘里劉剋	東海郡郯縣都鄉容丘里	僑置郡縣	《攷古》1964年第5期
升平四年	周闡墓碑	晉升平四年三月四日,大學博士陳留郡雍丘縣都周闡	陳留郡雍邱縣都鄉周墟里	僑置郡縣	《岩下放言》
升平五年	潘氏衣物券	公國典衛令荊州長沙郡臨湘縣都鄉吉陽里周芳命妻潘氏	荊州長沙郡臨湘縣都鄉吉陽里	湖南長沙北門桂花園	《攷古學報》1959年第3期
泰和元年	司馬馮慶買地券	治□里司馬馮慶	揚州晉陵郡京口縣治下里	江蘇鎮江市郊七田甸金家灣	《東南文化》1989年第2期
泰和六年	溫式之墓誌	晉故散騎常侍、新建開國侯太原郡祁縣[都]鄉仁義里溫式之	太原郡祁縣都鄉仁義里	山西祁縣	《攷古》2008年第6期

❖ 附錄 漢魏六朝石刻鄉里村坊表 ❖

续表

年號	石刻名稱	節錄文	鄉里隸屬州郡縣	今大致方位	材料出處
太元四年	紀德墓誌	高陽郡博縣都鄉吉遷里紀德家墓（墓）地	高陽郡博陸縣都鄉吉遷里	僑置郡縣	《文物》2008年第12期
兩晉	吳應墓	中郎豫章南昌都鄉吉陽里吳應	豫章郡南昌縣都鄉吉陽里	江西南昌市東湖區	《攷古》1974年第6期
兩晉	周涉墓	豫章郡海昏縣都鄉吉陽里騎都尉周涉	豫章郡海昏縣都鄉吉陽里	江西九江市永修縣吳城鎮	《攷古》1974年第6期
東晉	謝氏墓誌	豫州陳郡陽夏縣都鄉吉遷里謝球	豫州陳郡陽夏縣都鄉吉遷里	僑置郡縣	謝氏家族墓誌
東晉	琅琊王氏墓誌	琅耶臨沂都鄉南仁里	琅邪郡臨沂縣都鄉南仁里	僑置郡縣（原址在山東臨沂縣白沙埠一帶）	王氏家族墓誌
晉	趙府君磚	巴西安漢北鄉□帛里趙府君之神墓	巴西郡安漢縣北鄉□帛里	未知	《荊南萃古編》
建興十三年	無	效穀東鄉□□里民大女闔芝身死	敦煌郡效穀縣東鄉□□里	敦煌縣辛店台	《敦煌祁家灣西晉十六國墓葬發掘報告》
建興十七年	無	敦煌效穀東鄉□山里□犯□家	敦煌郡效穀縣東鄉□山里	敦煌縣辛店台	《敦煌祁家灣西晉十六國墓葬發掘報告》
建興十七年	無	大女西鄉郭綦香今死終	敦煌郡效穀縣西鄉	敦煌綠洲以東	《敦煌祁家灣西晉十六國墓葬發掘報告》
建興十九年	無	敦煌郡效穀縣東鄉延壽里大男	敦煌郡效穀縣東鄉延壽里	敦煌縣辛店台	《敦煌祁家灣西晉十六國墓葬發掘報告》

续表

年號	石刻名稱	節錄文	鄉里隸屬州郡縣	今大致方位	材料出處
神靈二年	□富昌鎮墓文	敦煌郡西鄉里民佣富昌命絕身死	敦煌郡敦煌縣西鄉里	敦煌祁家灣	《敦煌祁家灣西晉十六國墓葬發掘報告》
庚子六年	佛爺廟灣M1鎮墓文	敦煌郡敦煌縣東鄉昌利里張輔	敦煌郡敦煌縣東鄉昌利里	敦煌縣東南	《敦煌佛爺廟灣五涼時期墓葬發掘簡報》
建初五年	畫虜奴鎮墓文	郭煌郡敦縣都鄉里民畫𧈪（虜）奴身死	敦煌郡敦煌縣都鄉里	敦煌祁家灣	《敦煌佛爺廟灣五涼時期墓葬發掘簡報》
建初十一年	魏平友鎮墓文	敦煌郡敦煌縣西鄉里魏平友永	敦煌郡敦煌縣西鄉里	敦煌祁家灣	《敦煌佛爺廟灣五涼時期墓葬發掘簡報》
建初十二年	建初十二年籍	敦煌郡敦煌縣西宕鄉高昌里兵裴晟年六十五	敦煌郡敦煌縣西宕鄉高昌里	敦煌市郭家堡鄉	《敦煌佛爺廟灣五涼時期墓葬發掘簡報》
建初十四年	韓渠妻隨葬衣物疏	高昌郡高縣都鄉孝敬里民韓渠［妻］□命早終	高昌郡高昌縣都鄉孝敬里	吐魯番市東	《吐魯番出土文書》第一冊
玄始九年	□安富鎮墓文	敦煌郡敦煌縣都鄉里民□安富	敦煌郡敦煌縣都鄉里	敦煌祁家灣	《敦煌佛爺廟灣五涼時期墓葬發掘簡報》
真興七年	宋泮妻隗儀容衣物疏	高……鄉延壽里民宋泮故妻隗儀容	高昌郡高昌縣都鄉延壽里	吐魯番市東	《吐魯番出土文書》第一冊
十六國	攀符長衣物疏	河陌里攀符長用資父母虛暮	高昌郡高昌縣河陌里	吐魯番市東	《吐魯番出土文書》第一冊
元嘉二年	宋乞墓誌	楊州丹建康都鄉中黃里，領豫州陳郡陽夏縣都鄉扶樂里宋乞	豫州陳郡陽夏縣都鄉扶樂里	河南太康縣境內	《攷古》1998年第8期

❖ 附錄 漢魏六朝石刻鄉里村坊表 ❖

续表

年號	石刻名稱	節錄文	鄉里隸屬州郡縣	今大致方位	材料出處
元嘉九年	王佛女買地券	彭城郡彭城縣都鄉仁儀里王佛女	徐州彭城郡彭城縣都鄉仁儀里	江蘇銅山縣境	《北圖拓本匯編》二冊，第127頁
元嘉九年	王佛女買地券	買彭城郡彭城縣北鄉坨城里村南龜山爲墓	徐州彭城郡彭城縣北鄉坨城里	江蘇銅山縣柳新區坨城村	《北圖拓本匯編》二冊，第127頁
元嘉十年	徐副買地券	荊州長沙郡臨湘縣北鄉白石里男	荊州長沙郡臨湘縣北鄉白石里	湖南長沙市麻林橋	《湖南攷古輯刊》1982年1期
元嘉十六年	鄂州郭家細灣六朝墓	武昌郡武昌縣東鄉新年里前羅江	武昌郡武昌縣東鄉新平里	湖北鄂州郭家細灣	《文物》2005年第10期
元嘉十九年	妳女買地券	始興郡始興[縣東鄉新城里]	始興郡始興縣東鄉新城里	廣東省始興縣城東約20公里	《攷古》1989年第6期
元嘉十九年	妳女買地券	[始興]郡始興縣東鄉新城里夕口村前[掘土塚]作丘墓	始興郡始興縣東鄉新城里夕口村	廣東省始興縣城東約20公里原都壙村	《攷古》1989年第6期
孝建三年	上清真人許長史舊館壇碑	乃過江居丹陽句容都鄉之吉陽里	丹陽郡句容縣都鄉吉陽里	江蘇鎮江市	《石刻史料新編》第二輯第九冊，第6424頁《句容金石記》
大明六年	宋宗愨母夫人墓誌	涅陽縣都鄉安衆里人	南陽郡涅陽縣都鄉安衆里	河南南陽市西南三十里	《集古錄跋尾》卷四
大明八年	劉懷民墓誌	君諱懷民，青州平源郡平源縣都鄉吉遷里	青州平源郡平源縣都鄉吉遷里	山東青州市北關一帶	《北圖拓本匯編》二冊，第135頁

续表

年號	石刻名稱	節錄文	鄉里隸屬州郡縣	今大致方位	材料出處
大明八年	劉懷民墓誌	笠鄉侯	青州笠鄉	山東青州市	《北圖拓本匯編》二冊，第135頁
泰始六年	歐陽景熙買地券	始安郡始安縣都鄉都唐里沒故道民歐陽景熙	相州始安郡始安縣都鄉都唐里	廣西桂林市堯山下	《中國西南地區歷代石刻滙編·廣西桂林卷》，第2頁
永明二年	劉顗買地券	南陽郡涅陽縣都鄉上支里宋武陵王前軍參軍事	南陽郡涅陽縣都鄉上支里	河南鄧縣東北	《攷古》1965年第4期
永明二年	劉顗買地券	舊墓乃在荊州照心里	荊州南郡江陵縣照心里	湖北江陵縣境	《攷古》1965年第4期
永明五年	劉岱墓誌	南徐州東莞郡莒縣都鄉長貴里劉岱，字子喬	南徐州東莞郡莒縣都鄉長貴里	僑置郡縣	《文物》1977年第6期
永明五年	劉岱墓誌	始創墳塋於楊州丹揚郡勾容縣南鄉糜里龍窟山北	揚州丹揚郡勾容縣南鄉糜里	江蘇省句容縣袁巷小龍口	《文物》1977年第6期
永明五年	秦僧猛買地券	相州始安郡始安縣都鄉都唐里男民秦僧猛薄命終	相州始安郡始安縣都鄉都唐里	廣西桂林市堯山下	《桂林文化》2003年第3期
永明五年	黃道丘買地券	始安郡始安縣都鄉牛馬覃對里男民黃道丘（薄）命	始安郡始安縣都鄉牛馬覃對里	廣西桂林市靈川縣大圩鎮	《桂林文化》2003年第3期

附錄　漢魏六朝石刻鄉里村坊表

续表

年號	石刻名稱	節錄文	鄉里隸屬州郡縣	今大致方位	材料出處
永明六年	王寶玉墓誌銘	吳郡嘉興縣曇溪里人也	吳郡嘉興縣曇溪里	浙江嘉興市南湖區	《南京歷代石刻集成》
未知	新村買地券	始安都鄉牛馬里（醉）酒薄命終沒	始安郡始安縣都鄉牛馬里	廣西桂林市靈川縣大圩鎮	《桂林文化》2003年第3期
正始二年	翟普林造像記	汴洲衛輝郡楚邱縣右鄉里人	汴洲衛輝郡楚邱縣右鄉里	廣西桂林市靈川縣大圩鎮	《北圖拓本匯編》三冊，第83頁
天監五年	熊薇買地券	始安郡始安縣都鄉牛馬（玉歷）里女民熊薇	始安郡始安縣都鄉牛馬玉歷里	廣西桂林市靈川縣大圩鎮	《桂林文化》2003年第3期
天監五年	熊薇買地券	薇命從些始安縣都鄉牛馬九罡里域	始安郡始安縣都鄉牛馬九罡里	廣西桂林市靈川縣大圩鎮	《桂林文化》2003年第3期
天監十三年	王慕韶墓誌	粵其年十一月丙午朔，十日乙卯祔窆弋辟里弋辟山	琅邪郡臨沂縣弋壁里	僑置郡縣	《文物》1981年第12期
天監十三年	王慕韶墓誌	南徐州琅琊郡臨沂縣都鄉南仁里人也	南徐州琅琊郡臨沂縣都鄉南仁里	僑置郡縣	《文物》1981年第12期
天監十八年	覃華買地券	齊熙郡單（潭）中縣都鄉治下里單華薄命終	齊熙郡潭中縣都鄉治下里	廣西融安縣	《攷古》1983年第9期
天監十八年	覃華買地券	今買宅在本郡騎店里	齊熙郡潭中縣都鄉騎店里	廣西融安縣安寧村	《攷古》1983年第9期
普通元年	何靖買地券	桂陽郡晉寧縣都鄉宜陽里女民何靖	湘州桂陽郡晉寧縣都鄉宜陽里	湖南省原資興縣舊市	《攷古學報》1984年第3期

续表

年號	石刻名稱	節錄文	鄉里隸屬州郡縣	今大致方位	材料出處
普通四年	熊悦買地券	始安郡始安縣都鄉牛馬楊田里沒故女民熊悦	始安郡始安縣都鄉牛馬楊田里	廣西桂林市靈川縣大圩鎮北	《桂林文化》2003年第3期
中大通四年	釋僧顯造像記	繁東鄉齊建寺比丘釋僧顯	繁東鄉	四川省境內	石藏四川大學博物館
中大通五年	周當界買地券	道民象郡新安縣都鄉治下里	象郡新安縣都鄉治下里	廣西省鹿寨縣江口鄉大村	《東南文化》2009年第3期
太清三年	程虔墓誌	安定南陽白土人	安定郡南陽縣白土鄉（里）	湖北襄陽市境	《漢魏南北朝墓誌集釋》圖五七〇
太建二年	衛和墓誌	十一月葬於河陽邨引鳳池上	吳郡南沙縣河陽邨	江蘇張家港市河陽村	《北圖拓本匯編》第二冊，第170頁
太平真君四年	菀申造像記	太平真君四年高陽蠡吾任丘村人菀申	高陽郡蠡吾縣任丘村	河北博野縣	《中原文物》2006年第5期
元嘉廿七年	龔韜買地券	南海郡番禺縣都鄉宜貴里地下死人	南海郡番禺縣都鄉宜貴里	廣東廣州市區東北部	《東南文化》2006年第4期
皇興五年	絹書寫經《金光明經卷二》	大魏定州中山郡盧奴縣城內西坊里住，原鄉涼州武威郡祖厲縣梁澤北鄉武訓里方亭南、葦亭北張繺主	定州中山郡盧奴縣城西坊里	河北定縣	《敦煌遺書總目索引新編》，第4506a頁
延興四年	姬辰墓誌	漢內溫縣倍鄉孝敬里人	河內郡溫縣倍鄉孝敬里	河南溫縣招賢村	《文物》1972年第3期

附錄　漢魏六朝石刻鄉里村坊表

续表

年號	石刻名稱	節錄文	鄉里隸屬州郡縣	今大致方位	材料出處
太和八年	司馬金龍墓表	代故河內郡溫縣肥鄉孝敬里	河內郡溫縣肥鄉孝敬里	河南溫縣招賢村	《文物》1972年第3期
景明三年	負標墓誌磚	涇州平涼郡陰槃縣武都里人	涇州平涼郡陰槃縣武都里	寧夏彭陽縣彭陽鄉一帶	《攷古與文物》2001年第5期
景明四年	張整墓誌	并州上黨郡刈陵縣東路鄉吉遷里人	并州上黨郡刈陵縣東路鄉吉遷里	未確定	《北圖拓本匯編》三冊,第68頁
正始元年	李瞻墓誌	趙郡柏仁永寧鄉吉遷里人也	趙郡柏仁縣永寧鄉吉遷里	河北隆堯縣	中國書法論壇
正始二年	翟普林造像記	汴洲衛輝郡楚邱縣右鄉里人	汴洲衛輝郡楚邱縣右鄉里	未確定	《北圖拓本匯編》三冊,第83頁
正始三年	寇猛墓誌	燕州上谷郡沮陽縣都鄉孝里人	燕州上谷郡沮陽縣都鄉孝里	未確定	《北圖拓本匯編》,第95頁
正始四年	奚智墓誌	恒州樊氏崞山渾人也	恒州繁畤郡崞縣渾里	山西渾源縣西	《北圖拓本匯編》第三冊,第98頁
永平三年	李慶容墓誌	遷塋并州太原郡都鄉唐阪里之北山	并州太原郡晉城縣都鄉唐阪里	山西省太原市南郊東太堡磚廠	《攷古學集刊》第一輯,第200頁
永平三年	李慶容墓誌	卒於華州鎮之洛曲里	華州華山郡洛曲里	陝西大荔縣南一帶	《攷古學集刊》第一輯,第200頁
永平四年	雷天生造像記	北地郡土門縣人雷天生在魯陽郡龍陽縣小留山北淳亐村北造□浮圖	魯陽郡龍陽縣淳于村	郟縣小留山北	《寶豐縣志》

· 383 ·

续表

年號	石刻名稱	節錄文	鄉里隸屬州郡縣	今大致方位	材料出處
永元四年	司馬悅墓誌	司州河內溫縣都鄉孝敬里人	司州河內郡溫縣都鄉孝敬里	河南溫縣西	《攷古》1983年第3期
永元四年	司馬悅墓誌	卜窆於溫縣西鄉嶺山之陽	司州河內郡溫縣西鄉	河南溫縣西	《攷古》1983年第3期
延昌四年	皇甫驎墓誌	葬於鄠縣申鄉洪㳛里	雍州京兆郡鄠縣申鄉洪㳛里	陝西省户縣皇甫村	《北圖拓本匯編》四册,第25頁
延昌四年	邢偉墓誌	葬武垣縣永貴鄉崇仁里	河間郡武垣縣永貴鄉崇仁里	河北省河間縣南冬村	《攷古》1959年第4期
熙平元年	劉顏墓誌	中山蒲陰永安鄉光賢里人也	中山國蒲陰縣永安鄉光賢里（時制為北平郡蒲陰縣永安鄉光賢里）	河北省望都東關所驛村一帶	《漢魏南北朝墓誌集釋》圖五八四
熙平元年	皮演墓誌	下邳郡下邳縣都鄉永吉里人	下邳郡下邳縣都鄉永吉里	江蘇邳州下邳古城一帶	《洛陽新獲墓誌》,第11頁
熙平元年	王昌墓誌	太原祁縣高貴鄉吉千里人	并州太原郡祁縣高貴鄉吉千里	山西祁縣境	《北圖拓本匯編》四册,第31頁
熙平二年	元萇墓誌	窆於河內軹縣嶺山之白揚郥	懷州河內郡軹縣白揚郥	河南濟源市軹鎮	《河洛墓刻拾零》,第23頁
熙平元年	羊祉墓誌	以其年十一月甲子朔廿日癸酉,葬太山郡梁父縣盧鄉□里之徂徠山左。	兗州泰山郡梁父縣盧鄉瀝里	山東省新泰縣天寶鎮顏前村東	《岱宗學刊》1997年第3期
熙平元年	楊群妻源顯明墓誌	以熙平元年八月廿五日薨於州治,十一月廿一日甲申窆於仙鄉乾渠里	華州華山郡華陰縣仙鄉乾渠里	陝西華陰縣	《邙洛碑誌三百種》

❖ 附錄 漢魏六朝石刻鄉里村坊表 ❖

续表

年號	石刻名稱	節錄文	鄉里隸屬州郡縣	今大致方位	材料出處
熙平二年	刁遵墓誌	窆於饒安城之西南孝義里	滄州浮陽郡饒安縣西鄉孝義里	河北南皮刁公樓村一帶	《北圖拓本匯編》四冊，第48頁
熙平三年	楊無醜墓誌	春秋廿有一，於白馬鄉寢疾而終。粵以二月丁亥朔，廿三日己酉，殯於定城里焉。	華州華山郡華陰縣白馬鄉定城里	陝西華陰縣境	《中國古代銘刻文物》，第143頁
神龜元年	常敬蘭墓誌	平州遼西郡肥如縣崇義鄉咸貴里人	平州遼西郡肥如縣崇義鄉咸貴里	未確定	《洛陽新獲七朝墓誌》，第13頁
神龜二年	高道悅墓誌	遼東新昌安鄉北里人	南營州遼東郡新昌縣安鄉北里	未確定	《文物》1979年第9期
神龜二年	高道悅墓誌	歾於崇仁鄉孝義里	冀州勃海郡條縣崇仁鄉孝義里	河北景州市	《文物》1979年第9期
神龜二年	高道悅妻墓誌	（神龜元年）薨於信都城之武邑里，殯於西墖	冀州長樂郡信都縣武邑里	信都縣境	《高道悅夫人墓誌字帖》
正光元年	司馬昞（景和）墓誌	正光元年葬於本鄉溫城西十五都鄉孝義之里	司州河內郡溫縣都鄉孝義里	河南溫縣招賢村一帶	《北圖拓本匯編》四冊，第95頁
正光元年	李璧墓誌	勃海條縣廣樂鄉吉遷里人也	冀州渤海郡條縣廣樂鄉吉遷里	河北景州市	《北圖拓本匯編》四冊，第97頁
正光元年	元氏妻趙光墓誌	南陽菀縣都鄉白水里人	荊州南陽郡菀縣都鄉白水里	河南南陽市苑城區	《北圖拓本匯編》四冊，第91頁
正光二年	封魔奴墓誌	祖懿，燕左民尚書德陽鄉侯，魏都坐大官章安子。	德陽鄉	未知	《北圖拓本匯編》四冊，第115頁

· 385 ·

续表

年號	石刻名稱	節錄文	鄉里隸屬州郡縣	今大致方位	材料出處
正光二年	綺麻仁造象碑	北地郡富平縣北綺亭城西二里	雍州北地郡富平縣綺亭城	陝西富平縣華朱鄉舊縣村	《攷古》1965年第3期
正光四年	席盛墓誌	歸窆於恒農胡城縣胡城鄉胡城里	西恒農郡胡城縣胡城鄉胡城里	河南省靈寶市焦村鎮焦村	《新中國出土墓誌·河南〔貳〕》（上冊），第321頁
正光四年	鞠彥雲墓誌	黃縣都鄉石羊里鞠彥雲墓誌	光州東牟郡黃縣都鄉石羊里	山東龍口市戰家夼	《北圖拓本匯編》四冊，第153頁
正光五年	呂通、呂達墓誌	東平壽張清鄉吉里	兗州東平郡壽張縣清鄉吉里	山東壽張縣境	《攷古》2011年第9期
正光五年	檀賓墓誌	兗州高平平陽縣都鄉葙陵里人	兗州高平平陽縣都鄉葙陵里	未確定	《北圖拓本匯編》四冊，第178頁
正光五年	侯掌墓誌	上谷郡居庸縣崇仁鄉脩義里人也	東燕州上谷郡居庸縣崇仁鄉脩義里	未確定	《文物》1991年第8期
正光六年	無	正光六年六月十日北林在村□宣景建夫妻敬造彌勒佛像	北林在村	江蘇臨沭縣南古鎮後寨村	《攷古》1990年第2期
正光六年	李超墓誌	秦州隴西郡狄道縣都鄉華風里人也	秦州隴西郡狄道縣都鄉華風里（時制為河州武始郡狄道縣都鄉華風里）	甘肅臨洮縣	《北圖拓本匯編》四冊，第179頁
孝昌元年	賈思伯墓誌	齊郡益都縣釣臺里人也	青州齊郡益都縣釣臺里	山東壽光市境內	《文物》1992年第8期
孝昌二年	李頤墓誌	葬於昌邑西鄉之原	昌樂縣西鄉	山東巨野縣南	《北圖拓本匯編》五冊，第20頁

❖ 附錄　漢魏六朝石刻鄉里村坊表 ❖

续表

年號	石刻名稱	節錄文	鄉里隸屬州郡縣	今大致方位	材料出處
孝昌二年	吳高黎墓誌	徐州瑯琊郡治下里人也	徐州瑯琊郡治下里	未確定	《北圖拓本匯編》五冊，第15頁
孝昌二年	宋京墓誌	西河郡介休縣都鄉徵士里人也	晉州西河郡介休縣都鄉徵士里	山西介休縣境	《秦晉豫新出土墓誌搜佚》
孝昌二年	李諜墓誌	蓳齊郡安平縣黃山里	青州齊郡安平縣黃山里	山東昌樂、安丘縣交界	《北圖拓本匯編》五冊，第17頁
孝昌二年	寇治墓誌	遭継母憂解任，居喪踰禮，蒙著里名為孝親里	陽平郡陽平縣泚陽城孝親里	河南泌陽縣內	《北圖拓本匯編》五冊，第50頁
孝昌三年	李達妻張氏墓誌	君諱達，字通達，相州魏郡魏縣崇義鄉吉遷里人	相州魏郡魏縣崇義鄉吉遷里（舊制）	未確定	《邙洛碑誌三百種》
武泰元年	陳天寶造像記	有揚州丹陽郡溧陽縣右鄉西里佛弟子陳天寶因茅齊都	揚州丹陽郡溧陽縣右鄉西里	江蘇高淳縣境	《北圖拓本匯編》第5冊，第81頁
永安三年	李黑城造像記	北華州敷城郡敷縣土石□□鄉北原里十人造像	北華州敷城郡敷縣土石□□鄉北原里	陝西延安鄜城村一帶	《攷古與文物》1984年第5期
普泰元年	張玄墓誌	南陽白水人也	南陽郡白水鄉	河南南陽市瓦店鎮	《北圖拓本滙編》五冊，第151頁
普泰元年	張玄墓誌	太和十七年薨於蒲阪城建中鄉孝義里	泰州河東郡蒲阪縣建中鄉孝義里	山西永濟縣老城	《北圖拓本滙編》五冊，第151頁
太昌元年	樊奴子造像記	北雍州北地郡高望鄉東嚮北魯川佛弟子樊奴子爲（下闕）一區	北雍州北地郡富平縣高望鄉北魯川	陝西富平縣王寮鎮軍寨村	《北圖拓本匯編》五冊，第165頁

· 387 ·

续表

年號	石刻名稱	節錄文	鄉里隸屬州郡縣	今大致方位	材料出處
太昌元年	李林墓誌	趙郡柏仁縣永寧鄉吉昌里人	趙郡柏仁縣永寧鄉吉昌里	河北隆堯縣與堯山縣交界一帶	《新中國出土墓誌·河北》［壹］（上冊），第6頁
永熙三年	一百午十人造像題名	青州齊郡臨淄縣高柳村比丘惠輔	青州齊郡臨淄縣高柳村	山東青州市高柳鎮高柳村	《北圖石本匯編》第五冊，第194頁
永熙三年	張僧珍造像	永熙三年四月八日東比村張僧珍為姊夫韓朗造像一區	常山郡靈壽縣東比村	河北靈壽縣三聖院村	《文物》1993年第12期
北魏	楊氏墓誌	弘農華陰潼鄉習仙里人	弘農郡華陰縣潼陰縣習仙里	陝西華陰縣五方鄉五方村	楊氏家族墓誌
天平元年	程哲碑	卒於崇仁鄉孝義里	上黨郡長子縣崇仁鄉孝義里	山西長子縣袁家漏村一帶	《山右石刻叢編》卷一
天平二年	楊機墓誌	秦州天水郡冀縣崇仁鄉吉遷里人也	秦州天水郡冀縣崇仁鄉吉遷里（舊制）	甘肅天水市甘谷縣一帶	《文物》2007年第11期
天平四年	趙明度墓誌	秦州天水郡清水縣崇仁鄉禮賢里人	秦州天水郡清水縣崇仁鄉禮賢里	甘肅清水縣	《玫古》2010年第10期
天平四年	安村道俗一百餘人修故塔記	是以獲嘉縣東清流福地享曰安村有大檀主置立尼寺	汲郡獲嘉縣安村	河南新鄉市北關一帶	《魯迅輯校石刻手稿》
天平四年	殘造像之千佛塔題記	……囗郡昌國縣桓尹村……	齊郡昌國縣桓尹村	山東省青州市城東	《文物》1996年第5期
天平五年	鄧恭伯妻崔令姿墓誌	空於歷城縣榮山鄉石溝里	齊郡歷城縣榮山鄉石溝里	山東濟南市歷下區盛福莊	《文物》1966年第4期

❖ 附錄 漢魏六朝石刻鄉里村坊表 ❖

续表

年號	石刻名稱	節錄文	鄉里隸屬州郡縣	今大致方位	材料出處
興和二年	敬顯儁碑	晉州平陽郡晉秋鄉吉遷里人敬鴻顯	晉州平陽郡平陽縣晉秋鄉吉遷里	山西臨汾一帶	《北圖拓本匯編》六冊，第71頁
興和二年	劉懿墓誌	葬於肆盧鄉孝義里	秀容郡秀容縣肆盧鄉孝義里	山西忻州市西北	《北圖拓本匯編》六冊，第59頁
興和三年	封延之墓誌	歸窆於廣樂鄉新安里	渤海郡條縣廣樂鄉新安里	河北景州	《攷古通訊》1957年第3期
興和三年	祖子碩妻元阿耶墓誌	葬於范陽遒縣崇仁鄉貞侯里	范陽郡遒縣崇仁鄉貞侯里	河北省易縣	《北圖拓本匯編》六冊，第74頁
興和三年	劉幼妃墓誌	卒於彭城都鄉叢亭里第	彭城郡彭城縣都鄉叢亭里	江蘇銅山縣茅山鄉	《鴛鴦七誌齋藏石》，第151頁
興和三年	房悅墓誌	清河清河南鄉陰晉里	清河郡清河縣南鄉陰晉里	山東高唐縣城關鎮	《文物資料叢刊》1977年第2期
興和四年	大吳村百人造像記	大魏興和四年歲次壬戌十二月五日大吳村合邑一百人等敬造石像	大吳村	河南長垣縣	《八瓊室金石補正》卷19
武定元年	崔景播墓誌	葬於親賢鄉宜昌里	博陵郡安平縣親賢鄉宜昌里	河北省博野縣同連村	《新中國出土墓誌·河北》［壹］（上冊），第10頁
武定元年	王早樹為亡弟婦造像	大魏武定元年太歲在癸亥十二月丁巳樹要村人佛弟子王早樹為亡弟婦造石像一區	樹要村	未知	《增補校碑隨筆》
武定二年	賈思伯夫人劉氏墓誌	薨於青州齊郡益都縣益城里	青州齊郡益都縣都鄉益城里	山東壽光市益城村	《文物》1992年第8期
武定二年	羊深夫人崔元容墓誌	薨於盧鄉瀝里苐	太山郡梁父縣盧鄉瀝里	山東新泰市樓德力里村	《書法叢刊》2003年第2期

· 389 ·

❖ 漢魏六朝石刻鄉里村坊研究 ❖

续表

年號	石刻名稱	節錄文	鄉里隸屬州郡縣	今大致方位	材料出處
武定二年	呂烜墓誌	改岁於朝陽鄉太公里	司州汲郡汲縣朝陽鄉太公里	河南省衛輝縣太公泉鄉呂村	《漢魏南北朝墓誌彙編》，第362頁
武定二年	司馬達墓誌	子葬於中義鄉孝敬里	河內郡溫縣中義鄉孝敬里	河南孟州市南莊鎮黃莊村西南的塚窪地	《孟州文物》文史資料第十輯
武定四年	樂天祐等造塔記	兗□泰山郡牟縣上梅村人維那主樂天祐	兗州泰山郡牟縣上梅村	山東萊蕪縣南	《魯迅輯校石刻手稿》第一函碑銘第五冊
武定五年	鄭君殘碑	以東魏武定五年二月七日薨於陽武縣五池鄉永豐里舍	廣武郡陽武縣五池鄉永豐里	河南中牟縣西北	《魯迅輯校石刻手稿》第一函第五冊
武定五年	無	遵義鄉揭嶺村法儀等衆，敬白十方諸佛	（山陽郡）遵義鄉揭嶺村	未知	《東南文化》1994年第4期
武定五年	王法現廿四人等造石室象記	并州樂平郡石艾縣安鹿交村邑儀王法現合廿四人等即發洪願造石室一堀	并州樂平郡石艾縣安鹿交村	山西省平定縣岩會鄉亂流村	《魯迅輯校石刻手稿》第二函第二冊
武定六年	志朗造像記	斯上黨郡之南，□八澗村之東北龍山寺主高德，	上黨郡壺關縣八澗（諫）村	山西長治市八義鎮	《北圖拓本匯編》第六冊，第149頁
武定八年	關勝頌德碑	以去武定八年二月辛己朔四日甲申窆於二□東南八里千畝坪	并州樂平郡石艾縣三都村	山西陽泉市蔭營鎮千畝坪村	《魯迅輯校石刻手稿》第一函第五冊

❖ 附錄　漢魏六朝石刻鄉里村坊表　❖

续表

年號	石刻名稱	節錄文	鄉里隸屬州郡縣	今大致方位	材料出處
武定八年	關勝頌德碑	以去武定八年二月辛己朔四日甲申窆於二□東南八里千畞坪	并州樂平郡石艾縣千畞坪村	山西陽泉市蔭營鎮三都村	《魯迅輯校石刻手稿》第一函第五冊
大統七年	楊玉起誌、楊蘭墓誌	今在甘渿鄉華望里西三里吳公阪上兆山右腳以為墓焉	河南郡甘棠縣甘泉鄉華望里	河南宜陽縣	《河洛墓刻拾零》，第40頁
大統十年	侯義墓誌	窆於石安縣孝義鄉崇仁里	咸陽郡石安縣孝義鄉崇仁里	陝西咸陽市窯店鄉胡家溝村	《文物》1987年第12期
天保元年	僧哲等四十人造像記	洛□村清信邑義長幼僧哲等卅人	永安郡陽曲縣洛音村	山西陽曲縣南、北、西洛陰村	《北圖拓本匯編》七冊，第1頁
天保二年	無	天保二年七月廿九日馬□村西來客雍州京兆郡□□縣苏老虎	马□村	河北曲陽縣内	《故宮博物院院刊》1999年第3期
天保三年	張君墓誌	葬於石屋山里	青州齊郡臨淄縣石屋山里	山東濟南市臨淄區	《齊魯碑刻墓誌研究》，第308頁
天保四年	□弘墓誌	崇仁鄉孝義里人也	崇仁鄉孝義里	山東濟南一帶	《漢魏六朝墓誌彙編》，第393頁
天保四年	公孫村母卅一人造像記	大齊天保四年二月廿日，公孫村母人合卅人一人等	公孫村	未知	《匋齋藏石記》卷11

续表

年號	石刻名稱	節錄文	鄉里隸屬州郡縣	今大致方位	材料出處
天保五年	趙慶祖造像記	遂於龍門趙村建立真容	洛陽郡洛陽縣趙村	河北龍門與洛陽之間	《中原文物》1994年第2期
天保十年	滑悼王妃李尼墓誌銘	趙國柏仁縣永寧鄉陰灌里人	趙國柏仁縣永寧鄉陰灌里	河北隆堯縣	《新中國出土墓誌·河北》［壹］（上冊），第24頁
天保十年	張忻墓誌	河內軹縣南鄉濟澗里人	河內郡軹縣南鄉濟澗里	河南洛陽吉利鄉濟澗村	《洛陽新獲墓誌》，第16頁
干明元年	大交村造像記	大交村邑義母人七十五人等	大交村	未知	《支那美術史雕塑篇》，第327—328頁
河清元年	李君妻崔宣華墓誌	六月廿四日卒於熒陽鄭里	成皋郡熒陽縣鄭里	河南鄭州市西北	《北圖拓本匯編》七冊，第123頁
河清二年	合邑長幼造像	陽阿故縣村合邑長幼等敬造□□華像一軀	懷州高都郡陽阿縣故縣村	山西晉城市大陽鎮	《山右石刻叢編》卷2
河清二年	梁罷村繒□合率邑子七十人造像	無	梁罷村	山西沁縣境內	《增補校碑隨筆》，第400頁
天統元年	趙征興墓誌	堊於徐州彭城南十五里□山前里	徐州彭城郡彭城縣寒山前里	江蘇徐州銅山縣三堡鎮	《書法》2001年第2期
天統元年	刁翔墓誌	勃海饒安西鄉東安里人	勃海郡饒安縣西鄉東安里	山東省樂陵縣楊家鄉史家村	《攷古》1987年第10期

❖ 附錄 漢魏六朝石刻鄉里村坊表 ❖

续表

年號	石刻名稱	節錄文	鄉里隸屬州郡縣	今大致方位	材料出處
河清四年	張僧顯銘闕	君諱顯，字名遠，南陽人也。崇人鄉孝義里	平昌縣崇仁鄉孝義里	河北鹽山縣境內	《新中國出土墓誌·河北［壹］》（上冊），第19頁
河清四年	張僧顯銘闕	以河清二年四月一日，終於遠□	平昌縣遠里	或河北鹽山縣西南	《新中國出土墓誌·河北［壹］》（上冊），第19頁
天統元年	崔德墓誌	春秋卅三，河清四年，二月一日喪於五仿里	齊郡益都縣五仿里	山東淄博市臨淄區	《攷古學報》1984年第2期
天統元年	房周陁墓誌	齊郡益都縣都鄉營丘里人	齊郡益都縣都鄉營丘里	山東青州市益都鎮	《北圖拓本匯編》第七冊，第166頁
武平元年	婁叡墓誌	王諱叡，字休□，太安狄那汙殊里	太安郡狄那縣捍殊里	未確定	《文物》1983年第10期
武平元年	賈致和造像記	賈家莊邑義十六人敬造白玉像一區	賈家莊	未知	《北圖拓本匯編》第五冊，第165頁，第八冊，第3頁
武平元年	邑人等造菩薩像	賈壇村邑義母人等，普為法界敬造玉像一軀	定州鉅鹿郡高城縣隸賈壇村	河北藁城市南、北賈同村	《攷古》1980年第3期
武平二年	逢哲墓誌	窆於瀰水之南，霞山之北大峓里	青州益都縣大峓里	青州市南望城埠	《漢魏南北朝墓誌集釋》圖三四二

· 393 ·

续表

年號	石刻名稱	節錄文	鄉里隸屬州郡縣	今大致方位	材料出處
武平二年	朱岱林墓誌	葬於百尺里東五里	百尺里	壽光市田柳鎮西王高村	《山左塚墓遺文》20卷
武平二年	裴良墓誌	君諱良，字元實，河東聞憙桐鄉高陽里人	河東郡聞憙縣桐鄉高陽里	山西省襄汾縣永固村	《文物》1990年第12期
武平二年	常文貴墓誌	滄州浮陽郡高城縣崇仁鄉脩義里人	滄州浮陽郡高城縣崇仁鄉脩義里（北魏舊制）	河北黃驊縣西一帶	《文物》1984年第9期
武平三年	曇禪師等五十人造像記	黿水村四部道俗邑義五十人等	黿水村	未知	《魯迅輯校石刻手稿》第二函第四冊
武平四年	崔博墓誌	春秋五十六，卒於澅水里	齊郡益都縣澅水里	山東淄博市臨淄區窩托村	《攷古學報》1984年第2期
武平四年	王江妃造木版	因宦仍居青州齊郡益都縣澗□里	青州齊郡益都縣澗灣里	山東臨朐縣北	《匋齋藏石記》卷12
武平四年	合村邑義造像	般石村合村邑義……	平定郡石艾縣般石村	山西平定縣巨城鎮上盤石村	北大圖書館藏拓，藝19526。
武平五年	□昌墓誌	君諱昌，字貳□□□標上谷□□庸□□□□吉遷里人也	上谷郡居庸縣□□□吉遷里	未知	《北圖拓本匯編》八冊，第60頁
武平五年	李琮墓誌	卆於孝意里舍	趙郡柏仁縣（永寧鄉）孝德里	河北省隆堯縣	《北圖拓本匯編》八冊，第55頁
北齊	田市仁等作像龕記	乃於河陽南田元每村故使鄉閭合掌正幕道場	河內郡河陽縣南田鄉元每村	河南洛陽市吉利區	《匋齋藏石記》卷13

❖ 附錄 漢魏六朝石刻鄉里村坊表 ❖

续表

年號	石刻名稱	節錄文	鄉里隸屬州郡縣	今大致方位	材料出處
武定二年	王貳朗二百人等造像碑	青州北海郡都昌縣方山東新王村凡法義有二百人等敬造石像碑銘	青州北海郡都昌縣新王村	山東青州市臨朐縣東北	《匋齋藏石記》卷9
武定元年	李次明造像記	冀州安武軍棗強縣千秋鄉故縣村安式家內有白玉像三尊	冀州安武郡棗強縣千秋鄉故縣村	河北棗強縣王均鄉東、西故縣村	《北圖拓本匯編》六冊,第94頁
武成二年	獨孤渾貞墓誌	棨幹郡棨幹縣侯頭鄉隨厥里人	棨幹郡棨幹縣侯頭鄉隨厥里	山西山陰縣南	《文物》1997年第5期
天和元年	昨和拔祖等造像記	於堯山之鄉壩川之里,左挾同升,右臨白俓,採石脩願	蒲城縣堯山鄉壩川里	陝西省蒲城縣罕井鎮	《八瓊室金石補正》卷23
天和二年	王通墓誌	窆於束城縣東五十里崇德鄉平原	河間郡束城縣崇德鄉	河北河間縣東	《漢魏南北朝墓誌彙編》,第481頁
天和六年	趙佺墓誌	以其年(天和六年)十月廿八日窆於上邽里之山	天水郡上封縣上邽里	甘肅天水秦城區瓦窯坡一帶	《隴右金石錄》
建德二年	梁才墓誌	薨乎宜君仁義里。粵以二年冬十月已酉窆於中原鄉	北地郡宜君縣仁義里	陝西宜君市	寶雞文理學院學報(社會科學版)2008年第4期
建德二年	梁才墓誌	薨乎宜君仁義里。粵以二年冬十月已酉窆於中原鄉	雍州咸陽郡涇陽縣中原鄉	陝西咸陽市北	寶雞文理學院學報(社會科學版)2008年第4期
建德三年	楊君暨妻吳女英志	權殯於略陽里	秦州略陽郡略陽縣略陽里	甘肅秦安縣東北隴城鎮	《隋代墓誌銘彙考》

· 395 ·

续表

年號	石刻名稱	節錄文	鄉里隸屬州郡縣	今大致方位	材料出處
建德四年	叱羅協墓誌	卜兆於中原鄉	雍州咸陽郡涇陽縣中原鄉	陝西咸陽市北斗鄉靳里村東	《北周文物》，第31頁
建德七年	宇文儉墓誌	葬於雍州涇陽縣西鄉始義里	雍州咸陽郡涇陽縣西鄉始義里	陝西咸陽國際機場新建停機坪	《攷古與文物》2001年第3期
宣政元年	若干雲墓誌	窆於涇陽洪瀆川趙村東北	雍州咸陽郡涇陽縣趙村	陝西咸陽市底張灣飛機場候機樓基址	《北周文物》，第72頁
大成元年	尉遲運墓誌	反葬於咸陽郡涇陽洪瀆鄉永貴里	雍州咸陽郡涇陽洪瀆鄉永貴里	陝西省咸陽市底張灣	《北周文物》，第101頁
大象三年	李府君妻祖夫人墓誌	窆於柏仁城西南廿里史村之西	趙郡柏仁縣史村	河北內邱縣五郭店鄉史村	《新中國出土墓誌·河北》［壹］（上冊），第36頁
開皇元年	辛威神道碑	以今開皇元年七月某日反葬於河州金城郡之苑川鄉	河州金城郡子城縣苑川鄉	甘肅臨洮縣北	《庾子山文集》卷14
開皇八年	呂瑞墓誌	遂葬於伯陽縣界蘭渠鄉三陽里	秦州清水郡伯陽縣蘭渠鄉三陽里	甘肅天水縣豐盛川平頭砦	《隴右金石錄》
開皇十二年	孫觀墓誌	南徐州晉陵郡曲阿縣高陵鄉邑下里人也	南徐州晉陵郡曲阿縣高陵鄉邑下里	江蘇丹徒縣司徒鎮一帶	《隋代墓誌銘匯考》第一冊

參考文獻

一 論文類（按時間排列）

周偉洲：《北周莫仁相、莫仁誕父子墓誌釋解》，《考古與文物》2013年第1期。

沈瀟：《市區首次發現漢代買地券磚》，《紹興日報》2012年10月10日第11版。

任乃宏：《新出〈唐張世師墓誌〉考釋》，《邯鄲職業技術學院學報》2012年第2期。

陶鈞：《北魏崔賓媛墓誌考釋》，《收藏家》2012年第6期。

陝西省考古研究所：《北周莫仁相、莫仁誕發掘簡報》，《考古與文物》2012年第3期。

洛陽市文物工作隊：《河南洛陽市吉利區兩座北魏墓的發掘》，《考古》2011年第9期。

羅操：《從買地券看東漢時期的土地買賣和土地契約》，碩士論文，蘇州科技學，2011年。

楊勇：《北魏楊璉墓誌淺談》，《青少年書法》2011年第6期。

楊吉平：《北魏張徹墓誌評析》，《青少年書法》2011年第8期。

王連龍：《唐代刻工孫繼和墓誌》，《文獻》2011年第3期。

《北魏楊兒墓誌》，《青少年書法》2011年第14期。

鄭志剛：《北齊石刻五種》，《書法叢刊》2011年第3期。

羅紅俠：《〈周故梁府君墓誌之銘〉考略》，《文博》2011年第1期。

何俊芳：《北魏辛穆墓誌銘考釋》，《洛陽理工學院學報》（社會科學版）2011年第1期。

王連龍：《新見北魏〈濟陰王元鬱墓誌〉攷釋》，《古代文明》2010年第4期。

孔德銘、焦鵬等：《河南安陽縣東魏趙明度墓》，《攷古》2010年第10期。

張學鋒：《南京濱江開發區吳墓出土"建衡元年"買地券補釋》2010年第1期。

李森：《北齊逢哲墓誌出土地點辨正》，《文物春秋》2010年第4期。

趙振華、董延壽：《東漢洛陽縣男子□□卿買地鉛券研究》，《中原文物》2010年第3期。

西安市文物攷古保護研究所：《西安南郊北魏北周發掘簡報》，《文物》2009年第5期。

南京市江甯區博物館：《南京濱江開發區15號路六朝墓清理簡報》，《東南文化》2009年第3期。

羅火金、劉剛州：《隋代司馬融墓誌攷》，《中原文物》2009年第3期。

易西兵：《南朝買地券綜論》，《東南文化》2009年第3期。

牛潤珍：《東魏北齊鄴京里坊制度攷》，《晉陽學刊》2009年第6期。

侯旭東：《漢魏六朝的自然聚落——兼論邨、村關係與村的通稱化》，載黃寬重主編《中國史新論基層社會》，臺北聯經出版事業有限公司2009年版。

周曉薇等：《隋代東都洛陽四郊地名攷補——以隋代墓誌銘為基本素材》，《中國歷史地理論叢》2009年第3期。

仇鹿鳴：《"攀附先世"與"偽冒士籍"——以渤海高氏為中心的研究》，《歷史研究》2008年第2期。

陝西省攷古研究院隋唐攷古研究部：《陝西南北朝隋唐及宋元明清攷古五十年綜述》，《攷古與文物》2008年第6期。

王上海、李國利：《試析南昌青雲譜梅湖東晉紀年墓銘文磚》，《文物》2008年第12期。

江西文物攷古研究所、南昌市博物館：《南昌青雲譜梅湖東晉紀年墓發掘簡報》，《文物》2008年第12期。

南京市博物館、南京雨花臺區文化局：《南京雨花臺東晉紀年墓發掘簡報》,《文物》2008年第12期。

南京市博物館:《南京市郭家山東晉溫氏家族墓》,《考古》2008年第6期。

羅新:《跋前秦梁阿廣墓誌》,《出土文獻研究》(第八輯),中國文物研究所編,上海古籍出版社2007年版。

王靈:《隋代兩京城坊及其四郊地名考補——以隋代墓誌銘為基本素材》,碩士學位論文,陝西師範大學,2007年。

涼山彝族自治州博物館、昭覺縣文管所:《四川涼山州昭覺縣好穀鄉發現的東漢石表》,《四川文物》2007年第5期。

孫英林:《羊烈夫婦墓誌考略》,《南方文物》2006年第3期。

易西兵:《廣州出土南朝龔韜買地券考》,《東南文化》2006年第4期。

魯西奇:《六朝買地券叢考》,《文史》2006年第二輯。

吳鎮烽:《秦晉兩省東漢畫像石題記集釋——兼論漢代圜陽、平周等縣的地理位置》,《考古與文物》2006年第1期。

樊英民:《呂思禮墓誌錄文校正》,《考古與文物》2006年第3期。

劉蓮香、蔡運章:《北魏元苠墓誌考略》,《中國歷史與文物》2006年第2期。

程義:《隋唐長安轄縣鄉里考新補》,《中國歷史地理論叢》2006年第4期。

牟發松、蓋金偉:《新出四方北朝韋氏墓誌校注》,《故宮博物院院刊》2006年第4期。

山東省石刻藝術博物館等:《山東東平洪頂山摩崖刻經考察》,《文物》2006年第12期。

王愛清:《秦漢里制研究》,碩士論文,蘇州大學,2005年。

黃義軍、徐勁松、何建萍:《湖北鄂州郭家細灣六朝墓》,《文物》2005年第10期。

程學忠:《貴州省博物館收藏的先秦至漢晉時期青銅器》,《考古》2005年第2期。

《楊熙儼墓誌》,《書法叢刊》2005年第6期。

《陝西西安發現北周婆羅門後裔墓葬》,《中國文物報》2005年10月

21日第2版。

朱智武：《從墓誌地名看東晉南朝陳郡謝氏之浮沉——南京出土6方謝氏墓誌所載地名匯釋》，《南京農業大學學報》（社會科學版）2005年第3期。

［日］中村圭爾著，劉馳譯：《關於南朝貴族地緣性的攷察——以對僑郡縣的探討為中心》，《南京曉莊學院學報》2005年第4期。

張葳：《趙郡李氏"三祖"小攷》，《魏晉南北朝隋唐史資料》第22輯，2005年。

盧瑞芳、劉漢芹：《河北吳橋北魏封龍墓及相關問題》，《文物春秋》2005年第3期。

黃景春：《早期買地券鎮墓文整理與研究》，博士學位論文，華東師範大學，2004年。

陝西省攷古研究所：《隋呂思禮夫婦合葬墓清理簡報》2004年第6期。

馬永強、孫愛芹：《咸陽出土西魏墓磚銘商榷》，《攷古與文物》2004年第4期。

李森：《北齊張攀墓誌攷鑒》，《中國文物報》2004年10月13日。

莫志東：《淺析桂林地區出土的南朝買地券及其相關問題》，《桂林文化》2003年第3期。

任平、宋鎮：《北周鄭術墓誌攷略》，《文博》2003年第6期。

劉衛鵬：《咸陽西魏謝婆仁墓清理簡報》，《攷古與文物》2003年第1期。

王昕：《河南新見陶潛墓誌辨偽》，《中國歷史文物》2003年第6期。

邵磊：《南齊王寶玉墓誌攷釋——兼論南朝墓誌的體例》，《文獻》2003年第4期。

裘錫圭：《讀〈陝西綏德縣四十里鋪畫像石墓調查簡報〉小記》，《攷古與文物》2003年第5期。

康蘭英、王志安：《陝西綏德縣四十里鋪畫像石墓調查簡報》，《攷古與文物》2002年第3期。

張劍：《洛陽出土墓誌與洛陽古代行政區劃之關係》，《洛陽出土墓誌研究文集》2002年。

◆ 參考文獻 ◆

榆林地區文管會、綏德縣博物館：《陝西綏德縣四十里鋪畫像石墓調查簡報》，《攷古與文物》2002 年第 3 期。

趙振華、何漢儒：《唐代洛陽鄉里村方位初探》，《洛陽出土墓誌研究文集》，朝華出版社 2002 年版。

郭濟橋：《北朝時期鄴南城佈局初探》，《文物春秋》2002 年第 2 期。

劉恒：《北朝墓誌題跋二則》，《書法叢刊》2002 年第 2 期。

倪潤安：《西魏北周墓葬的發現與研究述評》，《攷古與文物》2002 年第 5 期。

高世華：《趙佺墓誌銘及相關史事考述》，《天水師範學院學報》2002 年第 4 期。

楊士安：《漢諸暨五鳳里馬氏買地券》，《諸暨散論》，作家出版社 2001 年版。

楊甯國：《寧夏彭陽出土北魏貟標墓誌磚》，《攷古與文物》2001 年第 5 期。

張金龍：《北魏遷都後官貴之家在洛陽的居住里坊》，《河洛史志》2000 年第 1 期。

王素：《長沙走馬樓三國孫吳簡牘三文書新探》，《文物》1999 年第 9 期。

李靜傑、白軍：《定州系白石佛像研究》，《故宮博物院院刊》1999 年第 3 期。

張偉然：《關於山東北朝摩崖刻經書丹人"僧安道壹"的兩個問題》，《文物》1999 年第 9 期。

張金龍：《北魏洛陽里坊制度探微》，《歷史研究》1999 年第 5 期。

梁勇：《江蘇徐州市茅村隋開皇三年劉鑒墓》，《攷古》1998 年第 9 期。

斯仁：《江蘇南京市中華門外鐵心橋出土南朝劉宋墓誌》，《攷古》1998 年第 8 期。

阮國林：《江蘇南京市北郊郭家山東吳紀年墓》，《攷古》1998 年第 8 期。

高敏：《秦漢"都亭"攷略》，載《秦漢史探討》，中州古籍出版社 1998 年版。

張金光：《秦鄉官制度與鄉亭里關係》，《歷史研究》1997 年第 6 期。

洛陽市文物工作隊：《洛陽李屯東漢元嘉二年墓發掘簡報》，《考古與文物》1997 年第 2 期。

李朝陽：《咸陽市郊北周獨孤渾貞墓誌考述》，《文物》1997 年第 5 期。

鄴城考古工作隊：《河北臨漳縣鄴南城遺址勘探與發掘》1997 年第 3 期。

章灣、力子：《南京西善橋南朝墓誌質疑——兼述六朝買地券》，《東南文化》1997 年第 1 期。

南京博物院：《南京西善橋南朝墓》，《東南文化》1997 年第 1 期。

周郢：《新發現的羊氏家族墓誌考略》，《周郢文史論文集》，山東文藝出版社 1997 年版。

王志高、廛廬：《六朝買地券綜述》，《東南文化》1996 年第 2 期。

張劍：《關於北魏洛陽城里坊的幾個問題》，《洛陽考古四十年》，科學出版社 1996 年版。

戴應新：《隋豐甯公主楊靜徽駙馬韋圓照墓誌箋證》，《故宮學術季刊》1996 年第 1 期。

夏名采、莊明軍：《山東青州興國寺故址出土石造像》，《文物》1996 年第 5 期。

朱國平、王奇志：《南京西善橋輔國將軍墓誌考》，《東南文化》1996 年第 2 期。

高詩敏：《北朝趙郡的遷徙分佈及其與李唐先世之關係》，《河北學刊》1996 年第 1 期。

梁永照：《西晉王氏磚誌》，《華夏考古》1996 年第 4 期。

黃吉軍、黃吉博：《北魏高猛及夫人元瑛墓誌淺釋》，《中原文物》1996 年第 1 期。

周偉洲：《陝西北周墓葬主死葬地考》，《中國歷史地理論叢》1995 年第 1 期。

周振鶴：《新舊漢簡所見縣名和里名》，《歷史地理》第 12 輯，上海人民出版社 1995 年版。

周偉洲：《陝西北周墓葬主死葬地考》，《中國歷史地理論叢》1995 年第 1 期。

盧海鳴：《六朝建康里坊制度探析》，《南京社會科學》1994 年第 6 期。

甘肅省攷古文物研究所戴春陽、張瓏：《敦煌祁家灣西晉十六國墓葬發掘報告》，文物出版社 1994 年版。

李并成：《瓜沙二州間一塊消失了的綠州》，《敦煌研究》1994 年第 3 期。

王錫民、陳錦惠：《江蘇淮安出土東魏石刻銘文造像碑》，《東南文化》1994 年第 4 期。

李獻奇：《北魏六方墓誌攷釋》，載洛陽市第二文物工作队編《画像砖石刻墓誌研究》，中州古籍出版社 1994 年版。

馬忠理：《磁縣北朝墓群——東魏北齊陵墓兆域攷》，《文物》1994 年第 11 期。

臧知非：《先秦什伍鄉里制度試探》，《人文雜志》1994 年第 1 期。

馮吾現：《四件北朝造像碑介紹》，《中原文物》1994 年第 2 期。

樊子林、劉友恒：《河北正定收藏的一批早期銅造像》，《文物》1993 年第 12 期。

宮川尚志：《六朝時代的村》，載《日本學者研究中國史論著選譯》第四卷六朝隋唐，中華書局 1992 年版。

王子今：《漢代長安鄉里攷》，《人文雜志》1992 年第 6 期。

胡濤、孟繼新：《東漢新富里刻石在曲阜面世》，《中國文物報》1992 年第 39 期。

賈效孔、黃愛華：《山東壽光北魏賈思伯墓》，《文物》1992 年第 8 期。

河南省偃師縣文物管理委員會：《偃師縣南蔡莊鄉漢肥致墓發掘簡報》，《文物》1992 年第 9 期。

葉其峰：《晉石尟墓誌——兼談墓誌制度之演變》，《故宮博物院院刊》1991 年第 2 期。

李并成：《漢敦煌郡效穀縣城攷》，《敦煌學輯刊》1991 年第 1 期。

戴應新：《韋孝寬墓誌》，《文博》1991 年第 5 期。

王去非、趙超：《南京出土六朝墓誌綜攷》，《攷古》1990 年第 10 期。

徐光冀、顧智界：《河北臨漳鄴北城遺址勘探發掘簡報》，《考古》1990年第7期。

王亮：《山東臨沭縣發現青銅器》，《考古》1990年第2期。

何雙全：《〈漢簡・鄉里志〉及其研究》，載《秦漢簡牘論文集》，甘肅人民出版社1989年版。

陳國燦：《唐五代敦煌縣鄉里的演變》，《敦煌研究》1989年第3期。

林留根：《江蘇鎮江東晉紀年墓清理簡報》，《東南文化》1989年第2期。

駱子昕：《漢魏洛陽城址考辨》，《中原文物》1988年第2期。

李發林：《"山魯市東安漢里禺石也"簡釋》，《考古》1987年第10期。

河南省文物研究所、安陽縣文管會：《安陽北齊和紹隆夫婦合葬墓清理簡報》，《中原文物》1987年第1期。

吉木布初、關榮華：《四川昭覺縣發現東漢石表和石闕殘石》，《考古》1987年第5期。

孫德潤、時瑞寶：《咸陽市胡家溝西魏侯義墓清理簡報》，《文物》1987年第12期。

陝西省考古研究所桑紹華：《西安東郊隋李椿夫婦墓清理簡報》，《考古與文物》1986年第3期。

郭黎安：《江蘇境內東晉南北朝時期僑州郡縣考略》，《蘇州大學學報》（哲學社會科學版）1986年第4期。

蔣英炬：《略論東安漢里畫像石》，《考古》1985年第12期。

王恩田：《諸城涼台孫琮畫像石墓考》，《文物》1985年第3期。

劉昭瑞：《石刻文字的著錄與分類》，《文博》1985年第5期。

洛陽市文物工作隊：《洛陽唐門寺兩座漢墓發掘簡報》，《中原文物》1984年第3期。

安徽省文物工作隊：《安徽南陵縣麻橋東吳墓》，《考古》1984年第11期。

湖南省博物館：《湖南資興晉南朝墓》，《考古學報》1984年第3期。

高維德：《劉懿墓誌考辨》，《晉陽學刊》1984年第2期。

王敏之：《黃驊縣北齊常文貴墓清理簡報》，《文物》1984年第9期。

韓偉、陰志毅：《耀縣藥王山的佛道混合造像碑》，《考古與文物》1984年第5期。

磁縣文化館：《河北磁縣東陳村北齊堯峻墓》，《文物》1984年第4期。

靳之林：《延安地區出土一批佛教造像碑》，《考古與文物》1984年第5期。

甘肅省敦煌縣博物館韓躍成、張仲：《敦煌佛爺廟灣五涼時期墓葬發掘簡報》，《文物》1983年第10期。

山西省考古研究所、太原市文物管理委員會：《太原市北齊婁叡墓發掘簡報》，《文物》1983年第10期。

覃義生、張憲文：《廣西壯族自治區融安縣南朝墓》，《考古》1983年第9期。

黃士斌：《河南偃師縣發現漢代買田約束石券》，《文物》1982年第12期。

長沙市文物工作隊：《長沙出土南朝徐副買地券》，《湖南考古輯刊》1982年第1期。

王仲殊：《中國古代都城概說》，《考古》1982年第5期。

吳天穎：《漢代買地券考》，《考古學報》1982年第1期。

熊傳新：《湖南湘陰隋大業六年墓》，《文物》1981年第4期。

揚州博物館、邗江圖書館：《江蘇邗江湖場五號漢墓》，《文物》1981年第11期。

任日新：《山東諸城漢墓畫像石》，《文物》1981年第10期。

吳昌廉：《居延漢簡所見郡國縣邑鄉里統屬表》，《簡牘學報》1980年第7期。

杜彤華：《從出土的東魏造像碑看歷史上獲嘉縣的地理位置》，《中原文物》1980年第4期。

洛陽博物館：《洛陽東漢光和二年王當墓發掘報告》，《文物》1980年第6期。

蔣華：《揚州甘泉山出土東漢劉元台買地磚券》，《文物》1980年第6期。

秦佩珩：《鄴城考》，《河南文博通訊》1979年第1期。

河北省文管處:《河北景縣北魏高氏墓發掘簡報》,《文物》1979 年第 3 期。

唐長孺:《從吐魯番出土文書中所見的高昌郡縣行政制度》,《文物》1978 年第 6 期。

宿白:《北魏洛陽和北邙陵墓——鮮卑遺跡輯錄之三》,《文物》1978 年第 7 期。

鎮江市博物館:《劉岱墓誌簡述》,《文物》1977 年第 6 期。

江西省博物館:《江西南昌晉墓》,《考古》1974 年第 6 期。

裘錫圭:《湖北江陵鳳凰山十號漢墓出土簡牘考釋》,《文物》1974 年第 7 期。

河北省博物館文物管理處:《河北曲陽發現北魏墓》,《文物》1972 年第 5 期。

阿英:《從晉磚文字說到〈蘭亭序〉書法——為郭沫若〈蘭亭序〉依託說做一些補充》,《文物》1965 年第 10 期。

南京市文物保管委員會:《南京板橋鎮石閘湖晉墓清理簡報》,《文物》1965 年第 6 期。

耀生:《耀縣石刻文字略志》,《考古》1965 年第 3 期。

鎮江市博物館:《鎮江市東晉劉剋墓的清理》,《考古》1964 年第 5 期。

武伯綸:《唐萬年、長安縣鄉里考》,《考古學報》1963 年第 2 期。

夏鼐:《咸陽底張灣隋墓出土的東羅馬金幣》,《考古學報》1959 年第 3 期。

河北省文物管理委員會:《河北磁縣講武城古墓清理簡報》,《考古》1959 年第 1 期。

《記後魏邢偉墓出土物及邢巒墓的發現》,《考古》1959 年第 4 期。

張季:《河北景縣封氏墓群調查記》,《考古通訊》1957 年第 3 期。

侯鴻鈞:《洛陽西車站發現北魏墓一座》,《文物參考資料》1957 年第 2 期。

張平一:《河北吳橋縣發現東魏墓》,《考古通訊》1956 年第 6 期。

荊三林:《濟南近郊北魏隋唐造像》,《文物參考資料》1955 年第 9 期。

王毓銓：《漢代亭的性質和它在封建統治上的意義》，《光明日報》1955 年 3 月 31 日。

景璧：《西安任家口 M229 號北魏墓清理簡報》，《文物參考資料》1955 年第 12 期。

宋英、趙小寧：《北周〈宇文瓘墓誌〉攷釋》，《碑林集刊》第八輯。

二　工具書類（按音序排列）

（漢）班固撰，（唐）顏師古注：《漢書》，中華書局 1983 年版。

北京魯迅博物館，上海魯迅紀念館：《魯迅輯校石刻手稿》，上海書畫出版社 1986 年版。

北京圖書館金石組編：《北京圖書館藏中國歷代石刻拓本匯編》，中州古籍出版社 1989 年版。

常書銘主編：《三晉石刻大全》，山西出版集團、三晉出版社 2011 年版。

陳龍飛主編：《中華人民共和國地名詞典山東省》，商務印書館 1994 年版。

（晉）陳壽撰：《三國志》，中華書局 1975 年版。

戴均良：《中國古今地名大詞典》，上海辭書出版社 2005 年版。

單樹模主編：《中華人民共國和地名詞典江蘇省》，商務印書館 1987 年版。

（宋）范曄撰，（唐）李賢等注：《後漢書》，中華書局 1982 年版。

（唐）房玄齡等：《晉書》，中華書局 1982 年版。

甘肅省文物攷古研究所編：《敦煌漢簡》，中華書局 1991 年版。

甘肅省文物攷古研究所等編：《居延新簡》，中華書局 1994 年版。

賈文毓，李引主編：《中國地名辭源》，華夏出版社 2005 年版。

康蘭英：《榆林碑石》，三秦出版社 2003 年版。

（唐）李百藥撰：《北齊書》，中華書局 1983 年版。

（唐）李延壽撰：《北史》，中華書局 1983 年版。

（唐）李延壽撰：《南史》，中華書局 1983 年版。

（唐）令狐德棻等撰：《周書》，中華書局 1983 年版。

劉創新：《臨淄新出漢封泥集》，西冷印社出版社 2005 年版。

陸耀富主編：《中華人民共和國地名詞典陝西省》，商務印書館 1994 年版。

洛陽第二文物工作隊：《洛陽新獲墓誌》，文物出版社 1996 年版。

洛陽市文物工作隊：《洛陽出土歷代墓誌輯繩》，中國社會科學出版社 1996 年版。

南京市文化廣電新聞出版局編：《南京歷代石刻集成》，上海書畫出版社 2011 年版。

（宋）歐陽修、宋祁撰：《新唐書》，中華書局 1986 年版。

裴淮昌主編：《中华人民共和国地名词典湖南省》，商務印書館 1992 年版。

齊運通：《洛陽新獲七朝墓誌》，中華書局 2012 年版。

尚世英主編：《中華人民共和國地名詞典河南省》，商務印書館 1993 年版。

沈起煒、徐光烈：《中國歷代職官詞典》，上海辭書出版社 1998 年版。

（梁）沈約撰：《宋書》，中華書局 1983 年版。

史為樂主編：《中國歷史地名大辭典》，中國社會科學出版社 2005 年版。

（漢）司馬遷撰：《史記》，中華書局 1985 年版。

譚其驤主編：《中國歷史地圖集》，中國地圖出版社 1996 年版。

王壯弘、馬成名：《六朝墓誌檢要》，上海書畫出版社 1985 年版。

（北齊）魏收撰：《魏書》，中華書局 1984 年版。

魏嵩山：《中國歷史地名大辭典》，廣東教育出版社 1995 年

（唐）魏征撰：《隋書》，中華書局 1987 年版。

（梁）蕭子顯撰：《南齊書》，中華書局 1983 年版。

（漢）許慎：《說文解字》，中華書局 1963 年版，2008 年重印。

（唐）姚思廉撰：《梁書》，中華書局 1983 年版。

中國文物研究所、河北省文物研究所編：《新中國出土墓誌·河北》［壹］，文物出版社 2004 年版。

銀雀山漢墓竹簡整理小組：《銀雀山漢簡·壹》守法守令等十三篇，文物出版社 1985 年版。

余華青、張廷皓：《陝西碑石精華》，三秦出版社2006年版。
張燕：《北朝佛道造像碑精選》，天津古籍出版社1996年版。
趙君平、趙文成：《河洛墓刻拾零》，北京圖書館出版社2007年版。
趙君平、趙文成：《秦晉豫新出墓誌搜佚》，國家圖書館出版社2011年版。
趙君平、趙文成編：《邙洛碑誌三百種》，中華書局2004年版。
走馬樓簡牘整理組編：《長沙走馬樓三國吳簡嘉禾吏民田家莂》，文物出版社1999年版。
走馬樓簡牘整理組編：《長沙走馬樓三國吳簡·竹簡》［壹］［貳］［叁］［肆］，文物出版社2003、2007、2008、2011年版。

三 著錄類（按音序排列）

（清）畢沅撰，張沛校點：《關中勝跡圖志》，三秦出版社2004年版。
陳直：《漢書新證》，天津人民出版社1979年版。
池田溫：《中國古代籍帳集錄》，東京大學出版會1979年版。
（唐）杜佑撰：《通典》，中華書局1984年版。
端方撰：《匋齋藏石記》，《石刻史料新編》第一輯第11冊，臺灣新文豐出版公司。
方若、王壯弘：《增補校碑隨筆》，上海書畫出版社1984年版。
費孝通：《鄉土中國》，北京出版社2005年版。
葛劍雄：《中國移民史》，福建人民出版社1997年版。
（清）顧炎武：《歷代宅京記》，中華書局1984年版
（清）顧炎武：《肇域志》，上海古籍出版社2004年版。
（清）顧炎武著，（清）黃汝成集釋：《日知錄集釋》，上海古籍出版社1985年版。
（清）顧祖禹撰，賀次君、施和金點校：《讀史方輿紀要》，中華書局2005年版。
郭培育、郭培智主編：《洛陽出土石刻時地記》，大象出版社2005年版。
（宋）韓淲、陳鵠撰，孫吉園、鄭世剛點校：《澗泉日記 西塘集耆舊續聞》，上海古籍出版社1993年版。

河北省文化局，文物工作隊：《望都二號漢墓》，文物出版社 1959 年版。

河北省文物研究所墓誌編輯組編：《隋唐五代墓誌匯編》，天津古籍出版社 2009 年版。

（清）洪亮吉：《東晉疆域志》，清嘉慶元年（1796）版本，刻本。

（宋）洪适撰：《隸釋隸續》，中華書局 1985 年版。

侯旭東：《北朝村民的生活世界——朝廷、州縣與村里》，商務印書館 2010 年版。

胡阿祥：《東晉南朝的僑州郡縣與僑流人口研究》，鳳凰出版傳媒集團江蘇教育出版社 2008 年版。

（清）胡聘之撰：《山右石刻叢編》，山西人民出版社 1988 年版。

華林甫：《中國地名學源流》，湖南人民出版社人民出版社 2010 年版。

黃展嶽：《攷古紀原》，四川教育出版社 1998 年版。

黃本驥撰：《古誌石華》，《石刻史料新編》第二輯第 2 冊，臺灣新文豐出版公司。

賴非：《齊魯碑刻墓誌研究》，齊魯書社 2004 年版。

（宋）樂史撰，王文楚點校：《太平寰宇記》，中華書局 2007 年版。

（宋）李昉等編：《太平廣記》，中華書局 1986 年版。

（宋）李昉等撰：《太平御覽》，中華書局 1998 年版。

（唐）李吉甫撰，賀次君點校：《元和郡縣圖志》，中華書局 1983 年版。

（清）徐松撰，李健超增訂：《增訂唐兩京城坊攷》，三秦出版社 2006 年版。

（北魏）酈道元著，王先謙校：《水經注》，巴蜀書社 1985 年版。

（清）陸增祥：《八瓊室金石補正》，文物出版社 1985 年版。

羅新、葉煒：《新出魏晉南北朝墓誌疏證》，中華書局 2007 年版。

洛陽市文物局編，朱亮主編：《洛陽出土北魏墓誌選編》，科學出版社 2001 年版。

馬長壽：《碑銘所見前秦至隋初的關中部族》，中華書局 1965 年版。

毛遠明師：《碑刻文獻學通論》，中華書局 2007 年版。

參考文獻

毛遠明師：《漢魏六朝碑刻校注》，線裝書局2008年版。
孟州市政協文史資料研究委員會：《孟州文物》文史資料第十輯，2004年版。
《全唐詩》，中華書局1985年版。
（清）阮元校刻：《十三經注疏》，中華書局1996年版。
山東省石刻藝術博物館：《高道悅夫人墓誌字帖》，山東美術出版社2008年版。
（宋）司馬光編著，（元）胡三省注：《資治通鑒》，中華書局1982年版。
（元）陶宗儀撰：《說郛三種》，上海古籍出版社1988年版。
仝晰綱：《中國古代鄉里制度研究》，山東人民出版社1999年版。
王艾錄、司富珍：《漢語的語詞理據》，商務印書館2001年版。
（清）王昶輯：《金石萃編》，北京市中國書店1985年版。
（清）王謨輯：《漢唐地理書鈔》，中華書局2006年版。
王其禕、周曉薇：《隋代墓誌銘彙考》，線裝書局2007年版。
王志高、羅宗真：《六朝文物》，南京出版社2010年版。
王仲犖：《北周地理志》，中華書局1990年版。
（梁）蕭統編，（唐）李善注：《文選》，上海古籍出版社1986年版。
（清）徐乾學：《讀禮通考》，康熙三十五年（1696），刻本。
（清）徐松輯，高敏點校：《河南志》，中華書局1994年版。
（清）徐松撰，張穆校補，方嚴點校：《唐兩京城坊攷》，中華書局1985年版。
（漢）許慎撰，（清）段玉裁注：《說文解字注》，上海古籍出版社1981年版。
（唐）許嵩撰，張忱石點校：《建康實錄》（上、下冊），中華書局1986年版。
（北魏）楊衒之撰，周祖謨校釋：《洛陽伽藍記校釋》，中華書局1963年版。
楊震方：《碑帖敘錄》，上海古籍出版社1982年版。
姚薇元：《北朝胡姓攷》，中華書局1962年版。
（北周）庾信著，（清）倪璠注釋：《庾子山集》，康熙刻本。

員安志：《中國北周出土珍貴文物——北周墓葬發掘報告》，陝西人民美術出版社1993年版。

張傳璽：《中國歷代契約會編攷釋》（上、下），北京大學出版社1995年版。

趙超：《漢魏南北朝墓誌彙編》，天津古籍出版社1992年版。

趙超：《中國古代石刻概論》，文物出版社1997年版。

趙萬里：《漢魏南北朝墓誌集釋》，北京科學出版社1956年版。

周紹良、趙超主編：《唐代墓誌彙編》，上海古籍出版社1992年版。

（清）朱駿聲撰：《說文通訓定聲》，武漢市古籍書店影印1983年版。

四　方志類（按時間排列）

（明）關廷訪修，張慎言纂：萬曆《太原府志》，刻本，中國數字方志庫。

（明）萬曆《忻州志》，中國數字方志庫。

（明）王家士修，祝文、馮惟敏纂：嘉靖三十一年《臨朐縣志》，中國數字方志庫。

《天一閣藏明代方志選刊》，臺灣新文豐出版公司1985年版。

《天一閣藏明代方志選刊續編》，上海書店1990年版。

（清）雷應元纂修：康熙三年《揚州府志》，刻本，中國數字方志庫。

（清）陳食花修：康熙十一年《益都縣志》，中國地方志叢書華北地方第375號，成文出版社1976年影印。

（清）劉師峻纂修：康熙十一年《曲陽縣新志》，刻本，中國數字方志庫。

（清）吳祚昌纂修：康熙十一年《壽陽縣志》，中國數字方志庫。

（清）袁元修：清楊九有纂：康熙十三年刻本，《河間縣志》，載劉利主編，《北京師範大學圖書館藏稀見方志叢刊》2007年版。

（清）崔俊修，李煥章等纂：康熙十五年《青州府志》，中國數字方志庫。

（清）馬士琮修，吳維哲等纂：康熙十九年《南皮縣志》，中國數字方志庫。

（清）戴夢熊修，李方蓁等纂：康熙二十一年《陽曲縣志》，中國數字方志庫。

（清）楊繼芳修，牟適纂：順治十六年《新泰縣志》，康熙二十二年增刻本，載國家圖書館地方誌家譜文獻中心編：《孤本舊方志選編》第五冊，線裝書局，2004年版。

（清）喬履信纂修：乾隆五年《富平縣志》，中國數字方志庫。

康熙二十四年《嘉興縣志》，中國數字方志庫。

（清）高錫爵纂修：康熙廿六年《臨洮府志》，新修方志叢刊，臺灣學生書局1967年版。

（清）張光祖修，徐永芝等纂：康熙三十二年《南陽縣志》，刻本，中國數字方志庫。

（清）朱璘纂修：康熙三十三年《南陽府志》，新修方志叢刊，台灣學生書局1968年版。

（清）錢陸燦等纂：康熙《常熟縣志》，中國地方志集成江蘇府縣志輯第21冊，江蘇古籍出版社1991年版。

（清）周景桂纂修：乾隆二十年《蒲州府志》，新修方志叢刊，台灣學生書局1968年版。

（清）吳喬齡修，李棟纂：乾隆二十一年《獲嘉縣志》，刻本，中國數字方志庫。

（清）吳九齡修，蔡履豫纂：乾隆二十八年《長治縣志》，刻本，中國數字方志庫。

（清）吳山鳳纂修：乾隆三十年《涿縣志》，刻本，中國數字方志庫。

（清）倭什布修，劉長靈等纂：乾隆四十七年《惠民縣志》，中國數字方志庫。

（清）沈樹聲等纂修：乾隆四十八年《太原府志》，中国数字方志库。

（清）唐侍陛修，洪亮吉等纂：乾隆五十四年《懷慶府志》，新修方志叢刊，臺灣學生書局1968年版。

（清）金明源纂修：乾隆五十五年《平定州志》，中國數字方志庫。

（清）德昌修，徐朗齋纂：乾隆五十三年《衛輝府志》，新修方志叢刊，臺灣學生書局1968年版。

（清）梁汝澤等修：乾隆《棗陽縣志》，新修方志叢刊，臺灣學生書局1969年版。

（清）劉翰周纂修：嘉慶五年《壽光縣志》，中國數字方志庫。

（宋）周應合撰：（清）嘉慶六年刊本影印《景定建康志》，中國方志叢書華中地方第416號，成文出版社有限公司1983年版。

（清）潘鎔修：嘉慶二十年《蕭縣志》，中國地方志集成，安徽府縣志輯第29冊，江蘇古籍出版社1998年版。

（清）李廷寶修：嘉慶三十六年《耀州志》，中國方志叢書華北地方第527號，成文出版社1976年版。

（清）崔志元修：金左泉纂，道光十一年《銅山縣志》，刻本，中國數字方志庫。

（清）李培謙修：道光二十三年《陽曲縣志》，中國方志叢書華北地方第396號，成文出版社民國二十一年版。

（清）毛永柏等修，劉耀春纂：咸豐九年《青州府志》，新修方志叢刊，臺灣學生書局1968年版。

（清）王福謙、江毓秀修，潘震乙纂：同治七年《鹽山縣志》，中國數字方志庫。

（清）閔芳言，王士芳纂，陳惟清修：同治十年《建昌縣志》，中國地方志集成江西省府縣志輯第19冊，江蘇古籍出版社1996年版。

（清）周承弼等修：同治十三年《公安縣志》，中國地方志集成湖北府縣志輯第48冊，江蘇古籍出版社2001年版。

（清）宗源翰等修：同治十三年《湖州府志》，中國地方志集成浙江府縣志輯第24冊，江蘇古籍出版社1993年版。

（清）倪昌燮等修：光緒元年《吳橋縣志》，中國方志叢書華北地方第224號，成文出版社1969年版。

（清）蘇玉修修，杜雪等纂：光緒七年《唐山縣志》，刻本，中國數字方志庫。

（清）殷樹森修，汪寶樹等纂：光緒十四年《南皮縣志》，中國數字方志庫。

（清）樊增祥修：光緒十七年《富平縣志稿》，中國方志叢書華北地方第239號，成文出版社1969年版。

（清）潘守廉修，張嘉謀等纂：光緒二十年《南陽縣志》，刻本，中國數字方志庫。

❖ 參考文獻 ❖

（清）彭琬等纂修，吳特仁增訂：光緒二十年《雙流縣志》刻版增刻，民國二十一年，中國數字方志庫。

（清）李植等修，楊篤纂：光緒二十年《長治縣志》，刻本，中國數字方志庫。

（清）潘守廉修，張嘉謀等纂：光緒二十年《南陽縣志》，刻本，中國數字方志庫。

（清）周斯億修，董濤纂：光緒三十年《重修曲陽縣志》，中國數字方志庫。

周斯億修，董濤纂：光緒三十年《重修曲陽縣志》，中國數字方志庫。

（清）李體仁修：光緒三十一年《蒲城縣新志》，中國方志叢書華北地方第249號，成文出版社1970年版。

（清）蔣鴻藻纂：光緒《諸暨縣志》，中國地方志集成浙江府縣志輯第41冊，江蘇古籍出版社1993年版。

（清）徐懷璋纂修：清宣統三年《昭覺縣志》，載黃秀文，吳平主編，《華東師範大學圖書館藏稀見方志叢刊》，北京圖書館出版社2005年版。

宣統三年辛亥春正月《瑯琊王氏宗譜》，江西省方志館藏。

舒孝先纂修：民國九年《臨淄縣志》，新修方志叢刊，臺灣學生書局1968年版。

韓邦孚，田芸生修：民國十二年《新鄉縣續志》，刻本，中國數字方志庫。

李繁滋纂：民國十八年《靈川縣志》，中國方志叢書華南地方第212號，成文出版社1975年版。

（宋）宋敏求撰，（清）畢沅校注：《長安志》，中國方志叢書華北地方第290號，成文出版社民國二十年版。

耿兆棟等修：民國二十一年《景縣志》，中国方志叢書華北地方第500號，成文出版社1976年版。

王德乾纂修：民國二十三年鉛印本《望都縣志》，中国方志叢書華北地方第158号，成文出版社1969年版。

宋憲章修纂：民國二十五年《壽光縣志》，中国方志叢書，華北地方第 65 號，成文出版社 1968 年版。

應以綏等修，賈纘緒纂：民國二十八年《天水縣志》，蘭州國民印刷局 1939 年版。

余家謨等纂修：民國《銅山縣志》，中國地方志集成江蘇府縣志輯第 62 冊，江蘇古籍出版社 1991 年版。

宋大章等修：民國五十七年《涿縣志》，中國方志叢書華北地方第 135 號，成文出版社 1968 年版。

（清）張延福纂修：乾隆十八年《涇州志》，中國方志叢書華北地方第 340 號，成文出版社 1970 年版。

江寧縣地名委員會：《江蘇省江寧縣地名錄》，1981 年。

臨沐縣地名辦公室：《臨沐縣地名資料匯編》，1983 年。

磁縣地名辦公室：《磁縣地名資料匯編》，磁縣地名辦公室，1983 年。

臨漳縣地名辦公室：《臨漳縣地名志》，臨漳縣地名辦公室，1983 年。

臨漳縣地名辦公室：《臨漳縣地名資料匯編》，1983 年。

河北省靈壽縣地名辦公室：《靈壽縣地名資料匯編》，1983 年 5 月 1 日。

河北省曲陽縣地名辦公室：《曲陽縣地名資料匯編》，1983 年。

籍書成，趙雲林等：《高邑縣地名資料匯編》，高邑縣地名辦公室，1983 年。

河北省博野縣地名辦公室：《博野縣地名資料匯編》，河北省博野縣地名辦公室，1985 年。

江西省永修縣志編纂委員會編纂，劉極燦主編：《永修縣志》，江西人民出版社 1987 年版。

户縣地名志編纂委員會：《戶縣地名志》，户縣地名志委員會，1987 年。

陽曲縣地名委員會辦公室：《太原市陽曲縣地名志》，陽曲縣地名委員會，1990 年。

河南省衛輝市人民政府地名辦公室：《衛輝市地名志》，1990 年。

高密縣地名志編纂委員會：《高密地名志》，高密縣地名志委員會，1990 年。

永濟縣志編纂委員會：《永濟縣志》，山西人民出版社 1991 年版。

❖ 參考文獻 ❖

平定縣志編纂委員會編:《平定縣志》,社會科學文獻出版社 1992年版

惠民縣地名委員會辦公室:《惠民縣地名志》,改革出版社 1993年版。

棗强縣地方誌編纂委員會:《棗强縣志》,文化藝術出版社 1994年版。

湘陰縣志編纂委員會編:《湘陰縣志》,生活·讀書·新知三聯書店 1995年版。

鹿寨地方誌編纂委員會編:《鹿寨縣志》,廣西人民出版社 1996年版。

陽泉市志編委會:《陽泉市志》,當代中國出版社 1998年版。

王康等編:《亂流村志》,內蒙古科學技術出版社 1999年版。

臨洮縣志編纂委員會:《臨洮縣志》,甘肅人民出版社 2001年版。

長治市地名委員會辦公室:《長治市地名志》,長治市地名委員會,2006年。

後　　記

　　《漢魏六朝石刻鄉里村坊研究》在筆者博士論文的基礎上，經過前前後後、大大小小的修改補訂，總算脫稿交付。終於可以長吁一口氣了。

　　遙記博士論文選題時，筆者猶豫再三，鄉里村坊的研究涉及領域頗廣，且材料過于分散，研究難度較大。當克服困難，堅持完成時，方才領略其中魅力。石刻內容豐富，生與死，富與貴，這是一個埋藏於地下的社會生活，是刻在石頭上的歷史。透過堅硬冰冷的石塊，數千年前的鄉里村坊和古人的生活面貌呈現於今人面前。仆身於各類書籍之中，細細釐清千條萬緒的線索，考證出一個地名時，那種興奮與喜悅的心情至今回味。一路而來，時至於今，盼得此書。應該說的是，此書的完成是階段性的研究成果。"路漫漫其修遠兮"，鄉里村坊的研究只是石刻文獻研究的一小部分，充分展開研究並為地名、文化、語言等研究提供材料，是利用石刻材料進行相關研究的價值所在。本書只是截取漢魏六朝這一時段的石刻材料展開分析，隋唐以後石刻記載的鄉里村坊更甚，如何縱貫漢至明清石刻的鄉里村坊，從整體面貌上進行描寫，需要今後進一步的探索和思考。

　　長吁之際，心頭一陣酸楚，深切緬懷導師毛遠明先生。是先生將我領進學術殿堂，從碩士入門，到重返攻讀博士，從初學時的蹣跚學步，到博士論文的精耕細作，都離不開先生的諄諄教誨和精心指導。博士論文寫作期間，先生身體不適，病榻上仍念叨學生的論文，並提出諸多寶貴的意見及建議。先生曾叮囑，他日論文若成書，定為其作序。然而，書稿付印之時，先生卻已遠去，青山綠水為伴。哀哉，痛哉。此書無序，懷念先生。

❖ 後　　記 ❖

　　於此，我真誠感謝那些幫助過我的人。感謝西南大學漢語言文獻研究所的喻遂生、張顯成教授，在授業上循循善誘，言傳身教。感謝西南大學的學友，多年同窗，相互扶持。感謝南昌航空大學文法學院領導及同事，提供良好的科研氛圍。感謝中國社會科學出版社的郭鵬老師，古道熱腸，悉心指教，使拙作得以付梓。是你們的關心與支持，推動着愚鈍的我不斷向前，衷心感謝。

黃　敏

2019 年 7 月